Mosaik

NATUR ERKENNEN – NATUR VERSTEHEN

# Steinbachs großer Naturführer

Über 730 Tier- und Pflanzenarten
Über 730 Farbfotos

zusammengestellt und bearbeitet
von Dr. Roland Gerstmeier

Mosaik Verlag

Dieser Band entstand unter Verwendung von Fotos und Texten folgender Bände der Reihe Steinbachs Naturführer:

Josef Reichholf: Säugetiere
Frieder Sauer: Landvögel
Frieder Sauer: Wasservögel
Günter Diesener/Josef Reichholf: Lurche und Kriechtiere
Helgard Reichholf-Riehm: Insekten
Helgard Reichholf-Riehm: Schmetterlinge
Bruno P. Kremer: Bäume
Markus Bollinger/Matthias Erben/Jürke Grau/Günter R. Heubl: Strauchgehölze
Helmut und Renate Grünert: Pilze
Heiko Bellmann: Leben in Bach und Teich
Ehrentraud Bayer/Xaver Finkenzeller/Jürke Grau: Alpenblumen
Jürke Grau/Reinhard Jung/Bertram Münker: Beeren, Wildgemüse, Heilkräuter
Bertram Münker: Wildblumen
Rosina Fechter/Jürke Grau/Josef Reichholf: Lebensraum Küste
Jürke Grau/Bruno P. Kremer/Bodo M. Möseler/Gerhard Rambold/Dagmar Triebel: Gräser
Bruno P. Kremer/Hermann Muhle: Flechten, Moose, Farne

Umschlaggestaltung: Petra Dorkenwald
Umschlagfotos: Johannes Apel, Raimund Cramm, Alfred Limbrunner, Mosaik Verlag, Dr. Eckart Pott, Reinhard-Tierfoto (2), Silvestris-Fotoservice (2), Bildarchiv Huber (4), G. u. W. Klammet, Bildagentur Mauritius
Layout: Paul Wollweber, München
Redaktion: Michael Eppinger, München

Der Mosaik Verlag ist ein Unternehmen der Verlagsgruppe Bertelsmann


Satz: Filmsatz Schröter GmbH, München
Druck und Bindung: Mohndruck Graphische Betriebe GmbH, Gütersloh
Printed in Germany · ISBN 3-570-06655-X

## BILDNACHWEIS

T. Angermayer: 20 o. r., 126 o. r., 173 u. r.; Köster 18 u. l., 173 M., 181 o. l., o. r., u. l.; Pfletschinger 33 o. r., u. r., 34 o. l., u. M., 35 u. (3), 36 u., 38 o. M., u. l., 39 o. M., u. l., u. M., 41 u., 42 o. r., 43 o., 44 o., 82 o. r., 85 o. l., 89 u. r., 90 o. r., u. l., 91 o. l., 99 o. r., u. l., 122 o. l., 123 o. l., u. r., 124 u. M., u. r., 125 o. r., 126 u. l., 127 u. l., u. r., 128 o. l., l. M., u. l., 131 u. r., 142 o. M., u., 143 o. l., 144 o., u. l., 145 u. r., 146 M., 164 o.; Reinhard 50 o. r.; Schmidt 52 o. r.;
J. Apel: 10 o. M.;
W.-A. Bajohr: 52 M. l.;
A. Bärtels: 15 o. M., 16 u. r., 60 o. M., 112 l. M., 138 o. l., o. r., u. l., 154 o. l.;
K. Baumann: 19 o.;
Bayrische Landesanstalt für Fischerei: 95 alle, 96 alle, 97 alle;
Dr. H. Bellmann: 23 o. l., 24 o. r., 25 alle, 33 o. l., 37 u. r., 46 u., 62 alle, 63 alle, 64 alle, 65 alle, 66 o. l., u. r., 67 o. (3), u. r., 68 alle, 69 o. r., u. (3), 70 alle, 71 alle, 72 alle, 73 alle, 74 alle, 75 alle, 76 alle, 77 alle, 78 alle, 79 alle, 80 alle, 81 alle, 82 o. l., 83 o. l., 84 u. l., M. r., u. r., 85 u. r., o. r., 87 o. l., o. M., u. l., 88 alle, 89 u. l., 90 o. l., o. M., u. M., u. r., 91 u. l., 94 u. l., 115 u. r., 116 alle, 123 u. l., 124 u. l., 127 o., 139 alle, 142 o. r., 143 u. l., 145 M., 146 o. l., 163 o. M., u.;
Bio-Info: 149 alle; Danegger 106 o. l.; Pum 106 o. r.; Schork 114 u. r.;
H. D. Brandl: 41 u. r.;
F. Bretzendorfer: 151 u.;
A. Buhtz: 174 o. M., o. r., 175 u. r., 176 M., 177 M., 178 M., 180 M. r., 182 l. (2. v. o.), 183 u. M.;
R. Chattopadhyay: 32 u. r.;
Bruce Coleman: Trotignon 189 M.;
R. Cramm: 98 u., 101 o. l., 150 o. r., 154 u. r., 173 o. l., u. l., 182 u. l., 187 o. r.;
W. Curth: 49 o. l., o. M.;
M. Danegger: 148 o. r., 165 u. M., 166 u., 167 o.;
J. Diedrich: 51 o. M., 100 o., 101 o. r., 187 o. l., 188 u. l.;
G. Diesener: 46 M., 98 M., 99 M. l., u. r.;
H. Dossenbach: 46 o.;
Dr. B. Eichhorn/Zingel: 106 u. l.;
H. Eisenbeiß: 112 u. r., 113 u. l., 155 u., 156 o. l., o. r.;
Dr. G. Ewald: 170 u. l., 175 o. r., u. l.;
X. Finkenzeller: 21 o. l., u., 22 o. M., u., 156 u. l., l. (2.+3. v. o.), 157 alle, 158 alle, 159 alle, 160 M., u. r.;
E. Garnweidner: 20 u. r.;
B. Geiges: 146 u. r., 162 o. l., u. M., u. r.;
Dr. J. Grau: 170 o. l., o. M., u. M., 183 M. l., u. r.;
H. Grünert: 17 o. M., u. r., 21 o. M., 22 o. l.;
R. Haslberger: 31 o. r., u. M.;
H. Heppner: 18 o. r., 21 o. r., 113 u. M., 145 r. (2. v. o.);
Bildarchiv Huber: 6 M., u., 7 o., M., 58/59, 110/111, 136/137, 152/153;
Dr. G. Jurzitza: 83 o. M., 125 l. M., u. r., 144 u. M., 145 o. l., 163 o. l.;
G. Kalden: 149 o. l.;
A. Kankel: 165 o. l.;
G. +. E. Klammet: 6 o., 8/9;
Dr. C. König: 53 u. l., 166 o. M., 167 u.;
Dr. R. König: 60 o. r., 178 u., 184 alle, 185 alle;
Krebs: 69 o. l.;
E. Lautenschlager: 154 u. l.;
W. Layer: 52 u. l., 54 M., 104 u. r., 114 M. l.;
A. Limbrunner: 35 o. l., 39 o. r., 48 u. l., 53 u. r., 55 o. M., u. r., 57 o. r., 128 r., 129 u., 133 o., u. r., 135 M., u., 148 M., o. l., 150 o. l., u. M., 151 o.;
K.-H. Löhr: 43 M., 54 u., 142 o. l.;
G. Lopez: 13 u., 16 o. l., u. l., 155 M.;
Th. Marktanner: 162 o. r.;
Bildagentur Mauritius: 7 u., 168/169;
S. Meyers: 56 u., 103 u. l.;
M. Miethke: 28 u. r.;
G. Moosrainer: 49 u., 50 u. l., 52 o. l., M. r., 135 o.;
Dr. H. Muhle: 23 o. M., r.;
B. Münker: 28 o. r., M., 29 u. l., 30 o. M., 98 o., 119 o. r., 140 o. l., 150 o. M., 151 M., 172 u.;
The National History Photographic Agency: 86 M. l., 143 M., 174 o. l.; Cambridge 22 o. r., 60 u., 122 u. r.; Dalton 86 o. r., 127 u. M.; Elkan 146 u. l.; Fotheringham 146 o. r.; Hawkes 181 u. r.; Lemonie 179 M.; Preston-Mafham 143 o. r.; Tanes 114 o.; Tweedie 35 o. r., 87 o. r., u. r.,, 89 o. r.;
Nature: Sauer 145 u. l.;
Dr. J. Nittinger: 14 o. l.;
H. Partsch: 10 o. l., o. r., 113 u. r., 130 u. r., 138 M., u. r.;
M. Pforr: 11 o. r., 14 l. M., 15 o. r., 33 u. l., 35 o. M., 36 o. l., 42 u. l., 45 u., 50 u. r., 53 o. l., 83 u., 91 u. r., 92 o. M., 93 o., 94 o. l., o. r., 100 M., 101 u., 112 o. r., 117 M. r., 118 o. r., 119 o. l., o. M., u. r., 120 u. r., 124 o. l., 131 u. M., 140 o. M., u. M., 154 M., 164 M.;
W. Pilz: 20 o. l., u. l., 117 o. r., 160 o. l.;
R. Podloucky: 12 o. l., 100 u., 103 u. r.;
Dr. E. Pott: 14 u. r., 26 o. l., o. r., 32 M. l., o. r., 86 o. l., u. l., u. r., 89 M. r., 103 o., 104 M. l., u. l., 105 o. l., u., 106 M. l., 108 M., 117 u. l., 170 u. r., 173 o. r., 175 o. l., 176 o. l., o. r., 181 M., 182 o. r., 186 l. (2. + 3. v. o.), u. l., 187 r. (3. + 4. v. o.), 188 o. l., o. M.;
H. Prenzel: 38 u. r., 104 o. M.; Kronmüller 105 o. r., 109 o.; Lederer 17 u. l., 18 o. l., 114 u. l.; Maier 84 o. l., 126 o. l.;
G. Quedens: 52 o. M., 104 o. l., 107 o. M, 171 o. l., o. r., u. l., u. r., 172 o. l., 174 u., 176 u., 177 u. l., u. r., 180 o., 183 u. l., 187 r. (2. v. o.), 188 M. l.;
Reinhard Tierfoto: 26 u. r., 27 o. l., 29 o. l., M., 31 u. r., 48 o., 50 o. l., 55 o. l., 56 M., 57 o. l., 61 u. r., 102 o., M., 107 u. l., 109 u., 117 o. l., 118 o. l., 120 o. l., o. M., 121 o. r., 134 M., u., 141 u. l., 147 o., 149 u. l., u. r., 164 u.;
Th. Ruckstuhl: 34 o. r., 39 u. r., 82 u., 125 u. l., 163 o. r.;
Dr. F. Sauer: 51 o. l., u. M., u. r., 104 o. r., 106 l. (2. v. o.), 107 o. r., 134 o. l., 141 o. M., 147 u. r., M., 148 u. l., 165 o. M.;
H. Schrempp: 11 o. l., u., 12 u. l., 13 o. (3), 16 M., 17 o. l., o. r., 18 u. r., 19 M., u., 23 u., 24 o. M., u. l., u. r., 26 M., u. l., 27 o. M., o. r., u. M., u. r., 28 o. l., 29 u. r., 30 o. r., u. l., M., 31 o. l., u. l., 45 M., 60 o. l., 61 o. l., 66 o. M., o. r., u. l., 67 u. l., 102 u., 108 o. r., u. l., 112 o. l., u. l., 115 o. l., M. l., u. l., 117 u. r., 118 u. l., 120 o. r., u. l., 121 o. l., o. M., u. l., u. r., 123 l. M., 140 o. r., u. l., u. r., 141 o. l., o. M., u. M., u. r., 147 u. l., 148 u. r., 150 u. l., 154 o. r., 172 o. r., M.;
G. Schuhmacher: 16 o. r., 27 u. l., 32 o. l.;
G. Schwab: 24 o. l.;
K. Schwammberger: 49 o. r., 108 o. l., 133 u. l., 149 o. r., 166 o. l.;
S. Seidl: 32 u. l.;
R. Siegel: 54 o., 56 o., 130 o.;
Silvestris-Fotoservice: Arndt 189 o.; Jacana/Carrara 145 o. r.; Jacana/Chaumeton 131 u. l.; Jacana/Ernie 125 o. l.; Jacana/Hervy 132 u. l., Jacana/König 37 u. l., 179 o., u., 180 M. l., 182 o. l., u. r., l. (2. v. o.); Jacana/Moiton 38 o. l., 40 u., 83 o. r., 92 o. r., 132 o. l., o. M.; Jacana/Nief 18 o. M.; Jacana/Sommer 12 M.; Jacana/Valot 15 o. l., 61 u. l.; Jacana/Vasserot 183 o. l.; Jacana/Winner 177 o.; Kotzke 34 o. M., 38 o. r., 39 o. l.; Maywald 53 M. r.; Meyers 167 M.; Rohdich 189 u.; Weiß 178 o.;
R. Spönlein: 29 o. r.;
G. Steinbach: 10 u., 11 o. M., 12 o. M., u. M., u. r., 14 u. l. 31 o. M., 34 u. l., 61 M., 130 u. M.;
G. Synatzschke: 93 M., 103 u. M., 175 o. M., 180 u.;
G. Thor: 170 o. r.;
P. Trötschel: 50 o. M.;
H. J. Vermehren: 171 M.;
Dr. Weldt: 57 u.;
F. Wendler: 143 u. r.;
H. Wöhler: 15 u. r., 51 u. l.;
K.-F. Wolfstetter: 28 u. l.;
K. Wothe: 14 o. r., 30 o. l., 50 u. M., 51 o. r., 53 o. r., 85 o. M., 105 o. M., 106 l. (4. v. o.), 113 o., 118 o. M., 155 o., 166 o. r., 186 o. r., 187 u. r., 188 o. l.;
P. Zeininger: 45 o., 47 u., o. l., o. r., 55 o. r., 106 u. l., 134 o. r., 150 u. r., 165 o. r., u. r., 186 o. l., u. r., 187 u. l.;
W. Zepf: 33 M. r., 34 u. r., 36 o. M., o. r., 37 o. M., o. r., 38 u. M., 40 o. (3), 41 o. (2), 42 o. l., o. M., u. r., 43 u., 44 M., u., 89 o. l., 91 M., o. r., 92 o. r., u. l., u. r., 93 u., 94 M. l., u. r., 122 M., 124 l. M., 129 o., M., 130 u. l., 131 o., 132 o. r., 144 u. r., 160 u. l., 161 alle, 162 u. l.;
H. Zettl: 107 o. l.;
G. Ziesler: 165 u. l.

*Liebe Leser,*

wo immer uns in der Natur Pflanzen und Tiere begegnen, bilden sie Lebensgemeinschaften. Kein Lebewesen kann auf Dauer für sich allein fortbestehen; es hängt mittelbar oder unmittelbar von anderen Lebewesen ab – etwa über Nahrungsketten oder über die Fremdbestäubung. Auch im für uns zunächst unsichtbaren mikrobiellen Bereich verknüpfen sich die Organismen vielfältig zu einem alles Leben der Erde tragenden Beziehungsgeflecht.
Die Lebensgemeinschaften entfalten sich nicht beliebig dort, wo sie Platz finden, sondern sie hängen von örtlich oft scharf begrenzten Bedingungen ab, die nur ihr jeweiliger Lebensraum erfüllt. Lebensgemeinschaft und Lebensraum bilden die natürliche Einheit, in der wir Natur erleben.
Dieses Buch wurde nach Lebensräumen gegliedert. Es wird damit dem ganzheitlichen Naturverständnis gerecht, das wir heute als notwendig erkannt haben, um Natur zu erhalten und zu gestalten. Entsprechend dieser Erkenntnis kann wirksamer Artenschutz für Pflanzen und Tiere auf Dauer nur über die Bewahrung des jeweiligen Lebensraums oder Biotops, also als Biotopschutz, verstanden und betrieben werden. Dem Naturfreund erschließt die Gliederung der Arten nach Lebensräumen den jeweiligen Zusammenhang von Art und Biotop und sie ermöglicht ihm einen schnellen Überblick über die natürlichen Zusammenhänge vom Erscheinungsbild einer Tier- oder Pflanzenart und ihren Lebensraumansprüchen. Aber der ganzheitliche Ansatz muß im begrenzten Umfang eines Buches zwangsläufig zu Unvollständigkeiten im Spektrum der dargestellten Arten führen. Die Redaktion stand vor der Aufgabe, aus der scheinbar unübersehbaren Fülle »wichtige« Arten stellvertretend für andere Bewohner eines Lebensraumes vorzustellen. Mit anderen Worten: Dieser Band kann das speziellere Bestimmungsbuch einer Pflanzen- oder Tiergruppe nicht ersetzen. Wer mehr Arten ansprechen und bestimmen will, als er hier jedem Lebensraum zugeordnet findet, sollte auf die vielbändige Naturführerreihe des gleichen Verlages zurückgreifen, aus der die Artenbeschreibungen des vorliegenden Buches übernommen wurden.
Wer sich dagegen für die tieferen ökologischen Zusammenhänge der Lebensräume selbst und ihrer Verknüpfung untereinander beschäftigen will, findet in der siebenbändigen Biotopführerreihe des Mosaik Verlages die passende Anschlußliteratur.
Natur erleben und Natur lieben sind letztlich nicht ursächlich an Fachwissen und Artenkenntnis gebunden. Jedes Wissen über die Natur bleibt ein Teilwissen. Die Ganzheit der Natur erleben wir in unseren ungeteilten Empfindungen gegenüber allem, was uns an Leben umgibt. Denn wir selbst sind ein Teil dieser Natur. Deshalb vermögen wir die Natur nicht nur mit dem Verstand, sondern auch mit dem Herzen zu erfassen. Das auf vielen Wegen erreichbare Einswerden mit der Schöpfung schenkt uns Lebenskraft und Zuversicht auch in einer Zeit wachsender Bedrohung dieser Natur durch den Menschen.

*Gunter Steinbach*

# Inhalt

# Lebensraum **WALD**

Klimatisch gesehen ist Mitteleuropa eine Waldregion, die – ohne menschliche Eingriffe – fast nur aus Mischwäldern bestehen würde. Natürliche Mischwälder sind mehrschichtige Pflanzengemeinschaften, die in vielfältiger Weise voneinander abhängig sind. Ihr charakteristischer Aufbau setzt sich aus Boden- oder Moosschicht, Krautschicht, Strauchschicht und Baumschicht zusammen. Natürliche Mischwälder bieten dadurch zahlreiche ökologische Nischen für eine reichhaltige Tier- und Pflanzenwelt. So beherbergen besonders Altholzbestände viele holzbewohnende Insektenarten.

Nahezu alle Wälder der Erde wurden durch Eingriffe des Menschen zunehmend und stark verändert. In unseren Breiten wird dies durch die raschwüchsigen, aber eintönigen und artenarmen Fichtenkulturen deutlich dokumentiert. Solche Monokulturen begünstigen die schnelle Ausbreitung tierischer Schädlinge.

Dank eines ausgeprägteren Naturschutzbewußtseins steht heute der naturnahe Mischwald wieder im Mittelpunkt des Interesses. Der Erhaltung seiner Artenvielfalt sollte unser ganzes Augenmerk gelten, denn nur der gesunde Wald kann seiner Rolle als »grüne Lunge«, als Wasserspeicher, als Bewahrer der Böden und des Klimas, als Windschutz und auch als Holzlieferant gerecht werden.

## Weiß-Tanne
*Abies alba*

MERKMALE: Immergrüner Nadelbaum mit meist kräftigem, geradem Stamm, kann etwa 50 m Höhe erreichen. Krone in der Jugend kegelförmig, im Alter abgeflacht. Ältere Äste fast waagerecht abstehend. Nadelblätter ziemlich kurz, höchstens bis 3 cm lang, vorne stumpf, biegsam, auf der Unterseite mit 2 helleren Streifen, locker gestellt. Rinde glatt, dunkelgrau, im Alter zunehmend rissig oder gefeldert. Männliche Blüten kugelig, gelblich, in den Nadelachseln an den Zweigenden. Weibliche Zapfen meist um 10 cm lang, selten auch länger, aufrecht, walzenförmig. LEBENSRAUM: Wichtiger Waldbaum, zusammen mit Buche, Kiefer und Fichte oft bestandsbildend in Höhen zwischen 400-900 m auf frischen, kühlen, mittelgründigen Böden. VERBREITUNG: Typischer Waldbaum in natürlichen Nadelwaldungen vor allem in Mitteleuropa, Korsika und in den Gebirgen des Balkans. BLÜTEZEIT: April bis Mai.

## Europäische Lärche
*Larix decidua*

MERKMALE: Sommergrüner, laubwerfender Nadelbaum um 40 m Höhe, mit recht schlanker, kegelförmiger Krone und regelmäßiger ziemlich dichter Beastung. Ältere Äste hängend und an den Enden wieder aufsteigend, mittlere meist abstehend und nur im oberen Kronenbereich schräg aufrecht. Rinde anfangs glatt und graubraun-grünbraun, später eher rosabraun und tiefrissig geschuppt. Nadelblätter weich, 2-3 cm lang, in Büscheln zu 20-40 an Kurztrieben oder einzeln, aber ziemlich dicht an den Langtrieben, stumpf oder nur wenig zugespitzt, reingrün, auf der Unterseite mit 2 helleren Längsstreifen. LEBENSRAUM: Ziemlich häufig und stellenweise bestandsbildend in sommerwarmen, lufttrockenen Klimaanlagen auf frischen und basenreichen Böden. VERBREITUNG: Ursprünglich nur in den Zentralalpen und in den östlichen Sudeten, der Tatra und den polnischen Tieflagen. BLÜTEZEIT: März bis April.

## Gemeine Kiefer, Föhre
*Pinus sylvestris*

MERKMALE: Immergrüner Nadelbaum bis etwa 30 m Wuchshöhe, gelegentlich auch höher. Krone bei jungen Bäumen noch regelmäßig kegelig mit dreieckigem Umriß. Rinde anfangs grau oder braungrau, später graurosa und im Alter in große Platten aufgegliedert, die durch tiefe, schwärzliche Furchen getrennt werden. Nadelblätter zu je 2 an einem Kurztrieb, zum Ende der Triebe büschelig gehäuft, etwa 3-8 cm lang, kurz zugespitzt. Weibliche Zapfen einzeln oder in Büscheln zu 2-3 auf kurzen, gedrungenen Stielen, spitz-oval, 5-8 cm lang. LEBENSRAUM: Bevorzugt mäßig trockene, basenarme Lockerböden, auf Lehm ebenso anzutreffen wie auf Sandböden, auch auf Kalkböden. VERBREITUNG: Die Föhre hat von allen europäischen *Pinus*-Arten die weiteste Verbreitung und wächst von der Ebene bis in Höhen um 1300 m. Wichtiger Forstbaum. Sehr formenreich. BLÜTEZEIT: April bis Mai.

## Gemeine Fichte, Rot-Fichte
*Picea abies*

MERKMALE: Immergrüner Nadelbaum mit Wuchshöhen bis 70 m (meist nur 30-50 m) und damit höchster in Europa heimischer Baum. Krone besonders im Freistand sehr regelmäßig kegelig. Wirtelig gestellte Äste. Rinde kupferfarben bräunlich-rot, fein geschuppt, jedoch insgesamt wenig ablösend. Nadelblätter 1-2,5 cm lang, ziemlich starr, spitz, dunkelgrün, im Querschnitt rautenförmig vierkantig, wirtelig gestellt oder sehr undeutlich 2seitig gescheitelt, weisen überwiegend nach vorne. Männliche Blüten karminrot, beim Aufblühen etwa 1 cm lang. Weibliche Zapfen länglich. LEBENSRAUM: Flachwurzler in lockeren, humosen, winterkalten Böden, Rohhumusbildner, führt in Monokulturen zur Versäuerung des Bodens und erschwert deshalb die Wiederbestockung. VERBREITUNG: Ursprünglich von Skandinavien bis zum Balkan in Höhen oberhalb 800 m, dort bestandsbildend. Durch forstliche Kultivierung überall eingebürgert. BLÜTEZEIT: April bis Mai.

**Schwarz-Kiefer**
*Pinus nigra*

MERKMALE: Immergrüner Nadelbaum von etwa 20-30 m Wuchshöhe. Krone bei älteren Exemplaren im unteren Teil sehr unregelmäßig und meist offen, im oberen Teil dagegen dichter beastet und von ovalem Umriß. Äste meist steiler ansteigend, kandelaberartig, seltener auch waagerecht abgehend und ausgebreitet. Rinde an jungen Bäumen noch glatt, später sehr grob gefurcht und schuppig gefeldert, braunschwarz oder schwarzgrau. Nadelblätter zu je 2 an Kurztrieben, im Querschnitt halbkreisförmig oder beidseits abgeflacht, ca. 10-15 cm lang. Männliche Blütenstände zu einer breiten Manschette gruppiert, hell-bräunlichgelb. LEBENSRAUM: Wichtiger waldbildender Baum in trokkenen Lagen der Kalkgebirge Mittel- und Südeuropas. VERBREITUNG: Im südlichen Mitteleuropa und auf dem Balkan sowie in Teilen des Mittelmeergebiets weit verbreitet und häufig. BLÜTEZEIT: Mai bis Juni.

**Gemeine Eibe**
*Taxus baccata*

MERKMALE: Immergrüner, zweihäusiger Nadelbaum bis etwa 20 m Wuchshöhe. Krone bei einstämmigen Exemplaren breit kegelförmig oder (nur bei Gartenformen) säulenförmig, bei mehrstämmigen Bäumen sehr breit ausladend und unregelmäßig mehrgipfelig aufgebaut. Stärkere Äste abstehend oder leicht hängend, an den Enden jedoch meist etwas ansteigend. Rinde braungrau, grob gefurcht und in breite Fetzen zerrissen oder abblätternd. Männliche Blüten kugelig oder länglich, beim Stäuben sehr hell gelblich oder weißlich. LEBENSRAUM: Die langsamwüchsige Eibe liebt schattige Standorte auf lockeren, humosen, sickerfeuchten Böden. VERBREITUNG: Über ganz Europa in Einzelexemplaren, seltener in geschlossenen Beständen anzutreffen. Sehr häufig angepflanzt. BLÜTEZEIT: Februar bis April. ALLGEMEINES: Alle Teile der Pflanze mit Ausnahme des roten Samenmantels sind stark giftig.

**Zitter-Pappel, Espe**
*Populus tremula*

MERKMALE: Sommergrüner Baum bis ungefähr 30 m Wuchshöhe. Ausläufer treibend. Krone anfangs sehr locker und licht durch weit gestellte Äste, später eher kegelförmig und zuletzt rundlich bis unregelmäßig mehrteilig. Stamm selten völlig gerade, meist etwas geneigt. Rinde kahl, ziemlich glatt, etwas klebrig, grau-grün. Blätter 3-10 cm lang, lang gestielt, am Grund meist herzförmig, sonst überwiegend kreisrund oder eirund mit sehr kurzer, kaum angedeuteter Spitze, stumpf gezähnt oder seicht gebuchtet. Zweihäusig. LEBENSRAUM: Zitter-Pappeln sind ideale Rohbodenbesiedler und lieben lockere, lichte, nährstoffreiche Standorte. VERBREITUNG: Von allen Pappel-Arten in Europa am weitesten verbreitet, in Schlagfluren, an Gehölzsäumen auf Blockhalden oder in Hecken von der Ebene bis weit über 1000 m im Gebirge ansteigend. BLÜTEZEIT: März bis April.

**Eß-Kastanie**
*Castanea savita*

MERKMALE: Stattlicher, bis fast 30 m hoher sommergrüner Laubbaum. Krone anfangs kegelförmig, mit zunehmendem Alter säuliger und zuletzt hoch und breit gewölbt, mit dicken, verhältnismäßig kurzen Ästen. Rinde anfangs glatt und grau-rötlich, später dunkler braungrau, mit dichtem Netzwerk erhabener Leisten und vertiefter Furchen überzogen. Blätter wechselständig bis 2zeilig, 10-30 cm lang, länglich-lanzettlich, an der Basis keilförmig zusammengezogen oder herzförmig eingeschnitten, vorne spitz; Oberseite glänzend dunkelgrün, Unterseite hellgrün. LEBENSRAUM: Die Eß-Kastanie bevorzugt ein mildes, wintermildes, humides Klima und wächst gern auf mittelgründigen, zuweilen kalkreichen Böden. VERBREITUNG: Überall in Südeuropa, Nordafrika und Westasien in zum Teil großen Beständen anzutreffen. In Mitteleuropa seit der Römerzeit eingebürgert. BLÜTEZEIT: Juni bis Juli.

**Gemeine Buche, Rot-Buche**
*Fagus sylvatica*

MERKMALE: Bis etwa 30 m Wuchshöhe. Krone bei jüngeren Bäumen schlank, bei älteren ziemlich breit und kuppelförmig aufgewölbt, besonders im Freistand oft prächtig entwickelt. Rinde glatt, bleigrau, bei älteren Exemplaren ein wenig aufgerauht, aber niemals rissig oder grob schuppig, allenfalls ein wenig wellig oder gezeichnet. Blätter wechselständig, 5-10 cm lang, länglich-elliptisch oder eiförmig, in der Mitte oder im Vorderteil am breitesten, am Grund keilförmig verschmälert, am Rand leicht gewellt. Bucheckern (= Nußfrüchte) bis 2 cm lang, scharf 3kantig, glänzend braun. LEBENSRAUM: Bevorzugt auf gut durchfeuchteten, nährstoffreichen Böden, in sommerkühlen Klimalagen auch auf Sand- und Kalkböden, von der Ebene bis in etwa 1550 m Höhe. VERBREITUNG: Überall in Europa mit Ausnahme des Südostens verbreitet und häufig. BLÜTEZEIT: April bis Mai.

**Hain-Buche, Weiß-Buche**
*Carpinus betulus*

MERKMALE: Bis 20 m hoher Laubbaum mit breiter und hoher, besonders im Freistand schön gewölbter, oft aber etwas unregelmäßiger Krone. Rinde heller oder dunkler grau, anfangs glatt, später mit einem feinen Netzwerk gemustert oder mit flachen Leisten überspannt. LEBENSRAUM: Grundfrische, nährstoffreiche, humose Böden. Bestandsbildend in krautreichen Laubwäldern oder Hecken, von der Ebene bis in etwa 1300 m Höhe. VERBREITUNG: Von den Pyrenäen bis Südskandinavien und östlich bis zur Türkei überall verbreitet und häufig. BLÜTEZEIT: April bis Mai.

**Wald-Haselnuß**
*Corylus avellana*

MERKMALE: Sommergrüner, ausladender, 1-5 m (in Kultur bis 10 m) hoher, mehrstämmiger Strauch oder kleiner Baum mit meist buschförmiger Krone. Rinde der älteren Äste rötlich bis weißlich grau, glatt, glänzend, mit braunen Korkwarzen, in kleinen, schmalen Streifen abrollend. Laubblätter einfach, wechselständig, teilweise auch zweizeilig angeordnet, 7-10 cm lang und 4-6 cm breit, rundlich bis breit-eiförmig. LEBENSRAUM: In Wäldern, Gebüschen, Hecken, an Bachufern. Von der Ebene bis in die Alpen (bis 1700 m). VERBREITUNG: Fast ganz Europa. BLÜTEZEIT: Januar bis April.

**Trauben-Eiche, Winter-Eiche**
*Quercus petraea*

MERKMALE: Sommergrüner, recht stattlicher Baum mit Wuchshöhen um 40 m. Krone ziemlich hochgewölbt und breit, bei Bäumen im Freistand dicht geschlossen und gleichmäßig belaubt. Rinde bei jungen Bäumen anfangs noch recht glatt, später von feinen Furchen und Rissen dicht überzogen, mittelgrau. LEBENSRAUM: Lockere, meist mittelgründige Stein- und Lehmböden in wintermilden Klimalagen. VERBREITUNG: In Mittel- und Südeuropa weit verbreitet. BLÜTEZEIT: Mai.

**Stiel-Eiche, Sommer-Eiche**
*Quercus robur*

MERKMALE: Sommergrüner, oft sehr stattlicher Laubbaum bis nahezu 45 m Wuchshöhe. Krone breit und hoch, besonders im Freistand schön kugelig gewölbt. Rinde hellgrau oder hell braungrau, auch an jüngeren Bäumen in ein dichtes Netzwerk von Furchen und Leisten gegliedert. Blätter 10-12 cm lang und etwa 8 cm breit, verkehrt-eiförmig, vorne abgerundet. LEBENSRAUM: Frische oder grundfeuchte Böden. VERBREITUNG: Überall in Europa, besonders aber im Flachland. BLÜTEZEIT: Mai bis Juni.

**Eberesche, Vogelbeere**
*Sorbus aucuparia*

MERKMALE: Sommergrüner Laubbaum von ungefähr 5-15 m Wuchshöhe, gelegentlich auch bis zu 20 m hoch. Krone ziemlich unregelmäßig aufgebaut und meist offen, von rundlichem oder ovalem Umriß, seltener rundlich gewölbt oder dicht. LEBENSRAUM: Lichtliebendes Gehölz auf trockenen oder mäßig feuchten, meist nährstoffreichen Lehm- oder Steinböden, Pionierart. VERBREITUNG: Überall in Europa in lichten Wäldern, an Säumen oder in Flurgehölzen. BLÜTEZEIT: Juni bis Juli.

**Mehlbeere**
*Sorbus aria*

MERKMALE: Laubwerfender, sommergrüner Baum von etwa 6-12 m Wuchshöhe, mit sehr breiter, flach gewölbter Krone, die recht unregelmäßig aufgebaut ist. Rinde bei jüngeren und älteren Bäumen ziemlich glatt, grau-silbrig oder mattgrau. Im Alter jedoch zunehmend etwas rissig oder weniger geschuppt. Blätter ungeteilt, 6-12 cm lang und etwa 5-7 cm breit, länglich-oval, an der Basis keilfrömig oder abgerundet, sehr unregelmäßig oder ungleich doppelt gesägt oder andeutungsweise gelappt, nach dem Austrieb auf der Oberseite seidig behaart, dort später kahl und sattgrün, auf der Unterseite immer dicht weißfilzig behaart. LEBENSRAUM: Lichtliebendès, allenfalls Halbschatten ertragendes Gehölz auf mäßig trockenen, recht warmen Böden. VERBREITUNG: Überall in Europa heimisch und in sonnigen Wäldern oder Gebüschen anzutreffen. Sehr formenreich. BLÜTEZEIT: Mai bis Juni.

**Vogel-Kirsche**
*Prunus avium*

MERKMALE: Sommergrüner, laubwerfender Baum, etwa 30 m Wuchshöhe erreichend. Krone sehr regelmäßig kugelförmig, bei jüngeren Bäumen eher noch in einer schlanken Spitze endend, bei älteren Exemplaren mehr säulig, aber immer recht gleichförmig gewölbt. Rinde rötlich-braungrau, leicht glänzend, löst sich in schmalen oder breiteren Querbinden ab, mit auffallendem, waagerechten Lentizellenmuster. Blätter wechselständig, verkehrt-eiförmig bis länglich-oval, mit schlanker, aufgesetzter Spitze, etwa 7-15 cm lang und 4-8 cm breit, unregelmäßig gezähnt. Zähne alle nach vorne weisend, auf der Oberseite glatt und dunkelgrün, unterseits frischgrün, leicht glänzend. LEBENSRAUM: Liebt tiefgründige, nährstoffreiche, frische Böden. VERBREITUNG: In Europa weit verbreitet in Hecken, Wäldern und Mischgehölzen. Von verwilderten Süß-Kirschen nicht leicht trennbar. BLÜTEZEIT: April bis Mai.

**Gewöhnliche Traubenkirsche**
*Prunus padus*

MERKMALE: Sommergrüner Laubbaum (nur selten Strauch) zwischen 10 und 17 m Wuchshöhe, mit kegelförmiger, recht schlanker, später jedoch zunehmend säulenförmiger und gewölbter Krone. Rinde glatt, sehr dunkel braungrau oder fast schwarz, riecht beim Zerreiben ziemlich unangenehm. Blätter wechselständig, verkehrt-eiförmig oder elliptisch-länglich, mit kurzer, aber schlanker Spitze, an der Basis gewöhnlich rundlich, nur selten herzförmig eingeschnitten, 5-9 cm lang und ungefähr 3-7 cm breit, am Rand fein gezähnt, auf der Blattoberseite matt dunkelgrün, auf der Unterseite heller und zuweilen sehr zerstreut behaart. Steinfrüchte kugelig oder wenig länglich. LEBENSRAUM: Bevorzugt auf tiefgründigen, sehr nährstoffreichen und gut durchfeuchteten Böden. VERBREITUNG: In Europa und in Kleinasien in Auenwäldern und Laubwäldern weit verbreitet. BLÜTEZEIT: April bis Mai.

**Wild-Birne, Holz-Birne**
*Pyrus pyraster*

MERKMALE: Meist kleinerer Baum zwischen 5 und 15 m Wuchshöhe, mitunter auch bis 20 m erreichend. Krone auch bei älteren Bäumen kegelförmig und ziemlich hochgezogen, seltener rundlich gewölbt oder breit ausladend. Rinde dunkelbraun-schwärzlich, in Längs- und Querrichtung fein rissig gegliedert und geschuppt; Blätter nur an Kurztrieben, ziemlich dünn, rundlich-elliptisch 3-7 cm lang und oft fast ebenso breit, an der Basis abgerundet oder leicht herzförmig, gezähnt oder sehr fein gesägt, im unteren Drittel der Blattspreite jedoch nahezu ganzrandig, vorne kurz zugespitzt, auf der Oberseite leicht glänzend frischgrün. Blattstiele 2-5 cm lang. Frucht krugförmig, bräunlich-gelb, oder noch dunkler. LEBENSRAUM: Liebt sommerwarme, sickerfrische, nährstoffreiche Standorte. VERBREITUNG: Nur vereinzelt in Gebüschen oder lichten, warmen Laubwäldern anzutreffen, stellenweise zur Wildäsung angepflanzt. BLÜTEZEIT: April bis Mai.

## Gemeine Esche
*Fraxinus excelsior*

MERKMALE: Meist sehr hoher, ansehnlicher sommergrüner Baum mit Wuchshöhen um 40 m; gehört damit zu den hochwüchsigsten einheimischen Laubgehölzen. Rinde an jüngeren Bäumen glatt, später zunehmend längs gefeldert und gefurcht oder mit einem schmalen Leistenwerk überspannt, graubraun. Blätter gegenständig, unpaarig gefiedert, 20-25 cm lang, mit 9-13 Fiederblättchen, diese oval-länglich, vorne spitz, gezähnt, auf der Oberseite mattgrün, unterseits heller und (mit Ausnahme der Mittelrippe) kahl. Blüten unscheinbar, einoder zweigeschlechtig, ein- oder zweihäusig. Flügelfrüchte um 3 cm lang, zur Reifezeit braun, vorne zugespitzt. LEBENSRAUM: Verbreitet in krautreichen Auen- oder Schluchtwäldern, meist auf sickerfrischem, nährstoffreichem Boden. VERBREITUNG: In ganz Europa verbreitet und häufig als Park- oder Zierbaum angepflanzt.

## Spitz-Ahorn
*Acer platanoides*

MERKMALE: Ansehnlicher, sommergrüner Baum mit Wuchshöhen um 25-30 m. Krone meist regelmäßig und sehr schön gewölbt, auf geradem, aber ziemlich kurzem Stamm. Rinde an älteren Bäumen feinrissig, dunkelgrau, nicht abblätternd, mit feinem Leistenmuster überzogen. Blätter alle gegenständig, langgestielt, etwa 10-15 cm lang und fast ebenso breit, mit 5-7 ungleich großen Lappen handförmig geteilt, untere Blattlappen deutlich kleiner als die vorderen, jeweils in mehrere, sehr schlanke und lange Blattzähne ausgezogen, oberseits frischgrün oder dunkelgrün, matt, unterseits etwas heller, z. T. leicht bläulich-grün. LEBENSRAUM: In frischen bis mäßig feuchten Schlucht- und Auenwäldern oder in verschiedenen anderen Laubwaldgesellschaften. VERBREITUNG: Überall in Europa, häufig in Parkanlagen angepflanzt. Ursprüngliche Vorkommen wesentlich seltener. BLÜTEZEIT: März bis April.

## Gemeine Waldrebe
*Clematis vitalba*

MERKMALE: Ausdauernde, bis über 10 m emporkletternde, verholzte Schlingpflanze, mit kantigen oder gefurchten Ranken, die große Flächen von Stämmen und Baumkronen überwuchern. Alte Sprosse armdick, mit grauer, sich unregelmäßig abschälender Rinde. Blätter unpaarig gefiedert, meist 5zählig, gegenständig, grob gezähnt oder ganzrandig; die einzelnen Fiederblättchen ei-lanzettlich, 3-10 cm lang und 4-6 cm breit. Die grünlich-weißen, 2-3 cm breiten, schwach duftenden Blüten stehen in achselständigen, reichblütigen Rispen oder Trugdolden. Früchte länglich, rotbraun, den Winter über am Strauch verbleibend. LEBENSRAUM: Verbreitet in feuchten Wäldern, Gebüschen, Hecken, Auen, an Waldrändern. Benötigt viel Licht und bevorzugt meist kalkhaltige Böden. Von der Ebene bis in 1500 m Höhe. VERBREITUNG: Mittel- und Südost-Europa; im Süden von Italien über den Balkan bis Kleinasien heimisch. BLÜTEZEIT: Juli bis September.

## Gewöhnliche Stachelbeere
*Ribs uva-crispa*

MERKMALE: Mittelgroßer, 0,5-1,5 m hoher, buschiger Strauch mit langen, dünnen, graubraunen Zweigen. Die Laubblätter stehen in den Achseln von 2-3teiligen, seltener 5teiligen, spitzen Stacheln; diese erreichen eine Länge von etwa 1 cm. Blätter behaart, im Umriß rundlich oder herzförmig, 26 cm breit. LEBENSRAUM: In Auwäldern, Gebüschen, Hecken, in lichten Wäldern, an Hängen. In den Alpen bis 1400 m aufsteigend. Mit Vorliebe auf stickstoffreichen Böden. VERBREITUNG: Fast ganz Europa, mit Ausnahme des nördlichen Teils von Skandinavien. Im Osten bis zum Kaukasus und Zentralasien anzutreffen.
BLÜTEZEIT: April und Mai.

## Feld-Ahorn
*Acer campestre*

MERKMALE: Meist kleinerer, laubwerfender Baum, nur selten Wuchshöhe über 10 m erreichend, mit kugelig-rundlicher, häufig etwas ausladender Krone auf deutlichem, gekrümmtem Stamm, Rinde oft korkig. Blätter gegenständig, ziemlich regelmäßig 5lappig, einzelne Lappen zum Grund hin kleiner werdend, vorne abgerundet und mit undeutlichen Zähnen, daher fast ganzrandig erscheinend, oberseits matt dunkelgrün, unterseits etwas heller. LEBENSRAUM: Liebt nährstoffreiche Lehm- oder Mullböden in krautreichen Eichen-Hainbuchenwäldern. Von der Ebene bis in etwa 900 m Höhe. VERBREITUNG: In Europa weit verbreitet und ziemlich häufig. Nur gelegentlich als Ziergehölz angepflanzt, wichtiges Flurgehölz.

## Gemeine Brombeere
*Rubus fruticosus*

MERKMALE: Schößlinge himbeerartig aufrecht, bogig oder kriechend, kahl oder behaart, oft stieldrüsig, mit gleichen bis ungleichen Stacheln. Laubblätter meit gefingert 3-5(-7) zählig, oberseits (dunkel-)grün, unterseits filzlos grün bis grauweiß filzig. Blüten meist in Rispen, Blütenblätter weiß bis rosarot, schmal spatelig bis fast kreisrund. Staubblätter länger oder kürzer als die Griffel. Früchte schwarzrot bis schwarz, meist glänzend und wohlschmeckend, sich bei der Reife vom Fruchtboden ablösend. Die Abbildung zeigt die im atlantischen Europa weit verbreitete Samt-Brombeere *Rubus vestitus*, die durch dichte Behaarung, rundliche Blättchen und rosa oder weiße Blüten ausgezeichnet ist. LEBENSRAUM: In Hecken und Gebüschen, an Wald- und Wegrändern, in lichten Wäldern oder auf Lichtungen. Ebene bis Gebirge (Alpen bis 1700 m). VERBREITUNG: In ganz Europa bis auf den äußersten Norden.

## Pfaffenhütchen, Gemeiner Spindelstrauch
*Euonymus europaeus*

MERKMALE: Sommergrüner, sehr ausschlagfähiger, 1-7 m hoher Strauch oder kleiner Baum mit breit gewölbter Krone. Äste sehr dicht, sparrig abstehend, grau- oder rotbraun berindet. Jüngere Zweige grünlich braun, undeutlich 4kantig oder mit 2-4 Korkleisten, bisweilen auch geflügelt und mit zahlreichen Korkwarzen bedeckt. Laubblätter einfach, 3-10 cm lang und 2-3,5 cm breit, länglich-lanzettlich oder länglich-eiförmig, am oberen Ende spitz bis stumpf, am Grund keilförmig, am Rand fein kerbig gesägt, kahl, oberseits blaugrün, unterseits heller. LEBENSRAUM: Häufig in Au- und Laubwäldern, in Gebüschen, an Felsen, auf Weiden, an Ufern, in Hecken und an Mauern. Von der Ebene bis in Höhen von 1200 m anzutreffen. Liebt nährstoffreiche, kalkhaltige, gut durchfeuchtete und tiefgründige Lehmböden. VERBREITUNG: Fast in ganz Europa.

## Faulbaum, Pulverholz
*Rhamnus frangula*

MERKMALE: Dornloser, 1-3 m hoher, locker verzweigter Strauch oder schmächtiger Baum mit glatter Rinde, fast waagrecht abstehenden und locker beblätterten Zweigen; diese leicht brüchig. Rinde in der Jugend grün, später graubraun mit langen, quergestellten, grau-weißen Rindenporen. Knospen behaart, ohne Knospenschuppen. Laubblätter wechselständig, breit-elliptisch bis verkehrt-eiförmig, etwa 2-7 cm lang und 5 cm breit, mitunter auch kleiner, vorne zugespitzt oder gestutzt, ganzrandig und leicht gewellt, mit 7-9 gegen den Blattrand zu stark gebogenen Nerven. Blüten zwittrig, in Trugdolden angeordnet. LEBENSRAUM: In lichten Laubwäldern, feuchten Gebüschen, an Wasserläufen, auf Mooren. Von den Niederungen bis in mittlere Gebirgslagen. Meist auf feuchten, kalkfreien Lehmböden. VERBREITUNG: In fast ganz Europa. BLÜTEZEIT: Von April bis August.

## Gemeiner Seidelbast
*Daphne mezereum*

MERKMALE: Sommergrüner, 30 bis 150 cm hoher, wenig verzweigter, aufrechter Strauch, mit rutenförmigen, sehr biegsamen Zweigen. Junge Triebe mit gelblich-brauner Rinde, fein zottig behaart. Die an den Zweigenden büschelig gehäuften, länglich-lanzettlichen Blätter sind 3-8 cm lang und 1-2,5 cm breit, sitzend, ganzrandig, mit keilförmig verschmälertem Grund, oberseits mit lebhaft grüner Färbung, unterseits grau-grün. Die stark duftenden purpurrosa bis karminroten Blüten (selten weiß) erscheinen bereits vor dem Laubaustrieb. Sie sind in Gruppen zu 2-3 im oberen Teil der Zweige, in den Achseln der abgefallenen, vorjährigen Laubblätter, in seitenständigen, ungestielten Büscheln zu einer unterbrochenen Ähre angeordnet. Die langröhrige 4zipflige Blütenhülle wird allein von den blumenblattartigen Kelchblättern gebildet. Die Kronblätter fehlen vollständig. Die erbsengroßen, korallenroten, glänzenden Steinfrüchte stehen zur Fruchtzeit ährig unter dem Laubblattschopf. LEBENSRAUM: Häufig in schattigen Laub- und Mischwäldern, mitunter auch in Schluchten, an Waldrändern, im Legföhrengebüsch oder im Uferbewuchs von Flüssen und Bächen. Meist auf triefgründigen, gut durchfeuchteten Ton- und Lehmböden. Vom Tiefland bis ins Gebirge (2000 m). VERBREITUNG: In fast ganz Europa, von den Pyrenäen, Süditalien und dem Balkan, nordwärts bis Norwegen und im Osten bis Sibirien, im Kaukasus und in Kleinasien vorkommend. ALLGEMEINES: Für Bienen sind die stark duftenden Blüten des Seidelbastes im zeitigen Frühjahr eine willkommene erste Nahrungsquelle. Der Name Seidelbast leitet sich wahrscheinlich von Zeidlerbusch = Imkerstrauch ab. Die vielerorts gebräuchliche Bezeichnung Kellerhals stammt vom mittelhochdeutschen Wort kellen = quälen her und weist auf das starke Brennen und Kratzen hin, das beim Verzehr der Früchte im Mund- und Halsraum auftritt. Seinen wissenschaftlichen Namen erhielt der Strauch nach Daphne, einer griechischen Nymphe.

## Roter Hartriegel
*Cornus sanguinea*

MERKMALE: Etwa 2-4 m hoher Strauch mit rutenförmig aufsteigenden, teilweise auch überhängenden Ästen. Rinde durch Längs- oder Querrisse in kleine Felder geteilt, unangenehm riechend. Einjährige Zweige angedrückt, kurzhaarig, glänzend rot oder rotbraun, später verkahlend und von olivbrauner Farbe. Laubblätter gegenständig, auf oberseits rinnigen, kurzhaarigen, 10 mm langen Stielen, oval oder elliptisch, am Grunde abgerundet, vorne zugespitzt, bis 10 cm lang, oberseits hellgrün, unterseits mattgrün und locker kraushaarig. LEBENSRAUM: Als Unterwuchs in lichten, feuchten Laub- und Mischwäldern, in Gebüschen, Auen, an Flußufern, auf trockenen Hängen, in Mooren. Meist auf lockeren, kalkreichen Böden. Von der Ebene bis 1200 m aufsteigend. VERBREITUNG: In fast ganz Europa. BLÜTEZEIT: Von Mai bis Ende Juni, häufig im Herbst mit einer Nachblüte.

## Heidelbeere, Blaubeere
*Vaccinium myrtillus*

MERKMALE: Sommergrüner, bis 35(-60) cm hoher, üppig verzweigter, kleiner Strauch, mit kriechendem Sproß und aufrechten Zweigen, diese scharf dreikantig, grün und kahl. Blätter wechselständig angeordnet, sehr kurz gestielt, bis 3 cm lang, flach, eiförmig, zugespitzt und am Grund abgerundet, mit fein gesägtem Rand, kahl, hellgrün und im Herbst orange verfärbend. Blüten 4- oder 5zählig, nickend, hellgrün und oft violettrosa überlaufen, einzeln oder zu zweien in den Blattachseln stehend. Blütenkrone bis 6 mm lang, kugelig krugförmig, vorne verengt. LEBENSRAUM: In lichten Nadelwäldern, selten in Laubwäldern, auf lockeren, feuchten, sauren Böden, in Hochmooren und in der alpinen Zwergstrauchregion, bis weit über 2500 m. VERBREITUNG: In ganz Mittel-und Nordeuropa, nach Süden hin auf die Gebirge beschränkt. BLÜTEZEIT: Mai, Juni, die Beeren reifen im Juli.

## Gemeine Heckenkirsche
*Lonicera xylosteum*

MERKMALE: Aufrechter, üppig verzweigter, bis 3 m hoher, flachwurzelnder Strauch. Die jungen Zweige sind kurz und weich grau behaart, die älteren sind hohl mit braunem Markrand, kahl, dünn und gebogen, dunkelgrau-braun; die Stämmchen sind graubraun berindet mit längsrissiger Rinde. Die Blätter sind weich, gegenständig angeordnet, gestielt, bis 7 cm lang und 5 cm breit, breit elliptisch-eiförmig bis fast kreisrund, manchmal schmal elliptisch bis verkehrt-eiförmig, mehr oder weniger spitz zulaufend, am Grund leicht abgerundet oder verschmälert, ganzrandig und gewimpert, oberseits dunkelgrau-grün. LEBENSRAUM: Gerne auf trockenen, kräftigen und auch kalkhaltigen Waldböden, Hecken und Gebüschen, bis ca. 1600 m ansteigend. VERBREITUNG: Verbreitet in Europa mit Ausnahme des äußersten Nordens, des äußersten Südens und der Inseln. BLÜTEZEIT: Mai, Juni; die Beeren reifen Ende Juni bis Juli.

## Garten-Geißblatt, Jelängerjelieber
*Lonicera caprifolium*

MERKMALE: Holziger Schlingstrauch, bis 10 m hoch kletternd, mit rechtswindenden Stengeln. Die hellbraune Rinde löst sich in langen Streifen von den Zweigen. Die jungen Zweige und Blätter sind schwach behaart. Blätter gegenständig angeordnet, sitzend oder kurzgestielt, bis 10 cm lang und 5 cm breit, oberseits dunkelgrün, unterseits bläulichgrün. Die großen, 5zähligen Blüten sind gelblichweiß, oft rötlich überlaufen. Die Beeren sind orangerot oder dunkelrot. LEBENSRAUM: In Hecken und Gebüschen, an Waldrändern. VERBREITUNG: Ost-, Zentral- und Mitteleuropa, westlich bis Italien, häufig aus Kulturen verwildert und eingebürgert. BLÜTEZEIT: Mai bis Juli.

## Wald-Heckenkirsche
*Lonicera periclymenum*

MERKMALE: Lianenartiger, bis 5 m oder sogar 10 m hoch kletternder, holziger Strauch mit rechtswindenden Stengeln, kahl, spärlich oder drüsig behaart. Blätter gegenständig angeordnet, bis 9 cm lang und 5 cm breit, länglich bis elliptisch, stumpf oder spitz, oberseits dunkelgrün, unterseits bläulich bereift; nur die jungen Blätter sind leicht behaart. Blüten 5zählig, groß und wohlriechend, gelblichweiß bis gelb und oft purpurrot überlaufen. LEBENSRAUM: An Waldrändern, Gebüschen und buschigen Abhängen, an Zäunen und Hecken, in lichten Wäldern. VERBREITUNG: Im westlichen, mittleren und südlichen Europa, nordöstlich bis Südschweden reichend. BLÜTEZEIT: Mai, Juni, selten bis September.

## Grüner Knollenblätterpilz
*Amanita phalloides*

MERKMALE: Der Hut wird bis 15 cm breit, zuerst halbkugelig, später abgeflacht. Er ist olivgrün bis gelbgrün, kann auch weiß sein, mit mattem, seidigem Glanz, feucht, leicht schmierig. Die Lamellen sind unterschiedlich lang, gedrängt und frei, weiß. Der Stiel kann bis 12 (15) cm hoch und bis 2,5 cm dick werden. LEBENSRAUM: Wird gewöhnlich unter Eichen gefunden, aber auch unter Buchen, selten in reinen Nadelwäldern. Bevorzugt reichere Böden, meidet Kalkböden nicht. Wächst von Juli bis Oktober. VERWENDBARKEIT: Der Grüne Knollenblätterpilz ist tödlich giftig. Er enthält mehr als 20 verschiedene giftige Verbindungen. 50 g Frischpilze können tödlich sein.

## Waldegerling, Waldchampignon
*Agaricus silvaticus*

MERKMALE: Der Hut wird meist nicht größer als 10 cm im Durchmesser. Die kleine Halbkugel wölbt sich mit wachsender Reife immer mehr auf, wird selten völlig flach, die Hutmitte vertieft sich im Alter ein wenig. Die Haut ist mit dichten ocker- bis dunkelbraunen, faserigen Schuppen bedeckt. Der hohe, bis zu 12 cm lange, schlanke Stiel ist weißlich, selten leicht schuppig flockig, färbt sich bei Berührung jedoch rötlich, wie auch das Fleisch des Hutes. Die Stielbasis ist leicht knollig verdickt. LEBENSRAUM: Verbreitet, bevorzugt Nadelwälder auf Kalk. Selten bei Buchen, oft in Gruppen. Zwischen Sommer und Herbst. VERWENDBARKEIT: Waldchampignons gehören zu den guten Speisepilzen.

## Kegelhütiger Knollenblätterpilz
*Amanita virosa*

MERKMALE: Der Hut wird 3-7 (10) cm breit, ist typisch kegelig und bleibt meist so; im Alter manchmal flachgewölbt bis ausgebreitet, weiß mit cremefarbenem Hauch, bei Feuchtigkeit ist er klebrig, trocken matt glänzend. Die Lamellen sind frei und weiß, dichtstehend. Der Stiel wird bis 15 cm hoch, ist 1-1,5 cm dick, weiß, oft verbogen, schlank, zerbrechlich, mit fasiger Oberfläche. Er trägt einen hängenden, häutigen und vergänglichen Ring. Der Stiel steckt in einer oft anliegenden, schlaffen Scheide. Die knollige Basis mit ihrer offenen Scheide steckt oft tief im Boden. Das Fleisch ist weiß, zart und riecht schwach unangenehm. Sporenpulverfarbe: weiß. LEBENSRAUM: Allgemein verbreitet, in Nadelwäldern, selten auch im Laubwald. Erscheint Juni bis September (Oktober). VERWENDBARKEIT: Tödlich giftig wie der Grüne Knollenblätterpilz. Überlebenschancen hängen von der gegessenen Menge ab.

## Fliegenpilz
*Amanita muscaria*

MERKMALE: Der Fliegenpilz gehört sicherlich überall in Europa zu den bekanntesten Vertretern der Pilze. Man erkennt ihn schon von weitem an seinem schönen roten oder orangegelben Hut, der mit weißen Flocken bedeckt ist. Die Lamellen bleiben stets weiß, stehen dicht gedrängt und sind nicht am Stiel angewachsen. Der Stiel bleibt weiß und trägt einen sehr langen, lappigen, herabhängenden Ring. LEBENSRAUM: Häufig unter Birken auf sauren Böden, seltener in reinen Nadel- und Laubwäldern. Er bildet seine Fruchtkörper von Juli bis Oktober. VERWENDBARKEIT: Ganz abgesehen davon, daß der naturbewußte Sammler den Pilz schon wegen seines hübschen Äußeren unberührt lassen sollte, ist der Fliegenpilz auch giftig. Der Verzehr hat zwar kaum tödliche Folgen, kann jedoch sehr schwere Erkrankungen hervorrufen. Man schreibt dem Fliegenpilz eine rauschartige Wirkung zu.

## Perlpilz
*Amanita rubescens*

MERKMALE: Der Hut wird bis zu 15 cm breit, dann erscheint er weit aufgeschirmt und zeigt auf fleischbräunlich-rötlichem Untergrund eine Vielzahl feiner weißgelblicher oder rosa Flöckchen. Unter der abgezogenen Huthaut ist das Fleisch rosa gefärbt. Die weißen Lamellen stehen dicht gedrängt und sind frei. Im Alter werden sie oft rosafleckig. Der Stiel ist bis zu 15 (18) cm hoch, 1-4 cm dick und fleischig. Anfangs zeigt er auf weißem Grund nur eine leicht rötliche Tönung, bis er schließlich deutlich weinrot wird. Die Manschette hängt weit herab, ist weißlich-rosa und stark gerieft. LEBENSRAUM: Von Juni/Juli bis Oktober findet man ihn in Laub- und Nadelwäldern weit verbreitet und häufig. VERWENDBARKEIT: Pilzkenner schätzen Perlpilze nicht nur, weil sie früh erscheinen, sie sind auch ergiebige Speisepilze. Nach langanhaltendem feuchten Wetter können sie einen erdigen Geschmack haben. Roh soll man sie nicht verzehren.

**Hallimasch**
*Armillariella mellea*

MERKMALE: Der Hallimasch ist ein büschelig wachsender Massenpilz. Bei einzelnen ausgewachsenen Exemplaren erreicht der Hut einen Durchmesser von etwa 10 cm. Der Stiel kann bis zu 15 cm hoch werden und ist von einem weißlichen bis leicht bräunlichen Ring umgeben; es sind Reste der Haut, die ursprünglich die Lamellen umhüllten. LEBENSRAUM: Wächst ausschließlich auf lebendem und totem Holz. Exemplare, die scheinbar aus dem Boden wachsen, stehen in Wirklichkeit auf unterirdischen Wurzeln oder Holz. Im Herbst findet man den Pilz in großer Zahl. VERWENDBARKEIT: Ein ergiebiger Pilz, von dem nur die jüngeren Hüte gesammelt werden. Man sollte ihn jedoch mit Vorsicht genießen, von manchen Menschen wird er sehr schlecht vertragen und kann Magen- und Darmbeschwerden hervorrufen. Es empfiehlt sich, ihn immer abzukochen und den Sud wegzuschütten.

**Knoblauchschwindling**
*Marasmius scorodonius*

MERKMALE: Das kleine Pilzchen mit dem im Durchmesser höchstens 1-2 cm großen Hut drängt sich wie ein Knopf aus dem Boden. Aufgeschirmte, also ältere Stücke lassen einen sehr dünnen Rand erkennen sowie eine glokkige Hutform, die immer mehr abflacht und schließlich in der Mitte eine kleine Mulde bildet. Die zähe Huthaut fühlt sich glatt an und trägt am Rand eine feine Riefung. Bei Feuchtigkeit ziehen die Pilzchen Wasser, und dann erkennt man auch am besten die fleischrötliche Färbung. LEBENSRAUM: Die Pilzchen wachsen nur auf Nadeln in Nadelwäldern. Hier findet man sie vom Sommer bis in den Herbst hinein oft in sehr großen Gruppen. VERWENDBARKEIT: Getrocknet kann man diesen fast fleischlosen Pilz durchaus verwenden; oft läßt er sich in großen Mengen ernten, besonders nach Regenfällen. Er wird gerne als Würzpilz verwendet (Knoblauchersatz).

**Gesäter Tintling**
*Coprinus disseminatus*

MERKMALE: Der Artname *disseminatus* bedeutet ausgestreut, breit gesät, und in der Tat erscheinen auf engem Raum oft viele Hunderte der zunächst abgerundeten, dann glockig aufschirmenden 1-2 cm breiten Hütchen. Die Färbung der Hüte variiert zwischen weißlich, creme, ocker und später hellgrau. Stets wird der Hut zur Mitte hin dunkler, er ist radialgefurcht, faltig, zerbrechlich und sehr vergänglich. Ein wichtiges Merkmal: Die Lamellen zerfließen nicht tintenartig. Sie sind sehr zart, breit, bauchig und am Stiel angewachsen. Zuerst scheinen sie weiß, werden dann rasch grauviolett, allmählich sogar bräunlich-violett. LEBENSRAUM: Auf Baumstrünken, an der Stammbasis von Bäumen und in deren Nähe trifft man den Gesäten Tintling in dichten rasigen Büscheln oft zu Hunderten an. Seine Erscheinungszeit reicht vom Frühling bis in den Herbst hinein. VERWENDBARKEIT: Nicht giftig, aber als Speisepilz ohne jeden Wert.

**Stockschwämmchen**
*Kuehneromyces mutabilis*

MERKMALE: Der Hut wird 4-5 (8) cm groß. Die Haut fühlt sich glatt und feucht an. Bei Niederschlägen kann der Fruchtkörper viel Wasser aufnehmen, das verändert die Farbe des Hutes. Sie ist schmutziggelb-braun bis zimtbraun, bei Trockenheit blasser. Der Stiel kann bis zu 6 (10) cm hoch werden, ist schmächtig und trägt einen Ring. LEBENSRAUM: Weit verbreitet, wird nur in regenärmeren Gegenden seltener. In den Buchen-Mischwäldern des Flachlandes und der Mittelgebirge scheint der Pilz Laubholz zu bevorzugen. Hier wächst er von April bis November/Dezember, meist in großen Büschen an Stämmen und toten Laubholzstümpfen. VERWENDBARKEIT: Der Pilz ist eßbar.

**Speitäubling**
*Russula emetica*

MERKMALE: Dieser Pilz steht stellvertretend für die Gruppe der Speitäublinge mit mehr oder weniger rosa-, kirsch-, zinnober- bis blutroten Hutfarben, scharfem Geschmack und weißem Sporenpulver. Der Hut kann einen Durchmesser von 5-11 cm erreichen. Er erscheint zunächst gewölbt und breitet sich allmählich so weit aus, daß er in der Mitte niedergedrückt wird. Die Farben spielen zwischen zinnober- und blutroten, im Alter blasseren Tönen. Die Haut fühlt sich glatt und schmierig an und glänzt. LEBENSRAUM: Besonders auf moosreichen Böden, unter Fichten; in Hochmooren zwischen Sphagnum. Der Pilz erscheint von Juli bis November. VERWENDBARKEIT: Giftig, wie seine Varietäten.

**Austernseitling**
*Pleurotus ostreatus*

MERKMALE: Der Hut kann einen Durchmesser von 5-15 cm erreichen und ist halbkreis-, muschelförmig. Die Hüte breiten sich sehr weit aus und lassen über dem jeweiligen Stielansatz einen Einschnitt erkennen, so, als ob der Fuß den Hut nach unten ziehen wollte. Die Oberhaut ist völlig glatt, kahl und glänzend und zeigt eine schwärzlichviolette bis schiefergraublaue Tönung, oft aber auch mit graubraunen oder grauen Färbungen. Die Lamellen stehen mehr oder weniger gedrängt, weisen ganz unterschiedliche Längen auf und sind in Stielnähe queraderig verbunden. LEBENSRAUM: Weit verbreitet, wächst meist saprophytisch und parasitisch an Laub-, seltener an Nadelholz und steht oft in dichtgedrängten Büscheln muschelförmig übereinander. Man findet seine Fruchtkörper meist in 2 Wachstumsschüben von September bis Dezember und im Frühjahr. VERWENDBARKEIT: Der Pilz ist eßbar.

**Pfifferling, Eierschwamm**
*Cantherellus cibarius*

MERKMALE: Der Hut wird 2-10 (12) cm breit, erst ist er halbkugelig, aber dann wölbt er sich immer mehr hoch, breitet sich aus und beginnt dann, sich in der Mitte immer stärker niederzudrücken. Die matte Oberfläche fühlt sich glatt an. Der Pilz ist dottergelb (»Eierschwamm«), orangegelb, nur selten heller oder gar blaß gefärbt. Der Rand bleibt lange leicht eingerollt und nimmt allmählich wellige, flatterige Formen an. Der kräftige, 3-6 cm lange Stiel wird bis zu 2 cm dick und ist leicht gelblich. LEBENSRAUM: Dieser weitverbreitete Pilz wächst im Laub- und Nadelwald, gern unter Fichten im Moos, aber auch im hohen Gras. Bereits im Juni und später von August bis Oktober kann man seine Fruchtkörper finden. Leider ist dieser Pilz in den letzten Jahren stark zurückgegangen, besonders im Bereich mit dichter Besiedelung. VERWENDBARKEIT: Der Pilz ist eßbar.

**Satansröhrling**
*Boletus satanas*

MERKMALE: Der kompakte Hut kann 25 cm breit werden. Erst ist er halbkugelig, dann polsterförmig-konvex, älter mehr ausgebreitet und unregelmäßig verbogen. Jung ist er grauweißlich, schottersteinfarben, älter tendiert er mehr ins Ocker-Lederfarbene und ins Grünliche, oft mit schmutzig-grauen Zonen, nur selten schwach rosa überhaucht. Er ist fein filzig-haarig eingewachsen, verkahlt später und wird dann oft schwach klebrig-schmierig. Die Röhren sind erst blaßgelb und laufen schließlich grüngelb und schwach blaugrün an. Der 5-12 cm lange Stiel ist oft knollig-bauchig. LEBENSRAUM: In der ganzen gemäßigten Zone, doch weist er in Europa eine deutlich südliche Verbreitung auf. Er bevorzugt trockene Südhänge in Buchen- und Eichenwäldern und erscheint von Juni bis Oktober. Auch dieser Röhrling ist schützenswert. VERWENDBARKEIT: Giftig, verursacht, besonders roh gegessen, schwere Magen- und Darmbeschwerden.

## Stein-, Herren-, Fichtensteinpilz
*Boletus edulis*

MERKMALE: Der Hut wird 2-25 cm breit, ist erst halbkugelig, dann flach gewölbt bis ausgebreitet. Er ist kahl bis feinfilzig, manchmal grobrissig-feldrig, trocken und feucht schmierig, mit unterschiedlicher Farbe: weißlich, hellbraun, fahl grauocker, leder-, rot-, dunkelbraun; meist einheitlich gefärbt,mit oft helleren Randzonen. Die Röhren sind ziemlich lang, um den Stiel niedergedrückt, jung weiß oder weißlich, dann leicht gelb und zuletzt gelboliv-grün. Die Poren haben meist die gleiche Farbe wie die Röhren und sind jung sehr eng, rundlich bis eckig-rund. Der Stiel wird 4-20 cm lang und 2-6 (10) cm dick. Er ist anfangs bauchig-knollig, dann verlängert, wobei die Basis meist bauchig-knollig bleibt, doch auch mehr oder weniger zylindrisch. Die Oberfläche ist meist weißlich bis hellbraun, immer blasser als der Hut und gegen die Basis immer weiß. Sie ist mit einem feinen, blassen Netzwerk von verschiedener Ausdehnung überzogen. Das Fleisch ist weiß, unter der Huthaut etwas blaßrosa-rötlich. Sein Geruch ist angenehm, der Geschmack mild. LEBENSRAUM: Der Steinpilz ist in Mitteleuropa weit verbreitet. Er ist ein Mykorrhizabildner der Fichte und vom Flachland bis in höhere Gebirgslagen (hier häufiger) zu finden. Er bevorzugt nährstoffarme, saure Sand- und Silikatböden, doch kommt er ebenso auf Kalkböden mit versauerter Oberfläche vor, so auf dichten Fichtennadelschichten und Rohhumuspaketen. Nicht selten ist er mit dem Fliegenpilz, der ähnliche Standortansprüche hat, vergesellschaftet. Meist von September bis Oktober. VERWECHSLUNGSMÖGLICHKEIT: Mit dem Gallenröhrling *(Tylopilus felleus)*. Es gibt noch weitere 7 Steinpilzarten, die unter anderem durch ihren Standort unter verschiedenen Baumarten unterschieden werden. Der Sommersteinpilz *(B. aestivalis)* wächst z. B. unter Eichen und Buchen, meist im Frühsommer; er hat ein deutliches, kräftiges Netz bis zur Stielbasis. VERWENDBARKEIT: Guter Speisepilz.

## Flockenstieliger Hexenröhrling
*Boletus erythropus*

MERKMALE: Der Hut wird 8-20 cm breit, jung ist er halbkugelig, dann polsterförmig-konvex und älter mehr oder weniger verflacht. Seine Farbe ist meist einheitlich dunkelbraun, aber auch oliv- bis schwarzbraun; er ist fein filzig, und nur bei Feuchtigkeit schwach schmierig. Die Röhren sind blaß-, hell-, olivgelb, schließlich gelbgrün und werden bei Verletzung oder im Schnitt stark blau. Der Stiel wird 4-15 cm lang und 2-6 cm dick. Jung bauchig-knollig, wird er bald zylindrisch, aber gewöhnlich relativ dick. Auf gelblichem Grund ist er mit kleinschuppigen, pustelartigen roten Flocken dicht besetzt. LEBENSRAUM: Er bevorzugt saure, kalkfreie oder zumindest oberflächenversauerte Böden und ist dort in Fichten- und in Buchen-Tannen-Fichtenwäldern, in Mooren, aber auch in Laubwäldern ohne Nadelholzanteil ab Mitte Mai bis in den Oktober selbst in höheren Berglagen zu finden. VERWENDBARKEIT: Guter Speisepilz.

## Maronenröhrling, Braunkappe
*Xerocomus badius*

MERKMALE: Der halbkugelig wachsende, unregelmäßig polsterförmig-konvexe, später flachere Hut wird 5-10 (15) cm breit. Meist ist er kastanienbraun, heller rötlichbraun oder sogar olivbraun. Die Röhren sind am Stiel angewachsen bis buchtig niedergedrückt und zeigen eine auffallend blasse, helle Farbe, die später olivgelblich bis schmutzig olivgrün wird. Der Stiel wird 5-12 cm lang und 1-4 (5) cm dick. Er ist in der Form sehr veränderlich, oft mehr oder weniger zylindrisch mit leicht zugespitzter Basis, aber auch bauchig-dickknollig. LEBENSRAUM: Er bevorzugt Nadelwald und ist selten in reinen Laubwäldern zu finden. VERWENDBARKEIT: Der Pilz ist eßbar.

## Hainbuchen-Röhrling
*Leccinum griseum*

MERKMALE: Der Hut wird 3-15 cm breit; erst ist er halbkugelig, dann polsterförmig, später etwas abgeflacht. Seine Farben sind grau, graubraun, gelbbraun, olivbraun bis schwarzbraun, veränderlich und mit allen Übergängen dieser Farben, am Rand und in der Mitte hat er oft ockergelbe Töne. Die Röhren sind zuerst weißlich, dann gelblich-grau, bei Berührung oder Verletzung laufen sie violettgrau an, am Stiel sind sie tief ausgebuchtet. Der Stiel wird 5-16 cm lang und 0,8-3 cm dick. Er ist zunächst stark bauchig, dann zylindrisch gestreckt. LEBENSRAUM: Er wächst von Juni bis Oktober im Laubwald, besonders in Hainbuchen-Eichenwäldern, doch auch mit Pappel, Birke und Hasel. VERWENDBARKEIT: Der Pilz ist eßbar.

## Espen-Rotkappe
*Leccinum aurantiacum*

MERKMALE: Der Hut wird 5-20 (25) cm breit. Jung ist er halbkugelig, dann polsterförmig und im Alter verflacht, mit am Rand wenig überstehender Huthaut, diese ist orangerot, braunrot, orangebraun und bei feuchtem Wetter leicht schmierig, sonst aber feinfilzig bis filzig und schnell trocknend. Die Röhren sind lange weißlich, zuletzt aber grau bis schmutzigolivgrau oder gelbgrau um den Stiel niedergedrückt und erst später etwas schwammig. Der Stiel wird 5-20 cm lang und 1-5 cm dick. Er wirkt meist kräftig, ist an der Spitze verjüngt und oft abwärts dicker und verbogen. Auf weißem, hellem Grund ist er schuppig-rauh, oft längsstreifig gezeichnet. Diese feinen Schuppen sind anfangs weißlich, werden bald orange und dann braun. Die unverletzte Stieloberfläche wird bei Druck mehr oder weniger hellockerfleckig. Das Fleisch ist weiß und verfärbt oft schwarz. Im Stiel ist es fest längsfaserig. LEBENSRAUM: In Europa weit verbreitet und kommt wohl überall vor. Er wächst von Juni bis in den Oktober unter Zitterpappeln (Espen), gern an Waldrändern und an grasigen, moosigen Standorten. Die Art ist in den letzten Jahren stark zurückgegangen. VERWENDBARKEIT: Alle Arten sind eßbar.

## Birkenpilz
*Leccinum scabrum*

MERKMALE: Der Hut wird 5-15 cm breit, jung ist er halbkugelig, dann polsterförmig und in der Mitte manchmal verflacht. Die Huthaut ist dabei nicht überhängend; sie ist hell-graubraun bis rötlich-graubraun, später oft mehr oder weniger braun, glatt, kahl, trocken und feucht, ziemlich schmierig. Die Röhren sind weißlich, später schmutziger und etwas blaßgrau. Die Poren haben die gleiche Farbe wie die Röhren, sie sind eng, rund und verändern sich ebenfalls nicht bei Druck. Der Stiel wird 5-15 (20) cm lang und 1-2,5 (3,5) cm dick. Er ist schlank, nach oben verjüngt, oft mit geschwollener Basis. Das Fleisch ist weißlich, später mehr grauweiß und getrocknet blaß bräunlich. LEBENSRAUM: In Europa weit verbreitet und innerhalb des Birkenareals häufig zu finden. Er ist ein Mykorrhizapartner der Birkenarten und wächst von Juni bis Oktober. VERWENDBARKEIT: Der Pilz ist eßbar.

## Birkenporling
*Piptoprus betulinus*

MERKMALE: Die einjährigen Fruchtkörper sind gewöhnlich halbkreis- oder nierenförmig, hinten mit einem dicken, kurzen, stielartigen Ansatz am Holz befestigt. Die Oberseite ist kissenförmig gewölbt, mit nach unten über die Poren gezogenem stumpfem Rand, kahl, glatt und ungezont, erst weißlich, dann graubraun bis braun, im Alter oft rissig aufspringend, bedeckt mit einer dünnen, lederig-häutigen Kruste, die sich abziehen läßt. Die Fruchtkörper sind in der Regel 5-20 (30) cm breit, stehen 7-15 cm vom Holz ab und werden 2-5 cm dick. LEBENSRAUM: Auf der nördlichen Halbkugel weit verbreitet und überall dort häufig, wo Birken wachsen. Streng an die Birke gebunden, auf anderen Holzarten noch nicht entdeckt. Er greift vor allem ältere oder geschwächte Bäume an, wobei er meist durch Aststummel in den Stamm eindringt. Für das Gedeihen des Pilzes scheint höhere Luft- bzw. Holzfeuchtigkeit notwendig zu sein, wie z. B. in Moorwäldern, in Birkenbruchwäldern oder in Buchenwäldern, wo Birken überwachsen und überschattet werden. Gesunde oder trockenstehende Birken, z. B. an Straßen, werden kaum angegriffen. VERWENDBARKEIT: Jung eßbar, im Alter bitter und ungenießbar.

## Schwefelporling
*Laetiporus sulphureus*

MERKMALE: Die Hüte sind oft 10-50 cm groß, flach, fächerartig ausgebreitet, konsolenartig abstehend, dachziegelartig übereinander angeordnet und hinten am Stamm miteinander verwachsen. Die Farbe der Hutoberseite geht von ziegelrot oder gelbrot bei jungen Hüten über schwefelgelb bei reifen Fruchtkörpern bis zu schmutzigem Weiß im Alter. Die Röhren sind schwefelgelb, kurz, 2-4 mm lang. Das Fleisch ist jung lebhaft gelb, weich und sehr saftig. LEBENSRAUM: Der weltweit verbreitete Pilz kommt in Süd- und Mitteleuropa häufig vor. Vom Mai bis in den Herbst findet man ihn in eichenreichen Laubwäldern, in Parks und Gärten, in Flußauen und an Wegrändern. Er steigt vom Tiefland bis auf 1500 m Höhe in den Alpen. VERWENDBARKEIT: Junge, saftige Schwefelporlinge werden ausgewässert, um den säuerlichen Geschmack zu entfernen, dann in Scheiben geschnitten und paniert. Solche Pilzschnitzel schmecken recht gut.

## Schwefelgelbe oder Zitronengelbe Koralle
*Ramaria flava*

MERKMALE: Der Fruchtkörper erreicht Höhen von 15-20 cm und Durchmesser von 10-15 cm. Aus einem dicken, weißen Strunk wachsen mehrfach geteilte, dichte und strauchartige Ästchen, die mehr oder weniger zylindrisch, aber auch seitlich zusammengedrückt sind. Die Äste haben oft zwei stumpfe Spitzchen oder auch unregelmäßig abgestumpfte Enden, sie sind leuchtend hell, primelgelb, hell dottergelb; jung sind die unteren Äste und die über dem Strunk oft schwefelgelb überhaucht, älter haben sie cremeockerlichen Beiton. LEBENSRAUM: In Mitteleuropa eine der größten und häufigsten Arten in Laub-, Nadel- und Mischwäldern, besonders bei Buchen und Fichten. VERWENDBARKEIT: Man kann diesen Pilz als junges Exemplar in einem Mischpilzgericht verwenden, aber wegen der Verwechslungsmöglichkeiten sollte man davon Abstand nehmen.

## Klebriger Hörnling
*Calocera viscosa*

MERKMALE: Dieser schöne Pilz besitzt einen geweih- oder korallenartig mehrfach verzweigten Fruchtkörper, der 3-7 cm hoch werden kann. Der Fruchtkörper ist insgesamt dottergelb bis orangerot gefärbt. Von der kurzen, weißlich verfilzten Basis geht häufig ein bis zu 20 oder 25 cm langer, wurzelähnlicher Strang in das Holz, auf dem der Pilz wächst. Dieser Strang stellt den Teil des Fruchtkörpers dar, der sich tief im Holz enwickelt hat; erst außerhalb des Holzes bildet der Pilz den typischen Teil des Fruchtkörpers aus. LEBENSRAUM: Wächst in Büscheln unterschiedlicher Größe überall in Nadelwäldern auf vermodernden Stümpfen, faulenden Baumwurzeln und auf Fallholz. Besonders häufig wird man ihn auf Fichtenholz antreffen. Man findet den Pilz das ganze Jahr über, besonders aber in der Zeit von Juli bis Januar. VERWENDBARKEIT: Eßbar, aber zäh und nur schwer verdaulich.

## Stinkmorchel
*Phallus impucidus*

MERKMALE: Aus dem sogenannten Hexenei, einem runden, dicken, schwammig-gallertigen, halb im Boden eingesenkten, ei-ähnlichen Gebilde wächst innerhalb weniger Stunden der komplette Pilz heraus. Dieser besteht aus einem mehr oder weniger spitzen, glockenförmigen, nur 3-4 (5) cm breiten Hut oder Käppchen mit freiem Rand und oft perforiertem Scheitel. Er ist von der schwarzgrünlichen Gleba überzogen, einer höchst unangenehm nach Verwesung stinkenden Masse, die die Sporen enthält. LEBENSRAUM: Sie ist in der nördlich gemäßigten Zone Europas, Asiens und Amerikas weit verbreitet und bevorzugt humusreiche Laub- und Nadelwälder. Ihr Vorkommen, oft schon im Frühsommer, sonst August bis November, läßt sich leicht entdecken, denn der Geruch des Pilzes läßt sich meist noch auf Entfernungen von 15-20 m wahrnehmen. VERWENDBARKEIT: Der Pilz ist ungenießbar.

## Perigord-Trüffel, Schwarze Trüffel
*Tuber melanosporum*

MERKMALE: Die Fruchtkörper dieses begehrten Speisepilzes sind kugelig oder unregelmäßig knollig und in der Größe sehr variabel, meist 2-9 cm. Die Oberfläche ist mit mehr oder weniger flachen vier- bis sechsflächigen, pyramidenförmigen Warzen bedeckt. Anfangs ist die Außenseite rötlichbraun und später schwarz. Das Fleisch (*die Gleba*) ist bei jungen Fruchtkörpern gräulich, beigerötlich und wird mit der Reife rußig-schwarz. Der Geruch dieser Trüffel ist stark aromatisch und wird besonders von Wildschweinen wahrgenommen. LEBENSRAUM: Dieser Pilz wächst unterirdisch, in Symbiose mit Laubbäumen, vor allem mit Eichen, auf kalkreichen Böden. Im Mittelmeerraum und besonders in Süd- und Mittelfrankreich. Nördlich der Alpen ist sie noch nicht gemeldet worden. Die Fruchtkörper kann man von Mitte November bis Mitte März finden. VERWENDBARKEIT: Sehr begehrter Speisepilz, der als »der schwarze Diamant der Tafel« bekannt ist.

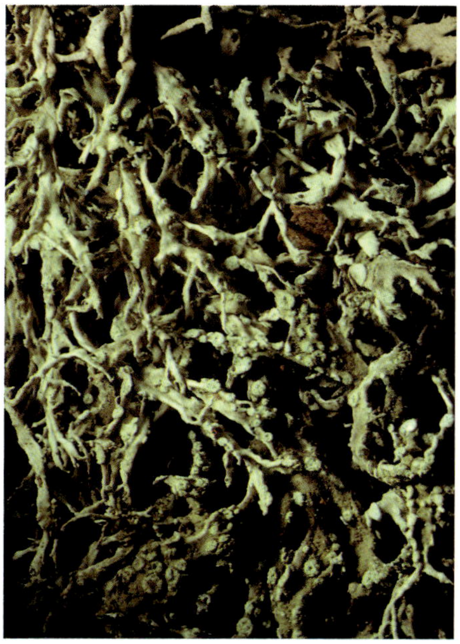

**Scheiben-Bartflechte**
*Usnea florida*

MERKMALE: Lager drehrund, glatt oder wenig rauh, gelbgrün-graugrün, dichotom dicht buschig verzweigt; Äste um 1 mm, basale Teile oft ausgedehnt geschwärzt, nicht servediös und ohne dornige Isidiengruppen; Hauptäste oft mit zylindrischen Papillen dicht besetzt; Fibrillen (meist gleich lange sehr kurze Seitenäste) gewöhnlich zahlreich und die Lageräste meist dicht bedeckend; Rinde mit kristallinen Usninsäure-Einlagerungen; Mark spinnwebig dünn; Zentralstrang kräftig; Hauptäste fast alle mit einem scheibenförmigen Apothecium endend (Bild: Thallus mit Ascocarpien, Maßstab 10 mm); Apothecium endständig am Rande mit zahlreichen langen Wimpern besetzt. LEBENSRAUM: Auf Rinden von Nadelhölzern und an altem Holzwerk in montanen bis submontanen nebelreichen Standorten. VERBREITUNG: In den Gebirgen Europas z. T. noch häufig, in den Ebenen ausgestorben.

**Schmale Astflechte**
*Ramalina farinacea*

MERKMALE: Lager schmal bandförmig, meist hängend, 3-10 cm lang, 0,5-3 mm breit, netzartig längsfurchig, die unteren Lagerteile deutlich flach, wiederholt gabelästig; Sorale fast nur randständig (Bild: Thallus mit Sorale, Maßstab 2 mm); Rinde kräftig verdickt. Sporen einzellig, farblos, kugelig. VERWECHSLUNGSMÖGLICHKEIT: Wenn Sorale auch flächen- und endständig dicht und zusammenfließend sind und das Lager an den Astenden verbreitert und fein zerschlitzt ist, handelt es sich meist um *R. pollinaria;* Apothecien selten, end- oder seitenständig; Artengruppe vielgestaltig, Rinde häufig mit eigentümlichen, leistenförmigen Längsverdickungen. LEBENSRAUM: Auf Rinde von Laub- und Nadelhölzern, selten auch auf Gestein. VERBREITUNG: Durch Europa weit verbreitet aber vielfach durch Luftverschmutzung kümmerlich. In Deutschland eher in den warmtrockeneren Tälern, in höheren Lagen fehlend.

**Schwarznapfflechte**
*Hypocenomyce scalaris*

MERKMALE: Lager krustig-schuppig, weißgrau oder grünlichgrau, mit aufsteigenden nierenförmigen, am Rande gekerbten und durch Borkensorale servediös aufgelöste Schuppen (Bild: Thallus, Maßstab 2 mm); durch +Chlorkalk (C+) blutrot gefärbt. (Die häufig vorkommende Art läßt sich leicht als Testorganismus verwenden, ob die Hypochlorid-Lösung noch genügend reaktives Chlor aufweist); Apothecien selten, bis 2 mm breit; Scheibe mattschwarz, bleibend berandet; Sporen einzellig, lang ellipsoid, 11-12 × 2,5-3,5 µ. LEBENSRAUM: Besonders an der Rinde und auf Holz alter Nadelbäume; aber auch auf Laubbäumen; an der Basis von Kiefern und Birken, auch in Kalkgebiete einwandernd. VERBREITUNG: Von den nördlichen borealen Nadelwäldern bis in die Gebirge des Mittelmeergebietes. Die Schwarznapfflechte wird durch Luftverschmutzung begünstigt und ist daher in Ausbreitung begriffen.

**Waldhaarmützenmoos**
*Polytrichum formosum*

MERKMALE: Große Art, Stämmchen bis 15 cm hoch, in lockeren grünen Rasen, am Grunde mäßig rhizoidfilzig; Blättchen feucht sparrig zurückgebogen, lanzettlich-pfriemlich, mit Stachelspitze. Kalyptra als feinhaariger Filz rostbraun, die ganze Kapsel verhüllend. VERWECHSLUNGSMÖGLICHKEIT: Ähnlich ist *P. lonisetum,* dessen Kapsel von der Kalyptra nur teilweise bedeckt wird und die auch eine etwas schmalere Lamina zeigt. Wohl vielfach übersehen und wenig unterschieden *P. ohoiense* (= *P. decipiens*). Fruchtende Pflanzen haben einen Kapseldekkel, der bei *P. ohoiense* so lang wie die Kapsel geschnäbelt ist, während der von *P. formosum* etwa nur ein Drittel so lang wie die Kapsel ist. Sicher kann man beide Arten nur durch Lamellenendzellen unterscheiden. LEBENSRAUM: Auf sauren Waldböden von der Ebene bis an die Baumgrenze verbreitet. VERBREITUNG: Vom subarktischen Nordeuropa bis in die alpiden Gebirge des Südens (holarktisch).

## Garadezahnmoos
*Orthodontium lineare*

MERKMALE: Pflanzen um 1 cm hoch, in dunkelgrünen, meist reich fruchtenden Rasen; Blättchen feucht einseitswendig, trocken kraus, schmal lanzettlich (Bild: Blättchen, Maßstab 1 mm), Rand flach, oben meist fein gezähnt; Rippe in oder vor der Spitze schwindend; Seta dünn, gebogen, um 1 cm; Kapsel keulig bis birnförmig, gelblich bis bräunlich. LEBENSRAUM: Auf sauren Rinden, besonders Baumbasen, Totholz, auf Torf, besonders an senkrechten Torfwänden und an sandigen, rohhumushaltigen Steilflächen. VERBREITUNG: 1922 nach England wohl aus der Südhemisphäre eingeschleppt; seither in Ausbreitung; häufig in den Ebenen, nach Süden seltener werdend, aber schon von einigen Stellen aus Süddeutschland und dem Alpenrand bekannt. ALLGEMEINES: Mit Ausnahme des Meeres und von extremen Wüsten gibt es kaum einen Standort, den Moose nicht besiedeln könnten.

## Rippenfarn
*Blechnum spicant*

MERKMALE: Ausdauernder Farn mit kurzem, gestauchtem Wurzelstock und daher rosettig gestellten Blättern bis 50 cm Länge. Blattstiel sehr kurz, bräunlich-rot überlaufen. Blattspreite kammförmig fiederteilig. Unfruchtbare Blätter außen, bodenanliegend oder weit zurückgeschlagen, dunkelgrün, überwinternd. Fruchtbare Blätter in der Mitte, aufrecht, sommergrün und länger als die sterilen. Fiedern ganzrandig, lanzettlich-linealisch bis linealisch (wenn Sori vorhanden sind). Formkonstant. SPORENREIFE: Juli bis September. LEBENSRAUM: Bevorzugt nährstoff- und basenarme, saure, moderig-humose, sandig-steinige Böden in schattigen Nadelwäldern (vor allem Kiefernwälder), seltener auch in Eichenbeständen oder Erlenbrüchen. Rohhumuspflanze. VERBREITUNG: In den Waldgebieten Europas weit verbreitet, meist oberhalb 800 m. LEBENSRAUM: In Fichtenpflanzungen weit verschleppt.

## Gemeiner Tüpfelfarn
*Polypodium vulgare*

MERKMALE: Mehrjähriger, bis 15 cm hoher Farn mit einzeln am kriechenden Wurzelstock erscheinenden Blättern. Blattstiele etwa so lang wie die Spreite, grünlich. Blattspreite lederartig, ziemlich steif, kahl, kräftig grün, unterseits wenig heller, tief fiederteilig. Fiederabschnitte beiderseits der grünen Spindel bis 28, wechselständig, linealisch-länglich, glattrandig oder unauffällig gezähnelt oder gesägt. Endfieder kurz. Sporangiensori rundlich (sehen aus wie Tüpfel!), ohne Schleier. SPORENREIFE: Juli bis September. LEBENSRAUM: Gerne auf mäßig trockenen, kalkarmen Lehm- oder Sandböden. Halbschattenpflanze und Moderhumuszeiger. VERBREITUNG: In Europa in lichten Laubwäldern, am Fuß schattiger Bäume, an Mauern und Felsen. Von der Ebene bis in mittlere Gebirgslagen vorkommend. ALLGEMEINES: Der Wurzelstock ist süß und wird als Hustenmittel und zur Likörherstellung verwendet.

## Gemeiner Wurmfarn
*Dryopteris filix-mas*

MERKMALE: Ausdauernder, sehr stattlicher Farn mit sommergrünen, am Wurzelstock in Rosetten angebrachten, bis 120 cm hohen Blättern. Blattstiel kräftig, viel kürzer als die Blattspreite, gelblich, schwach rinnig, spärlich mit bleichen Spreuschuppen besetzt. Blattspreite länglich-lanzettlich, zur Basis nur wenig, zur Spitze stark verschmälert, einfach gefiedert, bis zum Winteranbruch grün. Fiederchen trapezförmig, gegen die Fiederspitze zunehmend wechselständig, meist glatt oder nur wenig gewellt, mit breiter Basis aufsitzend, elliptisch, grob gezähnt. Sperangiensori rundlich, in 2 Reihen, mit nierenförmigem Schleier. Sehr formenreich. SPORENREIFE: Juli bis September. LEBENSRAUM: Krautreiche Laub- und Nadelwälder und Halden, bevorzugt nährstoffreichen, lockeren, humosen Lehmboden. Mullbodenwurzler. VERBREITUNG: Von der Ebene bis 1700 m weit verbreitet und häufig. ALLGEMEINES: Früher Arzneipflanze.

## Wald-Zwenke
*Brachypodium sylvaticum*

MERKMALE: Ausdauerndes, mehr oder weniger dicht horstförmig wachsendes, 60-120 cm hohes Waldgras. Halme mit 4-5 Knoten, kurz unter, über und an diesen schwach flaumig behaart, ansonsten kahl. Blattscheiden locker abstehend behaart. Blattspreiten im unteren Teil am breitesten (4-12 mm), zur Blattscheide schmaler werdend, behaart, schlaff und schopfig überhängend. Blatthäutchen stumpf. Ähre überhängend nickend. Ährchen wenig zusammengedrückt, mit der breiteren Seite der Ährenachse zugewendet, mit 6-15 Blüten. Deckspelze lang begrannt. Granne länger als die Spelze selbst, rauh. BLÜTEZEIT: Juli bis August. LEBENSRAUM: Auf frischen bis feuchten, basenreichen Mullböden in schattigen Laubwäldern, auf Kahlschlägen, in Säumen und Gebüschen. VERBREITUNG: Gemäßigte Klimabereiche in weiten Teilen Europas, aber auch in Asien und Nordwestafrika.

## Draht-Schmiele
*Deschampsia flexuosa*

MERKMALE: Ausdauerndes, in lockeren Horsten wachsendes Gras, etwa 30-70 cm hoch mit tiefreichenden Wurzeln. Halme aufrecht oder am Grunde gebogen, sehr fest und dünn, glatt, mit 1-3 Knoten. Blattscheiden auf der Rückseite rund, nach oben leicht rauh. Blatthäutchen stumpf, bis 3 mm lang, meist jedoch sehr kurz. Blattspreiten borstenförmig, zugespitzt, etwa 20 cm lang, grün, unbehaart, steif. Rispe sehr locker und offen, bis 15 cm lang und 10 cm breit. Rispenhauptachse geschlängelt, rauh, sehr dünn. Ährchen 2 bis 3blütig. Deckspelzen mit 4-7 mm langer, brauner Granne, kürzer als die Hüllspelzen. BLÜTEZEIT: Juni bis Juli, selten bis August. LEBENSRAUM: Ziemlich häufig in lichten, trockenen Wäldern und Nadelforsten, auf Heideböden und Bergwiesen, auch in Felsspalten zu finden. VERBREITUNG: In ganz Europa anzutreffen, aber auch in Nordamerika verbreitet.

## Finger-Segge
*Carex digitata*

MERKMALE: Pflanze ausdauernd, 10-40 cm hoch, rasenbildend. Stengel aufrecht, schlaff. Blattscheiden purpurn. Blattspreiten derb, randlich rauh, flach, 2-4 (6) mm breit. Blütenstand locker, aus 3-5 fast sitzenden bis gestielten, aufrechten Ähren. Die oberste mit männlichen, die übrigen mit 5 bis 10 weiblichen Blüten. Hüllblätter den Stiel der weiblichen, ringförmig angeordneten, 1,5-3 cm langen Ähren scheidenartig umschließend. Spelzen rotbraun, grün gekielt, weißrandig, gezähnelt. Fruchtschläuche 3kantig, hellgrün bis -braun, kurz geschnäbelt, kurzhaarig. Fruchtknoten 3narbig. Frucht scharf 3kantig. BLÜTEZEIT: April bis Mai. LEBENSRAUM: Laubwälder, Nadelmischwälder. VERBREITUNG: Fast ganz Europa, teilweise auch in Asien; die Finger-Segge ist ziemlich häufig. ALLGEMEINES: Man findet bei der artenreichen Gattung *Carex* fast immer beiderlei Blüten auf derselben Pflanze.

## Wald-Simse
*Scirpus sylvaticus*

MERKMALE: Pflanze ausdauernd, 30-120 cm hoch, mit kurzen Laubsprossen. Wurzelstock mit unterirdischen Ausläufern. Stengel aufrecht bis überhängend, beblättert, im Querschnitt stumpf 3kantig, hohl, glatt oder nur unter dem Blütenstand etwas rauh. Blätter schraubig angeordnet. Blattscheiden der oberen Blätter grün, der unteren gelbgrün bis braun. Blattspreiten grasartig, in eine 3kantige Spitze auslaufend, (4-) 8-16 mm breit, flach. Blattrand und Mittelnerv rauh. An der Basis des endständigen Blütenstandes entspringen 1-3 laubblattartige Hüllblätter, die den Blütenstand nicht oder nur wenig überragen. Blütenstand spirrig, reichästig, je Spirrenast mit 2-9 köpfchenförmig angeordneten Ährchen. Ährchen schwärzlich-grün, eiförmig, 3-4 mm lang, 10 bis 20blütig. Spelzen eiförmig, stumpf, mit kurzer Stachelspitze, gekielt, 2 mm lang, schwärzlichgrün. Blütenhülle so lang wie die Frucht, aus 6 am Rücken rauhen Borsten bestehend. Blüten mit 3 Staubblättern und einem Fruchtknoten mit 3narbigem Griffel. Frucht ca. 1 mm lang, elliptisch bis verkehrt eiförmig, mit kurzer Spitze, gelblichweiß. BLÜTEZEIT: Mai bis August, vereinzelt bis Oktober. LEBENSRAUM: Nasse, nährstoffreiche Sümpfe, feuchte Wiesen, Auwälder und Flußniederungen. VERBREITUNG: In der Nordhemisphäre sehr weit über Europa hinaus verbreitet. ALLGEMEINES: Die häufige Pflanze wurde als Flechtmaterial verwendet. Ähnlich ist die Wurzelnde Simse (*S. radiucans*). Die seltene Art unterscheidet sich durch lang überhängende und an der Spitze wurzelnde Laubsprosse, durch einzeln stehende, langgestielte Ährchen, ungekielte Spelzen ohne Stachelspitze sowie durch deutlich längere Blütenhüll-Borsten. Die Gattung *Scirpus* gehört mit den Gattungen *Schoenoplectus* und *Eleocharis* zu einer Gruppe der Riedgräser, deren Zwitterblüten vielfach mit sechs widerhakig-rauhen Borsten besetzt sind, welche an der Frucht verbleiben und ihrer Verbreitung dienen; nach ihrer Zahl und Stellung entsprechen sie dem Perigon.

## Grüne Nieswurz
*Helleborus viridis*

MERKMALE: Wird durchschnittlich 20-40 cm hoch. Einfacher oder verzweigter Stengel. Die handförmig geteilten Blätter entspringen meist dem Wurzelstock, 7-13 lanzettliche und über den ganzen Rand hin gezähnte Abschnitte bilden ein Blatt. Die Blätter überwintern nicht. Blütenstand aus meist 2 oder 3 Blüten bestehend, verzweigt und beblättert. Blütenblätter zu Honigblättern umgebildet. Die ein bis drei Blüten sind selbst becherförmig, offen und recht groß, sie messen 4-5 cm. Fruchtblätter am Grund miteinander verwachsen. LEBENSRAUM: Lichte Wälder, Bergwälder, Gebüsche, auf feuchtem Boden. Liebt steinige, humusreiche und kalkhaltige Böden. VERBREITUNG: Südwest- und Westeuropa, im Norden bis England, im Osten bis zur Schweiz und bis Österreich. BLÜTEZEIT: Februar bis Mai. ALLGEMEINES: Giftig, bewirkt nach Genuß Erbrechen, starkes Abführmittel.

## Leberblümchen
*Hepatica nobilis*

MERKMALE: Kleine, mehrjährige Pflanze, die kaum 15 cm Höhe erreicht. Die dreilappigen Blätter, die erst nach der Blüte oder gegen Ende der Blütezeit erscheinen, überdauern den Sommer, Herbst und in der Regel auch den Winter. Namen nach den Blättern, die mit dem lappigen Bau der Leber Ähnlichkeit haben. Die Blüte thront auf einem behaarten Stengel, sitzt fast den 3 kelchartigen Hochblättern auf. Die 6-10 Blütenblätter sind meist blau, können jedoch auch rosa oder weiß sein. Die Pflanze ist schwach giftig. LEBENSRAUM: Laubwälder, Gebüsche, liebt etwas feuchte, kalkreiche, lehmige, aber mullreiche Böden. Am Standort meist in größeren Beständen. VERBREITUNG: Mitteleuropa. Im Norden Deutschlands zerstreut, sonst weit verbreitet. An seinen Wuchsorten zwar oft in größeren Beständen, insgesamt aber eine eher seltene Pflanze, gebietsweise fehlend. BLÜTEZEIT: März bis April.

## Gefingerter Lerchensporn
*Corydalis solida*

MERKMALE: Mehrjährige, 15-30 cm hohe Pflanze. Stengel mit meist einem, seltener 2 oder 3 bleichen Niederblättern (schuppenförmig) und 2 doppelt dreizähligen Blättern. Hochblätter fingerförmig eingeschnitten (Name). Der ebenfalls gebräuchliche Name Fester Lerchensporn bezieht sich auf die kugelige, nicht hohle Knolle. Trübrote, seltener weiße oder violette Blüten bis 2,5 cm lang, mit langem, fast geradem Sporn, manchmal leicht nach oben zeigend, bilden eine endständige, etwas lockere Traube. LEBENSRAUM: Lichte Laubwälder, Gebüsch, Hecken, auf lehmigem, aber kalkarmem Boden. VERBREITUNG: Mitteleuropa, Südeuropa außer Spanien und Portugal, eingebürgert in England, Dänemark, Schweden und Südnorwegen. BLÜTEZEIT: März bis April, auch Mai. ALLGEMEINES: Die Samen werden durch Ameisen verbreitet. Da die Pflanze besonders in der Knolle Alkaloide enthält, ist sie giftig.

## Wald-Windröschen
*Anemone sylvestris*

MERKMALE: Mehrjährige Pflanze, die dem Busch-Windröschen ähnelt, sich aber durch ihre Größe unterscheidet. Höhe 40 cm und darüber, daher auch Großes Windröschen genannt. Blüten ebenfalls groß, zwischen 4 und 7 cm. Sie entspringen einzeln, selten zu zweit dem Hochblattquirl. Blätter rundlich, meist 5teilig mit zwei- bis dreispaltigen Abschnitten, bis zu 10 cm breit. LEBENSRAUM: Lichte, trokkene Wälder, Waldränder, Halbtrockenrasen; wärmeliebend, auf lockerem, nährstoffreichem und kalkhaltigem Boden. Bis in 1200 m Höhe. VERBREITUNG: Hauptsächlich Mitteleuropa, im Norden bis Südschweden. BLÜTEZEIT: April bis Juni. ALLGEMEINES: Enthält Protoanemonin und Saponine; die Pflanze ist giftig.

## Busch-Windröschen
*Anemone nemorosa*

MERKMALE: An seinen Standorten in der Regel massenweise, etwa 20 cm hoch. Ausdauernde Pflanze mit gelbem oder braunem, waagrecht kriechendem Rhizom. Gestielte Blätter handförmig geteilt mit grob gesägten Abschnitten, fast quirlständig. Blüten einzeln, meist weiß und mit 6 Blütenblättern. Blüten zunächst nikkend, auch bei anhaltendem Regen, später aufrecht, im Durchschnitt 2-4 cm breit. LEBENSRAUM: Laub-, Misch- und Nadelwälder, Gebüsch, Bergwiesen. Auf humusreichen Böden in Wäldern und Auen besonders häufig. VERBREITUNG: Fast ganz Europa. Im Norden bis nahe an den Polarkreis. Fehlt an der Mittelmeerküste. In Deutschland weit verbreitet.

**Wildes Silberblatt**
*Lunaria rediviva*

MERKMALE: Mehrjährig, 30-150 cm hoch mit aufrechten Stengeln. Gestielte Blätter tief herzförmig und gezähnt. Wohlriechende Blüten mit bis zu 2 cm langen, violetten, selten auch weißen Kronblättern, in zusammengesetzter Traube. Elliptisch-lanzettliche, an beiden Enden kurz zugespitzte Schoten mit silberglänzender Scheidewand. LEBENSRAUM: Feuchte, schattige Laubwälder. Bevorzugt steinigen, aber mullreichen Boden, am liebsten nahe der Sohle enger Klammen, in der Nähe von Wasserfällen oder von Schnellen der Gebirgsbäche. VERBREITUNG: In weiten Teilen Europas, in Deutschland sehr vereinzelt anzutreffen. BLÜTEZEIT: Mai bis Juli.

**Wald-Erdbeere**
*Fragaria vesca*

MERKMALE: 5-25 cm hohe, mehrjährige Pflanze mit oberirdischen langen Ausläufern. Blätter dreizählig mit 3 gezähnten Fiederblättern, von denen das mittlere kurzgestielt ist und die beiden anderen seitlich sitzen. Endzahn jeder Fieder kleiner als die übrigen. Blüten mit 5 weißen Kronblättern und einem Büschel orangegelber Staubbeutel. 1-1,5 cm breit, auf anliegend behaarten Stielchen. Stengel in etwa so lang wie die Blätter. LEBENSRAUM: Unterholz von Wäldern, Waldrändern und Gebüsch, Hecken, Waldlichtungen, Kahlschläge, Wegränder, bis über 2000 m. VERBREITUNG: Kommt mehr oder weniger häufig in ganz Europa vor. BLÜTEZEIT: Mai bis Juni.

**Zaun-Wicke**
*Vicia sepium*

MERKMALE: Mehrjährige, 30-60 cm lange, gelegentlich auch bis 100 cm messende Pflanze, niederliegend, aufsteigend oder an anderen Pflanzen emporkletternd mit Hilfe der geteilten Ranken, welche die Enden der gefiederten Blätter bilden. Sie bestehen aus 4-9 Paaren eiförmig-elliptischer Fiederblätter; wie der Stengel kurz weichhaarig. 2-5 der schmutzig-violetten, bis 1,5 cm langen Blüten bilden einen kurzgestielten, traubenförmigen Blütenstand. LEBENSRAUM: Lichte Wälder und Waldränder, Gebüsch, Fettwiesen, Wegränder, Hecken. Kommt meist auf Lehmboden vor. VERBREITUNG: In fast ganz Europa. BLÜTEZEIT: Mai bis Juni, manchmal bis August.

**Frühlings-Platterbse**
*Lathyrus vernus*

MERKMALE: Mehrjährige Pflanze mit aufrechtem, vierkantigem, nicht geflügeltem und meistens unverzweigtem Stengel, an der Basis mit Niederblättern. Gefiederte Blätter mit 2-4 Paaren eiförmiger oder breiteiförmiger, lang zugespitzter Fieder; grasgrün, unten glänzend, werden 3-7 cm lang und 1-3 cm breit. Breite Nebenblätter halbspießförmig. Blätter ohne Ranken, aber mit endständiger, grannenartiger Spitze. Blüten anfangs rot, dann violett, später blau oder fahlblau, nicht selten auch grünblau und sogar weiß; zu 3-8 in einer Traube. LEBENSRAUM: Laubwälder, Mischwälder, Gebüsch. VERBREITUNG: Fast ganz Europa. In Nord- und Nordwestdeutschland fehlend. BLÜTEZEIT: April bis Mai.

**Gemeines Hexenkraut**
*Circaea lutetiana*

MERKMALE: Mehrjährige, 20-60 cm hohe, aufrechte Pflanze mit nach oben zu flaumig behaartem Stengel. Eiförmige bis breitlanzettliche Blätter mit abgerundetem, kaum herzförmigem Grund, bis 10 cm lang, matt, gezähnt und auf den Nerven behaart. Weiße oder rosarote Blüten. LEBENSRAUM: Schattige Wälder, vor allem Laub-, Auen- und Nadelmischwälder. VERBREITUNG: In fast ganz Europa. BLÜTEZEIT: Juni bis August. ALLGEMEINES: Die Herkunft des Gattungsnamens ist unklar; er bezieht sich wohl auf Circe, der Zauberin in der griechischen Mythologie. Wahrscheinlich wurde die Pflanze so genannt, weil sich die Früchte mit Hilfe von Hakenhaaren sehr leicht an vorbeistreifende Lebewesen anheften.

**Wald-Veilchen**
*Viola reichenbachiana*

MERKMALE: Mehrjährig, 5-20 cm hoch. Stengel seltener liegend, meist aufsteigend bis aufrecht. Blätter sowohl grundständig als auch an den Stengeln herzförmig bis länglich-eiförmig, an der Oberseite zerstreut behaart. Unterseite häufig violett; meist über 2 cm lang. Rötlichviolette Blüten kleiner als 2 cm, mit dunkelviolettem, 5-6 mm langem, schlankem Sporn, dieser ist kaum gefurcht. Blüten in der Mitte dunkler. LEBENSRAUM: Laub-, Misch- und Nadelwälder, auf humushaltigem und lockerem Boden, gern auf Kalk. VERBREITUNG: Süd- und Mitteleuropa, im Norden bis Südschweden. In Deutschland überwiegend verbreitet, in manchen Gegenden nur zerstreut oder ganz fehlend. BLÜTEZEIT: April bis Juni.

## Stinkender Storchschnabel
*Geranium robertianum*

MERKMALE: Einjährige, 20-50 cm hohe Pflanze mit oft karminroten, dicht drüsig behaarten Stengeln. Unangenehm riechend, besonders beim Zerreiben, wegen des Gehalts an ätherischem Öl. 3-5zählig gefiederte Blätter mit doppelt fiederspaltigen Abschnitten, abstehend behaart. 1,5-2 cm große, rosa Blüten meist zu zweit am kriechenden bis aufsteigenden Stengel. Kronblätter mit 3 weißlichen Streifen. LEBENSRAUM: Laub-, Misch- und Nadelwälder, Geröllhalden, schattige Felsen, Mauern. Stickstoffliebend, gedeiht bei hoher Luftfeuchtigkeit besonders gut. VERBREITUNG: Fast ganz Europa; in Deutschland überall anzutreffen und durchweg häufig. BLÜTEZEIT: Mai bis Oktober. ALLGEMEINES: Der Gattungsname bezieht sich auf die storchenschnabelförmigen Früchte. Enthält neben dem erwähnten ätherischen Öl auch Gerbstoffe und einen noch unbekannten Bitterstoff.

## Wald-Storchschnabel
*Geranium sylvaticum*

MERKMALE: Mehrjährige, aufrechte, behaarte Pflanze, 30-60 cm hoch. Große Blätter handförmig, 7teilig mit bis über die Mitte grob und unregelmäßig gezähnten Lappen, auf der Unterseite nur entlang der Nerven behaart. Blüten im Durchmesser bis 3,5 cm, lebhaft rotviolett, am Grund bärtig. Auch nach dem Verblühen bleiben die Blütenstiele aufrecht; dies ist ein wichtiges Unterscheidungsmerkmal zum ähnlichen Wiesen-Storchschnabel. Staubfäden lanzettlich und im Gegensatz zum Wiesen-Storchschnabel am Grund nur wenig verbreitert. LEBENSRAUM: Hochstaudenfluren, feuchte Bergwiesen, alpine Weiden, Laub-, Misch- und Auenwälder. Liebt feuchten, lehmigen und humushaltigen Boden. VERBREITUNG: In fast ganz Europa, außer weiten Teilen im Süden. In Deutschland zerstreut. BLÜTEZEIT: Juni bis Juli. ALLGEMEINES: Enthält vor allem im Wurzelstock Gerbstoffe.

## Schönes Johanniskraut
*Hypericum pulchrum*

MERKMALE: Mehrjährige, 20-60 cm hohe, zierliche, schlanke Pflanze mit kahlem, rundem und aufrechtem Stengel. Unterseits blaugrüne, dreieckig-herzförmige Blätter, sitzend, halbstengelumfassend, am Rand ohne schwarze Drüsenpunkte. Goldgelbe, außen rötliche Blüten in lockerer, lang gestreckter Rispe. Die Staubblätter sind gebüschelt. LEBENSRAUM: Trockene Laub-, Misch- und Nadelwälder, meist an lichten Stellen wie Kahlschlägen, Waldwegen und -rändern, auch in Gebüschen und Heiden, gern auf sandigen, lehmigen und sauren Böden, somit ein Anzeiger für eine Entkalkung der Bodenoberfläche. VERBREITUNG: Fast ganz Europa, in Südosteuropa fehlend. Schwerpunkt des Vorkommens in Westeuropa. In Deutschland verbreitet, nach Osten zu seltener, in den Alpen fehlend. BLÜTEZEIT: Juli bis September. ALLGEMEINES: Der Name Johanniskraut deutet auf die Blütezeit (Johannistag = 24. Juni) der Pflanze hin.

## Große Sternmiere
*Stellaria holostea*

MERKMALE: Mehrjährige, 10-30 cm hohe Pflanze. Stengel 4kantig, mit sitzenden, lineallanzettlichen, 3-8 cm langen Blättern. Blüten weiß, bis zur Mitte gespaltene Kronblätter ungefähr doppelt so lang wie der Kelch. Blütenblätter nur etwa bis zur Mitte gespalten. LEBENSRAUM: Laub- und Mischwälder, seltener Nadelwälder, Gebüsch, gern auf etwas sandigen und lehmigen Böden. VERBREITUNG: Fast ganz Europa. BLÜTEZEIT: April bis Juni. ALLGEMEINES: Von der Wald-Sternmiere unterscheidet sie sich durch die Form der Blütenblätter, die bei dieser mehr herzförmig und tief zweispaltig, bei der Großen Sternmiere nur etwa bis zur Mitte gespalten sind.

## Hohe Schlüsselblume
*Primula elatior*

MERKMALE: 10-30 cm hohe, mehrjährige Pflanze mit bis zu 20 cm langen, rosettenartigen Grundblättern, die sich allmählich in den geflügelten Stiel verschmälern. Bis 2 cm lange, schwefelgelbe Blüten mit flach ausgebreitetem Blütenkronsaum, der am Schlund ringförmig dunkler (orange) gefärbt ist, und eng anliegendem Kelch. Nur ganz schwach oder gar nicht duftend. LEBENSRAUM: Vor allem krautreiche Laub-, Schlucht- und Auenwälder, Gebüsch, Wiesen, besonders Bergwiesen bis 2400 m. Liebt lockeren, feuchten Boden. VERBREITUNG: Fast ganz Europa. Im Süden Deutschlands verbreitet, im Norden selten oder ganz fehlend. BLÜTEZEIT: März bis Mai. ALLGEMEINES: Auch Wald-Schlüsselblume genannt.

## Siebenstern
*Trientalis europaea*

MERKMALE: Mehrjährige, zierliche Pflanze mit aufrechten, dünnen, 5-20 cm hohen Stengeln. Ganzrandige, lanzettliche Blätter von unterschiedlicher Größe, bis zu 8 cm lang, häufig aber unter 5 cm. Stehen am Ende des Stengels in einer lockeren Rosette, aus der meist 1, selten 2 oder 3 Blütenstiele mit ebenso vielen Blüten entspringen. Weiße, ausgebreitete Blüten im Durchmesser bis 1,5 cm groß, mit meist 7, manchmal 5, 6 oder bis 9 Kronblättern. LEBENSRAUM: Humose Fichten- und Kiefernwälder, auch Laubwälder, Birkenmoore und Heiden, kalkarme Böden, bis 1700 m. VERBREITUNG: Hauptsächlich Nordeuropa, daneben Teile Mitteleuropas.

## Wald-Ziest
*Stachys silvatica*

MERKMALE: Mehrjährige, 30-120 cm hohe Pflanze. Stengel aufrecht, oben verästelt, rauhhaarig. Gestielte, herz- bis breiteiförmige, gesägte und zugespitzte und kreuzgegenständige Blätter ähneln denen der Brennessel, sie sind dicht abstehend behaart. Dunkelrote Blüten mit hellerer Zeichnung, Krone doppelt so lang wie der Kelch. Bis zu 6 Blüten scheinquirlig in den Blattachseln, eine endständige Scheinähre bildend. LEBENSRAUM: Laub- und Mischwälder, Gebüsche, Bergwälder, Auwälder und Schluchtwälder; häufig auf grundwasserfeuchten und stickstoffreichen, aber dabei lockeren Böden. VERBREITUNG: Der Wald-Zist kommt in fast ganz Europa vor. BLÜTEZEIT: Juni bis August.

## Blauroter Steinsame
*Lithospermum purpureo-coeruleum*

MERKMALE: Mehrjährige, behaarte, 30-60 cm hohe Pflanze mit aufrechtem, oben ästigem Stengel. Schmal-lanzettliche, spitze Blätter bis 7 cm lang. Blütenkrone zwischen 1 und 1,5 cm breit, Röhre 1,5-2 cm lang, zuerst rot, beim Verblühen dann blau. Nichtblühende Triebe der Pflanze wachsen bogenförmig zur Erde und zu den Wurzeln. LEBENSRAUM: Lichte, trockene Laubwälder und Gebüsche, Steppenheidewälder, gern auf Kalk, lockeren und humusreichen Böden. VERBREITUNG: Süd- und Mitteleuropa, auch auf den Britischen Inseln. In Deutschland zerstreut bis selten, im Norden fehlend. Am Standort meist in größeren Rudeln. BLÜTEZEIT: April bis Mai. ALLGEMEINES: Die Verfärbung der Blüten von Rot nach Blau beruht auf einem Wechsel im Säuregrad des Zellsaftes. In jungen Blüten ist dieser sauer, der Farbstoff rot gefärbt. In älteren Blüten ist er neutral bis alkalisch, der Farbstoff blau.

## Echtes Lungenkraut
*Pulmonaria officinalis*

MERKMALE: Mehrjährige Pflanze, 15-30 cm hoch. Grundblätter vor und nach der Blüte rundlich- oder eiförmig-herzförmig, verschmälern sich plötzlich in den langen Stiel. Blätter nach oben zu stengelumfassend und oval, allmählich in den Stiel übergehend, mit auffälligen weißen Punkten. Ganze Pflanze bis zum Blütenstand mit Borstenhaaren bestanden. Blüten anfangs rosa oder rot, später blau. Im gleichen Blütenstand verschiedenfarbige Blüten. LEBENSRAUM: Laub- und Laubmischwälder, Waldränder und angrenzende, ungenutzte Grasflächen. Liebt mullreichen, kalkhaltigen, lockeren Boden. Bis in Höhen von 1700 Meter. VERBREITUNG: Fast ganz Europa. In Deutschland im Norden verbreitet, im Süden selten. Am Standort meist häufig. BLÜTEZEIT: März bis Mai. ALLGEMEINES: Zur Verfärbung der Blüten s. Blauroter Steinsame. Verwandte Art: Berg-Lungenkraut.

## Salbei-Gamander
*Teucrium scorodonia*

MERKMALE: Mehrjährige, verzweigte Pflanze, 30-60 cm hoch, mit Bodenausläufern, unangenehm riechend. Salbeiähnliche Blätter gestielt, eiförmig, am Grund herzförmig, gekerbt, netzrunzelig, kurz weichwollig behaart, 3-7 cm lang. 1-1,4 cm lange Blüten in einseitswendigen Scheinähren; Krone blaß-grünlichgelb; helmförmiger, zweilippiger Kelch mit vierzähniger Unterlippe und breiterer, rundlicher Oberlippe. LEBENSRAUM: Lichte Wälder (Eiche, Kiefer), Waldränder, Heiden, kalkmeidend, daher nur auf sauren Böden. VERBREITUNG: Mittel- und Südosteuropa. In Teilen Westeuropas und auf den Britischen Inseln eingebürgert. Im südlichen und mittleren Deutschland verbreitet, im Norden zerstreut. BLÜTEZEIT: Juli bis September. ALLGEMEINES: Auch Wald-Gamander genannt, manchmal als Heilpflanze verwendet. In Deutschland sind 4 weitere Gamander-Arten, z. B. der Edel-Gamander *(Teucrium chamaedrys)*, bekannt.

**Waldmeister**
*Galium odoratum*

MERKMALE: Mehrjährige, 10-30 cm hohe Pflanze mit aufrechten, dünnen, glatten Stengeln. Lanzettliche bis elliptische Blätter stachelspitzig, beiderseits frischgrün, zu 6-8 im Quirl. Weiße, im Durchmesser bis 5 mm große Blüten mit trichteriger Krone in langgestielten, endständigen Trugdolden. Duftet beim Welken sehr stark. LEBENSRAUM: Schattige, krautreiche Laub- und Mischwälder, auf nährstoff- und mullreichen, lockeren Böden, gern auf Kalk. VERBREITUNG: Ganz Mittel- und Westeuropa. BLÜTEZEIT: April bis Mai.

**Breitblättrige Glockenblume**
*Campanula latifolia*

MERKMALE: Mehrjährige, bis über 100 cm hohe Pflanze mit stielrundem oder stumpfgerilltem, fast kahlem oder kurzhaarigem Stengel. Die eilänglichen, beiderseits weichhaarigen Blätter sind unregelmäßig gesägt und verschmälern sich in den kurzen, geflügelten Stiel. Violette Blüten bis 4 oder gar 5 cm lang, einzeln in den Blattachseln stehend. LEBENSRAUM: Krautreiche Laubwälder, Hochstaudenfluren, feuchtes Gebüsch. Sehr anspruchsvoll. VERBREITUNG: In fast ganz Europa, Alpen, Alpenvorland. BLÜTEZEIT: Juni bis August.

**Hain-Greiskraut**
*Senecio nemorensis*

MERKMALE: Mehrjährig, 60-150 cm, unterseits (zumindest auf dem Mittelnerv) behaart, lanzettliche bis länglich-eiförmige Blätter etwa 3mal so lang wie breit. Die Blütenköpfe bestehen aus 5-8 Zungen- und 14-20 Röhrenblüten. Hüllblätter bilden eine etwas glockige Hülle. LEBENSRAUM: Feuchte, schattige Laub- und Bergmischwälder, Kahlschläge, Hochstaudenfluren. VERBREITUNG: Hauptsächlich Mittel- und Südeuropa. In Deutschland nur in den Mittelgebirgen verbreitet, sonst zertreut bis selten. BLÜTEZEIT: Juli bis September.

**Schuppenwurz**
*Lathraea squamaria*

MERKMALE: Mehrjährige, rosarote, seltener weißliche, 10-25 cm hohe Pflanze. Grüne Blätter fehlen gänzlich, statt dessen hat der Stengel bleiche, blattähnliche Schuppen. Ganzschmarotzerpflanze. Die rosenroten, 1-1,5 cm langen Blüten sind in dichter, einseitswendiger, anfangs nickender Traube angeordnet. LEBENSRAUM: Schlucht- und Auenwälder, auf Wurzeln von Laubbäumen schmarotzend (u. a. Ulme, Erle, Pappel, Hasel). VERBREITUNG: In fast ganz Europa. BLÜTEZEIT: April bis Mai.

**Großblütiger Fingerhut**
*Digitalis grandiflora*

MERKMALE: 40 bis über 100 cm hohe, mehrjährige Pflanze mit drüsenhaarigen Stengeln und Blütenstielen. Die länglich-lanzettlichen, fein gesägten Blätter oben glänzend und behaart, unterseits, vor allem auf den Nerven und am Rand, flaumig behaart. LEBENSRAUM: Laubwälder, Waldlichtungen, Kahlschläge, sonnige Waldränder. VERBREITUNG: Fast ganz Mitteleuropa und in großen Teilen Westeuropas zerstreut. BLÜTEZEIT: Juni bis September. ALLGEMEINES: Keine Heilpflanze; giftig.

**Tollkirsche**
*Atropa belladonna*

MERKMALE: 50-150 cm hoch, reichästig, ganzrandige, eiförmige Blätter bis über 15 cm lang. Blüten meist einzeln in den Blattachseln, mit glockiger, 22,5 cm langer Krone, die außen braunviolett und innen gelbgrün gefärbt ist. Frucht ist eine schwarzglänzende Beere. LEBENSRAUM: Laub und Mischwälder. VERBREITUNG: Mittel und Südeuropa, in Deutschland zerstreut. BLÜTEZEIT: Juni bis August. FRÜCHTE: Die Beeren sind so giftig, daß 3 oder 4 für Kinder den Tod bedeuten können.

**Vielblütige Weißwurz**
*Polygonatum multiflorum*

MERKMALE: 30-80 cm hoch, Stengel stielrund, Blätter 5-12 cm lang, eiförmig, wechselständig und zweireihig. In den Achseln der oberen Tragblätter hängen die Blüten zu 2-5 wie in kleinen Büscheln, ihre Zipfel sind behaart. LEBENSRAUM: Schattige krautreiche Laubwälder, Laubmischwälder, Gebüsch, gern auf kalkhaltigen Böden. VERBREITUNG: In fast ganz Europa bis nach Südschweden, Südengland, Nordspanien, Sizilien und Griechenland. Auch in Deutschland weit verbreitet. BLÜTEZEIT: April bis Juni.

**Frühlings-Knotenblume, Märzenbecher**
*Leucojum vernum*

MERKMALE: 10-35 cm hoch, wobei der Stengel von einer einblättrigen, etwa 3,5 cm langen Blattscheide überragt wird. Blüten hängen jeweils einzeln, selten zu zweit am blattlosen Stengel. 3-5 breit-linealische Blätter 1 cm breit. Die Kronblätter tragen an ihren Spitzen gelbgrüne Flecken. LEBENSRAUM: Au- und Laubmischwälder, feuchte, nicht zu nasse Wiesen. VERBREITUNG: Mitteleuropa, außer in den Hochalpen, südlich bis Mittelitalien. In Deutschland nur zerstreut.

**Maiglöckchen**
*Convallaria majalis*

MERKMALE: 10-25 cm hohe, mehrjährige Pflanze mit kriechendem Wurzelstock und aufrechtem Stengel, der die mehr oder weniger einseitswendige Blütentraube aus 5-10 Einzelblüten trägt. Blätter etwa so lang wie der Stengel, nicht selten auch länger. Häufig zwei breitlanzettlich, langgestielte Blätter. Oberfläche glänzend. LEBENSRAUM: Lichte Laubwälder, Gebüsch, im Gebirge auf Felsschutt und Matten, kalkliebend. VERBREITUNG: In fast ganz Europa. BLÜTEZEIT: Mai bis Juni. ALLGEMEINES: Stark giftig.

**Wald-Habichtskraut**
*Hieracium silvaticum*

MERKMALE: Mehrjährige, äußerst formenreiche 30-60 cm hohe Pflanze. Stengel oft blattlos, manchmal auch mit 1 oder 2 kleinen Blättern. Die grobgezähnten Grundblätter stehen in einer Rosette. Gelbe Blüten (nur Zungenblüten) in 2 bis über 10 rispenartig angeordneten Köpfen. LEBENSRAUM: Laub-, Misch- und Nadelwälder, Wald- und Wegränder. VERBREITUNG: Ganz Europa. In Deutschland verbreitet und überall ziemlich häufig. BLÜTEZEIT:Mai bis Juni.

**Türkenbund-Lilie**
*Lilium martagon*

MERKMALE: Mehrjährig, 30 bis über 100 cm hoch. Runder Stengel meist rotgefleckt, mit länglich-spatelförmigen oder ei-lanzettlichen Blättern. Nickende, turbanähnliche Blüten in lockerer Traube; 3-12 Blüten an einem Stengel, in seltenen Ausnahmen auch erheblich mehr (bis über 30 Blüten).LEBENSRAUM: Wälder, vor allem Buchen-, Bergmisch- und Schluchtwälder, Hochstaudenfluren. VERBREITUNG: Hauptsächlich Mittel-, Ost- und Südosteuropa. BLÜTEZEIT: Juli bis August.

**Schneeglöckchen**
*Galanthus nivalis*

MERKMALE: 10-20 cm große Zwiebelstaude mit rundem, aufrechtem, oben gebogenem Stengel, der immer nur eine hängende Blüte zeigt. Gebogene Blattscheide zweilappig, grün mit weißem Rand, die grundständigen, blaugrünen Blätter sind linealisch und 4 mm breit. LEBENSRAUM: Au- und Laubmischwälder, feuchte Wiesen, gern auf lehmigem Boden.VERBREITUNG: In Mitteleuropa an natürlichen Standorten nur noch sehr selten, meist verwildert. BLÜTEZEIT: Februar bis März.

## Frauenschuh
*Cypripedium calceolus*

MERKMALE: 20-50 cm hoch, aus einem horizontalen Wurzelstock wachsend. 3-5 breit-elliptische, stengelumfassende Blätter. Behaarter, ein wenig gebogener Stengel trägt meist 1 oder 2, selten 3 oder gar 4 Blüten, die zu den größten unserer Flora zählen und die größten Einzelblüten unter den europäischen Orchideen darstellen. Auffälligster Blütenteil gelbe, bis 4 cm große Lippe, die zu einem bauchigen Schuh (Name) umgeformt ist. Sie stellt eine Fliegenkesselfalle dar. LEBENSRAUM: Auf kalkreichen Böden in schattigen Wäldern, vor allem Buchenwälder, Gebüsch. VERBREITUNG: Mitteleuropa bis Südfrankreich und Jugoslawien, sonst im Mittelmeerraum fehlend. In Skandinavien bis zum Polarkreis, im mittleren und südlichen Deutschland zerstreut oder selten; stark gefährdet! BLÜTEZEIT: Mai bis Juli. ALLGEMEINES: Ein Insekt kann die Falle nur über Narbenfläche und Staubbeutel verlassen.

## Rotes Waldvögelein
*Cephalanthera rubra*

MERKMALE: Stengel 20-60 cm hoch, oben drüsig behaart, mit mehreren Schuppenblättern am Grund und 2-6 Laubblättern. Laubblätter lanzettlich bis lineal-lanzettlich, bis 14 cm lang und 3 cm breit. Blütenstand locker, bis 15blütig; Tragblätter nach oben allmählich kleiner werdend, unterste(s) die Blüte(n) überragend, drüsig. Blüten hell bis kräftig rotlila, sich weit öffnend. Kelchblätter eiförmig-lanzettlich, 17-25 mm lang und 6-8 mm breit, zugespitzt, außen flaumig behaart; seitliche Kronblätter 15-20 mm lang, kahl. LEBENSRAUM: Halbschattige und schattige Wälder; bis 2000 m; auf basenreichen Böden, überwiegend über Kalk, wobei lockerer und nährstoffreicher Boden bevorzugt wird. BLÜTEZEIT: Mai bis Juli. VERBREITUNG: In Europa, Nordafrika und Vorderasien von der temperaten Zone bis zur meridionalen Zone verbreitet, allerdings nur selten im atlantischen und pontischen Florengebiet.

## Aronstab
*Arum maculatum*

MERKMALE: Mehrjährige Pflanze, 15-40 cm hoch, ausnahmsweise auch bis 60 cm. Die grundständigen, langgestielten Blätter werden 10-20 cm lang. Ihre Netznervatur stellt eine Besonderheit unter den einkeimblättrigen Pflanzen dar, ebenso die Pfeilform. Obwohl die Blätter verhältnismäßig selten und nur ganz schwach dunkelgrün bis braun gefleckt sind, brachten sie der Art den wissenschaftlichen und auch deutschen Namen Gefleckter Aronstab ein. Das große, tütenförmige bis 25 cm lange Hochblatt umhüllt die untere Hälfte des Blütenkolbens ganz und erhebt sich auf einer Seite weit über ihn. Am (nicht sichtbaren) Teil des Kolbens sitzen die weiblichen Blüten unten, die männlichen darüber. LEBENSRAUM: Laub- und Laubmischwälder, vor allem Buchen- und Auenwälder, gern auf Kalk. Anzeiger für nährstoffreiche Böden. VERBREITUNG: Süd- und Mitteleuropa, im Norden bis Südschweden. BLÜTEZEIT: April bis Mai.

## Dingelorchis
*Limodorum abortivum*

MERKMALE: Mehrjährige, 20-50 cm, im Süden auch bis 80 cm hohe Pflanze ohne Blattgrün. Steifer, unten dicker Stengel mit fast horizontaler, tief im Boden liegender Grundachse; blau bis violett gefärbt, mit schuppenförmigen, violetten Blättern. Die 34 cm langen violetten Blüten stehen zu 4 bis 8 in einer lockeren Blütenähre. LEBENSRAUM: Lichte Kiefernwälder, Weinberge, gebüschreiche Trockenrasen, steinige, trockene Böschungen, gern auf Kalkböden. VERBREITUNG: Vor allem Südeuropa; in Deutschland vom Aussterben bedroht. BLÜTEZEIT: Mai bis Juli.

## Helm-Knabenkraut
*Orchis militaris*

MERKMALE: Die Pflanze wird 20-40 cm, selten bis 60 cm hoch. Schwach kantiger, hellgrüner Stengel. Blätter länglich-oval, bis 15 cm lang. Die oberen 5 Blütenblätter neigen sich zu einem Helm (daher auch der Name dieser Art), der außen blaßrosa, innen rosaviolett gefärbt ist. Lippe tief dreigelappt, Mittellappen mit 2 abgerundeten Zipfeln, dazwischen ein Zähnchen. LEBENSRAUM: Grasige Hänge, lichte Wälder. VERBREITUNG: Süd- und Mitteleuropa. Fehlt im Nordwesten; gefährdet. BLÜTEZEIT: April bis Juni.

## Waldgrille
*Nemobius sylvestris*

MERKMALE: 1 cm lang, mittelgroß, fast schwarz, mit kurzen Flügeln. ♂ können mit den kurzen Flügelstummeln anhaltend und laut zirpen, aber nicht mehr fliegen. Die Hinterschienen sind lang bedornt. Tag- und nachtaktiv. LEBENSRAUM: Bodenstreu von Laubwäldern, wenn viel Laub den Boden bedeckt. VERBREITUNG: In Europa weit verbreitet. HÄUFIGKEIT: Obgleich man die Waldgrille kaum kennt, ist sie gar nicht so selten. Zu leicht überhört man ihr feines Zirpen. LEBENSWEISE: Aus den abgelegten Eiern schlüpfen noch im selben Jahr kleine Larven, die im Laub überwintern.

## Stachelwanze
*Acanthosoma haemorrhoidale*

MERKMALE: Gut 1 cm groß. Hübsch gezeichnete Wanze; gut kenntlich an dem schwarz-gelb gestreiften Kopf, den blutroten Flügeldecken und dem gleichfarbigen Rand des Halsschilds. Im übrigen grün mit feiner dunkler Fleckung. Rand der Hinterflügel hell. LEBENSRAUM: Laubwälder, Waldränder und Feldgehölze. Bevorzugter Aufenthaltsort an Ebereschen und Weißdorn. VERBREITUNG: In Europa. HÄUFIGKEIT: Regelmäßig, häufig. NAHRUNG: Leben nur von Pflanzensäften.

## Rosenblattlaus
*Macrosiphon rosae*

MERKMALE: Bis zu 4 mm groß. Wie der Name besagt, lebt sie vor allem auf Rosen. Daneben tritt sie auch auf Karden und Skabiosen auf. Fertig entwickelte Rosenblattläuse können geflügelt und ungeflügelt sein. Die Flügel sind glasig durchsichtig. Mit ihrer Hilfe legen sie große Strecken zurück, wobei sie nicht immer aktiv fliegen müssen, sondern vornehmlich vom Wind verdriftet werden. LEBENSRAUM: Hecken und Waldränder, Gärten. VERBREITUNG: In Europa. HÄUFIGKEIT: Zum Leidwesen der Rosenzüchter und Gartenliebhaber sehr häufig. Sie widerstehen auch intensiver chemischer Bekämpfung. Schon wenige Wochen nach dem Einsatz eines Giftmittels tauchen Neuankömmlinge auf. LEBENSWEISE: Die im Herbst abgelegten Eier überwintern. Sie schlüpfen im Frühjahr. Die Larven brauchen etwa 10 Tage für die Entwicklung. Dabei häuten sie sich viermal.

## Große Höckerschrecke
*Arcyptera fusca*

MERKMALE: Erst beim genauen Betrachten erkennt man die Schönheit dieser kleinen Kurzfühlerschrecke; die Schenkel sind unten hellrot, die Knie schwarz und die Hinterschienen gelb gezeichnet. Anhand dieser Kennzeichen kann man sie von anderen Heuschrecken unterscheiden und eindeutig bestimmen. LEBENSRAUM: Gebirgswälder bis 1000 m. VERBREITUNG: Inselartig in Europa. Subalpin. HÄUFIGKEIT: Früher häufiger. LEBENSWEISE: Das Zirpen klingt wie »zik« und wird durch die nach hinten ausschlagende Schiene des Hinterbeins, welche die Flügeladern streift, hervorgerufen; im Vergleich zu anderen Heuschrecken eine wesentlich primitivere Methode zu zirpen. Doch instinktiv reagieren die ♀ auf den richtigen Ruf. Da viele verschiedene Heuschreckenarten im selben Biotop leben, müssen sie den arteigenen Gesang genau kennen, damit sie nicht an den falschen Partner geraten.

## Rotbeinige Baumwanze
*Pentatoma rufipes*

MERKMALE: 1,5 cm lang. Dunkelbraun, auch goldbraun gefärbt. Typische Baumwanze mit rötlichen Beinen. LEBENSRAUM: Waldränder, Parkanlagen und Gärten. Hier an Sträuchern und Laubbäumen. VERBREITUNG: In ganz Europa bis nach Kleinasien und Sibirien. HÄUFIGKEIT: Regelmäßig und häufig. Kann in manchen Jahren schädlich werden, wenn sie in großer Anzahl an Früchten saugt. LEBENSWEISE: Im Gegensatz zu den anderen Baumwanzen überwintert die Larve und nicht das vollentwikkelte Tier. Die Larven sind gelb gefärbt und tragen dunkle Flecken. Im Frühsommer ist die Larvalentwicklung abgeschlossen, die Tiere sind geschlechtsreif. Nach der Paarung legen die ♀ im August ihre Eier auf der Blattoberseite ab. NAHRUNG: Zwar können diese Wanzen durch ihre Saugtätigkeit Schaden verursachen, sie leben jedoch auch häufig räuberisch: jagen kleine Fliegen oder saugen tote Insekten aus.

**Randwanze**
*Coreus marginatus*

MERKMALE: 1-1,4 cm lang. Erinnert an die Baumwanze, das Schildchen ist jedoch kleiner, und der Rand des stark verbreiterten Hinterleibs läuft in einem breiten Saum aus. Diese Art ist die häufigste unserer heimischen Rand- oder Lederwanzen (*Coreidae*). LEBENSRAUM: An Waldrändern, in Lichtungen, in feuchten Gräben oder an nassen Stellen, wo Sauerampfer und Geiskraut gedeihen. VERBREITUNG: In Europa. Im Osten bis nach Kleinasien. HÄUFIGKEIT: Regelmäßig bis häufig. NAHRUNG: Reiner Pflanzensaftsauger.

**Gemeine Feuerwanze**
*Pyrrhocoris apterus*

MERKMALE: Gut 1 cm lang. Eine der zahlreichen, grell schwarz-rot gezeichneten Wanzen. In Mitteleuropa treten kurz- und langflügelige Tiere auf. Voll entwickelte kurzflügelige Feuerwanzen erkennt man an der Trennlinie zwischen Schildchen und Flügel: bei Jungtieren verläuft sie unscharf. LEBENSRAUM: Parkanlagen, Alleen mit Akazien oder Kastanien. Gern unter alten Linden. VERBREITUNG: Sehr weit verbreitet; in Europa, Asien, Nordafrika und Mittelamerika. NAHRUNG: Saft der Lindensamen und andere Pflanzensäfte.

**Kamelhalsfliege**
*Raphidia notata*

MERKMALE: 1,5 cm lang, fast 3 cm Flügelspannweite. Alle europäischen Arten tragen den Kopf, der durch den verlängerten »Hals« weit nach vorn reicht, in unverwechselbarer Haltung schräg nach oben. Flug sehr langsam. In Ruhestellung liegen die Flügel dachartig über dem Körper. LEBENSRAUM: In lichten Laub-Mischwäldern, in alten Nadelwäldern, an Waldrändern und auf schattigen Lichtungen. VERBREITUNG: In Europa, vor allem im mittleren und nördlicheren Bereich. Fehlt auf der Iberischen Halbinsel.

**Großer Puppenräuber**
*Calosoma sycophanta*

MERKMALE: 2,5-3,5 cm groß. An der Größe und an den kupfrig-grün glänzenden Flügeldecken zu erkennen. LEBENSRAUM: Laub- und Nadelwälder. VERBREITUNG: Gemäßigte Zone Europas und Asiens. Diese Art und der Kleine Puppenräuber (*C. inqusitor*) wurden nach Amerika gebracht, um Larven und Raupen schädlicher Insekten als natürliche Feinde zu bekämpfen. HÄUFIGKEIT: Regelmäßig, nirgends häufig. ALLGEMEINES: Larven und Käfer jagen tagsüber und nachts nach Insekten, besonders gern Schmetterlingsraupen auf Bäumen.

**Lederlaufkäfer**
*Carabus coriaceus*

MERKMALE: Mit 4 cm Länge größter mitteleuropäischer Laufkäfer und einer der größten und eindrucksvollsten ganz Europas. Wird nur vom Riesenlaufkäfer (*Procerus gigas*) mit 6 cm Größe übertroffen. Diese Art lebt jedoch nur in Südosteuropa, so ist der Lederlaufkäfer leicht zu erkennen. LEBENSRAUM: Mischwälder, Gärten, Parks. VERBREITUNG: In fast ganz Europa, fehlt in Großbritannien. HÄUFIGKEIT: Häufig, doch stark rückläufig. NAHRUNG: Schnecken, Raupen, Käfer; gehen auch an reife Früchte.

**Hirschkäfer**
*Lucanus cervus*

MERKMALE: ♂ 3,5-8 cm groß (mit »Geweih«), ♀ mit 2,5-5 cm Größe deutlich kleiner, ohne Geweih. Das Geweih des ♂ bilden die stark vergrößerten Oberkiefer. Mit diesen können die Tiere nicht mehr fressen. Sie dienen dem Kampf. LEBENSRAUM: Streng gebunden an das Vorhandensein alter Eichenwälder, wo man die Hirschkäfer vor allem an vermodernden Eichenstümpfen, heruntergefallenen Ästen oder auf den Bäumen sitzend finden kann. VERBREITUNG: In den meisten Teilen der Laubwaldzone Europas.

**Rothalsige Silphe**
*Oeceoptoma thoracica*

MERKMALE: Etwa 1,5 cm groß. Der auffallende rote Halsschild, der an den Seiten stark verbreitert ist, kennzeichnet diese Art. Nur wenige Käfer kann man so leicht bestimmen! LEBENSRAUM: Laubmischwälder, Gärten und verwilderte Parkanlagen, wo diese Käfer am Boden zwischen Moosen, Flechten, in faulenden Pilzen, auf Aas und an Kadavern, manchmal auch im Kot leben. VERBREITUNG: In ganz Europa und Asien bis Japan regelmäßig und häufig. NAHRUNG: Bekannt ist die Vorliebe dieser Art für Stinkmorcheln.

**Moderkäfer**
*Ocypus olens*

MERKMALE: 2,2-3,2 cm groß. Typischer Vertreter der Kurzflügelkäfer (Staphylinidae); an den kurzen Flügeldecken leicht zu erkennen. Darunter liegen kunstvoll zusammengefaltete Hautflügel, mit denen sie ausgezeichnet fliegen können. Viele Arten dieser Käferfamilie leben versteckt in Bauten von Ameisen. LEBENSRAUM: Unter altem Laub in Mischwäldern. VERBREITUNG: In ganz Europa. HÄUFIGKEIT: Einer der häufigsten und größten unter den Kurzflüglern. NAHRUNG: Ernährt sich räuberisch von kleinen Tieren.

**Großer Leuchtkäfer**
*Lampyris noctiluca*

MERKMALE: 11,8 cm groß. Der verbreiterte und vorgewölbte Halsschild bedeckt den Kopf und trägt parallel zum Vorderrand eine glasklare Zone. Sie klettern abends während ihrer »Leuchtphasen« gern auf Grashalme. Das »kalte Licht« der Glühwürmchen entsteht durch die chemische Umwandlung des Leuchtstoffes Luciferin über das Enzym Luciferase. LEBENSRAUM: Laubmischwälder, Gärten, Parkanlagen, v. a. Gebiete mit Vorkommen von Johanniskraut (*Hypericum*). VERBREITUNG: Inselartig in weiten Teilen Europas.

**Gemeiner Totengräber**
*Necrophorus vespilloides*

MERKMALE: 1-2 cm groß. In Mitteleuropa kommen 8 Arten dieser Gruppe vor. Die beiden häufigsten, *N. vespilloides* und *N. vespillo*, unterscheiden sich nur wenig im äußeren Erscheinungsbild. Aber bei *N. vespilloides* ist der Halsschild stets glatt und ohne Behaarung, während er bei *N. vespillo* einen zum Rand hin verdichteten Pelz gelblicher Haare trägt. LEBENSRAUM: Gärten, Parks und Mischwälder. VERBREITUNG: In Europa und Asien regelmäßig und häufig; auch Licht anfliegend. NAHRUNG: Aas.

**Ameisenbuntkäfer**
*Thanasimus formicarius*

MERKMALE: 0,7-1 cm groß. An der eigenartigen schwarz-weißen Zeichnung mit dem gelben Mittelteil kann man diesen Käfer, der wie eine Ameise rasch am Boden dahinläuft, erkennen. LEBENSRAUM: Nadelwälder. VERBREITUNG: In Europa, Asien, Nordafrika und Nordamerika, wo er eingeschleppt wurde. LEBENSWEISE: Von März bis Mai legen die ♀ unter Baumrinden ihre Eier ab. Kleine Larven ernähren sich von Abfallstoffen, größere von Borkenkäferlarven, die sie in ihren Gängen aufstöbern. Unter der Baumrinde verpuppen sie sich.

**Grubenhals-Prachtkäfer**
*Anthaxia quadripunctata*

MERKMALE: 4,5-8 mm. Kleine Art, meist dunkel metallisch gefärbt. An den charakteristischen kleinen Gruben am Halsschild kenntlich. LEBENSRAUM: Laubmischwälder, wo man die Käfer unter morschem Holz oder unter feuchtem Laub entdecken kann. In den warmen Mittagsstunden suchen sie Blüten zur Nahrungssuche auf, wobei sie gelbe Farben bevorzugen. VERBREITUNG: Ganz Europa. HÄUFIGKEIT: Von den 25 Arten dieser Gattung, die in Europa leben, ist die dargestellte Art eine der häufigsten.

**Lindenprachtkäfer**
*Lampra rutilans*

MERKMALE: 1,2-1,5 cm groß. Grün, mit goldenem oder blauem Schimmer, Außenkanten der Flügeldecken rötlich. LEBENSRAUM: Alte Lindenalleen, Mischwälder, in denen auch noch morsche Bäume stehengeblieben sind. In einem forstwirtschaftlich modern betriebenen Wald hat der Lindenprachtkäfer keine Überlebenschancen. VERBREITUNG: Als wärmeliebende Art vor allem im Süden Mitteleuropas und in den Mittelmeerländern. HÄUFIGKEIT: Selten. LEBENSWEISE: In den morschen Stämmen der Linden, in denen sich die Larven ihre Fraßgänge bohren, findet die ganze Larvalentwicklung statt. Fraßgänge sind arttypisch: flach, geschlängelt und von hinten nach vorn breiter werdend. Vor der Verpuppung legt die Larve ein Ausschlüpfloch für den Käfer an, der nach dem Schlüpfen den Stamm verläßt. NAHRUNG: Von lebendem und totem pflanzlichen Material.

**Nashornkäfer**
*Oryctes nasicornis*

MERKMALE: 2-4 cm groß. Unverwechselbar! ♂ tragen auf dem Kopf ein nach hinten gebogenes Horn und auf dem Halsschild tiefe Auskerbungen und Erhöhungen. Der Schild des ♀ ist glatt, und anstelle des Horns findet man nur ein kleines Hornschild. Schild und Horn sind dunkel, oft schwarz, die Flügeldecken braun. LEBENSRAUM: Eichenwälder, wo sich die Larven in vermodernden Stubben aufhalten. Früher fand man Engerlinge des Nashornkäfers in Eichenlohhaufen der Gerbereien. In Mist- und Sägemehlhaufen sind die engerlingähnlichen Larven mitunter ebenfalls zu finden. VERBREITUNG: Großteil Europas. Selten. Gefährdet! LEBENSWEISE: Käfer lecken Saft von Eichen. Die Engerlinge, die man an den rotumrandeten Atemöffnungen von den gelbumrandeten Maikäfern unterscheiden kann, brauchen 2-3 Jahre und werden bis zu 12 cm lang, ehe sie sich verpuppen.

**Rosenkäfer**
*Cetonia aurata*

MERKMALE: 1,5-2 cm groß. An den leuchtend grünblau schillernden Flügeldecken, dem gleichfarbigen Halsschild und Kopf gut zu erkennen. Die Käfer erinnern in Farbe und Gestalt an die Goldkäfer (*Potosia*), von denen in Mitteleuropa 7 Arten leben. Von diesen unterscheidet man sie an Rinnen und Erhebungen auf der Körperunterseite, nicht aber an der Färbung und Zeichnung der Flügeldecken. LEBENSRAUM: Buschreiche Landschaft, Gärten, Parks, Waldränder. In den warmen Mittagsstunden findet man die Käfer auf den Blüten sitzend. Im Mittelmeerraum auf reifen Feigen. VERBREITUNG: In ganz Europa. LEBENSWEISE: Käfer findet man von April bis September. Ihre Larven leben im Boden, häufig in alten Baumstubben oder in Nestern der Waldameise. NAHRUNG: Käfer ernähren sich von Pollen und Nektar, reifen Früchten, Larven von Mulm und abgebrochenen Wurzeln. Kein Schadfraß!

**Waldmaikäfer**
*Melolontha hippocastani*

MERKMALE: Mit etwa 2,5 cm Länge etwas schwächer als der nahe verwandte, äußerlich recht ähnliche Feldmaikäfer. Im Gegensatz zu diesem, trägt der Waldmaikäfer eine knotenartig verdickte Spitze des Hinterleibfortsatzes und eine bräunliche, leicht behaarte Brust. Die Flügeldecken wirken heller und nicht so markant gerippt. LEBENSRAUM: Lichte Wälder, Waldränder, vorzugsweise im Bergland und in Heidegebieten. VERBREITUNG: Östlich in Mitteleuropa, besonders in Nord- und Ostdeutschland und im Alpengebiet. Vorkommen inselartig. LEBENSWEISE: Ähnlich wie beim Feldmaikäfer müssen auch die Käfer noch Nahrung zu sich nehmen, bevor sie sich verpaaren. Offenbar geschieht dies im Zusammenhang mit der Kotproduktion, die für die Infizierung der Engerlinge notwendig ist; denn sie beherbergen in ihrem Darm symbiotische Mikroorganismen, die ihnen die Zellulose und die Inhaltsstoffe der Wurzeln aufschließen.

## Laubholzzangenbock, Schrotzangenbock
*Rhagium mordax*

MERKMALE: 1,3-2,2 cm groß. Körperfarbe schwankt zwischen mittelbraun und dunkelgrau. Gut zu erkennen an den beiden großen dunklen Punkten in der Mitte der Flügeldekken, die den anderen Zangenböcken fehlen. LEBENSRAUM: Laubmischwälder, selten in Nadelwäldern. VERBREITUNG: Im größten Teil Europas. LEBENSWEISE: Unter gelockerter Rinde von Eichen und Buchen legen die ♀ ihre Eier ab. Nach einem zweijährigen Larvenstadium bauen sich die Larven mit Sägespänen eine Puppenwiege. Verpuppung im Sommer. Käfer schlüpfen im Herbst. Erst im Frühjahr erscheinen die Käfer auf den Bäumen. In den warmen Mittagsstunden fliegen sie auf Blüten, um dort Pollen und kleine Blütenteile abzunagen. NAHRUNG: Da die Larven nur unter der Rinde minierend leben, nicht aber ins Kernholz eindringen, verursachen sie keine Schäden.

## Mulmbock
*Ergates faber*

MERKMALE: Mit 6 cm Größe einer unserer größten und bekanntesten Bockkäfer. Geschlechter deutlich unterscheidbar: Fühler des ♀ erreichen kaum die Hälfte der Körperlänge, die des ♂ überragen den Körper. Halsschild des ♀ ist kleiner und mit unregelmäßiger Oberfläche, beim ♂ größer und regelmäßiger gestaltet. LEBENSRAUM: Ausgedehnte Kiefernwälder mit Altholzbeständen. VERBREITUNG: Im östlichen Mitteleuropa, früher bis weit nach Westen. Heute westlich der Elbe nur selten. LEBENSWEISE: Von Juli bis September fliegen in der Dämmerung die Käfer an Blüten und an alte, morsche Kiefern. Unter der Rinde legt das ♀ 200 bis 300 Eier ab, von denen nur wenige das Käferstadium erreichen, denn die Entwicklung beansprucht 4 Jahre. Larven erreichen die stattliche Größe von 8 cm! Sie bohren im Holz unregelmäßige Gänge. NAHRUNG: Holzfresser, vor allem Kiefer, gelegentlich auch Fichte.

## Sägebock
*Prionus coriarius*

MERKMALE: 1,8-4,5 cm groß. Sehr kräftiger, dunkelbraun bis schwarz gefärbter Bockkäfer. Fühler des ♂ 12gliedrig, stark gezähnt und kräftig; beim ♀ 11gliedrig, fein und zart gezackt. Halsschild beider Geschlechter deutlich gesägt. LEBENSRAUM: Laubmischwälder, seltener in Nadelwäldern. VERBREITUNG: Großteil Europas; fehlt im hohen Norden, bis Westsibirien und Nordafrika. LEBENSWEISE: Dämmerungsaktiv. Tagsüber sind sie unter der Rinde von Baumstümpfen versteckt. Balz Juli und August, begleitet von Zirptönen durch Reiben der Flügeldecken an einer Leiste auf den Hinterschenkeln. Die Larven wachsen in morschen Baumstümpfen heran, graben sich tiefer ein und benagen die Wurzeln. Nach 14 Häutungen erreichen sie nach 3-4 Jahren die stattliche Länge von 5 cm! Im Boden bauen sie eine Puppenwiege, aus der der Käfer im folgenden Sommer schlüpft. NAHRUNG: Wurzeln verschiedener Laubbhölzer selten an Nadelbäumen.

## Kleiner Zangenbock
*Rhagium inquisitor*

MERKMALE: 1-2,2 cm groß. Auf den braungrau unregelmäßig gemusterten Flügeldecken erkennt man 2 dunkle Querbinden, die nur in seltenen Fällen verwischt sind. Farbintensität schwankt. Die Fühler der ♂ sind länger als bei den ♀ (Kennzeichen aller Bockkäfer). LEBENSRAUM: Nadelwälder, Parkanlagen. VERBREITUNG: In ganz Europa. Auch in der gemäßigten Zone Asiens und Nordamerikas. LEBENSWEISE: ♀ legen ihre Eier unter leicht abbrechender Rinde von Nadelhölzern ab. Die Larven fressen hier und verbleiben unter der Rinde bis zur Fertigentwicklung des Käfers. Gesamtdauer 2 Jahre. Der Kleine Zangenbock sucht am Tag auf Blüten nach Pollen oder hält sich auf morschem Holz auf, wo man ihn bei der Paarung und Eiablage beobachten kann. Käfer schlüpfen im Herbst, verbleiben aber in der Puppenwiege bis zum folgenden April. NAHRUNG: Die Larve lebt von morschen Holzresten.

## Zierbock
*Anaglyptus mysticus*

MERKMALE: 0,5-1,3 cm groß. An der schwarzweiß-roten Zeichnung der Flügeldecken, die variieren kann, gut erkennbar. LEBENSRAUM: Laubmischwälder, Weißdorn. VERBREITUNG: Mittleres und südliches Europa. Fehlt in Norddeutschland und Skandinavien. LEBENSWEISE: Larven leben in verschiedenen Laubhölzern. Entwicklungszeit mindestens 2 Jahre. Gelegentlich überwintert der Käfer unter loser Rinde. NAHRUNG: Larven fressen Holz, die Käfer Pollen und kleine Blütenteile.

## Wespenbock, Eichenwidderbock
*Plagionotus arcuatus*

MERKMALE: 0,62 cm groß. Schwarzgelb gezeichnet, Halsschild kugelig, fast so breit wie die Flügeldecken; ähnlich dem Widderbock, doch kräftiger gebaut. LEBENSRAUM: Sonnige Laubmischwälder. VERBREITUNG: In Europa. HÄUFIGKEIT: Regelmäßig, stellenweise häufig. LEBENSWEISE: Weibchen legen ihre Eier unter die Rinde von kränkelnden oder frisch geschlagenen Eichen, seltener von anderen Laubbäumen. Larven leben im Bast, wo sie ein weit verzweigtes Gangnetz anlegen, das dicht mit Sägespänen angefüllt ist. Zur Verpuppung nagen sie ein hakenförmiges Loch bis 7 cm tief ins Holz hinein. Die Überwinterung ist als Altlarve, Puppe oder Jungkäfer möglich. NAHRUNG: Von Mai bis Juni besuchen die Käfer Blüten; Larven fressen das Holz toter oder kranker Bäume, sind daher nur bei starkem Auftreten schädlich.

## Eichenheldbock
*Cerambyx cerdo*

MERKMALE: 2,5-5,3 cm groß. Einer der schönsten und größten Käfer Europas. LEBENSRAUM: Eichenwälder und Parkanlagen mit alten Eichen. VERBREITUNG: Ursprünglich in ganz Europa. Heute in Mitteleuropa ausgestorben. Regelmäßig noch in Ost- und Südosteuropa zu finden. LEBENSWEISE: Larven leben in der ersten Zeit unter der Rinde, wandern später tiefer in den Splint und schließlich in das Kernholz der Eichen. Der Baum stirbt nicht ab, aber das Holz wird durch die fingerdicken Gänge zerstört. Nach 3-4 Jahren bohren die knapp 10 cm langen Larven einen hakenförmigen Gang, auf dessen Grund sie sich verpuppen. Noch im Herbst schlüpft der Käfer, kommt aber erst im Mai hervor. NAHRUNG: Käfer lecken den Saft von Eichen; gehen normalerweise nicht an gesunde Eichen. Ihr Auftreten zeigt Schädigungen an, die meist andere Ursachen haben.

## Geschwärzter Schmalbock
*Strangalia melanura*

MERKMALE: 1 cm groß. Tiefschwarzer Körper. Flügeldecken der ♀ rötlich mit schwarzen Umrandungen, die der ♂ gelblich. ♀ kräftiger gebaut. Von *S. bifasciata* schwer unterscheidbar. LEBENSRAUM: Waldränder, Blumenwiesen in der Nähe von Laubmischwäldern. Von Mai bis September sitzen die Käfer auf Schafgarbe und anderen Blüten. VERBREITUNG: Ganz Europa. LEBENSWEISE: Larven findet man vom Sommer bis zum Frühjahr in Eichen- und Ahorn-, seltener in Fichten- und Kiefernholz. NAHRUNG: Morsches und verfaulendes Holz.

## Vierpunkt-Ameisensackkäfer
*Clytra quadripunctata*

MERKMALE: 0,8-1,1 cm groß. An den vier schwarzen Punkten auf dunkelgelben Flügelecken kann man die 3 in Mitteleuropa lebenden Ameisen- oder Sackkäfer erkennen. Die Arten gleichen sich stark im Aussehen, sind aber leicht nach ihren unterschiedlichen ökologischen Ansprüchen zu trennen: So lebt *C. laeviuscula* auf Weiden und *C. quadripunctata* auf Birken, Weißdorn und nur selten auf Weiden. LEBENSRAUM: Feldgehölze, Wegränder, Trokkenrasen, Waldränder. VERBREITUNG: Weite Bereiche Europas.

## Pappelblattkäfer
*Melasoma populi*

MERKMALE: Gut 1 cm groß. Flügeldecken gelbrot, Halsschild und Kopf blau. Die ovale und hochgewölbte Gestalt zeigt den typischen Blattkäfer. Von der Gattung *Melasoma* gibt es in Mitteleuropa 8 Arten, die gut unterscheidbar sind. Pappelblattkäfer sind an den schwarzen Spitzen der Flügeldeckenenden zu erkennen. LEBENSRAUM: Laubmischwälder, Pappeln. VERBREITUNG: Sehr weit in Europa. Gesamtverbreitung reicht über das gemäßigte Asien bis in den subtropischen Bereich hinein. HÄUFIGKEIT: In manchen Jahren Massenvermehrung.

## Großer Brauner Rüsselkäfer
*Hylobius abietis*

MERKMALE: 0,8-1,3 cm groß. Braun mit gelben Flecken. Die Art kann leicht verwechselt werden, doch sie ist die bekannteste und häufigste der Rüsselkäfer. LEBENSRAUM: Nadelwälder. VERBREITUNG: Von Europa bis Japan. HÄUFIGKEIT: Regelmäßig, in manchen Jahren Massenvorkommen. LEBENSWEISE: ♀ legen ihre Eier in Stöcke frisch gefällter Fichten und Kiefern. Die Larven leben unterirdisch an Wurzeln und morschen Baumstümpfen. Sie sind unschädlich. Zur Verpuppung bohren die Larven einen hakenförmigen Gang ins Holz.

**Haselblattroller**
*Apoderus coryli*

MERKMALE: 0,6-0,8 cm groß. In Färbung und Gestalt ähnlich dem Eichenblattroller, doch am viel schmaleren Halsschild gut zu erkennen. Oberschenkel rot, beim Eichenblattroller schwarz. LEBENSRAUM: Laubwälder, Parks und Gärten. VERBREITUNG: Europa, Sibirien bis Japan. HÄUFIGKEIT: Regelmäßig und häufig. LEBENSWEISE: Käfer trifft man von Mai bis August. Während des Winters schlafen sie im Boden eingegraben. ♀ wickeln in typischer Blattrollerart Haselblätter, die jedoch nicht welken und abfallen.

**Rote Waldameise**
*Formica rufa*

MERKMALE: 0,5 bis 1 cm groß. Typischer Ameisenkörper. Sehr schwer bestimmbar! LEBENSRAUM: Laub- und Nadelwälder. Ameisenhaufen werden stets dort errichtet, wo Sonnenstrahlen bis zum Boden dringen können. VERBREITUNG: Europa, fehlt im Süden. Gemäßigtes Sibirien, Nordamerika. HÄUFIGKEIT: Regelmäßig. Trotz intensiver Schutzmaßnahmen werden Waldameisen immer seltener. Eine Änderung des Säuregehalts der Luft und des Bodens führt zum Verschwinden bestimmter Pilze, mit denen die Ameisen in Symbiose leben.

**Buchdrucker**
*Ips typographus*

MERKMALE: 0,4-0,6 cm lang. Ein kleiner, walzenförmiger, schwarz glänzender Käfer mit bräunlicher Behaarung und kräftigen, etwas an Dungkäfer erinnernden Beinen. Fühler kurz mit deutlich abgesetzter Keule am Ende. Hinterende der Flügeldecken scharf abgeschnitten und an jeder Seite mit 4 deutlichen Zähnchen besetzt. Kopf unter dem großen Bruststück verborgen. In Mitteleuropa kommen weitere 7 Arten der Gattung vor, die schwer zu bestimmen sind. LEBENSRAUM: Nadelwälder, Bestände von Fichten.

**Grünrüßler**
*Phyllobius argentatus*

MERKMALE: 0,4 bis 0,6 cm groß. Leuchtend grün mit rötlichen Schenkeln, die auch dunkel sein können. Formen- und artenreiche Gattung mit 10 Untergattungen und 25 Arten. Grün oder graubraun gefärbt, tragen hellere und dunklere Schuppen, wirken fleckig. Schwer zu bestimmen. LEBENSRAUM: Laubmischwälder, verwilderte Parks und große alte Gärten; meist in Laubbäumen, seltener auf Nadelbäumen. VERBREITUNG: Gemäßigte Zone Europas und Asiens. HÄUFIGKEIT: Regelmäßig, stellenweise sehr häufig.

**Grüne Blattwespe**
*Rhodogaster viridis*

MERKMALE: Gut 1 cm groß. Körper hellgrün. Artbestimmung schwierig, da die Familie der Echten Blattwespen *(Tenthredinidae)* mit weltweit 4000 und mitteleuropäisch einigen 100 Arten außerordentlich artenreich ist. LEBENSRAUM: Buschreiches Gelände, Laubmischwälder, Gärten und Parks. VERBREITUNG: Gemäßigtes Europa und Asien bis Japan. HÄUFIGKEIT: Regelmäßig und häufig. LEBENSWEISE: An heißen Tagen jagen die Grünen Blattwespen zwischen Büschen und in der Krautschicht nach Insekten, die sie erbeuten und aussaugen.

**Riesenholzwespe**
*Urocerus gigas*

MERKMALE: 1-4 cm groß. ♂ stets kleiner und schwieriger zu beobachten, da sie im Gegensatz zu den ♀ in den mittleren und oberen Baumkronen fliegen. LEBENSRAUM: Nadelwälder. VERBREITUNG: Großteil Europas. LEBENSWEISE: Mit Hilfe ihres Legeapparats bohren ♀ etwa 1 cm tief unter die Rinde verschiedener Nadelhölzer Löcher und legen einige Eier hinein. Ein ♀ produziert bis etwa 1000 Eier während eines Sommers. Larven minieren im Holz, wobei sie die Sägespäne so fest zusammenpressen, daß man den Gang später kaum noch sieht.

## C-Falter
*Polygonia c-album*

MERKMALE: Vorderflügel 2,5 cm lang. Ähnelt einem zerfransten Kleinen Fuchs. Die Unterschiede ergeben sich aus der Verteilung und Ausdehnung der schwarzen Punkte auf der Flügeloberseite sowie an der gezackten Form der Flügel. Das C auf der Flügelunterseite ist das charakteristische Merkmal, das dem Falter seinen Namen gab. LEBENSRAUM: An Waldrändern, in Lichtungen, in buschreichem Gelände, in Auen und Gärten, im Gebirge bis 2000 m Höhe sowie in Tälern. VERBREITUNG: In ganz Europa bis zum 66. Breitengrad. FLUGZEIT: Normalerweise werden zwei Generationen ausgebildet. Die I. fliegt von Ende Juni bis Ende Juli und die II. Mitte August bis Anfang Juni. Die II. Generation entwickelt sich nur teilweise. Schon im August ziehen sich die Falter in ihre Überwinterungsquartiere zurück. FUTTERPFLANZEN: Brennesseln, Haselsträucher, Wilder Hopfen, Johannisbeere.

## Großer Perlmutterfalter
*Mesoacidalia aglaja*

MERKMALE: Mit 3 cm langen Vorderflügeln fällt der Große Perlmutterfalter deutlich kleiner aus als der ähnliche Kaisermantel. Im Unterschied zu diesem fehlen ihm die Silberstreifen auf den Hinterflügeln, deren Unterseite gelb ist, manchmal ins Grüne übergehend, und silbrige Flächen trägt, die perlmuttartig schimmern. Die ♀ sind blasser gefärbt. LEBENSRAUM: Lebt in lichten Wäldern der Mittelgebirge. Das Wechselspiel zwischen Licht und Schatten mögen sie ganz besonders. Im Gebirge trifft man sie bis zur Baumgrenze an. In Auwäldern sind sie seltener. VERBREITUNG: Über ganz Europa hinweg. Das Vorkommen reicht fast bis ans Nordkap. Die Art fehlt aber auf den Mittelmeerinseln mit Ausnahme Siziliens. FLUGZEIT: Eine Generation mit einer langen Flugzeit von Mitte Juni bis Mitte August. FUTTERPFLANZEN: Meist Veilchen *(Viola tricolor* u. a.), daneben Wiesenknöterich *(Polygonum bistorta)*.

## Kleiner Eisvogel
*Limenitis camilla*

MERKMALE: 3 cm lange Vorderflügel. Oberseits schwarz-weiß, unterseits bunt. Von dem sehr ähnlichen *L. reducta,* dem Blauschwarzen Eisvogel (nur eine Reihe dunkler Punkte), kann man ihn an 2 Reihen schwarzer Punkte unterscheiden. LEBENSRAUM: Sowohl *L. camilla* als auch *L. reducta* leben in feuchten Auen und lichten Laubwäldern. Im Gebirge bis zur Baumgrenze. VERBREITUNG: In weiten Bereichen Frankreichs, Mitteleuropas, Italiens, Jugoslawiens und Osteuropas überschneiden sich beide Arten. Doch kommt *L. reducta* mehr im Süden und *L. camilla* mehr im Norden vor. In Mitteleuropa ist der *Kleine Eisvogel* stellenweise noch recht häufig. Hingegen ist sein Vetter *L. reducta* nördlich der Alpen nur sehr selten vertreten. FLUGZEIT: Mitte Juni bis Mitte August in einer Generation. Dasselbe gilt für *L. reducta.* FUTTERPFLANZEN: Geißblatt, seltener auch Heckenkirsche und Schneebeere.

## Kleiner Schillerfalter
*Apatura ilia*

MERKMALE: Die Vorderflügel werden etwa 3,2-3,5 cm lang. Dem Großen Schillerfalter ähnlich, doch an den beiden zusätzlichen Augenflecken auf der Oberseite der Vorderflügel und am Fehlen eines zahnartigen Vorsprungs in der weißen Binde im Hinterflügel zu unterscheiden. Das ♀ ist größer und trägt keinen Schiller. FLUGGEBIET: An Waldrändern, in Lichtungen von Mischwäldern, die auf Kalkböden stehen; an Waldbächen, in sonnenbeschienenen Gebirgstälern und besonders gern in lichten Auwäldern mit Weiden, Pappeln und Espen. VERBREITUNG: Frankreich, Mitteleuropa, fehlt in Norddeutschland, im Osten weit nach Asien hineinreichend, im Süden bis Mittelitalien und Nordgriechenland. Fehlt auf den Mittelmeerinseln. Begrenzte Vorkommen in Spanien und Portugal, fehlt in Skandinavien und England. FLUGZEIT: Von Juli bis Anfang August in einer Generation. FUTTERPFLANZEN: Zitterpappel *(Populus tremula)*.

**Trauermantel**
*Nymphalis antiopa*

MERKMALE: Mit 3,5 cm langen Vorderflügeln einer der größten Falter Europas. Dunkelbraune Grundfärbung mit dem breiten rahmfarbenen Rand und nach innen zu einer Reihe blauer Flecke. Beide Flügel haben stumpfe Spitzen am Außenrand; mit keiner anderen Art zu verwechseln. LEBENSRAUM: Lichte Wälder, Waldränder, Auen, in Schneisen und Schonungen, in buschbestandenem Gelände, in warmen Tälern, bis in 2000 m Höhe, aber auch in Gärten und Parks. Mit Vorliebe an Bachläufen. VERBREITUNG: Weite Teile Europas bis zum Nordkap. Fehlt im äußersten Süden von Spanien, in Griechenland und auf den Mittelmeerinseln. Nach England, Norddeutschland und Norwegen gelangen in günstigen Jahren einzelne wandernde Trauermäntel. Sie kommen dort auch zur Fortpflanzung, können sich aber wegen der naßkalten Witterung nicht dauerhaft halten. HÄUFIGKEIT: Früher überall häufig anzutreffen. Nach dem Zweiten Weltkrieg schrumpfte aus bis heute ungeklärten Gründen der Bestand sehr stark zusammen. Er hält sich anhaltend niedrig, aber erstaunlich konstant. So kann man in vielen Gebieten Trauermäntel regelmäßig in einzelnen Exemplaren beobachten. FLUGZEIT: Ende Juli bis Juni. Die Falter überwintern. RAUPENZEIT: Juni bis Juli. Die schwarzen Raupen tragen eine Reihe rostroter Punkte auf dem Rücken. Wehrhafte Dornen befinden sich beidseitig auf jedem Segment des Körpers. In gemeinsamem Gespinst. FUTTERPFLANZEN: Birke, Espe, Salweide und Ulme. Kleinere und mittelgroße Bäume werden bevorzugt. ALLGEMEINES: Im weiten Verbreitungsgebiet, das fast ganz Europa, das gemäßigte Asien und Nordamerika umfaßt, gibt es keine Ausbildung von Formen und Rassen. Das hellere Band im Frühjahr ist eine Folge des Verblassens während der Überwinterung. Man kann aus dieser Erscheinung nicht auf eine eigenständige Frühjahrs- oder Herbstform zurückschließen.

**Admiral**
*Vanessa atalanta*

MERKMALE: 2,5-3 cm lange Vorderflügel. Die auffallendsten Kennzeichen des Admirals sind ein leuchtendrotes Band auf dunklem Untergrund und die weißen Flecken in den Spitzen der Vorderflügel. LEBENSRAUM: Sehr weit verbreitet. Von der Meeresküste bis ins Gebirge in 2000 m Höhe. Besonders häufig kann man den Admiral im Herbst in Obstgärten an faulenden Birnen, Zwetschgen oder Äpfeln beobachten, wie er den Saft mit seinem langen Saugrüssel aufnimmt. VERBREITUNG: Ganz Europa bis zum 62. Breitengrad. Einzelne Falter fliegen in warmen Jahren bis zum Polarkreis. Die Falter sind sehr kälteempfindlich, weshalb sie nördlich der Alpen im Herbst in den warmen Süden ziehen und erst im nächsten Frühjahr wieder zurückwandern. Sie sind »Zugvögel« unter den Faltern. HÄUFIGKEIT: Eine der häufigeren Arten unserer Heimat. Fast jeden Sommer kann man ihn beobachten, sogar mitten in Großstädten.

**Brauner Waldvogel**
*Aphantopus hyperantus*

MERKMALE: 2,5 cm lange Vorderflügel. Mittel- bis dunkelbraun gefärbter Falter mit dunkel gekernten, hell umrandeten kleinen »Augen«, auf den Oberseiten schwächer, auf den Unterseiten kräftiger ausgebildet. Schwankt stark in Tönung und Anzahl der Augen. Aus den Flecken der Unterseite tritt im dunklen Kern noch ein weißer Fleck hervor, der die Wirkung der hellen Ringe verstärkt. LEBENSRAUM: Besonders häufig trifft man ihn über feuchtem Gelände, aber auch über bunten Blumenwiesen, in lichten Wäldern, an Waldrändern, im Hügelland wie im Gebirge, wo er bis auf 1500 m Höhe ansteigt. VERBREITUNG: Europa. Fehlt in Nordengland, in Skandinavien ab dem 64. Breitengrad kaum mehr zu beobachten. Im Süden fehlt er auf der Iberischen Halbinsel südlich der Pyrenäen. In den Pyrenäen selbst ist er regelmäßig anzutreffen. Fehlt auch in Italien, Griechenland und den Mittelmeerinseln. HÄUFIGKEIT: Häufig bis gemein.

**Blauer Eichenzipfelfalter**
*Thecla quercus*

MERKMALE: Dunkel gefärbter Falter mit tiefblau leuchtenden Feldern auf den Vorderflügeln, die nur 1,5 cm lang werden. Auf der Unterseite der Flügel verläuft eine weiße, leicht gezackte Linie. LEBENSRAUM: In Eichenwäldern, aber auch in Parkanlagen mit alten Eichen, vom Tiefland bis in eine Höhe von 1500 m. VERBREITUNG: In ganz Europa. Früher wesentlich häufiger als heute. FLUGZEIT: Mitte Juni bis August in einer langgestreckten Generation. RAUPENZEIT: Mai bis Juni.

**Schachbrett, Damenbrett**
*Melanargia galathea*

MERKMALE: 2,6-2,8 cm lange Vorderflügel. Die Oberseite beider Flügelpaare ist auffallend schwarz-weiß wie ein »Schachbrett« gemustert. Das ♀ hat im Gegensatz zum ♂ eine hellere, gelblich überhauchte Unterseite. Es wird auch Damenbrett genannt. LEBENSRAUM: An trockenen Hängen, Waldwiesen, Lichtungen des Hügellandes, aber auch im Gebirge bis nahe 2000 m Höhe. VERBREITUNG: Über weite Bereiche Europas bis Südengland. Fehlt in der Norddeutschen Tiefebene weitgehend. Z. T. recht häufig.

**Braunauge**
*Lasiommata maera*

MERKMALE: 2,2-2,8 cm lange Vorderflügel. Grundfarbe der Oberseite braun, aufgehellte Vorderflügelspitze, auf dieser schwarzer, weiß gekernter, daneben viel kleinerer Punkt. Beim Weibchen ist die rotbraune Binde der Vorderflügel um den Augenfleck heller und gelblicher. Auf dem orangefarbenen Grund der Hinterflügel 2 mittlere Punkte und ein winziger. Unterseite der Hinterflügel grau, braun gezeichnet, mit gelbbraun umringten Augenflecken. Unterseite der Vorderflügel wie Oberseite, etwas heller. LEBENSRAUM: Lichte Wälder, Hügelland. VERBREITUNG: In Europa sehr weit verbreitet, bis in 2000 m Höhe. Nicht überall häufig; der Bestand ist rückläufig. FLUGZEIT: Von Mai bis September, in 2 nicht deutlich voneinander getrennten Generationen, im Norden und im Gebirge nur eine Generation in Juni und Juli. RAUPENZEIT: August bis Mai. Die Raupe ist hellgrün, mit einem dunklen Rückenstreifen, daneben befindet sich ein weißlicher Streifen und ein heller Seitenstreifen, welcher unterseits dunkel eingefaßt ist. Raupe überwintert. FUTTERPFLANZEN: Wildgräser, wie z. B. Rispengras, Roggen- und Strauchgerste, Schwingel-Arten und andere Gräser.

**Rostfarbener Dickkopffalter**
*Ochlodes venatum*

MERKMALE: 1,7 cm lange Vorderflügel. Dunkelbraun mit hellen gelb-braunen Feldern und Flecken, unterseits grünlich aufgehellt, mit schwach gelben Würfelflecken. Männchen mit schwarzem Schrägstrich auf den Vorderflügeln. Weibchen mit hellerer Basis der Vorderflügel. Dem Kommafalter sehr ähnlich. LEBENSRAUM: Kommt in offenem Gelände vor, Wiesen, Hänge, Waldränder, Parklandschaften, bis 2000 m. VERBREITUNG: Europa. Fehlt in Irland, Nordschottland und in Skandinavien ab dem 56. Breitengrad. Im Süden fehlt der Falter auf Sardinien, Korsika und Kreta. HÄUFIGKEIT: Weit verbreitet und nicht selten. Doch für den Laien ist es schwierig, diesen Falter, der so vielen anderen ähnlich sieht, im Flug richtig zu bestimmen. FLUGZEIT: Lange Flugzeit von Ende Mai bis Mitte August in einer Generation; im Süden manchmal zwei, oft drei Generationen. RAUPENZEIT: September bis Mai. Die Raupe ist bläulichgrün, besitzt eine dunkle Rückenlinie und eine gelbe Seitenlinie, der Kopf ist schwarz. Lebt in zusammengefalteten Grasblättern. Die Raupe überwintert zwischen versponnenen Grasblättern. FUTTERPFLANZEN: Knäuelgras, Waldzwenke und andere Wildgräser.

**Nierenfleck, Birkenzipfelfalter**
*Thecla betulae*

MERKMALE: Vorderflügel etwa 2 cm lang. ♂ kleiner als ♀. Oberseits dunkelbraun mit nierenförmigem orangefarbenem Fleck. Beim ♂ erscheint der Fleck nur angedeutet oder fehlt ganz. Unterseits sind beide Geschlechter hell gefärbt: orangebraun mit je 2 schwarz und weiß angelegten Linien. Die Hinterflügel tragen die charakteristischen Fortsätze, die der Gruppe den Namen gaben. LEBENSRAUM: Bevorzugt werden Waldränder, Parklandschaften, Gebüsch entlang von Bächen und an Gebirgshängen bis 1000 m Höhe. Der Untergrund kann auch steinig sein, wenn Schlehen, Haselsträucher oder andere Wildobstbäume gedeihen. VERBREITUNG: Mitteleuropa mit den Alpenländern, Südskandinavien und Südfinnland, Norditalien, der Balkan und Osteuropa. Im Westen bis in die Pyrenäen, aber nicht mehr auf der Iberischen Halbinsel. In England und Irland nur im Süden. HÄUFIGKEIT: Weit verbreitet, aber nirgends häufig anzutreffen.

## Nonne
*Lymantria monacha*

MERKMALE: 1,8-2,6 cm lange Vorderflügel. ♂ deutlich kleiner als ♀. Grundfarbe weiß mit zahlreichen dicken, zackig verlaufenden Bändern und Punkten. Unregelmäßig treten auch teilweise oder ganz melanistische, d. h. schwarze Formen auf. Sie können bei Massenvermehrungen einen Anteil bis 50% erreichen. Hinterflügel beige mit schwarzen Saumpunkten. LEBENSRAUM: Bevorzugt werden Fichten- und Kiefernwälder, besonders, wenn sie, wie in vielen Wirtschaftswäldern, dichte Altersklassenbestände bilden. Die Falter wurden auch in Mischwäldern gefunden. Dort kam es aber bisher nicht zu der gefürchteten »Nonnenkalamität«. VERBREITUNG: Gemäßigtes Eurasien. Im Norden erreicht die Nonne Mittelschweden und Südfinnland. HÄUFIGKEIT: Sehr unterschiedlich. In manchen Jahren tritt sie nur mäßig auf, in anderen kommt es zu Massenentwicklungen.

## Weißer Bär
*Spilosoma menthastri*

MERKMALE: 2,2 cm lange Vorderflügel. Weißer Falter mit unregelmäßig verteilten, schwarzen Punkten auf der Oberseite der Vorderflügel. Die der Hinterflügel trägt nur einen schwarzen Punkt. LEBENSRAUM: Waldränder, buschreiches Gelände, aufgelassene Kiesgruben, Brachländer. VERBREITUNG: Ganz Europa, im Norden bis zum 64. Breitengrad. In den Alpen bis 1600 m Höhe. Überall in größeren Beständen, doch keine Massenentwicklungen. Da Weiße Tigermotten nur in der Krautschicht leben, stellen sie auch für den Forst keine Gefahr dar. FLUGZEIT: Mai bis Juli. In günstigen Jahren fliegt im August eine 2. Generation, doch meist unvollständig. Die Falter sind nachtaktiv. RAUPENZEIT: Mai bis September in 2 ineinander verschobenen Generationen. Die Raupen sind wie fast alle Bärenspinner-Raupen dicht behaart und für viele Vögel ungenießbar. FUTTERPFLANZEN: Löwenzahn, Wegerich, Brennessel.

## Lindenschwärmer
*Mimas tiliae*

MERKMALE: 3,8-4 cm lange Vorderflügel. Die scharf geschnittene Flügelform, die rosa und grün behauchten Oberseiten der Flügel und das breite, schwarze Band über den Vorderflügeln, das in der Mitte unterbrochen ist, lassen eine Verwechslung mit einer anderen Art kaum zu. LEBENSRAUM: Mischwälder, in denen Linden stehen, waren die ursprüngliche Heimat. Heute jedoch finden wir den Lindenschwärmer zahlreicher in Alleen, Parkanlagen und alten Gärten. VERBREITUNG: Ganz Europa, im Norden bis Skandinavien und Südfinnland. Da sich die Art immer dort einstellt, wo Linden stehen, ändert sich ihr Areal mit deren Verbreitung. Zwar findet man den Lindenschwärmer in vielen Teilen Europas, aber dennoch ist er nicht so häufig wie Pappelschwärmer und Abendpfauenauge. Regional, so in alten Lindenalleen, können aber an einem Abend mehrere Exemplare gleichzeitig beobachtet werden. FLUGZEIT: Mai bis Juli.

## Hummelschwärmer
*Hemaris fuciformis*

MERKMALE: 2-2,4 cm lange Vorderflügel. Dem Skabiosenschwärmer sehr ähnlich. Kann etwas größer als dieser werden. Die relativ kleinen Hinterflügel fallen im Vergleich zu den Vorderflügeln auf. LEBENSRAUM: An sonnigen, trockenen Plätzen; in Lichtungen von Nadelwäldern, in warmen Auwäldern, an Südhängen im Bergland, aber auch an Bach- und Flußufern, selten auch in Gärten. VERBREITUNG: In ganz Europa, vor allem in Mitteleuropa kennen wir zahlreiche Fundorte. Im Gebirge erreichen sie 2000 m Höhe. Doch wie bei allen wärmeliebenden Insekten spielt bei der Verbreitung der Art die Temperatur eine sehr große Rolle. In warmen, sonnenreichen Sommern tauchen Hummelschwärmer in zahlreichen Gebieten und hoch in den Alpen auf, in kalten, verregneten Sommern bleiben sie streng auf einige Wärmeinseln Mitteleuropas beschränkt. HÄUFIGKEIT: In warmen Jahren zahlreich.

## Kleines Nachtpfauenauge
*Eudia pavonia*

MERKMALE: 2-3,5 cm lange Vorderflügel. An Farbe, Größe und am Fehlen des schwarzen Bandes auf Vorder- und Hinterflügeln vom Großen Nachtpfauenauge zu unterscheiden. Die ♂ sind wesentlich kleiner, haben einen schwächeren Körper und stark ausgeprägte Kammfühler; die ♀ weisen eine graue Grundfärbung auf, während die Hinterflügel der ♂ graubraun behaart sind. LEBENSRAUM: Moore, warme Lichtungen von Laub- und Mischwäldern, Heidegebiete und an Waldwegen. Besonders zu finden in dichtem, ursprünglichem, von Menschen wenig beeinflußten Unterholz mit reichlich Heidekraut. VERBREITUNG: Ganz Europa. Im Norden bis Mittelschweden und Finnland. Bis in 2000 m Höhe. Nicht selten; manchmal wurde sogar von Massenentwicklungen berichtet. FLUGZEIT: Stets eine Generation von Anfang April bis Mai. Während die ♀ nur nachts fliegen, sind die ♂ tagaktiv.

## Malachiteule
*Staurophora celsia*

MERKMALE: 1,8-2 cm lange Vorderflügel. Mit den großen, grünen, unregelmäßig geformten Feldern, die durch einen senkrechten, auf beiden Seiten scharf gezackten, braunen Streifen getrennt sind und mit dem braunen Rand am Saum des Vorderflügels ist die Malachiteule so auffallend, daß sie mit keiner anderen Art verwechselt werden kann. Hinterflügel mittelbraun mit Aufhellungen im Wurzel- und Innenbereich. LEBENSRAUM: Bevorzugt sandige und kalkhaltige Böden. Man trifft sie in Nadel- und Laubmischwäldern; hier vor allem an den Rändern, in Schneisen und Lichtungen. Auch in Mooren und Heidegebieten, selten in Auen, Gärten und Parkanlagen. VERBREITUNG: In der gemäßigten Zone inselartig verbreitet. Besonders häufig in der Lüneburger Heide, in Dänemark, in der Mark Brandenburg, seltener in Bayern, in Alpentälern sowie im östlichen Ungarn. Im Norden bis zum 64. Breitengrad. Fehlt in England und Nordwesteuropa.

**Smaragdeidechse**
*Lacerta viridis*

MERKMALE: Mittelgroße, robuste Eidechse mit relativ großem Kopf, kräftigen Gliedmaßen und langem, bis sehr langem Schwanz. Unterkiefer und Kehle sind oft prächtig blau, Bauchseite meist fleckenlos weißlich, grünlich oder gelb. Männchen mit stärker entwickeltem, oberseits dunklerem, kräftiger hell gepunktetem Kopf und auffälliger Blaufärbung der Kehlregion. Diese Eidechsenart wird selten größer als 40 cm. VERBREITUNG: In Deutschland lebt diese Eidechse nur in kleinen Vorkommen, z. B. am Mittelrhein, an der Mosel, am Kaiserstuhl und bei Passau. LEBENSRAUM: Smaragdeidechsen findet man in warmen, aber relativ feuchten Lebensräumen, z. B. an üppig bewachsenen Bach- und Teichufern, an gebüschreichen Wegrändern und überwuchertem Felsgelände vom Küstenniveau bis in Gebirgsregionen von 2000 m Höhe. NAHRUNG: Größere Insekten, wie Käfer, Grillen und Heuschrecken.

**Zauneidechse**
*Lacerta agilis*

MERKMALE: Kräftig wirkende Eidechse mit großem, hohem, kurz- und rundschnäuzigem Kopf, gedrungenem Körper, derben Gliedmaßen und relativ dickem, mäßig langem Schwanz. Das Männchen ist an den Flanken und an der Unterseite hell- bis dunkelgrün. Das oberseits überwiegend hellgrau, gelbbraun oder braungefärbte Weibchen trägt eine ähnliche Zeichnung wie das Männchen, hat aber fast nie grüne Farben. Gesamtlänge 20-24 cm, in Osteuropa stellenweise auch bis 27,5 cm. VERBREITUNG: Von Schweden, Finnland und Südengland bis nach Kleinasien und zum Kaukasus, von den Pyrenäen bis nach Nordwest-China. Sie fehlt in Süd- und Westfrankreich, in Italien sowie im größten Teil Iberiens. LEBENSRAUM: Wenig spezialisiert. Wald- und Feldränder, Bahndämme, Böschungen, Heideflächen sowie aufgelassene Steinbrüche und Kiesgruben.

**Wald- oder Bergeidechse**
*Lacerta vivipara*

MERKMALE: Kleinere Eidechse mit langgestrecktem Rumpf, kurzen Gliedmaßen und kräftigem, in einer kurzen Spitze auslaufenden Schwanz. Männchen und Weibchen oberseits etwa gleich gefärbt. Beim Männchen sind Kehle und Hals blaßbläulich, hellrot oder weißlich. Der Bauch, die Unterseite der Beine und des Schwanzes sind gelb bis orangerot mit feiner, schwarzer Fleckung. Die Unterseite kann bei den Weibchen weißlich, gelblich, grau oder orange sein; sie ist kaum oder nur im hinteren Bereich schwärzlich gefleckt. VERBREITUNG: Zwischen Nordspanien im Westen und der Mongolei im Osten, von Schweden im Norden bis nach Bulgarien im Süden. Sie fehlt aber im Mittelmeerraum. LEBENSRAUM: Hauptsächlich Waldgebiete; aber auch andere Lebensräume wie Hochmoore, Dünengebiete, vegetationsreiche Bachränder und verbuschte Böschungen. Sehr trockenes Gelände wird gemieden. NAHRUNG: Spinnen, Steinläufer, Fliegen u. a.

## Äskulapnatter
*Elaphe longissima*

MERKMALE: Große, schlanke, geschmeidige Natter mit deutlich vom Hals abgesetztem, länglichem Kopf, relativ großen Augen mit runden Pupillen, glatter Körperbeschuppung und langem Schwanz. Die Färbung des Körpers ist gelbbraun, braun oder oliv und bis auf kleine, weiße Fleckenränder an vielen Rücken- und Seitenschuppen zeichnungslos. Der Hinterkopf kann beiderseits je einen blaß- oder kräftig gelben, oft dunkel begrenzten Fleck tragen. Der Bauch ist weißlich oder gelb. In einigen Gebieten können Äskulapnattern mit undeutlich ausgebildeten Längsstreifen auftreten. Gesamtlänge 140-160 cm, im südlichen Verbreitungsgebiet bis 200 cm. VERBREITUNG: Nordost-Spanien (isoliert in Nordspanien), Frankreich, Italien, Sizilien, Sardinien, Südschweiz, Österreich, Süddeutschland, Tschechoslowakei, Südpolen, Ungarn, Balkanländer, Kleinasien, Kaukasus und Nordiran. In Deutschland im Taunus, im südlichen Odenwald, bei Lörrach, bei Passau, am unteren Inn und an der unteren Salzach. LEBENSRAUM: Vor allem warme Gebiete mit intensiver Sonneneinstrahlung. Lebt an gestrüppreichen Laubwaldrändern, in lichten, unterholzreichen Hainen, an mit Gesträuch bewachsenen, unterschlupfreichen Hängen und in felsigen Gebieten mit locker stehenden Bäumen. Die Äskulapnatter hält sich gern an zerfallenem Gemäuer sowie an Legesteinanhäufungen und Legesteinmauern zwischen landwirtschaftlichen Nutzflächen auf. Sie besiedelt das Flach-, Hügel- und Bergland, letzteres bis in 1800 m Höhe. NAHRUNG: Kleinsäuger, Vögel und deren Brut sowie Eidechsen und Vogeleier. ALLGEMEINES: Die Äskulapnatter beschleicht ihre Beute in der Regel langsam. Hat sie sich ihr genügend genähert, biegt sie ihren Hals zurück und schnellt dann kraftvoll vor. Dabei packt sie fest zu, umwickelt das Beutetier blitzschnell mit einigen Körperschlingen und erstickt es dadurch. Die Beute wird Kopf voran verschlungen.

## Mauereidechse
*Podarcis muralis*

MERKMALE: Variable Eidechse mit flachem Kopf, leicht abgeflachtem Körper und langem, in eine feine Spitze auslaufenden Schwanz. Grundfärbung des Rückens grau oder braun, manchmal aber auch grünlich. Die helle bis cremefarbene Kehle ist wie der weißliche, gelbe, orangefarbene oder ziegelrote Bauch dunkel gepunktet und gefleckt. Länge 25 cm. VERBREITUNG: West-, Mittel-und Südeuropa bis nach Westasien. LEBENSRAUM: Stellenweise trockene, stark besonnte Gebiete, anderswo dagegen halbschattige, mäßig feuchte Biotope. Lebt an stark besonnten, felsigen Straßenbegrenzungen, an schütter bewachsenen Geröllhängen und in Laubwaldgebieten, wo sie vor allem an bodennahen, pflanzenüberwucherten Felsen und niedrigen Gesteinsanhäufungen vorkommt. Im Gebirge dringt sie bis auf 2000 m Höhe vor. NAHRUNG: Vielerlei Insektenarten.

## Glatt- oder Schlingnatter
*Coronella austriaca*

MERKMALE: Relativ kleine, kräftige Natter mit kaum vom Hals abgesetztem, schlankem, zugespitztem Kopf, kleinen Augen mit runden Pupillen, glatter Beschuppung und langem Schwanz. Die Grundfärbung des Rückens und der Körperseiten ist beim Männchen bräunlich bis rötlichbraun, beim Weibchen grau bis bräunlichschwarz. Die Rückenzeichnung besteht meist aus kleineren, dunklen Flecken oder Tupfen, die teilweise zu undeutlichen Längsbändern zusammenfließen können. Der Bauch ist beim Männchen rötlichbraun oder orangefarben, beim Weibchen grau oder schwärzlich grau. Gesamtlänge selten größer als 60-70 cm, regional aber auch nur bis 52 cm. VERBREITUNG: Nord- und Mitteleuropa von Norwegen und Schweden bis zum östlichen Spanien und Portugal; östlich bis Kleinasien und bis zum Kaukasus. LEBENSRAUM: Offenes, sonniges, versteckreiches Gelände wie lichte Wälder, Heideflächen und Halden.

**Sperber**
*Accipiter nisus*

MERKMALE: Männchen um 28 cm lang, Weibchen um 38 cm. Die Jungvögel legen erst zu ihrem 2. Winter das gesperberte Alterskleid an, vorher sind sie unscheinbar bräunlich gefärbt. Immer aber fallen die besonders langen und dünnen Beine auf. Im Flug über freies Feld abwechselnd einige rasche Flügelschläge und dann ein Stück segelnd. LEBENSRAUM: Wälder, die mit Gebüsch und Lichtungen durchsetzt sind. Im Winter sieht man ihn häufiger, da er sich dann an die Spatzen und Finken in der Nähe der Höfe und Futterhäuser hält. NAHRUNG: Der Sperber ist ein spezialisierter Vogeljäger: Das kleinere Männchen bewältigt noch die Amsel, das größere Weibchen wagt sich selbst an Wildtauben. Der Sperber jagt aus dem Hinterhalt, aus dem er plötzlich hervorbricht oder er streicht niedrig um Ecken und erscheint plötzlich zwischen den erschreckten Kleinvögeln.

**Habicht**
*Accipiter gentilis*

MERKMALE: Ähnlich gefärbt wie der Sperber, aber deutlich größer und gedrungener. Spannweite des Männchens um 100 cm, des Weibchens um 120 cm. Beine kurz und stämmig, Füße kräftig mit langen, sichelförmigen Krallen. LEBENSRAUM: Der Habicht ist ursprünglich ein Greifvogel des Waldes, der sich aber auch in Parklandschaften mit eingestreuten Waldungen halten kann. NAHRUNG: Der Habicht ist ein Jäger vom Typ der Auflauerer, der plötzlich von einer versteckten Warte aus angreift und die Beute überrumpelt. Er ist aber auch zu minutenlanger Lufthatz fähig und beendet sie in der Regel als Sieger. Der Habicht schlägt seine Beute in der Luft und am Boden, und was er einmal gefaßt hat, läßt er nicht mehr los. ALLGEMEINES: Das standorttreue Habichtpaar zeigt sich im Vorfrühling beim Balzflug über dem Wald, in dem der Horst liegt. Dabei kreisen die Vögel bis in große Höhe, das Männchen fliegt in Wellen dahin (Girlandenflug), und beide Vögel geben sich recht ruflustig. Meist wird der vorjährige Horst bezogen und aufgestockt, manche Paare verfügen aber auch über mehrere Horste, die sie wechselweise benützen. Die Brutzeit beginnt im April und dauert mit rund 40 Tagen ungewöhnlich lang. Meist liegen 4 Eier im Horst, doch im Durchschnitt werden nur zwei Junge flügge. Diese tragen das braune Jugendkleid mit getropfter Brust.
Der Habicht wurde seit alters - und wird auch heute noch - zur Beizjagd abgerichtet. Dabei wird er langsam mit Lockspeise und Hungerkuren daran gewöhnt, seine Nahrung auf der Hand des Falkners zu empfangen. Dann kann man ihn, wenn er recht hungrig ist, frei fliegen lassen und auf die Faust zurückrufen. Bei der Beizjagd läßt man den Habicht los, sobald in der Nähe eine mögliche Beute aufgescheucht wurde. Er wird sie verfolgen, hetzen und bei einigem Glück auch schlagen. Dann muß der Falkner herbeieilen und dem Habicht die Beute abnehmen.

**Baumfalke**
*Falco subbuteo*

MERKMALE: Flugbild wie ein übergroßer Mauersegler, schneller Flügelschlag, nicht kreisend. Auch im Flug fallen die schwarzen Backenstreifen auf, weniger die rostroten »Hosen«. Die Jungvögel sind unscheinbar braun mit längsgefleckter Brust. LEBENSRAUM: Einzelgänger mit großem Jagdrevier in lockerer Baumsteppe und von Wäldern unterbrochenem Kulturland. Nicht über Städten. NAHRUNG: Der Jagdflug des Baumfalken ist ein besonderes Naturschauspiel: Er startet zum Angriff, wenn sich ein Kleinvogel in den freien Luftraum vorgewagt hat, wo der Falke genügend Platz für An- und Auslauf findet. Dort hetzt er seine Beute mit spielerischer Eleganz und so schnell, daß das Auge kaum zu folgen vermag. Kann sich der verfolgte Vogel nicht sofort in ein Gesträuch stürzen, so ist er verloren. Er jagt bis weit in die Dämmerung hinein und erbeutet auch Fledermäuse. Dabei kann er eine Angriffsgeschwindigkeit von mehr als 150 km/h erreichen.

## Schwarzspecht
*Dryocopus martius*

MERKMALE: Der Schwarzspecht ist mit Dohlengröße bei weitem unser größter Specht. Von der Dohle unterscheidet ihn auf den ersten Blick der feuerrote Scheitel. Sein Hals ist auffällig schlank. Im Flug ruft er laut und mit glucksender Stimme »krü-krü-krü«. Dazu hört man zuweilen ein bussardähnliches »Hiäh«, und wenn er im Frühjahr trommelt - etwa 40 Schläge in 2,5 Sekunden -, dann ist der Trommelwirbel weithin zu vernehmen. Der Schwarzspecht lebt einzelgängerisch und in der Brutzeit paarweise, aber das Paar pflegt nur kühlen und flüchtigen Umgang miteinander. LEBENSRAUM: Ausgedehnte Laub-, Misch- und Nadelwälder mit altem Baumbestand. NAHRUNG: Der Schwarzspecht sucht seine Nahrung - holzbohrende Insektenlarven - mit Vorliebe in vermodernden Baumstrünken, die er oft weitgehend zerlegt. Fingerlange Späne sind Zeichen seiner Tätigkeit. Weiter meißelt er Ameisennester aus Baumstämmen, durchwühlt Ameisenhaufen und entrindet abgestorbene Stämme »von Kopf bis Fuß«. ALLGEMEINES: Auf die vom Schwarzspecht gemeißelten Höhlen warten in unseren monotonen und höhlenarmen Nutzholzwäldern schon zahlreiche Nachmieter, keine Schwarzspechthöhle bleibt unbewohnt: Dort brüten Hohltaube, Rauhfußkauz, Dohle und später, wenn der Höhleneingang weiter wird, auch der Waldkauz. Sogar Meisen wurden schon in den Höhlen gefunden, und der Kleiber mauert sich das Schlupfloch auf seine Körpergröße zu. Auch Steinmarder, Eichhörnchen, Siebenschläfer und Fledermäuse nutzen die geräumigen Höhlen, aber auch Wespen, Hummeln und Hornissen kommen als Einmieter in Frage.

## Buntspecht
*Dendrocopos major*

MERKMALE: Etwa amselgroß. Stirn hell, Kopfplatte schwarz, Nacken beim Weibchen schwarz, beim Männchen rot. Auf jedem Flügel ein großer weißer Fleck. Sehr leicht zu verwechseln mit dem Blutspecht, der in Südosteuropa neben dem Buntspecht vorkommt. Wichtigstes Unterscheidungsmerkmal: Beim Buntspecht zieht vom schwarzen Backenstreifen ein schwarzer Strich zum Nacken hin, beim Blutspecht nicht. Der Buntspecht hopst bei der Nahrungssuche in Spiralen stammaufwärts und hält sich meist hoch über dem Boden auf. Bei Beunruhigung zieht er sich auf die Rückseite des Stammes zurück und schaut von Zeit zu Zeit nach dem Eindringling. Im Sommer einzelgängerisch, im Winter gelegentlich in Gesellschaft von umherstreifenden Meisentrupps. LEBENSRAUM: Hochwald mit Laub- und Nadelbäumen sowie Weichhölzern, Parkanlagen, Obstgärten. NAHRUNG: Der Buntspecht ist ein typischer Kletter- und Meißelspecht. Er sucht Borkenkäfer unter der Rinde und entrindet dafür ganze Stämme, er holt Insektenlarven mit seiner wurmförmigen, an der Spitze hornigen und mit Widerhaken besetzten Zunge aus ihren Bohrgängen, er raubt aber auch Vogeljunge aus Holznistkästen, die er dazu aufmeißelt. Im Winter ernährt er sich überwiegend von Fichten- und Kiefernsamen, indem er den Zapfen vom Zweig bricht und ihn zu einer Ritze an einem Stamm trägt, die er für diesen Zweck herrichtet oder gar anfertigt (»Spechtschmiede«). Hier klemmt er den Zapfen ein, schlägt die Schuppen ab und klaubt die Samen heraus. ALLGEMEINES: Als strenger Standvogel neigt der Buntspecht zur Bildung von Lokalrassen.

## Kleinspecht
*Dendrocopos minor*

MERKMALE: Sperlingsgroß, aber ein echter Specht in Gestalt und Lebensweise. Männchen mit roter, Weibchen mit bräunlichweißer Kopfplatte. LEBENSRAUM: Auwälder, Parkanlagen, Mischwälder. NAHRUNG: Der Kleinspecht sucht seine Nahrung überwiegend im Wipfelbereich auf dünnen Ästen, die von den großen Spechten kaum abgesucht werden. Er liest vor allem Blattläuse von Blättern und Rindenläuse von den Zweigen, dazu machen Ameisen einen wesentlichen Teil seiner Kost aus. Trotz seiner kleinen Größe braucht er ein großes Revier.

**Grünspecht**
*Picus viridis*

MERKMALE: Männchen und Weibchen vom Scheitel bis zum Nacken rot, Männchen mit rot- schwarzem Backenstreif, der beim Weibchen rein schwarz ist. Jungvögel sind blasser gefärbt und unterseits dunkel gefleckt. Stimme ein laut schallendes, in der Tonhöhe abfallendes »Lachen«. LEBENSRAUM: Der Grünspecht ist ein Vogel alter Obstgärten, Parkanlagen und Auwälder. In geschlossenen Großwäldern und im Nadelwald erscheint er nur als Irrgast. NAHRUNG: Der Grünspecht wird auch als Erdspecht bezeichnet, weil er seine Nahrung weitgehend am Erdboden sucht. Hauptnahrung sind Ameisen und deren Larven, die er mit seinem Schnabel freilegt. Manchmal gräbt er armtiefe Höhlen in die Haufen der Roten Waldameise und leimt die zur Verteidigung anrückenden Heerscharen an seine lange und klebrige Zunge. Er hat sogar schon Bienenstöcke aufgemeißelt.

**Grauspecht**
*Picus canus*

MERKMALE: Etwas kleiner als der Grünspecht mit 25-32 cm Körperlänge, Nacken immer grau; Männchen mit roter Stirn, Weibchen ohne Rot am Kopf. An dieser Kopffärbung kann man die Geschlechter schon vor dem Ausfliegen aus der Bruthöhle erkennen. Außerhalb der Brutzeit schweigsam und heimlich. Im Flug nicht leicht vom Grünspecht zu unterscheiden. LEBENSRAUM: Lichte Laub- und Mischwälder, Auwälder. Außerhalb der Brutzeit auch in Obstgärten und Parks. Der Grauspecht dehnt sein Brutgebiet langsam nach Westen aus, hat die Atlantikküste aber noch nicht erreicht. NAHRUNG: Der Grauspecht ist im Osten seines großen Verbreitungsgebietes mehr Erdspecht, bei uns zu gleichen Teilen Erd- und Baumspecht. Die Jungen werden vorwiegend mit Ameisenbrut gefüttert. Die Eltern suchen ihre Nahrung auch an Bäumen, vor allem im Winter.

**Weißrückenspecht**
*Dendrocopos leucotos*

MERKMALE: Die größte Buntspechtart unseres Gebietes, größer als der Buntspecht und mit weißem oder schwarzweiß gebändertem Bürzel, Flügeldecken auffallend gebändert, ein großer weißer Schulterfleck fehlt jedoch. Scheitel des Männchens rot, seitlich schwarz gesäumt, der des Weibchens schwarz. LEBENSRAUM: Naturnahe Laub- und Mischwälder mit hohem Alt- und Totholzanteil. Baut seine Höhle in abgestorbenen Bäumen. Seltener Brutvogel der Gebirge in Mittel- und Südeuropa; auch in Nord- und Osteuropa. FORTPFLANZUNG: Kaum Unterschiede zur Brutpflege des Buntspechtes. Brutzeit Mai und Juni, Brutdauer 14 bis 16 Tage, Nestlingszeit 26 bis 28 Tage. Die Jungen betteln, sobald sich der Höhleneingang verdunkelt. NAHRUNG: Der Weißrückenspecht ist auf größere Insektenlarven spezialisiert, besonders auf Bockkäferlarven, die in morschem Holz leben.

**Auerhuhn**
*Tetrao urogallus*

MERKMALE: Der Hahn ist schon durch seine Größe unverwechselbar, obwohl er auch ein »Schlichtkleid« kennt; ohne Kinnbart und ohne Grünschiller auf der Brust. Die Henne könnte mit der Birkhenne verwechselt werden, ist aber größer als ein Haushahn und fliegt polternd auf. Auch ist ihr Schwanz gerundet und nicht leicht gegabelt wie bei der Birkhenne. Jungvögel ähneln der Henne. LEBENSRAUM: Das Auerhuhn bedarf einer besonderen Umwelt: ruhige, lichte Nadelwälder mit reich entwickelter Krautschicht und viel Beerentracht, dazu Schlafbäume mit festen, waagerechten Ästen, auch Trinkwasser und Ameisenhaufen müssen vorhanden sein. An die Nähe des Menschen kann sich das Auerhuhn mitunter gewöhnen. NAHRUNG: Das Auerhuhn ist im Sommer ein Bodenvogel, der seine Nahrung, Gras, Kräuter, Ameisenpuppen, Eicheln, Beeren, aber auch Eidechsen und sogar kleine Schlangen, am Boden findet.

## Hohltaube
*Columba oenas*

MERKMALE: Kleiner als die Ringeltaube, etwa so groß wie die Straßentaube. Bürzel in der Farbe des Rückens. Von manchen Straßentauben am sichersten durch den Balzruf zu unterscheiden, der zweisilbig ist und wie »hu-ruu« in mehrfacher Wiederholung klingt. LEBENSRAUM: Vor Beginn der intensiven Holzwirtschaft war die Hohltaube stellenweise die häufigste Taube, doch als strenger Höhlenbrüter findet sie in den zu »Holzackern« umgeformten Nutzwäldern keine Nisthöhlen mehr und ist darum selten geworden. Wo aber lichte Laubwälder an Felder grenzen, kann man ihr Nistkästen anbieten. Sie sollen etwa armtief sein und das Schlupfloch so weit haben, daß man mit dem Arm hineingreifen kann. Auch außerhalb der Brutzeit übernachten Hohltauben in Höhlen. Man hat sie sogar in Kaninchenröhren gefunden. NAHRUNG: Körner und Beeren.

## Kuckuck
*Cuculus canorus*

MERKMALE: Ein mittelgroßer, langschwänziger Vogel mit falkenartiger Flugsilhouette, aber charakteristischem, flachem und gleichmäßig schnellem Flügelschlag. Altvögel grau mit weiß geflecktem Schwanz, gesperberte, das ist quergestreifte Brust, daneben kommen auch rotbraune Tiere vor. Stimme des Männchens: der bekannte Kuckucksruf; Stimme des Weibchens völlig anders, falkenartig gickernd, in der Erregung eigenartig fauchende Töne. LEBENSRAUM: Extrem anpassungsfähig. Von der Halbwüste über geschlossene Laub und Nadelwälder und Hochmoore bis an den Nordrand der Waldzone, wo immer es Kleinvögel und Insekten gibt. FORTPFLANZUNG: Das Weibchen legt seine Eier in die Nester anderer Vögel und kümmert sich danach nicht weiter um die Aufzucht - das nennt man Brutparasitismus. Über 120 Wirtsarten wurden schon festgestellt.

## Waldohreule
*Asio otus*

MERKMALE: Mittelgroße Eule - Spannweite 90 cm - mit auffallenden Federohren. Nur nachtaktiv. Sitzt tagsüber mit eng angelegtem Gefieder an einen Stamm gedrückt oder im dichtesten Gezweig. Balzruf im März und April ein gar nicht lautes »Hu«. LEBENSRAUM: Großwälder und Wälder zwischen Wiesen, auch Parkanlagen in Städten. Bei strengem Frost mehr in Ansiedlungen, wo sie am Futterhaus auf Kleinvögel jagt. NAHRUNG: Die Waldohreule ist fast ausschließlich Mäusevertilger. Eine Maus wird unzerkaut verschluckt.

## Neuntöter, Rotrückenwürger
*Lanius collurio*

MERKMALE: Männchen mit grauem Scheitel, schwarzem Zügelstreif und schwarzweißem Schwanz unverwechselbar. Weibchen unterseits quergestreift; Jungvögel wie Weibchen, aber zusätzlich auf dem Rücken quergestreift. LEBENSRAUM: Buschreiche Feldflur, vor allem mit dichten Dornenhecken, wie sie früher von Schafherden zurechtgestutzt wurden. In der flurbereinigten heckenlosen Landschaft muß der Würger verschwinden. NAHRUNG: Hauptbeute sind Insekten, etwa Käfer und Heuschrecken, aber auch Mäuse.

## Gartengrasmücke
*Sylvia borin*

MERKMALE: Die häufigste Grasmücke. Färbung wenig kontrastreich: Oberseite gleichmäßig graubraun, Unterseite heller, aber nur am Bauch weiß. Warnruf »chack-chack« oder »tack-tack«. LEBENSRAUM: Hohe Büsche, verwachsene Waldränder, vorzugsweise am Wasser; Unterholz in lichten Wäldern, aber nicht so tief im Wald wie die Mönchsgrasmücke; auch in Schonungen, wenn sie die ihr passende Höhe erreicht haben. Legt ihr Nest in Büschen, Hecken, Kletterpflanzen usw. an. NAHRUNG: Insekten; im Herbst Beeren.

## Waldlaubsänger
*Phylloscopus sibilatrix*

MERKMALE: Deutlich größer als Fitis und Zilpzalp - 11 cm gegen 12,5 cm - Gefieder mit auffälligem Kontrast zwischen dem grünlichen Rücken und der weißen Unterseite. Deutlicher gelber Übergangsstreif, Kehle und Brust gelb. Kürzerer Schnabel als beim Gelbspötter. Gesang endet mit einem schneller werdenden Triller. Warnruf fiependȝ »güh«. LEBENSRAUM: Der Waldlaubsänger ist ein Charaktervogel des hochstämmigen Buchenwaldes mit geschlossenem Kronendach und wenig Unterholz (Hallenwald).

**Tannenmeise**
*Parus ater*

MERKMALE: Sehr klein - 11,5 cm - agil und ruffreudig. Großer, schwarz eingefaßter weißer Nackenfleck, Färbung sonst verblaßt. LEBENSRAUM: Nadelwald, in Mischwäldern in den Nadelbäumen, in Südeuropa auch in Laubwäldern und in Westeuropa in Gärten. FORTPFLANZUNG: Nest in einer Höhle, möglichst mit einer Schlupflochweite von 25-30 mm. Brutzeit Mai bis Juli, im Norden eine Brut, in Mitteleuropa zwei Bruten, die erste mit 7 bis 11, die zweite mit 6 bis 9 Eiern. Nur das Weibchen brütet, Brutdauer 14 bis 15 Tage.

**Waldbaumläufer**
*Certhia familiaris*

MERKMALE: Rindenfarbener, spitzer, gekrümmter Schnabel. Große individuelle und lokale Farbunterschiede zwischen grau und rotbraun. Unterseite weißlich mit einem gewissen Glanz. Steifer, abgestufter Schwanz. Stimme »tsieh«. Gesang erst abfallend, dann wieder ansteigend und mit einem Triller endend. LEBENSRAUM: Nadel-, Laub- und Mischwälder mit altem Baumbestand, vorwiegend im Bergland, im Hochgebirge bis an die Waldgrenze. Im Winter auch in den Niederungen. NAHRUNG: Insekten und Spinnen.

**Wintergoldhähnchen**
*Regulus regulus*

MERKMALE: Rücken olivgrün, Unterseite grau, Kopf mit gelber bis orangeroter Krone. Kein schwarzer Strich durch das Auge und kein weißer Überaugenstreif. In der Brutzeit recht heimlich in der Wipfelregion von Nadelbäumen, auf dem Zug auch in Gärten und verirrt selbst in Großstädten. Ständig mit leiser Stimme zirpend »sisisi«, nur bei Regen schweigsam. Kurzer Gesang mit regelmäßigen Hebungen und Sekungen. LEBENSRAUM: Nadelwälder, auf dem Zug auch Laubwälder. FORTPFLANZUNG: Das Goldhähnchenpaar hält zur Brutzeit sehr eng zusammen, ständig bleiben beide Partner durch wispernde Rufe in Kontakt, beide schlafen eng aneinandergeschmiegt. Wenn im Käfig einer stirbt, soll, so heißt es, auch der andere Partner bald eingehen - vielleicht vor Kummer. NAHRUNG: Insekten und diverse Kleintiere.

**Rotkehlchen**
*Erithacus rubecula*

MERKMALE: Die Altvögel sind an der roten, bleigrau gerahmten Brust und Stirn zu erkennen. Verwechselungsmöglichkeit allenfalls mit dem Zwergschnäpper, der aber viel kleiner ist - 11,5 cm gegen 14 cm - und eine weiße Schwanzwurzel hat. Die Jungen sind braun getropft und an ihren großen dunklen Augen kenntlich. LEBENSRAUM: Feuchte Laub- und Mischwälder mit dichtem Unterholz, Parkanlagen, verbuschte Gärten, gern in Wassernähe. Teilzieher. NAHRUNG: Insekten, Spinnen, Regenwürmer.

**Kleiber**
*Sitta europaea*

MERKMALE: Oberseite aschgrau, Unterseite im Norden und Osten weißlich, nach Süden und Westen zunehmend rostfarben. Die Männchen sind auf der Brust leuchtend gefärbt. Die Jungvögel wirken matt. Länge 14 cm. LEBENSRAUM: Laub- und Mischwälder mit altem Baumbestand und gut entwickeltem Unterholz, im Norden auch in reinen Nadelwäldern. In Parkanlagen und Gärten. NAHRUNG: Der Kleiber sucht seine Insektennahrung in Rindenritzen und reißt lose Rindenteile ab. Beim Klettern werden die Füße übereinander gesetzt.

**Zaunkönig**
*Troglodytes troglodytes*

MERKMALE: Klein, zimtbraun, Schwänzchen fast senkrecht getragen, schlüpft in Reisig und Dickichten. Sehr lauter Gesang mit schmetternden Tönen. Flug schnurrend und niedrig. Länge 9,5 cm. LEBENSRAUM: Unterholz, Gebüsch, Farn- und Brombeerdickichte, meist in Wassernähe. NAHRUNG: Insekten, Spinnen sowie Beeren als Zukost. ALLGEMEINES: Der kleine Zaunkönig verliert in kalten Nächten mehr Wärme als größere Vögel. So verbringen oft mehrere Zaunkönige zusammengekuschelt in einem Nest die Winternacht.

## Buchfink
*Fringilla coelebs*

MERKMALE: Männchen mit weißer Flügelbinde, taubenblauem Kopf und Nacken. Olivgrüner Bürzel bei beiden Geschlechtern. Männchen mit rotbrauner, Weibchen mit graubrauner Brust. Schnabel des Männchens zur Brutzeit blau, sonst hornfarben. LEBENSRAUM: Überall, wo es Bäume gibt. Dem Buchfink genügt eine Pappelreihe im Wiesengrund, ein winziger Friedhof in einer Großstadt, aber auch lichter Hochwald und sogar Fichtenwald.

## Girlitz
*Serinus serinus*

MERKMALE: Etwas kleiner als der Zeisig - Länge 11,5 cm - mit leuchtendgelbem Bürzel, Männchen auch mit gelber Brust. Kurzer, dikker Schnabel. Jungvögel bis zur Herbstmauser rotbräunlich mit dunkler Längsstreifung. Ruf »girlit«. LEBENSRAUM: Obstgärten, Parkanlagen, Alleen, Waldränder. Der Girlitz hat sich erst in den letzten hundert Jahren von Süden kommend in Mitteleuropa ausgebreitet und dringt noch immer langsam nach Osten vor.

## Dompfaff, Gimpel
*Pyrrhula pyrrhula*

MERKMALE: Gedrungen und halslos erscheinend. Altvögel mit schwarzem Oberkopf, der den Jungen fehlt. Flügel und Schwanz schwarz, weißer Bürzel. Leiser Gesang »dü«, gepreßte und gezwitscherte Töne gemischt. LEBENSRAUM: Wälder, Dickungen, Gehölze, Parkanlagen, Gärten, im Winter oft am Futterhaus. NAHRUNG: Samen von Bäumen und Kräutern, Beeren, Insekten und Spinnen nur als Beikost. Im Winter Knospen.

## Eichelhäher
*Garrulus glandarius*

MERKMALE: Etwa elstergroß, Länge 34 cm. Bürzel leuchtet im Flug weiß auf, blauer und weißer »Spiegel« auf den Flügeln. Kopfklappe je nach Rasse weißgrau, rostbraun oder schwarz (Kappenhäher). Stimme bei Beunruhigung ein lautes Rätschen, ferner bussardartig »hiäh«. LEBENSRAUM: Laub-, Misch- und Nadelwälder, auch Niederwald. Die Häher können geschickt durch dichtes Gezweig fliegen und von Ast zu Ast hüpfen. Zur Brutzeit leben sie sehr heimlich und leise, auf dem Herbstzug sind sie dagegen offen und gesellig. NAHRUNG: Allesfresser, vorwiegend Insekten.

## Bergfink
*Fringilla montifringilla*

MERKMALE: Gesamteindruck erinnert an den Buchfinken. Außerhalb der Brutzeit oft in dichten Schwärmen. Im Flug stoßen die Bergfinken pausenlos ihren Kontaktruf »chi-i« aus. Männchen im Sommer mit schwarzem Kopf, Weibchen mit gelbbraunem Kopf. Brust beim Männchen rötlich, beim Weibchen lehmgelb. Angedeutete Kopfhaube, die oft gespreizt wird. Gesang: ein bescheidenes Zwitschern. Im Flug auffälliger weißer Bürzel. LEBENSRAUM: Wälder aller Art in Nordeuropa. Gesellig auf abgeernteten Feldern. Überwinterung in Mitteleuropa. FORTPFLANZUNG: Das Nest liegt meist dicht am Stamm in 4 bis 5 Meter Höhe und ist etwas fester gebaut als das Buchfinkennest. Eine Brut mit meist 6 Eiern, Brutzeit Juni. Die ersten flüggen Jungen zeigen sich Mitte Juli, scharen sich bald zusammen und verstreichen. NAHRUNG: Im Sommer fast ausschließlich Insekten. Im Winterhalbjahr Sämereien, etwa ausgefallene Fichtensamen.

## Pirol
*Oriolus oriolus*

MERKMALE: Fast so groß wie eine Amsel, Länge 24 cm. Die Männchen sind unverwechselbar und fallen sofort auf, wenn sie einmal ihren Lebensraum in den dichten Baumkronen verlassen. LEBENSRAUM: Die Pirole sind eine fast rein tropische Singvogelfamilie, von der nur ein Vertreter bis Europa vorgestoßen ist. Aber auch unser Pirol kommt nur kurz zum Brüten nach Norden, den größeren Teil des Jahres verbringt er im zentralafrikanischen Regenwald. Im Brutgebiet besiedelt er Auwälder, lichte Misch- und seltener auch reine Kiefernwälder, Feldgehölze, Obstgärten und Parkanlagen. Im Gebirge auf die milden Tallagen beschränkt. Als reiner Baumvogel kommt der Pirol fast nie zum Waldboden herab. Er trinkt Tautropfen oder nimmt fliegend wie die Schwalben Wasser auf. Er fliegt geschickt durch dichtes Gezweig. Fühlt er sich beunruhigt, so verbirgt er sich im Laubwerk. NAHRUNG: Insekten, aber auch Beeren.

## Waldspitzmaus
*Sorex araneus*

MERKMALE: Schnauze lang und spitz; Kopf-Rumpf 5,8-8,7 cm, Schwanz 3,2-5,6 cm, Höhe 1-1,5 cm, Gewicht 4-16 g. Oberseite dunkel- bis schwarzbraun, Unterseite etwas heller. Mittelgroß mit relativ kurzem Schwanz. Ohrmuschel ganz oder größtenteils im Fell versteckt. Schnauze verschmälert sich nach vorn. Zahnspitzen leuchtend dunkelrot. Schwanz gleichmäßig kurz behaart oder nackt. Junge meist braun gefärbt. LEBENSRAUM: Dichtes Gras, Buschgestrüpp, Heidekraut, sumpfiges Gelände, Wälder. Im Gebirge bis zur oberen Waldgrenze. FORTPFLANZUNG: Zwei bis vier Würfe zu fünf bis sieben Jungen. Sie werden nackt und blind geboren, drei Wochen gesäugt und sind mit drei bis vier Monaten geschlechtsreif. NAHRUNG: Regenwürmer, Käfer und andere Insekten. Täglich rund drei Viertel des eigenen Körpergewichts, während des Stillens das Eineinhalbfache. FEINDE: Eulen, (Schleiereule), Katzen. ALLGEMEINES: Spitzmäuse sind fast immer aktiv, ihr Puls kann 1000 Schläge/min. erreichen.

## Europäischer Igel
*Erinaceus europaeus*

MERKMALE: Kopf-Rumpf bis 35 cm, Schwanz 4-5 cm, Gewicht 400-1900 g. Unverkennbar an dem aus ausgebildeten Haaren bestehenden Stachelkleid. Kräftige Hautmuskeln befähigen ihn, sich zu einer Stachelkugel einzurollen, gegen die natürliche Feinde weitgehend hilflos sind. LEBENSRAUM: Unterwuchsreiche, lichte Wälder, vornehmlich aber Heckenlandschaften, Siedlungsrandgebiete und innerstädtische Parks. Vorwiegend nachtaktiv.

## Breitflügelfledermaus
*Eptesicus serotinus*

MERKMALE: Kopf-Rumpf 6,2-8 cm, Schwanz 4,6-5,7 cm, Höhe 0,9-1,2 cm, Unterarm 4,8-5,6 cm, Gewicht 17-35 g. Große und schwere Art mit sehr breiten Flügeln. Der letzte und vorletzte Wirbel ragen aus der Flughaut heraus. Schwanz und Finger kurz, dunkelbraunes Fell, Ohren, Flughäute und die häutigen Teile des Gesichtes schwarz. LEBENSRAUM: Lichte Wälder, schläft in Baumhöhlen und Gebäuden. LEBENSWEISE: Fliegt von kurz nach Sonnenuntergang bis in die frühen Morgenstunden. Die Flugweise wirkt unregelmäßig. NAHRUNG: Nachtfalter und Käfer, im Flug.

## Großhufeneisennase
*Rhinolopus ferrumequinum*

MERKMALE: Kopf-Rumpf 5-6,9 cm, Schwanz 3-4,3 cm, Höhe 1,1-1,3 cm, Unterarm 5,1-6,2 cm, Gewicht 14-34 g. Groß und kräftig gebaut, wobei die Weibchen größer als die Männchen sind. Große Ohren. Körperfarbe hellbraun. Nasenblattsattel geigenförmig; im oberen Teil abgeplattet. LEBENSRAUM: In offenem Gelände mit eingestreuten Busch- und Baumgruppen. Lichte Wälder, Ruheplätze in Höhlen, wobei die warmen Eingangszonen besonders bevorzugt werden, etwa in Bergstollen; daneben Baumhöhlen, Felsspalten und Ritzen. In alten Häusern mit geräumigen Dachböden findet man die Wochenstuben. LEBENSWEISE: Großhufeisennasen fliegen etwas schwerfällig und erinnern dabei an einen großen Schmetterling. Sie halten sich gern entlang von Flüssen, Bächen und Seen auf. Flug niedrig, höchstens bis 13 m Höhe. NAHRUNG: Fluginsekten; Mistkäfer werden auch vom Dung abgelesen. Größere Beute wird auf einem Ast gefressen.

## Siebenschläfer
*Glis glis*

MERKMALE: Kopf-Rumpf 13-18 cm, Schwanz 12-15 cm, Gewicht bis 185 g. In der Körpergestalt dem Eichhörnchen ähnlich, aber erheblich kleiner und stets mit grauer Grundfärbung (grünlichgrau bis silbergrau). Dunkle »Knopfaugen« und buschiger Schwanz auffallend. Im Gesicht keine Zeichnung, aber lange Schnurrhaare, die als Tasthaare wirken. Unterseite weiß. LEBENSRAUM: Laubwälder und größere Gärten, gebietsweise gern in Obstgärten. Das Verbreitungsgebiet reicht bis nach Persien. In England an einer Stelle mit geringem Erfolg eingebürgert. LEBENSWEISE: Siebenschläfer könnte man als die »Nachtausgabe« des Eichhörnchens charakterisieren. Sie bewegen sich ähnlich flink auf den Bäumen, können senkrechte Wände hochklettern und haften mit ihren stets etwas feuchten Fußballen selbst an sehr glatter Oberfläche. NAHRUNG: Bucheckern, Eicheln, Haselnüsse, aber auch andere öl- und fettreiche Pflanzensamen.

## Eichhörnchen
*Sciurus vulgaris*

MERKMALE: Kopf-Rumpf 20-30 cm, Schwanz 14-25 cm, Höhe 5-6,5 cm, Gewicht 200-500 g. Ein langer, buschiger Schwanz und auffallende »Pinselohren« kennzeichnen dieses ungemein flinke Hörnchen, das höchstens mit dem aus Nordamerika in England eingebürgerten Grauhörnchen verwechselt werden könnte. Doch im Gegensatz zu diesem herrschen im Eichhörnchenfell braune Farbtöne vor, die von tiefem Schwarzbraun bis zu hellem Rotbraun variieren können. LEBENSRAUM: Wälder aller Art von der Ebene bis ins Gebirge. LEBENSWEISE: Weitgehend tagaktiv. In Baumhöhlen oder auch frei in Astgabeln des Kronenbereichs baut es kugelförmige Nester aus Astwerk und Laub, in denen es schläft oder die Jungen zur Welt bringt. NAHRUNG: Der Speisezettel reicht von Nüssen, Bucheckern, Fichten-, Kiefern- und Tannensamen, Eicheln und anderen Pflanzensamen bis hin zu Beeren, Obst und Pilzen.

## Haselmaus
*Muscardinus avellanarius*

MERKMALE: Kopf-Rumpf 7-9 cm, Schwanz 6-7 cm, Gewicht 23-43 g. Der dicht und buschig behaarte Schwanz unterscheidet diesen sehr kleinen Vertreter der Schläfer von den ähnlich großen Mäusen. Das Fell ist oberseits gelbbraun und an der Bauchseite weiß. Ziemlich kleine, gerundete Ohren. LEBENSRAUM: Unterwuchsreiche Wälder aller Art vom Tiefland bis zur Baumgrenze. Besonders auch Parklandschaften und Auwälder. LEBENSWEISE: Nachtaktiv und Winterschläfer. Haselmäuse sind sehr ortstreu. Gegen den Herbst hin unterbrechen sie die nächtliche Aktivität in immer längeren Abschnitten, bis sie Ende Oktober in den Winterschlaf versinken, der bis April andauert. NAHRUNG: Vorwiegend pflanzlich, aber im Frühsommer auch Insekten und deren Larven. Neben Bucheckern, Eicheln, Nadelbaum- und ähnlichen festen Samen werden gern auch Früchte, Beeren und Knospen gefressen.

## Gartenschläfer
*Eliomys quercinus*

MERKMALE: Kopf-Rumpf 11-17 cm, Schwanz 9-12 cm, Gewicht 50-120 g. Ein schwarzer Augenstreif, der sich unter den auffallend großen Ohren verbreitert, und der relativ kurz behaarte, mit einer weißen Endquaste versehene Schwanz kennzeichnen diese Art. LEBENSRAUM: Lockere, lichte Laubwaldbestände und Fichtenschonungen, nicht etwa Gärten, wie man aufgrund des Namens vermuten könnte. LEBENSWEISE: Die Aktivität der Gartenschläfer setzt in der Dämmerung ein und kann sich über die ganze Nacht erstrecken. Sie errichten ihre Schlafnester aus Moos und weichen Grashalmen in Felsspalten, Steinhaufen oder Erdlöchern, sofern sie trocken genug sind. Der Winterschlaf dauert von Ende Oktober/Anfang November bis März oder April. NAHRUNG: Vorwiegend tierische Kost, vor allem größere Insekten (Heuschrecken, Käfer), Eier und Nestjunge von Kleinvögeln, Schnecken, junge Mäuse, aber auch Beeren, Obst und Nüsse.

**Rötelmaus**
*Clethrionomys glareolus*

MERKMALE: Kopf-Rumpf 8-12 cm, Schwanz 3,5- 7,2 cm, Gewicht 15-140 g. Graue Grundfarbe auf der Rückenseite mit rotbraunem Ton (Name), graue Flanken, kleine, aus dem Fell hervortretende Ohren und ein verhältnismäßig langer, zweifarbiger Schwanz kennzeichnen diese auch Waldwühlmaus genannte Art. Unterseite grau. LEBENSRAUM: Waldränder, Hekken und Gebüsch, Parkanlagen und Laubwälder: im Norden auch Nadelwälder mit dichtem Bodenbewuchs. Höhenverbreitung bis 2000 m häufig. LEBENSWEISE: Hält sich mehr als andere Wühlmausarten an der Bodenoberfläche auf und ist vorwiegend in der Morgen- und Abenddämmerung aktiv. Klettert und schwimmt gut. Wenig scheu. Im Winter auch in Gebäuden. Verzweigtes Gangsystem mit Nest und Vorratskammern dicht unter der Oberfläche. NAHRUNG: Samen von Gräsern und Bäumen, Wurzeln, Bodeninsekten und Baumrinde.

**Waldmaus**
*Apodemus sylvaticus*

MERKMALE: Kopf-Rumpf 7,5-11 cm, Schwanz 7-11,5 cm, Gewicht 14-35 g. Von der Gelbhalsmaus unterschieden durch viel kleineren, in Längsrichtung angelegten gelben Kehlfleck, kürzeren Schwanz (120-190 Ringe) und keiner scharfen Grenze zwischen Ober- und hellgrauer Unterseite. LEBENSRAUM: Wälder aller Art und dichtes Gebüsch bis etwa 1000 m Höhe im Gebirge. Im Herbst gern in Gebäuden, wo sie auch überwintert.Die Waldmaus tritt selten da auf, wo die Gelbhalsmaus in größeren Beständen vorkommt. LEBENSWEISE: Hauptsächlich dämmerungs- und nachtaktiv, daher wichtiges Beutetier für Füchse und Eulen. Sie springt und klettert gut, gräbt Baue, die meist zwei Eingänge besitzen, und kleidet ihre unterirdischen Nester mit Grashalmen und Moos aus. NAHRUNG: Kleinere Pflanzensamen, besonders von Waldgräsern, Eicheln, Bucheckern.

**Gelbhalsmaus**
*Apodemus flavicollis*

MERKMALE: Kopf-Rumpf 8,5-13 cm, Schwanz 9,5-13,5 cm, Gewicht 22-48 g. Gekennzeichnet durch ein gelbes Halsband oder zumindest einen ausgedehnten gelben Kehlfleck, der sich quer über den oberen Vorderbrust- und Kehlbereich zieht. Die rein weiße Unterseite grenzt scharf an die bräunliche Oberseite. Der Schwanz ist verhältnismäßig länger als bei der Waldmaus und zählt zwischen 170 und 240 Ringe. Lange Füße und große Ohren weisen auf gutes Springvermögen und hohe Geräuschempfindlichkeit hin. LEBENSRAUM: Wälder, Gebüsch und Kulturland; im Gebirge bis 2000 m. Gelbhalsmäuse nisten sich zum Schlafen gern in Vogelbrutkästen ein. LEBENSWEISE: Dämmerungs- und nachtaktiv. Klettert viel und gut, wobei sie der lange Schwanz fast wie ein Klammerorgan unterstützt. NAHRUNG: Fettreiche Sämereien und Insekten; im Sommer auch grünes Pflanzenmaterial.

**Rotfuchs**
*Vulpes vulpes*

MERKMALE: Kopf-Rumpf 60-90 cm, Schwanz 35-40 cm, Gewicht im Durchschnitt etwa 7 kg. An seiner Gestalt unverkennbar, kann der Rotfuchs mit kaum einer anderen Art in Europa verwechselt werden. Er ist hier der einzige Vertreter seiner Gruppe, die 9 nahe verwandte Arten in Afrika, Nordamerika und Asien umfaßt. LEBENSRAUM: In seinem weiten Verbreitungsgebiet, das neben fast ganz Europa auch große Teile Nord- und Zentralasiens sowie Nordamerika einschließt, besiedelt der Rotfuchs alle erdenklichen Lebensräume. Einsame, dichte Wälder bieten ihm Lebensmöglichkeiten, aber auch Parkanlagen und Schrebergärten von Großstädten oder Gebirgsschluchten und Sanddünen an der Küste. LEBENSWEISE: Der vorwiegend dämmerungs- und nachtaktive Rotfuchs lebt einzelgängerisch und schließt sich nur selten, die Paarungszeit ausgenommen, mit Artgenossen zusammen. NAHRUNG: Mäuse, Vögel, Insekten u. v. a.

## Dachs
*Meles meles*

MERKMALE: Kopf-Rumpf 67-80 cm, im Durchschnitt Männchen 75 cm, Weibchen 72 cm, Schwanz 15 cm, Gewicht je nach Jahreszeit zwischen 6,5 und 17 kg. An der plump-keilförmigen Gestalt und der charakteristischen, schwarzweißen Streifenzeichnung des Kopfes unverkennbar. LEBENSRAUM: Dachse kommen in fast ganz Europa, auf den größeren Mittelmeerinseln und weiter in Nord- und Zentralasien bis nach Ostasien vor. Innerhalb dieses riesigen Areals bewohnen Dachse alle Waldarten, bevorzugen aber Laub- und Mischwälder oder dichte Heckenlandschaften. Auch Gärten und größere Parkanlagen der Städte werden in den Lebensraum mit einbezogen, sofern die Möglichkeit zur Anlage von Erdbauen besteht. Im Gebirge kommen Dachse bis über 2000 m Höhe vor. LEBENSWEISE: Dachse sind fast überall nachtaktiv und fallen daher viel weniger auf als Füchse.

## Baummarder
*Martes martes*

MERKMALE: Kopf-Rumpf 43-51 cm, Männchen etwas größer als Weibchen, meist um 50 cm, Schwanzlänge 20-26 cm, Gewicht bis 1,8 kg. Kehle und Vorderbrust gelblich, übriges Fell braun. Schwanz lang und buschig. Der bauchseitige Rand der Kehlzeichnung löst sich oft fleckig auf, gabelt sich aber im Gegensatz zum Steinmarder nicht. LEBENSRAUM: Von Westeuropa bis Sibirien besiedelt der Baummarder Wälder aller Art. Auch in großen Parks ist er zu finden. Im Gebirge kommt er bis zur Baumgrenze vor. LEBENSWEISE: Baummarder sind äußerst wendige Kletterer und in dieser Hinsicht so ziemlich allen anderen europäischen Säugetieren überlegen. NAHRUNG: Eichhörnchen, Mäuse und andere kleinere Nagetiere, Vögel bis zur Größe von Waldhühnern, Vogelbruten, aber auch Beeren, Obst, Bucheckern und größere Insekten sind auf dem Speisezettel des Baummarders zu finden.

## Reh
*Capreolus capreolus*

MERKMALE: Körperlänge 95-140 cm, Schwanz sehr kurz, nur wenige Zentimeter lang; Gewicht 15 bis knapp 30 kg. Böcke sind am kleinen Geweih eindeutig zu erkennen. Es steigt steil aus der Stirn an und richtet sich weniger als bei den eigentlichen Hirschen nach hinten als nach oben. LEBENSRAUM: Rehe kommen in den unterschiedlichsten Landschaftsarten von Europa bis Ostasien vor. Man kann das Reh keineswegs als Waldtier bezeichnen, auch wenn es gut schlüpft und Deckung zumindest zeitweise aufsucht. In dichten, geschlossenen Wäldern sind Rehe selten oder sie fehlen ganz. Nur starke Verfolgung drängte sie mancherorts in die tiefen Wälder. Rehe kommen viel besser mit der offenen Landschaft zurecht. LEBENSWEISE: Meist verbringen sie den Tag mit längeren Ruhepausen, die durch Äsung unterbrochen werden. Die Hauptphasen der Nahrungsaufnahme liegen in der Regel in der Abenddämmerung und frühmorgens.

## Damhirsch
*Dama dama*

MERKMALE: Körperlänge 125-165 cm, Schwanz 16-19 cm, Schulterhöhe 80-110 cm, Gewicht 40-125 kg (Hirsche) und 25-50 kg (Weibchen). Mit dem langgestreckt-schaufelartigen Geweih unterscheidet sich das Damwild eindeutig von allen anderen Hirscharten. Gegenüber anderen Hirschen fällt ihr verhältnismäßig langer Schwanz auf. Weibliche Tiere können mit Axis- und Sikahirschen verwechselt werden. LEBENSRAUM: Offene Parklandschaften, häufig in halbwilder Großgatterhaltung, wärmere Gegenden und Laubwälder. LEBENSWEISE: Die Rudel gliedern sich in Familiengruppen, und die Hirsche schließen sich außerhalb der Brunftzeit nur lose an. Meist finden sie sich in männlichen Rudeln zusammen, die sich zu Beginn der Brunft auflösen. Tagsüber ruhen die Tiere in dichter Deckung. Im Winter schränken sie ihre Aktivität stark ein. NAHRUNG: Gräser und Kräuter, auch Rinde und Knospen.

## Wildschwein
*Sus scrofa*

MERKMALE: Körperlänge 110-155 cm, Schwanz dünn, 15-20 cm lang, Schulterhöhe bei starken Ebern bis knapp 1 m, Gewicht 50-190 kg bei Ebern und 35-160 kg bei Bachen (Weibchen). In Gestalt und Aussehen kann man das Wildschwein mit keiner anderen freilebenden Tierart Europas verwechseln. LEBENSRAUM: Wildschweine richten keine besonderen Ansprüche an ihren Lebensraum. Sie meiden nur ganz offenes Gelände ohne jegliche Deckung und die Hochlagen im Gebirge. Sie fehlen in England und Skandinavien. Wegen intensiver Bejagung, der die Wildschweine ausgesetzt sind, stellt sich ihr heutiges Verbreitungsgebiet recht lückenhaft dar. LEBENSWEISE: Wildschweine leben gesellig in Familienverbänden, die in der Jägersprache Rotten genannt werden. Den Kern dieses Verbandes bildet die Muttersau, die Bache, mit ihren Jungen, den Frischlingen. Die Eber (Keiler) besuchen die Rotten gelegentlich, ohne sich aber um die Jungen zu kümmern. Erst mit Einsetzen der Fortpflanzungszeit schließen sie sich den Sauen an. Die einzelnen Gruppen halten sich an feste Einstände, wenn sie nicht zu stark gestört oder verfolgt werden. Dorthin ziehen sie sich tagsüber zurück, ruhen in der Deckung oder suhlen sich in Schlammpfützen. Gegen Abend wird die Rotte munter und zieht zur Nahrungssuche aus. Vorsichtig nähern sich die Tiere dem Waldrand, stets nach allen Seiten sichernd. Dabei können sie sich erstaunlich leise bewegen, während sie sonst, bei Flucht etwa, mit großem Getöse durchs Dickicht brechen. Wird die Nahrung knapp, streifen sie weit umher und suchen neue, günstigere Futterstellen. Sie laufen meist im Kreuzgang oder im leichten Trab. NAHRUNG: Wildschweine kann man mit Recht als echte Allesfresser bezeichnen. Neben Eicheln und Bucheckern sowie Feldfrüchten aller Art nehmen sie Würmer und anderes Bodenkleingetier. Sie erbeuten Ratten und Mäuse, deren Nester mit Jungen sie wittern und ausgraben.

## Rothirsch
*Cervus elaphus*

MERKMALE: Körperlänge 165-250 cm, Schwanz 12-14 cm, Schulterhöhe 100-150 cm, Gewicht 199-350 kg. Die Weibchen (Schmaltiere) sind um ein Viertel bis ein Drittel leichter als die Hirsche. Abgesehen von der Fleckung im Jugendkleid sind Rothirsche stets einfarbig. Im Winter ist das Haar graubraun, im Sommer rötlichbraun. Die Hirsche tragen ein je nach Alter und Verfassung kräftig ausgebildetes, verzweigtes Stangengeweih. LEBENSRAUM: Laub- und Mischwälder mit offenen Flächen (Wiesen) bilden den eigentlichen Lebensraum der Rothirsche. Die besten Bedingungen bot wohl ursprünglich der Auwald entlang von Flüssen. LEBENSWEISE: Rothirsche lagern tagsüber meist in guter Deckung und treten erst am Abend zur Äsung aus. Sie leben zumeist in Rudeln zusammen, die außerhalb der Brunftzeit nur aus Weibchen oder Hirschen bestehen. NAHRUNG: Pflanzenfresser, die mit ihrem großen Pansen auch rohfaserreiches Material verdauen können.

# Lebensraum
# FEUCHT-GEBIETE

Feuchtgebiete nennt man jene Lebensräume des Festlandes, die vom Wasser geprägt werden: Es sind dies Seen, Teiche, Weiher, Quellen, Bäche und Flüsse sowie die Übergangszonen vom Wasser zum Land, also Moore, Feuchtwiesen und Auwälder. Feuchtgebiete sind artenreiche Landschaftsbestandteile mit hohem Erholungswert für die Menschen. Allerdings halten sie dem Druck erholungssuchender Menschen nur bis zu einem gewissen Grad stand. Auf Umweltverschmutzung reagieren sie sehr sensibel und sichtbar schnell.
Das »Lebenselixier« Wasser ist für diese Lebensräume bestimmend. Als Reservoir für reines Trinkwasser sind sie für den Menschen unersetzbar. Uns, die wir reines Wasser im Überfluß zu haben scheinen, wird dies oft viel zu wenig bewußt. Menschen der Trockengebiete dieser Erde wissen das Wasser in viel höherem Maße zu schätzen und gehen dementsprechend sorgsam mit ihm um.
Wollen wir weiterhin genießbares Trinkwasser, dürfen wir nicht weiter durch direkte Einleitung von Schmutz- und Schadstoffen unsere Flüsse und Seen vergiften. Auch muß die Verschmutzung aus angrenzenden Flächen auf ein Minimum verringert werden, denn die viel zitierte Selbstreinigungskraft unserer Gewässer hat in den meisten Fällen ihre Grenze bereits erreicht. Der empfindliche Verlust an Feuchtgebieten kann durch die ökologisch sinnvolle Anlage von Gartenteichen nicht wettgemacht werden.

**Schwarz-Pappel**
*Populus nigra*

MERKMALE: Stattlicher Baum bis ungefähr 30 m Wuchshöhe, mit sehr hoher, gewölbter, oft sehr ausladender Krone, die besonders bei alten Bäumen mehrteilig und recht unregelmäßig aussehen kann. Stamm gewöhnlich sehr kräftig entwickelt, ziemlich bucklig und gewunden, meist etwas geneigt, schon in geringer Höhe über dem Boden in wenige, sehr kräftige und massive Äste geteilt, die bogig oder steil schräg aufsteigen. Blätter an Langtrieben etwa 5-9 cm lang gestielt, von dreieckigem Umriß oder eiförmig-rautenförmig mit schlanker, verlängerter Spitze, am Rand mit kleinen, nach vorne weisenden Zähnen. LEBENSRAUM: Bevorzugt feuchte, periodisch überschwemmte Böden über tiefgründigem Sand oder Kies. VERBREITUNG: Von Natur aus nur in den großen Flußtälern Mittel- und Südeuropas, jedoch vielfach angepflanzt und als Parkbaum verwendet. BLÜTEZEIT: März bis April.

**Moor-Birke**
*Betula pubescens*

MERKMALE: Strauch oder kleinerer Baum, höchstens etwa 20-25 m Höhe erreichend. Krone von Anfang an weniger schlankwüchsig als bei der vorigen Art. Äste stärker ausgebreitet und häufig etwas gedreht, steil aufgerichtet und im oberen Kronenbereich weiter ausladend. Rinde hell-bräunlich, stellenweise auch silberweiß, jedoch niemals in rautenförmige Platten gefeldert wie bei der Weiß-Birke. Blätter nur einfach gesägt, im Umriß rundlicher, auf der Unterseite in den Achseln der größeren Blattnerven mit feinem Flaum, immer in der Mitte der Blattspreite am breitesten, nicht im unteren Drittel oder nahe der Blattbasis. LEBENSRAUM: Bevorzugt staunassen, feuchten und nur mäßig nährstoffreichen Boden. VERBREITUNG: Vor allem in Bruch- und Moorwäldern in Nord- und Mitteleuropa, im Süden vor allem im Gebirge bis in etwa 1600 m Höhe. Formenreich. BLÜTEZEIT: April bis Mai.

**Schwarz-Erle**
*Alnus glutinos*

MERKMALE: Sommergrüner Baum bis etwa 25 m Wuchshöhe. Krone von Anfang an breit angelegt, später rundlich gewölbt oder mit kurzer Spitze. Äste ziemlich weit und locker gestellt, im unteren Kronenbereich aufsteigend, im oberen eher waagerecht abgehend. Rinde bräunlich-grau, in längliche oder annähernd quadratische Felder aufgebrochen. Blätter wechselständig, 4-10 cm lang, im Umriß breit keilförmig, dabei im vorderen Blattdrittel am breitesten, nur wenig zugespitzt oder (häufiger) ausgerandet, am Rand leicht doppelt gesägt und leicht wellig, beidseits mit 5-8 Blattnerven. LEBENSRAUM: Fast alle Erlen bevorzugen sikkerfeuchten, zeitweise üerfluteten, lockeren oder steinigen Boden. Pionierart. VERBREITUNG: überall in Europa entlang von Bachläufen sowie in Auwäldern oder Brüchen verbreitet und häufig. Grundwasserzeiger. BLÜTEZEIT: März bis April.

**Sal-Weide**
*Salix caprea*

MERKMALE: Stattlicher, bis 3 m hoher Strauch, selten bis 12 m hoher Baum. Blätter 4-10 cm lang und 2-4 cm breit, in der Mitte oder oberhalb der Mitte am breitesten, elliptisch bis fast kreisrund, spitz oder stumpf, mit aufgesetzter Spitze; auf der Oberseite zerstreut behaart, braun-olivgrün, matt, gegen den Rand hin mit deutlich eingesenktem Nervennetz, auf der Unterseite überall sehr dicht und kraus behaart. Die Blütenstände erscheinen vor den Blättern, sind auffallend groß und vor dem Aufblühen in einen weißen Haarpelz gehüllt. LEBENSRAUM: Von der Hügelstufe bis in die obere Gebirgsstufe (bis 2000 m) auf feuchten, oft wasserzügigen Lehmböden, in Auenwäldern, auf Waldlichtungen und an Waldrändern. Auf Kahlschlägen, Dämmen und in Kiesgruben gehört die Sal-Weide zu den Erstbesiedlern. Sie stellt keine besonderen Ansprüche und gedeiht auf allen feuchten bis nassen, gut durchlüfteten Böden.

## Echte Trauer-Weide
*Salix babylonica*

MERKMALE: Mittelgroßer, 10-20 m hoher Baum mit geradem Stamm und langen, dünnen, auffallend weit herunterhängenden Zweigen. Krone sehr breit und rundlich. Zweige nur in der Jugend behaart, gelbgrün oder braun. Blätter kurz gestielt, bis 17 cm lang und etwa 2,5 cm breit, lanzettlich oder lineal-lanzettlich, lang zugespitzt, am Grund keilförmig verschmälert, in der Jugend spärlich seidig behaart, später verkahlend, etwas glänzend, oberseits hellgrün, unterseits graugrün, mit deutlichem Adernetz, beim Verwelken sich braun färbend; Blattrand scharf gesägt; Blattstiel etwa 0,5 cm lang; Nebenblätter fehlend oder rasch abfallend, lanzettlich oder sichelförmig. Die Blütenstände erscheinen gleichzeitig mit den Blättern. Männliche Kätzchen dünn-zylindrisch, bis etwa 6 cm lang; 2 Staubblätter vorhanden. Weibliche Kätzchen bis 5 cm lang; Fruchtknoten kahl, mit dicken, seitwärts gebogenen Narben, weibliche Blüten mit nur einer Nektardrüse. LEBENSRAUM: Vorwiegend entlang von Fließgewässern; oft auf feuchten, lockeren Böden. VERBREITUNG: Ostasiatische Pflanze. China und Japan (Westgrenze des ursprünglichen Areals im Gebiete Ost-Turkestans). Als Zierbaum über die ganze Welt verbreitet. BLÜTEZEIT: April bis Mai. ALLGEMEINES: Wegen ihres auffälligen, eigenartigen Wuchses ist die Trauer-Weide ein beliebter Zierbaum in Parkanlagen und Gärten. In Europa wird nur der weibliche Baum angepflanzt, die Vermehrung ist hier also nur durch Stecklinge möglich. Die Echte Trauer-Weide *(S. babylonica)* ist weniger winterhart als die Japanische Trauer-Weide *(S. elegantissima)*, die sich deshalb in kälteren Gegenden besser als Parkbaum eignet. Oft werden jedoch Bastarde dieser beiden asiatischen Weiden mit der Silber-Weide *(S. alba)*, Bruch-Weide *(S. fragilis)*, Lorbeer-Weide *(S. pentandra)* und Sal-Weide *(S. caprea)* angepflanzt. In der Volksmedizin wird gegen Fieber der Absud von Blättern und Rindenstücken empfohlen.

## Rosmarinheide
*Andromeda polifolia*

MERKMALE: Immergrüner, bis 40 cm hoher, wenig verzweigter Zwergstrauch mit einem weitkriechenden, wurzelnden, holzigen Sproß und dünnen bogig aufstrebenden, grauberindeten, kahlen Zweigen. Die lederigen, kurzgestielten Blätter sind wechselständig angeordnet, bis 4 cm lang, linealisch bis länglich, spitz zulaufend oder stachelspitzig, ganzrandig, oberseits dunkelgrün glänzend, unterseits hell blaugrün bereift mit hervortretendem Mittelnerv. Ränder meist eingerollt. Die 5zähligen Blüten sind hellrosa und später weiß verfärbt, etwas geneigt oder nickend, in meist 2-7blütigen, kurzen, doldenähnlichen, endständigen Trauben. LEBENSRAUM: Auf sauren, nassen Standorten, typische Pflanze der Torfmoosmoore, im Norden häufig, im Süden spärlicher und meist in höheren Lagen bis etwa 1400 m. VERBREITUNG: Mittel- und Nordeuropa, die östlichen Karpaten und das südliche Mittelrußland.

## Gewöhnlicher Schneeball
*Viburnum opulus*

MERKMALE: Aufrechter, raschwüchsiger bis 4 oder 5 m hoher, großer Strauch oder kleiner Baum mit flacher Bewurzelung, zahlreiche Wurzelsprossen treibend. Die Rinde ist gelblichgrau und längsrissig. Die Blätter sind gegenständig angeordnet, langgestielt, ahornähnlich, breit eiförmig, 3-5lappig, am Grund abgerundet oder leicht herzförmig, am Rand unregelmäßig gezähnt, oberseits glatt, kahl, hellgrün, unterseits graugrün, flaumig behaart. Die 5zähligen Blüten stehen in lockeren, reichverzweigten endständigen Trugdolden oder Ebensträußen. Randblüten strahlend, größer, flach, bis 25 mm breit. Die Steinfrucht ist kugelig, bis 10 mm groß und glänzend rot. LEBENSRAUM: Meist auf feuchten, humus- und kalkreichen Böden, auch in schattigen Lagen, in Gebüschen, Auwäldern, Ufern und feuchten Wiesen, von der Ebene bis in die Alpentäler. VERBREITUNG: In fast ganz Europa. BLÜTEZEIT: Mai bis Juli.

## Schwarze Johannisbeere
*Ribes nigrum*

MERKMALE: Kräftiger, bis 2 m hoher, wehrloser Strauch mit hellberindeten, behaarten Jahrestrieben. Die ganze Pflanze ist von unangenehmem Duft. Laubblätter groß, 5-10 cm breit, im Umriß rundlich, 3-5lappig, mit dreieckigen, spitzen und gesägten Lappen, am Grund herzförmig, oberseits kahl, auf der Unterseite behaart und mit gelblichen Harzdrüsen besetzt, die besonders auffällig im Knospenstadium ausgeprägt sind. Blüten grünlich, unscheinbar, innen bisweilen rötlich, in 2-10blütigen, achselständigen Trauben angeordnet. Tragblätter lanzettlich, behaart, kürzer als der Blütenstiel, Kelch glockig, behaart und drüsig punktiert. Kelchzipfel länglich, stumpf, zurückgeschlagen, doppelt so lang wie die linealisch-lanzettlichen Kronblätter. Beeren kugelig, schwarz, drüsig punktiert, mit einem eigenartigen Geschmack. LEBENSRAUM: Feuchte Gebüsche, lichte Laubwälder, Erlenbrüche, Auwälder, im Ufergebüsch, sowie in Flachmooren und Sümpfen. Bevorzugt nassen, tonigen Boden. Gern in halbschattigen Lagen. VERBREITUNG: Von Nord- und Westfrankreich bis Großbritannien, östlich bis zum Kaukasus und Zentralsibirien. In Südeuropa nur kultiviert. Am nördlichen Alpenrand teilweise verwildert. BLÜTEZEIT: April und Mai.

## Froschlaichalge
*Batrachospermum moniliforme*

MERKMALE: Gallertige, hell- bis dunkelgrau gefärbte Rotalge. In 2-10 cm hohen, im Wasser flottierenden Büschen auf Steinen wachsend. Hauptachse in regelmäßigen, kurzen Abständen dicht knäuelig verzweigt, dadurch perlschnurartiges Erscheinungsbild. LEBENSRAUM: Saubere, kalte Fließgewässer, meist in Quellnähe oder direkt beim Quellaustritt. Auch in klaren Seen. Besonders an schattigen Orten. VERBREITUNG: In Mitteleuropa nicht selten, aber durch Gewässerverschmutzung allgemein zurückgehend. ÄHNLICHE ARTEN: Zahlreiche weitere Arten der Gattung *Batrachospermum*, die aber seltener und nur für Spezialisten bestimmbar sind. ALLGEMEINES: Die Rotalgen kommen mit etwa 4000 Arten bis auf wenige Ausnahmen (eben wie z. B. die Froschlaichalge) in der Litoralzone (Küstenregion) der Meere bis maximal 200 m Tiefe vor. Durch besondere Farbstoffe vermögen sie das kurzwellige Licht der Tiefe auszunützen.

## Armleuchteralge
*Chara sp.*

MERKMALE: Dichte Unterwasserrasen auffallend steifer, brüchiger Algen von graugrüner bis gelbgrüner Färbung. 10-30 cm lange, gerade Hauptachse, von der in regelmäßigen Abständen quirlförmig Kurztriebe abzweigen. Die Kurztriebe können ihrerseits kurze Seitenäste tragen. In Höhe eines jeden Kurztriebquirls entspringt außerdem ein der Hauptachse ähnlicher Langtrieb. An den Knoten der Kurztriebe bilden sich kugelige, orangenfarbene Antheridienstände (die männlichen Geschlechtsorgane) und eiförmige, grüne Oogonien (die weiblichen Organe). Die Armleuchteralgen sind mit farblosen Fasern im Sandboden oder Schlamm verankert. LEBENSRAUM: Kalkreiche, stehende oder langsam fließende Gewässer. VERBREITUNG: In Mitteleuropa überall häufig, vor allem in Kalkgebieten. ALLGEMEINES: Im Gegensatz zu den meisten Benthosalgen siedeln sich die Armleuchteralgen in Schlamm und Sand an. Kalkluftbildner.

## Schwimmendes Sternlebermoos
*Riccia fluitans*

MERKMALE: Freischwimmendes, gelbgrünes bis blaugrünes Lebermoos, ohne Rhizoide (Wurzelfasern), Blätter schmal bandförmig, 0,5-1 mm breit und bis 5 cm lang, mehrfach gabelig verzweigt. Im Wasser steril, an sumpfigen, trockengefallenen Stellen gelegentlich fruchtend. Sporenkapseln befinden sich in kugeligen Verdickungen an der Blattunterseite. LEBENSRAUM: In stehenden Gewässern unterschiedlichster Größe. In Fischteichen ebenso wie in winzigen Tümpeln und in Mooren. Vorzugsweise in kalkarmen Gewässern. VERBREITUNG: Überall in Mitteleuropa. ÄHNLICHE ARTEN: Mehrere weitere *Riccia*-Arten, die aber mehr auf feuchten Böden wachsen und dort flächige, kleine Rosetten bilden. *Riccia rhenana* ähnelt *R. fluitans*, hat aber breitere Blattzipfel und ist viel seltener. Bei einigen Arten ist der Thallus gekammert und besitzt einfache Öffnungen.

## Spieß-Torfmoos
*Sphagnum cuspidatum*

MERKMALE: Sehr lockere, meist im Wasser flutende Rasen. Gelbgrün bis dunkelgrün. Stengel schlaff, ca. 10-20 cm lang, quirlästig verzweigt. Seitenäste an der Spitze schopfig verdichtet. Stengelblätter schmal dreieckig, scharf zugespitzt; Astblätter 4-5mal so lang wie breit, am Ende röhrenförmig eingerollt, Sporenkapseln dunkelbraun, auf ca. 1 cm langen Stielen am Schopf der Pflanze entspringend. LEBENSRAUM: Typisches Moos der sauren Hochmoorschlenken, auch in nährstoffarmen Heidetümpeln und -weihern, Flachland und Gebirge.

## Gemeines Brunnenmoos
*Fontinalis antipyretica*

MERKMALE: Büschelig verzweigtes, dunkelgrünes bis fast schwarzes Wasserlaubmoos. Stengel 20-40 cm lang, an Steinen oder Holzstücken festsitzend. Blätter in 3 Reihen, locker anliegend und auf der Rückseite stark gekielt. Dadurch erscheinen die Sprosse dreikantig. Sporenkapseln olivbraun, an kurzen Seitentrieben. LEBENSRAUM: Kalkliebend (aber nicht an Kalk gebunden), meist in sauberen Fließgewässern, seltener in Teichen und Seen. VERBREITUNG: Vom Flachland bis ins Gebirge allgemein verbreitet und meist häufig.

## Sumpfbärlapp
*Lycopodiella inundata*

MERKMALE: Sproßachse am Boden kriechend, oberseits mit linealisch-zugespitzten Blättern besetzt und durch zahlreiche Wurzeln im Boden verankert. Am Ende der Sproßachse bildet sich alljährlich meist nur 1 aufgerichteter, rundum beblätterter Ast mit einer nicht deutlich abgesetzten Sporangienähre. LEBENSRAUM: Vor allem in Hoch- und Zwischenmoorschlenken, in neuerer Zeit auch in feuchten Sandgruben. VERBREITUNG: In ganz Mitteleuropa verbreitet, aber durch Entwässerungsmaßnahmen und Torfabbau stark zurückgegangen.

## Schwimmfarn
*Salvinia natans*

MERKMALE: Auf der Wasseroberfläche schwimmender, wurzelloser Farn. Unverzweigte oder schwach verzweigte Sprosse auf gegenständigen, zweizeilig angeordneten Schwimmblättern. Diese sind elliptisch geformt, 10–15 cm lang und oberseits mit Borsten besetzt. Einjährige Art, die sich aus überwinternden Sporen entwickelt. LEBENSRAUM: Nährstoffreiche, warme Stillgewässer, vor allem Altwasser und Teiche. VERBREITUNG: Sehr selten. Wärmebedürftig, daher nur in klimatisch begünstigten Gebieten (z. B. in der Oberrheinischen Tiefebene) vorkommen.

## Sumpf-Schachtelhalm
*Equisetum palustre*

MERKMALE: Stengel gefurcht, rauh. Scheiden an den Stengelknoten mit weniger als 10 Zähnen. Stengel 20-60 cm hoch, nur bis 3 mm dick, meist mit Seitenästen. Am Ende der fruchtbaren Sprosse eine stumpfe Sporangienähre. Unfruchtbare Sprosse gleichgestaltet. SPORENBILDUNG: Juni bis September. LEBENSRAUM: Am Ufer von Gewässern und in feuchten Wiesen. VERBREITUNG: Überall häufig. ALLGEMEINES: Gefürchtetes Weideunkraut, da die Pflanze für das Vieh giftig ist. ÄHNLICHE ARTEN: *Equisetum variegatum* (Bunter Schachtelhalm). Meist unverzweigt, mit nur 1-2 mm dicken Sprossen, einer zugespitzten Sporangienähre und glockig abstehenden Scheiden, selten auf nassen Moor- und Sandböden. *Equisetum hiemale* (Winter-Schachtelhalm). Mit kräftigen, bis 6 mm dicken und 150 cm hohen, stets unverzweigten Sprossen, vor allem in Auwäldern Massenbestände bildend.

## Pillenfarn
*Pilularia globulifera*

MERKMALE: Amphibischer Wasserfarn mit kriechendem Stengel und einzeln stehenden, binsenartigen Blättern von 4-15 cm Länge. Bildet dichte, an Gräser erinnernde Rasen. Stengel durch zahlreiche Wurzeln im Boden verankert. Blätter in der Jugend spiralig eingerollt; diese eingerollten Blätter bilden auch im sterilen Zustand der Pflanze ein sicheres Erkennungsmerkmal. Sporenbehälter kugelig, behaart, am Grunde der Blätter sitzend. LEBENSRAUM: Flache, nicht zu nährstoffarme Gewässer, trockengefallene Schlammböden. VERBREITUNG: Selten. Vor allem in der norddeutschen Tiefebene. Durch Vernichtung natürlicher Flachgewässer stark zurückgegangen. Wegen des unauffälligen Erscheinungsbildes aber sicher auch vielerorts übersehen. ALLGEMEINES: Die als »Wasserfarne« bezeichneten Pflanzen gehören in 2 verschiedene Ordnungen, die sich in Lebensweise und Bau ihrer Vegetationskörper deutlich voneinander unterscheiden.

## Natternzunge
*Ophioglossum vulgatum*

MERKMALE: Unscheinbarer, gelbgrüner Farn, nur aus einem zweiteiligen Blatt bestehend. Unterer, steriler Blattabschnitt eiförmig, ganzrandig und von weicher, lappiger Konsistenz. Der obere, fertile Abschnitt bildet einen langgestreckten, ährigen Sporangienstand mit beiderseits 12-40 gelben Sporangien. Vielfach ist nur der sterile Blattabschnitt entwickelt. Durch das unauffällige Erscheinungsbild leicht zu übersehen, doch auch in sterilem Zustand unverkennbar. Höhe mit Sporangienähre 10-30 cm. SPORENBILDUNG: Juli bis August. LEBENSRAUM: Feuchte Wiesen, sumpfige Wälder; gelegentlich auch an trockeneren Stellen, z. B. auf Magerrasen. VERBREITUNG: In ganz Mitteleuropa verbreitet, vor allem im Tiefland, aber in neuerer Zeit durch Trockenlegung der Feuchtgebiete und Intensivierung der Grünlandnutzung stark zurückgegangen. ALLGEMEINES: Hohe Chromosomenzahl von n = 256.

## Zwerg-Teichrose
*Nuphar pumila*

MERKMALE: Sehr ähnlich der Gelben Teichrose, aber durch die folgenden Kennzeichen von ihr unterschieden: Blätter 4-15 cm lang und 3,5-13 cm breit. Blattstiel oben 2kantig. Blüten nur 2-3 cm im Durchmesser. Narbenscheibe flach, am Rand sternförmig gezähnt, mit 6-14 Strahlen. BLÜTEZEIT: Juni bis September. LEBENSRAUM: Nährstoffarme, saure Seen und Weiher in kälteren Gebieten (Glazialrelikt). VERBREITUNG: Sehr selten, nur noch im Südschwarzwald und im Alpenvorland. Überall sehr stark zurückgehend. Die Gewässer, in denen sie noch vorkommt, werden vielfach als Fischteiche genutzt. Durch die damit verbundene Eutrophierung, auch durch Kalkung und Entkrautungsmaßnahmen, wird die empfindliche Pflanze schwer geschädigt. Eine weitere Gefahr liegt in der Neigung zur Bastardbildung mit *N. lutea*. In den meisten Gewässern existieren heute nur noch Mischformen.

## Gelbe Teichrose, Mummel
*Nuphar lutea*

MERKMALE: Blätter etwas länglicher und mehr eiförmig, mit zahlreicheren Nerven als bei *Nymphaea*, 12-40 cm lang und 9-30 cm breit. Blattnerven schmal gabelig verzweigt, nicht miteinander verbunden. Blattstiel oben stumpf dreikantig (bei *Nymphaea* rund). Blüten 4-6 cm breit. Blütenhülle einfach, mit 5 stumpfen, gelben Perigonblättern. Narbenscheibe in der Mitte trichterförmig vertieft, mit 10-24 Narbenstrahlen, die vor dem Außenrand enden. Stark wuchernde Rhizome. BLÜTEZEIT: Juni bis September. LEBENSRAUM: Die Gelbe Teichrose findet man besonders in stehenden und langsam fließenden, nährstoffreichen Gewässern mit schlammigem Grund, sehr häufig ist sie dort mit der Weißen Seerose vergesellschaftet. VERBREITUNG: Von Europa durch das mittlere Asien bis Sibirien weit verbreitet und meist häufig; bei uns die häufigste Art der Seerosengewächse *(Nymphaeaceae)*.

## Trollblume
*Trollius europaeus*

MERKMALE: Stengel meist einblütig, 10-50 cm hoch. Blüten mit 10-15 kronblattartigen, goldgelben Hüllblättern, die sich kugelig zusammenneigen. Im Innern der Blüte 5-10 schmale, blaßgelbe Honigblätter. Blätter handförmig geteilt, mit 3spaltigen, gesägten Abschnitten. Untere Blätter meist 5teilig, obere Stengelblätter überwiegend 3teilig. BLÜTEZEIT: Mai bis Juni, im Gebirge auch später (vereinzelt bis September). LEBENSRAUM: Quellige, kalkreiche Flachmoorwiesen, Streuwiesen an den Rändern der Moore; im Gebirge auch an trockeneren Stellen. VERBREITUNG: Nicht häufig, in Nordwestdeutschland fehlend. Vor allem im Tiefland, aber auch in den Mittelgebirgen durch Trokkenlegung der Feuchtgebiete und Düngung der Wiesen sowie Aufgabe der extensiven Streuwiesennutzung stark zurückgegangen. In den Hochlagen der Alpen (dort bis auf 2330 m Höhe) derzeit noch nicht gefährdet. Schwach giftig (enthält Protoanemonin).

## Sumpfdotterblume
*Caltha palustris*

MERKMALE: Pflanze meist niederliegend und am Ende aufsteigend, seltener aufrecht wachsend, 15-50 cm hoch. Blätter glatt und glänzend, ganzrandig, mit rundlich-herzförmigem oder nierenförmigem Umriß, am Rand fein gekerbt. Grundblätter lang gestielt, obere Stengelblätter sitzend. Blüten bis 4 cm Durchmesser, mit 5 (selten bis 7) dottergelben Hüllblättern, ohne Honigblätter. Sie bieten den Besuchern reichlich Pollen, daneben auch Nektar, der an den Fruchtknoten abgeschieden wird. Sammelfrucht aus 5-8 sternförmig angeordneten Balgfrüchten, die in 2 Reihen angeordnete Samen enthalten. BLÜTEZEIT: März bis Mai, z. T. auch später. LEBENSRAUM: Feuchtgebiete aller Art, wie Bachufer, Feuchtwiesen und Bruchwälder. VERBREITUNG: Überall verbreitet und häufig.

## Weiße Seerose
*Nymphaea alba*

MERKMALE: Schwimmblätter groß (bis 30 cm lang), rundlich, am Stielende winklig ausgeschnitten und dadurch herzförmig. Die fächerförmig zu den Blatträndern ausstrahlenden Blattnerven breit gabelig verzweigt und miteinander verbunden. Blüten bis 12 cm im Durchmesser, mit 4 grünen Kelchblättern und 15-25 weißen Kronblättern; diese allmählich in die Staubblätter übergehend. Rhizom armdick, bis in ca. 3 m Wassertiefe. BLÜTEZEIT: Juni bis September. LEBENSRAUM: Stehende oder langsam fließende, nährstoffreiche Gewässer wie Teiche und Seen. VERBREITUNG: Allgemein verbreitet und meist nicht selten.

## Haarblättriger Hahnenfuß
*Ranunculus trichophyllus*

MERKMALE: Ähnelt dem Wasserhahnenfuß, bildet aber keine Schwimmblätter aus. Sprosse 10-50 cm lang. Alle Blätter haarförmig zerteilt, Blattzipfel in verschiedenen Ebenen, außerhalb des Wassers bei manchen Formen zusammenfallend, bei anderen steif auseinanderspreizend. Blüten klein, nur 7-12 mm im Durchmesser. Honigblätter schmal, bei voll geöffneten Blüten sich nicht berührend. BLÜTEZEIT: April/Mai bis September. LEBENSRAUM: Nährstoffreiche, stehende und langsam fließende Gewässer. VERBREITUNG: Allgemein verbreitet, aber nicht überall häufig; vorwiegend in Kalkgebieten. ALLGEMEINES: Wie der Wasserhahnenfuß äußerst formenreich, daher in vielen Fällen schwer zu erkennen. Eine weitere ähnliche Art ist der Spreizende Hahnenfuß.

## Wasserhahnenfuß
*Ranunculus aquatilis*

MERKMALE: Meist im Wasser wachsend. Stengel dünn, bis 150 cm lang. Blätter in 2 deutlich verschiedenen Ausbildungsformen. Auf der Wasseroberfläche nierenförmige, 3-5spaltige, breit gelappte Schwimmblätter, im Wasser gabelig aufgespaltene Unterwasserblätter mit haarfeinen Blattzipfeln. Blüten einzeln stehend, 2 bis 2,5 cm im Durchmesser, mit 5 Kelchblättern und 5 breiten, weißen Honigblättern. Fruchtstand aus Nußfrüchten zusammengesetzt. BLÜTEZEIT: Juni bis August. LEBENSRAUM: Stehende und langsam fließende, meist kalkarme Gewässer. VERBREITUNG: Weit verbreitet und gebietsweise häufig.

## Flutender Hahnenfuß
*Ranunculus fluitans*

MERKMALE: Untergetauchter Hahnenfuß ohne Schwimmblätter. Stengel oft mehrere Meter (bis 6 m) lang, rund, schlaff, im Wasser flutend. Blätter mehrfach gabelig geteilt, mit haarfeinen, parallelen Zipfeln, 10-30 cm lang. Blüten groß, weiß, 15-30 mm im Durchmesser. BLÜTEZEIT: Juni bis August. LEBENSRAUM: Schnellfließende, kühle Bäche und Flüsse mit sandigem oder steinigem Grund. VERBREITUNG: Im Bergland ziemlich häufig, besonders im Alpenvorland; im Tiefland seltener. Verträgt leichte Verunreinigung und wird durch sie sogar gefördert (z. B. in der Nähe von Ortschaften), geht bei starker Verschmutzung aber deutlich zurück. ALLGEMEINES: Die Art tritt selten auch außerhalb des Wassers in einer Landform auf. Diese ist allerdings nur 1jährig (die Wasserform ausdauernd) und wird selten höher als 6 cm. Blätter mit breiteren, steifen und annähernd parallelen Zipfeln. Meist ohne Blüten.

## Brennender Hahnenfuß
*Ranunculus flammula*

MERKMALE: Stengel aufrecht oder bogig aufsteigend, seltener kriechend, bis 50 cm hoch. Grundblätter gestielt, schmäler oder breiter eiförmig. Stengelblätter schmal lanzettlich, bis 75 mm lang und 10 mm breit, meist ungestielt, am Grund mit breiter, häutiger Scheide. Blattrand glatt oder leicht gezähnt. Blüten gelb, 7-18 mm im Durchmesser. BLÜTEZEIT: Mai bis September. LEBENSRAUM: Flache Ufer von Seen, Teichen oder Tümpeln, offene Schlammflächen und Grabenränder, auch auf Sumpfwiesen und feuchten Wegen. Liebt gelegentlich überschwemmte Böden. VERBREITUNG: In Mitteleuropa überall verbreitet und meist häufig. ÄHNLICHE ART: *Ranunculus reptans* (Ufer-Hahnenfuß). Stengel fadenförmig, niederliegend, an den Knoten wurzelnd und hier mit spatelförmigen Blättern. Blüten einzeln, lang gestielt, 5-10 mm im Durchmesser. Am Ufer stehender Gewässer, selten.

## Wasserdarm
*Malachium aquaticum*

MERKMALE: Ausdauernde Pflanze mit 30-100 cm langem, weichem Stengel. Dieser am Boden liegend oder aufsteigend, an den Knoten vielfach wurzelnd, unten kahl, oberwärts drüsig behaart. Die Blätter sind herzeiförmig, zugespitzt und gekreuzt-gegenständig angeordnet. Sie sind an den blühenden Trieben sitzend, an sterilen aber gestielt. Blüten etwa 15 mm im Durchmesser. Die Kronblätter sind weiß, 1,5-2mal so lang wie der Kelch und fast bis zum Grund gespalten. Fruchtknoten oberständig, 5fächerig und mit 5 Griffeln. Frucht ist eine rote, vielsamige Kapsel, die mit 5 Klappen aufspringt. BLÜTEZEIT: Juni bis September. LEBENSRAUM: Nasse Lehm- und Schlammböden in Auwäldern, an Ufern und Grabenrändern. Er liebt nährstoffreichen, humushaltigen Boden. VERBREITUNG: Überall häufig. ÄHNLICHE ART: *Stellaria nemorum* (Hain-Sternmiere). Blüten nur mit 3 Griffeln, sonst in allen Teilen sehr ähnlich. Häufig in Wäldern und Gebüschen.

## Knotiges Mastkraut
*Sagina nodosa*

MERKMALE: Ausdauernde Pflanze mit ausgebreiteten und aufsteigenden, unverzweigten Stengeln, 5-15 cm hoch. Blätter linealisch fadenförmig und stachelspitzig. Die unteren Blätter sind deutlich länger als die oberen, diese mit achselständigen Blattbüscheln. Die Blüten sind lang gestielt, weiß und 5-10 mm im Durchmesser. 5 ganzrandige Kronblätter, die doppelt so lang sind wie die grünen Kelchblätter. BLÜTEZEIT: Juni bis September. LEBENSRAUM: Feuchtwiesen, Moore, Grabenränder; auf torfigen Böden. VERBREITUNG: Sehr zerstreut, im norddeutschen Flachland etwas häufiger, in Süddeutschland sehr selten. Durch Trockenlegung der Feuchtgebiete überall stark gefährdet. ÄHNLICHE ARTEN: *Sagina subulata* (Pfriemblättriges Mastkraut). Blüten 5zählig, Kronblätter etwa so lang wie die Kelchblätter. *Sagina procumbens* (Niederliegendes Mastkraut). Blüten 4zählig, Kelch länger als Blütenblätter.

## Quellkraut
*Montia fontana*

MERKMALE: Meist ausdauernd, niedrige Rasen oder im Wasser flutende, reich verzweigte Stengel ausbildend. Blätter gegenständig, länglich lanzettlich oder schmal spatelförmig, bis 20 mm lang. Blüten unscheinbar, 3-4 mm groß, in armblütigen Trugdolden oder einzeln in den Blattachseln, lang gestielt. 5 weiße, am Grund röhrig verwachsene Kronblätter, von denen 2 etwas länger sind. Samenkapseln 1,5-2 mm lang, meist mit 3 Samen. BLÜTEZEIT: Mai bis September. LEBENSRAUM: Schnellfließende, kalkarme Quellbäche und Wiesengräben, auch Wegpfützen und feuchte Ackersenken. VERBREITUNG: Vor allem im kalkarmen Bergland, gebietsweise nicht selten; im Flachland nur vereinzelt. ALLGEMEINES: Sehr vielgestaltige, formenreiche Art, die vielfach in mehrere Kleinarten aufgeteilt wird. Eine Unterscheidung dieser Kleinarten ist schwierig; sie beruht in erster Linie auf einer mikroskopischen Untersuchung.

## Sumpf-Veilchen
*Viola palustris*

MERKMALE: Mehrjährige, bis 15 cm hohe Pflanze mit weißlichen, unterirdischen Ausläufern. Grundständige Blattrosette aus 2-6, meist 4 glänzend-gelbgrünen, kahlen Blättern bestehend; Blätter rundlich, breitherzförmig oder nierenförmig, meist breiter als lang, 2-6 cm messend. Blütenstiele einzeln dem Wurzelstock entspringend, etwas oberhalb der Mitte tragen sie 2 Vorblätter. Bis 1,5 cm große Blüten rötlichlila, blaßviolett oder auch weiß; unteres Kronblatt violett geadert. LEBENSRAUM: Sümpfe, Moorwiesen, Hoch- und Flachmoore, in Riedgrasbeständen und Bruchwäldern, an Ufern. Bis 2600 m. VERBREITUNG: In fast ganz Europa, fehlt aber im Südosten. In Deutschland verbreitet. BLÜTEZEIT: Juni bis Juli. Vermehrung: Samen mit Schleuder. ÄHNLICHE ART: Torfveilchen *(Viola epipsila)*. Ebenfalls stengellos, Blätter nur zu zweit, Blütensporn 2-3 mal so lang wie die Kelchanhängsel. In Moorwiesen, sehr selten.

## Dreimänniger Tännel
*Elatine triandra*

MERKMALE: Sehr unscheinbare, einjährige Pflanze mit bis 5 cm langem, am Boden kriechendem Stengel, bei der Wasserform bis 18 cm lang. Blätter gegenständig, länglich-oval, am Grund in einen kurzen Stiel verschmälert. Blüten 3zählig und mit 3 Staubgefäßen, einzeln in den Blattachseln sitzen, 3-4 mm im Durchmesser. Kronblätter oval, rötlich oder weiß. Fruchtkapsel kugelig, 3fächerig. LEBENSRAUM: Schlammige Ufer, trockengefallene Böden abgelassener Teiche; nur auf kalkarmem, aber nährstoffreichem Untergrund.

## Pyrenäen-Löffelkraut
*Cochlearia pyrenaica*

MERKMALE: Ausdauernde, 15-30 cm hohe, kahle und etwas fleischige Pflanze. Blätter ungeteilt. Grundblätter lang gestielt, mit nierenförmiger, bis 3 cm langer Spreite. Stengelblätter sitzend, oval bis keilförmig. Blüten weiß, in zunächst gedrungenen, später verlängerten Trauben. Kronblätter 4-8 mm lang. Kelchblätter 2-3 mm. Früchte elliptisch, an beiden Seiten zugespitzt, schräg abstehend gestielt. LEBENSRAUM: Am Rand von kalten Quellbächen; nur auf kalkreichem Untergrund. VERBREITUNG: Selten, in einigen Mittelgebirgen.

## Bitteres Schaumkraut
*Cardamine amara*

MERKMALE: 10-50 cm hohe, ausdauernde Pflanze. Grundständige Blätter nicht in einer Rosette angeordnet. Alle Blätter gefiedert, mit 2-5 Fiederpaaren und etwas vergrößertem Endfieder. Fiederblättchen eiförmig, am Rand leicht eckig gezähnt. Blüten zahlreich, mit 5-10 mm langen, weißen Kronblättern. BLÜTEZEIT: April bis Juni. LEBENSRAUM: In Quellfluren und Erlenbruchwäldern sowie in Quellbächen; vorwiegend auf kalkarmem Untergrund, aber auch auf Kalkboden nicht fehlend. VERBREITUNG: In Süddeutschland weit verbreitet.

## Echte Brunnenkresse
*Nasturtium officinale*

MERKMALE: Mehrjährige Pflanze mit zuweilen untergetauchten, an den Knoten wurzelnden Stengeln, kriechend oder aufsteigend, zwischen 30-50, selten bis 80 cm hoch. Glänzende, ein wenig fleischige, gefiederte Blätter, mit bis zu 4 rundlichen oder eiförmigen Fiederpaaren und einer stets größeren Endfieder, die auch im Winter grün bleiben. Weiße Blüten mit 5 mm langen Kronblättern und gelben Staubbeuteln. STANDORT: Quellen, Bäche mit klarem, kühlem Wasser, aber nie stehende Gewässer. VERBREITUNG: Ganz Europa bis Südschweden.

## Wasser-Sumpfkresse
*Rorippa amphibia*

MERKMALE: Ausdauernde, 40-120 cm hohe Pflanze. Stengel meist kahl, innen hohl. Untere Blätter kurz gestielt, länglich eiförmig, ungeteilt oder fiederspaltig. Obere Stengelblätter sitzend, schmal-lanzettlich und ganzrandig oder eingekerbt. Blüten gelb, in einer Doldentraube. Kronblätter 4-5 mm lang, Kelchblätter etwa halb so lang. Früchte eiförmig bis elliptisch, 3-6 mm lang. Fruchtstiele 6-17 mm lang, waagerecht abstehend oder leicht zurückgebogen. BLÜTEZEIT: Mai bis August. LEBENSRAUM: Gewässerufer, Gräben und zeitweise überschwemmte Flächen; auf nährstoffreichem Untergrund. VERBREITUNG: Allgemein verbreitet und gebietsweise häufig. ALLGEMEINES: Die sehr veränderliche Blattform hängt offenbar mit dem Wasserstand zusammen. ÄHNLICHE ART: *Rorippa austriaca* (Österreichische Sumpfkresse). Früchte kugelig, Stiele 4mal so lang. In Flußtälern, selten.

## Gemeiner Gilbweiderich
*Lysimachia vulgaris*

MERKMALE: Ausdauernde Pflanze mit kriechender Grundachse und langen Ausläufern. Stengel 60-125 cm hoch, oben meist verzweigt. Blätter kurz gestielt, eiförmig-lanzettlich, gekreuzt gegenständig, seltener zu 3-4 in Quirlen. Blüten gelb, in endständigen oder seitenständigen Rispen. Blüten 5zählig, mit flach trichterförmiger bis radförmiger, tief geteilter Krone von 15-18 mm Durchmesser. BLÜTEZEIT: Juli bis August. LEBENSRAUM: An Gewässerufern und Grabenrändern, auch in Röhrichten, Bruchwäldern und Moorwiesen. Meist auf leicht sauren Böden. VERBREITUNG: Weit verbreitet. ALLGEMEINES: Bildet je nach Standort unterschiedliche Blütenformen aus. An sonnigen Stellen überwiegen goldgelbe, größere Blüten mit langen Griffeln, die ganz auf Fremdbestäubung eingerichtet sind. An schattigen Orten finden sich blaßgelbe, kleinere Blüten mit gleich langen Griffeln und Staubgefäßen, die sich im Bedarfsfall selbst bestäuben.

## Sumpf-Wolfsmilch
*Euphorbia palustris*

MERKMALE: Mehrjährige Pflanze, die einer kleinen Weide ähnelt. Der weit verzweigte und kriechende Wurzelstock bildet ein bis zu 1 m tief reichendes Wurzelsystem. Der dicke, hohle Stengel ist am Grund rot, kahl, bis 130 cm, nicht selten sogar 150 cm hoch. Die wechselständigen Blätter sind sitzend, lanzettlich, 20-30 cm lang und 3-15 mm breit und fast ganzrandig oder gezähnt. Oberseits sind sie dunkelgrün, unterseits blaugrün, in der Herbstfärbung purpurn. Trugdolde vielstrahlig. Hüllchenblätter gelblich, Hüllbecher mit ovalen, gelben Drüsen. LEBENSRAUM: Röhricht, an fließenden und stehenden Gewässern, Ufer und feuchte Wälder. Vielfach am Saum von Weidengebüsch, meistens auf staunassen oder wechselnassen, humosen oder torfigen Schlickböden. VERBREITUNG: Fast ganz Europa. In Deutschland zerstreut bis selten; stark gefährdet. BLÜTEZEIT: Mai bis Juni. ALLGEMEINES: Giftig.

## Pfennigkraut
*Lysimachia nummularia*

MERKMALE: Mehrjährige, kriechende Pflanze mit bis 50 cm langen Stengeln. Richtet sich nur in dichtem Bewuchs etwas auf, sonst dicht dem Boden anliegend. Gegenständige Blätter meist rund (Name), selten oval, drüsig gepunktet, 1,5-3 cm im Durchmesser. Blüten einzeln in den Achseln der mittleren Blätter, Krone 1,5-2 cm breit, innen mit dunkelroten Drüsen punktiert. LEBENSRAUM: Wiesen, Weiden, Gebüsch, Ufer, Auenwälder, gern auf feuchtem, lehmigem Boden. Bis in Höhen von über 1000 Meter. VERBREITUNG: Fast ganz Europa mit Ausnahme des Mittelmeerraums. In Deutschland verbreitet, meist häufig. BLÜTEZEIT: Mai bis Juli oder August. VERMEHRUNG: Weniger durch Samen als vielmehr durch die ständig neu wurzelnden Triebe, hinter denen die älteren Teile absterben. ALLGEMEINES: Früher als Wundmittel gegen Geschwüre und schlecht heilende Verletzungen verwendet.

## Bach-Nelkenwurz
*Geum rivale*

MERKMALE: 20-60 cm hohe, mehrjährige Pflanze. Stengel aufrecht und wenig verzweigt, besonders nach oben zu drüsenhaarig. Langgestielte Grundblätter unterbrochen gefiedert mit sehr großer Endfieder, obere Stengelblätter gelappt oder einfach. Blüten nickend, einzeln oder in armblütiger Doldentraube. Kelchblätter rotbraun, Kronblätter außen rötlich, innen gelb. LEBENSRAUM: Feuchte Wiesen, Bruch- und Auwälder, Flachmoore, Bachufer und Gräben, Hochstaudenfluren, bis 2000 m. Liebt nährstoffreiche, sickernasse, zeitweise überflutete humose oder tonige Böden. VERBREITUNG: Ganz Nord- und Mitteleuropa, im Westen bis zu den Britischen Inseln, im Süden bis Südfrankreich und Südjugoslawien. BLÜTEZEIT: April bis Mai, anderen Angaben zufolge auch bis Juli. VERMEHRUNG: Bestäubung durch Kerbtiere (vorwiegend Hummeln), hakige Früchte bleiben an Tieren hängen.

## Sumpf-Platterbse
*Lathyrus palustris*

MERKMALE: Die Sumpf-Platterbse ist eine ausdauernde Pflanze mit unterirdischen Ausläufern. Stengel schmal geflügelt, niederliegend oder aufsteigend, 30-100 cm lang. Blattstiele ungeflügelt. Blätter mit 2-3 linealisch-länglichen Fiederpaaren, an der Spitze in eine verzweigte Ranke verlängert, am Grund mit pfeilförmigen Nebenblättern. Die Blüten sind purpurblau und zeigen den typischen Aufbau von Schmetterlingsblüten, in 3-6blütigen Trauben. BLÜTEZEIT: Juli bis August. LEBENSRAUM: Zeitweilig überschwemmte Stromtalwiesen, Grabenränder, Groß-Seggensümpfe. VERBREITUNG: Selten, fast nur in den großen Stromtälern. Am häufigsten in Norddeutschland, im Süden sehr selten. Durch Entwässerungsmaßnahmen in vielen Gebieten verschwunden. ÄHNLICHE ARTEN: Andere *Lathyrus*-Arten mit violetten Blüten fehlen in Feuchtgebieten. *Lathyrus pratensis* (Wiesen-Platterbse) hat gelbe Blüten.

## Mittlerer Sonnentau
*Dosera intermedia*

MERKMALE: Blattspreiten 5-10 mm lang und 3-5 mm breit, allmählich in den Stiel verschmälert. Blätter aufgerichtet. Blütenstände am Grund der etwas gestreckten Rosettenachse entspringend, bogig aufsteigend und steif aufragend, nur 3-6 cm hoch. BLÜTEZEIT: Juli bis August. LEBENSRAUM: Hoch- und Zwischenmoorschlenken, auch auf zeitweise überfluteten Sandböden (z. B. in Sandgruben). VERBREITUNG: Vor allem im norddeutschen Flachland; hier stellenweise nicht selten. In Süddeutschland wenig verbreitet.

## Rundblättriger Sonnentau
*Drosera rotundifolia*

MERKMALE: Ausdauernde Pflanze mit grundständiger Blattrosette. Blätter 15-30 mm lang, gestielt, meist flach am Boden liegend. Blattspreite rundlich, oft etwas breiter als lang, oberseits und am Rand mit drüsigen, roten Tentakeln besetzt. Blüten weiß, 5zählig, an 5-20 cm hohen, blattlosen Stengeln in 6-10blütigen Wickeln. Kronblätter 4-6 mm lang. BLÜTEZEIT: Juli bis August. LEBENSRAUM: Hoch- und Zwischenmoore; auf Torfmoos oder auf nacktem Torf, seltener auf Sandboden. Nur auf saurem, nährstoffarmem Untergrund.

## Zottiges Weidenröschen
*Epilobium hirsutum*

MERKMALE: 50-150 cm hohe, ausdauernde Pflanze. Stengel stark verzweigt, zottig behaart. Blätter länglich lanzettlich, stengelumfassend, am Rand scharf gesägt. Untere Blätter gegenständig, obere wechselständig. Blüten 15-25 mm im Durchmesser, purpurrot. Kronblätter 4, 2-3mal so lang wie die Kelchblätter. Narbe 4spaltig, mit sternförmig ausgebreiteten Zipfeln. Frucht eine 4fächrige, schmale und lange Kapsel. Sie reißt bei der Reife von oben nach unten mit 4 schmalen Zipfeln auf; anschließend werden die mit einem Schopf weißer Haare versehenen Samen vom Wind fortgetragen. BLÜTEZEIT: Juni bis September. LEBENSRAUM: An den Ufern stehender und fließender Gewässer, auch auf zeitweise überschwemmten, schlammigen Böden (z. B. in Sand- und Kiesgruben), Gräben, Röhricht, Unkrautbestände an nassen Wegen. VERBREITUNG: Weit verbreitet und fast überall häufig.

## Wasserfalle
*Aldrovanda vesiculosa*

MERKMALE: Ausdauernde, wurzellose, freischwimmende Wasserpflanze. Der sehr brüchige Stengel wird 10-25 cm lang, mit zahlreichen 6-10blättrigen dichten Blattquirlen. Blätter etwa 1 cm lang, mit keilförmig verbreitertem Blattstiel, der am Ende in 4-6 steife Borsten verlängert ist. Blattspreite rundlich, in der Mitte geknickt und oberseits mit mehreren feinen Haaren. Die Blattspreiten sind also zu Klappfalten umgebildet. Blüten 5zählig, grünlichweiß (in Mitteleuropa nicht beobachtet). LEBENSRAUM: Flache, sich stark erwärmende, stehende Gewässer, die kalkfrei und ziemlich nährstoffarm sein müssen, z. B. Gräben, Weiher und Uferbereiche von Seen. VERBREITUNG: Sehr selten. In Mitteleuropa nur von wenigen Fundorten bekannt. Hierzulande verschollen. ALLGEMEINES: In den Klappfallen werden kleine Wassertiere gefangen, nachdem diese die Haare berührt haben, und verdaut.

## Wasserschierling
*Cicuta virosa*

MERKMALE: Ausdauernde, meist im Wasser stehende Pflanze mit aufrechtem Rhizom, das innen hohl und durch mehrere Querwände in Kammern geteilt ist. Stengel 50-150 cm hoch. Blätter groß, 2-3fach gefiedert. Fieder linealisch-lanzettlich, 4-5 cm lang und 6-12 mm breit, am Rand scharf gesägt. Blüten in 8-20strahligen Dolden. Hüllblätter fehlend oder 1-2, Hüllchenblätter 6-8. Früchte rundlich, etwas breiter als lang. BLÜTEZEIT: Juli bis September. LEBENSRAUM: Am Ufer von Teichen, Seen und Altwassern, in Quellmooren und Erlenbruchwäldern. VERBREITUNG: In Norddeutschland verbreitet, im Süden seltener. ALLGEMEINES: Der Wasserschierling gehört zu den giftigsten Pflanzen (»Schierlingsbecher« des Sokrates). Sie enthält in allen Teilen, vor allem in dem angenehm nach Sellerie riechenden und süßlich schmeckenden Wurzelstock, das stark giftige Ciontoxin.

## Sumpfquendel
*Peplis portula*

MERKMALE: 1jährige Pflanze mit am Boden kriechendem, 5-25 cm langem Stengel. Dieser ist 4kantig, an den Knoten wurzelnd und meist rötlich gefärbt. Blätter gegenständig. BLÜTEZEIT: Juli bis September. LEBENSRAUM: Austrocknende Tümpel und Gräben, trockengefallene Teichböden, Wegpfützen und feuchte Ackersenken, auch am Ufer stehender und fließender Gewässer. Nur auf kalkarmen, sauren, aber meist nährstoffreichen Sand- und Lehmböden. VERBREITUNG: Weit verbreitet in kalkarmen Gebieten, fehlt in Kalkgebieten.

## Brenndolde
*Cnidium dubium*

MERKMALE: 2jährige, 30-60 cm hohe Pflanze. Stengel unten rund, oben kantig. Blätter 2-3fach gefiedert oder fiederteilig. Stengelblätter mit langen, anliegenden Blattscheiden. Blüten in 15-30strahligen Dolden. Hüllblätter fehlend oder wenige. Hüllchenblätter zahlreich, Früchte rund bis eiförmig. BLÜTEZEIT: Juli bis September. LEBENSRAUM: Feuchte, regelmäßig überschwemmte Stromtalwiesen, oft mit *Viola persicifolia* vergesellschaftet. VERBREITUNG: Östliche Art, in Mitteleuropa selten.

## Gewöhnlicher Wasserschlauch
*Tricularia vulgaris*

MERKMALE: Wurzellose, untergetauchte Wasserpflanze mit flutenden, 30 cm bis über 1 m langen Stengeln. Blätter 2-3fach gefiedert, mit haarfeinen, allseits abstehenden Blattzipfeln. Einzelne dieser Blattzipfel sind zu eiförmigen, 1-4,5 mm langen Blasen umgewandelt (etwa 20-200 pro Blatt). Diese Blasen oder Schläuche sind meist rötlich gefärbt. Sie besitzen eine Öffnung, die durch eine sich nur nach innen öffnende Klappe verschlossen ist, und davor 2 gefiederte Borsten. Die Blüten sind in lockeren Trauben an rotbraunen, 10-30 cm über die Wasseroberfläche emporragenden Stengeln angeordnet. Die Krone ist 12-20 mm groß, goldgelb und 2lippig. Die flache Oberlippe wird kaum länger als der rötlich gestreifte Gaumen. Die Unterlippe ist sattelförmig zurückgeschlagen; unter ihr liegt der nach vorn gebogene, kurze Sporn. Die Frucht entwickelt sich zu einer vielsamigen, rundlichen Kapsel. BLÜTEZEIT: Juni bis September. LEBENSRAUM: In stehenden und langsam fließenden Gewässern, z. B. in Altwassern, Tümpeln und Torfstichen. Am häufigsten in flachem, mäßig nährstoffreichem Wasser. Durch leichte Verunreinigung wird die Art gefördert, bei starker Verschmutzung geht sie jedoch deutlich zurück. VERBREITUNG: Weit verbreitet und gebietsweise nicht selten, vor allem im Flachland und in den Flußtälern. In den Alpen dagegen weitgehend fehlend. ALLGEMEINES: Überwintert mit kugeligen oder ovalen, aus dicht zusammengedrängten Blättern gebildeten Endknospen (Turionen), die beim Zerfall der Pflanzen im Herbst an den Gewässergrund absinken. Die zahlreichen Schläuche an den Blättern dienen dem Tierfang. In ihrem Innern herrscht ein deutlicher Unterdruck. Sobald ein Wassertier (z. B. ein Kleinkrebs) eine der Borsten berührt, öffnet sich die Klappe, und ein Wasserschwall, mit ihm das Tier, wird ins Innere des Fangschlauchs eingesogen. Die Beute wird durch eiweißlösende Fermente verdaut.

## Wasser-Minze
*Mentha aquatica*

MERKMALE: Mehrjährige, meist aufrechte, einfache oder verzweigte Pflanze, bis zu 80 cm hoch mit starkem Pfefferminzgeruch. Gestielte Blätter behaart, eiförmig oder oval, mit gezähntem Rand, 2-6 cm lang. Rosa- oder lilafarbene Blüten in Quirlen, die am Stengelende gedrängt stehen und einen kugelförmigen Blütenstand bilden. Die in den Achseln der obersten Blattpaare befindlichen Scheinköpfchen sind deutlich kleiner und kürzer gestielt. Kelchzähne lanzettlich. LEBENSRAUM: Sümpfe, Ufer, Gräben, Naßwiesen, Großseggengesellschaften, bis 1200 m. VERBREITUNG: In den meisten Teilen Europas und in ganz Deutschland verbreitet. BLÜTEZEIT: Juli bis September oder Oktober. VERMEHRUNG: Neben Bestäubung und Samen durch den kriechenden Wurzelstock und seine langen, oberirdischen, beblätterten Ausläufer. ALLGEMEINES: Allen Minzen gemeinsam ist ihr Gehalt an ätherischen Ölen.

## Gemeiner Froschlöffel
*Alisma plantago-aquatica*

MERKMALE: Ausdauernde Pflanze mit knollig verdicktem Wurzelstock. Blätter zu 3-9 in einer grundständigen Rosette, lang gestielt. Blattspreite eiförmig, am Grund herzförmig oder abgerundet, 2-8 cm lang. Blüten auf bis über 1 m hohem, blattlosem Stengel in einem rispenartigen, oft sehr reichblütigen Blütenstand. Hauptäste in 4-6 Quirlen übereinander angeordnet. Blüten zwittrig, 8-10 mm im Durchmesser, mit 3 grünen Kelchblättern und 3 blaßrosa gefärbten Kronblättern. Staubblätter 6, Fruchtknoten zahlreich. BLÜTEZEIT: Juni bis September. LEBENSRAUM: An Gewässerufern und auf zeitweise überschwemmten Flächen. VERBREITUNG: Überall häufig. ÄHNLICHE ARTEN: *Alisma lanceolatum* (Lanzettlicher Froschlöffel). Blattspreiten schmal eiförmig, allmählich in den Stiel verschmälert. *Alisma gramineum* (Grasblättriger Froschlöffel). Blätter bandförmig oder mit sehr schmaler Spreite. Beide Arten zerstreut.

## Fieberklee
*Menyanthes trifoliata*

MERKMALE: Mehrjährige, 10-30 cm hohe Pflanze. Kräftiger Stengel aus einer kriechenden und verzweigten Grundachse entspringend, ebenfalls die langgestielten, am Grunde scheidigen Blätter. Sie sind dreizählig gefingert und daher kleeähnlich (Name), aber viel größer und fleischig. Blüten weiß, seltener rosa, in einer pyramidenförmigen, aufrechten Traube. 5 Kronblattzipfel zurückgerollt mit weißen Haaren an der Oberfläche und Wimpern an den Seiten. LEBENSRAUM: Hinsichtlich ihres Standortes sehr anpassungsfähige Pflanze, von der Ebene bis in die alpine Stufe. Verlandungszonen stehender Gewässer, Sümpfe, Moore, Gräben, Teiche. VERBREITUNG: Nord- und Mitteleuropa. Fehlt in weiten Teilen der Mittelmeerländer oder ist dort sehr selten. In Deutschland überall, aber selten; gefährdet. BLÜTEZEIT: Mai bis Juni. VERMEHRUNG: Durch Samen. Hauptsächlich von Hummeln bestäubt. Früchte schwimmen.

## Gemeines Schilf
*Phragmites australis*

MERKMALE: Ausdauerndes Gras mit weit kriechendem Wurzelstock und langen, ober- und unterirdischen Ausläufern. Halm steif aufragend, 1-4 m hoch und unten bis 2 cm dick. Blätter graugrün, flach und am Rand schneidend, bis 30 cm lang und 3 cm breit. Blattgrund anstelle des Blatthäutchens mit einem Haarkranz. Blüten in einer 20-50 cm langen, vielblütigen, oben etwas überhängenden Rispe. Ährchen 10-15 mm lang, 3-6blütig. BLÜTEZEIT: Juli bis September. LEBENSRAUM: Im Röhricht stehender und langsam fließender Gewässer, meist in dichten Beständen; auch in Quellmooren, auf Feuchtwiesen und in feuchten Wäldern. Geht bis in fast 2 m Wassertiefe. VERBREITUNG: Überall häufig. ALLGEMEINES: Das Gemeine Schilf oder Schilfrohr ist ein typisches Röhricht stehender Gewässer, ebenso wie die Teichbinse. Beide Pflanzen sind deutlich wasserreinigend (»biologische Kläranlage«).

## Ästiger Igelkolben
*Sparganium erectum (= S. ramosum)*

MERKMALE: Aufrechte, 30-50 cm hohe, ausdauernde Pflanze mit kriechendem Rhizom. Stengel starr aufrecht, etwas hin und her gebogen. Grundständige Blätter schräg aufragend, gekielt, bis 20 mm breit und deutlich länger als der Stengel. Stengelblätter am Grund ohne Blattscheide. Blütenstand sperrig verzweigt, mit 2-5 Seitenästen in den Achseln langer Tragblätter; die Äste jeweils mit 1-3 unteren weiblichen und 6-9 oberen männlichen Köpfchen. Fruchtende Köpfchen 20-25 mm im Durchmesser. Frucht sehr unterschiedlich geformt, mit kurzem Schnabel. BLÜTEZEIT: Juni bis August. LEBENSRAUM: Im Röhricht stehender und langsam fließender Gewässer, meist bei 30-60 cm Wassertiefe. VERBREITUNG: Allgemein verbreitet und fast überall häufig. ALLGEMEINES: Nach der Fruchtform und den ökologischen Ansprüchen wurden mehrere Unterarten aufgestellt.

## Flatterbinse
*Juncus effusus*

MERKMALE: Ausdauernde, 30-100 cm hohe Pflanze mit kriechendem Rhizom. Stengel in dichten Horsten, zylindrisch-pfriemförmig, glatt und glänzend, am Grund mit 5-8 anliegenden, scheidenförmigen Niederblättern. Mark im Stengelinnern nicht unterbrochen. Blüten in einer endständigen, lockeren vielästigen Spirre. Diese in der Achsel eines pfriemlichen, bis 30 cm langen Hüllblatts, das den Stengel nach oben scheinbar fortsetzt und so einen seitenständigen Blütenstand vortäuscht. Blütenhülle mit 6 lanzettlich zugespitzten, grünen Perigonblättern. Staubgefäße und Narben 3. Bestäubung durch den Wind. Frucht eine braune, eiförmige Kapsel mit zahlreichen Samen, Griffelrest in einer leichten Vertiefung. BLÜTEZEIT: Juni bis August. LEBENSRAUM: Feuchtwiesen, Grabenränder und feuchte Wege; vorwiegend auf kalkarmen, aber nährstoffreichen Böden.

## Breitblättriger Rohrkolben
*Typha latifolia*

MERKMALE: 100-250 cm hohe, ausdauernde Pflanze mit langen Ausläufern. Der Blütenstengel ist steif aufrecht, mit blaugrünen, 10-20 mm breiten und bis zu 3 m langen Blättern, die den Blütenstand meist überragen. Blüten getrenntgeschlechtlich, in übereinander angeordneten, sich mehr oder weniger berührenden Kolben von jeweils 10-20 cm Länge und 15-25 mm Breite. Männliche Blüten im oberen Kolben, mit 3 Staubgefäßen und einem Kranz abstehender Haare. Der männliche Blütenstand ist zur Blütezeit mit goldgelbem Pollen bepudert. Die weiblichen Blüten befinden sich darunter, mit Haarkränzen und langgriffeligen, gestielten Fruchtknoten. Die Narben überragen die Haarkränze. Der weibliche Blütenstand ist zuerst glänzend grün, die Narben werden später dunkelbraun und verleihen so den fruchtenden Kolben ihre dunkle Färbung. BLÜTEZEIT: Juni bis August. LEBENSRAUM: Am Ufer nährstoffreicher, stehender und langsam fließender Gewässer, manchmal bis in 2 m Wassertiefe. Auch in Sümpfen, Wassergräben und im Röhricht; typische Verlandungspflanze. VERBREITUNG: Allgemein weit verbreitet und in der nördlich gemäßigten Zone vielerorts häufig. Kommt auch in Australien und Polynesien vor, wohingegen er im mittleren und südlichen Afrika fehlt. ALLGEMEINES: Der Breitblättrige Rohrkolben wird sehr vielseitig verwendet. Da die Pflanze sehr attraktiv ist, wird sie oft zu Trockengestecken verarbeitet. Die Blätter werden zum Dichten der Fugen in Holzfässern verwendet (daher auch der Name Binderrohr), und früher wurden die Stengel auch zum Dekken von Dächern verwendet. Die Blattfasern eignen sich als Ersatz für Jute und als Streckmittel für Hanf und Flachs. Anstelle von Watte und zum Stopfen von Kissen und Betten wurde die weiche Fruchtwolle genutzt. Sogar der stärkereiche Wurzelstock fand Verwendung: Er wurde gekocht gegessen, gebrannt diente er als Kaffeesurrogat. Sehr ähnlich ist der Schmalblättrige Rohrkolben *(Thypha angustifolia)* mit schmäleren Blättern.

## Schwimmendes Laichkraut
*Potamogeton natans*

MERKMALE: Ausdauernde Schwimmblattpflanze mit kriechendem Rhizom. Stengel wenig verzweigt, 1-5 m lang. Im Frühjahr werden bis 50 cm lange, binsenartige Unterwasserblätter gebildet, die zur Blütezeit längst abgestorben sind. Schwimmblätter mit 4-12 cm langer, eiförmiger, am Grund meist herzförmig ausgeschnittener Spreite. Blüten in einer 4-5 cm langen Ähre auf einem über die Wasseroberfläche hinausragenden, bis 10 cm langen Stiel. Blütenhülle fehlend. Blüten dafür mit 4 perigonartigen Staubblattanhängseln. BLÜTEZEIT: Juni bis August. LEBENSRAUM: In stehenden, seltener in fließenden, meist nährstoffarmen Gewässern, vor allem in Teichen, Tümpeln und Altwassern. Verträgt Austrocknung. VERBREITUNG: Überall häufig. ÄHNLICHE ARTEN: *Potamogeton polygonifolius* (Knöterich-Laichkraut). Schwimmblätter nur 2-4 cm lang. Moorgewässer, nur in Norddeutschland.

## Wasser-Schwertlilie
*Iris pseudacorus*

MERKMALE: Ausdauernde Pflanze mit sehr dikkem, fleischigem Wurzelstock. Grundständige Blätter 2zeilig angeordnet, schwertförmig zugespitzt, 1-3 cm breit, kaum kürzer als die 50-100 cm hohen Blütenstände. Blüten zu mehreren in einer 2blättrigen Spatha, diese in der Achsel eines krautigen Hochblatts. Blütenhülle mit 2 sehr unterschiedlichen Kreisen auffallender, gelber Perigonblätter. Die 3 äußeren sind herabgebogen und tragen ein braun geadertes Saftmal; die 3 inneren sind etwas kürzer und stehen steif aufrecht. Zwischen beiden Perigonblattkreisen liegen die 3 Staubblätter, die sich von unten an die blumenblattartigen, 2spaltigen Griffeläste schmiegen. BLÜTEZEIT: Mai bis Juni. LEBENSRAUM: Gewässerufer, Seggensümpfe und Erlenbruchwälder; im Wasser oder auf zeitweise überschwemmten, nährstoffreichen, mäßig sauren Böden. VERBREITUNG: Allgemein verbreitet und fast überall häufig.

## Fleischfarbenes Knabenkraut
*Dactylorhiza incarnata*

MERKMALE: Kräftige Pflanze mit bis 80 cm hohem, hellgrünem, hohlem Stengel. Ebenfalls hellgrüne Blätter ohne Flecken, zu 3-7 am Stengel, steif aufrecht, die oberen an der Spitze ein wenig kapuzenförmig zusammengezogen; das oberste Blatt reicht in der Regel bis an die reichblütige, bis 20 cm lange Ähre heran, oft überragt es sie sogar. Aufgrund der Blütenfarbe unterscheidet man 2 Unterarten: die ssp. *incarnata* mit mehr oder weniger fleischfarbenen Blüten sowie die ssp. *ochroleuca* mit gelben oder auch gelblichweißen Blüten. Lippe höchstens 8 mm, schwach dreigelappt. LEBENSRAUM: Sumpfwiesen, Flachmoore. VERBREITUNG: Hauptsächlich Mittel- und Nordeuropa. In Deutschland zerstreut; gefährdet. BLÜTEZEIT: Mai bis Juli. Ähnliche Arten sind das Breitblättrige Knabenkraut und das Gefleckte Knabenkraut, welche auch untereinander bastardieren. Solch häufige Kreuzungen sind geradezu eine Spezialität der Orchideen.

## Wohlriechender Lauch
*Allium suaveolens*

MERKMALE: Ausdauernde, 20-50 cm hohe Pflanze mit kriechendem Rhizom, bildet keine richtige Zwiebel. Stengel stielrund, im unteren Drittel beblättert. Blätter linealisch, flach, unterseits scharf gekielt. Blüten wohlriechend, lang gestielt, in kugeligen Scheindolden. Perigonblätter weiß, außen rosa gestreift, deutlich kürzer als die Staubgefäße. Blütenstand stets ohne Brutzwiebeln. Frucht eine kugelige, leicht 3kantige Kapsel. BLÜTEZEIT: Juli bis September. LEBENSRAUM: Wechselfeuchte Flachmoorwiesen; auf nassen, kalkhaltigen Lehm- und Tonböden. Oft zusammen mit *Iris sibirica*. VERBREITUNG: Im Alpenvorland und im Bodenseegebiet, ziemlich selten.

## Froschbiß
*Hydrocharis morsus-ranae*

MERKMALE: Ausdauernde Schwimmblattpflanze mit frei schwimmenden Rosetten. An 5-20 cm langen Ausläufern entstehen neue Rosetten. Schwimmblätter mit kreisrunder, am Grund tief herzförmiger, 7-10 cm langgestielter Spreite von 2-7 cm Durchmesser. Unterwasserblätter fehlen. Pflanze 2häusig. Blüten ca. 2 cm im Durchmesser, mit 3 grünen Kelchblättern und 3 weißen, am Grund gelben Kronblättern. Männliche Blüten meist zu dritt lang gestielt in einer 2blättrigen Spatha; weibliche einzeln in der 1blättrigen Spatha sitzend. BLÜTEZEIT: Juni bis August. LEBENSRAUM: In stehenden und langsam fließenden, meist kalkarmen Gewässern, z. B. in Gräben und Altwassern. VERBREITUNG: Im Tiefland weit verbreitet.

## Grauer Süßwasserpolyp
*Hydra sp.*

MERKMALE: Körper graubraun, weißlich oder rötlich, bis 2 cm lang. Am unteren Ende ohne deutlich abgesetzten Fußstiel. Um die Mundöffnung bis zu 12 Tentakel. Meist weniger stark durch Tochterpolypen verzweigt als *Pelmatohydra*. 4 einander ähnliche Arten, die nur mikroskopisch nach der Form ihrer Nesselkapseln unterschieden werden können. 2 Arten getrenntgeschlechtig, die beiden anderen Zwitter. LEBENSRAUM: In stehenden und langsam fließenden Gewässern aller Art, nicht in starker Strömung. Regelmäßig in pflanzenreichen Tümpeln und Teichen. VERBREITUNG: Einige Arten weit verbreitet und z. T. sehr häufig. ALLGEMEINES: Hohe Regenerationsfähigkeit.

## Schlamm-Röhrenwurm
*Tubifex sp.*

MERKMALE: 15-50 mm langer, rötlich gefärbter Ringelwurm. Färbung durch das hämoglobinhaltige Blut hervorgerufen. Körper gleichmäßig geringelt, im vorderen Körperabschnitt mit einem gürtelartigen Wulst (Clitellum). Die einzelnen Segmente mit kurzen, rückwärts gerichteten Borsten. Mehrere schwer unterscheidbare Arten. LEBENSRAUM: Stehende und fließende Gewässer aller Art, auch stark verschmutzte. Im sandigen oder schlammigen Boden, oft in dichten Kolonien. VERBREITUNG: Überall häufig. LEBENSWEISE: Lebt in einem senkrecht nach unten führenden Gang, führt mit dem herausragenden Hinterleibsende pendelnde Bewegungen aus und strudelt dadurch frisches Atemwasser herbei.

## Trauer-Planarie
*Dugesia lugubris*

MERKMALE: Bis 20 mm lange, graubraun bis schwarz gefärbte Planarie. Ähnelt *Dugesia gonocephala*, aber Kopf vorn und an den Seiten nicht spitz, sondern abgerundet und dadurch stumpf 3eckig bis herzförmig. Die von einem hellen Hof umgebenen Augen etwas vor der breitesten Stelle des Kopfes; sie sind vom Stirnrand so weit entfernt wie voneinander oder etwas weiter. LEBENSRAUM: In stehenden und langsam fließenden Gewässern, z. B. in Tümpeln, Fischteichen und Gräben. Gegen Gewässerverunreinigung weniger empfindlich als die meisten übrigen Planarien. VERBREITUNG: Allgemein verbreitet und fast überall häufig. ÄHNLICHE ARTEN: *Dugesia polychroa*. Nur durch Untersuchung der Genitalorgane sicher von *D. lugubris* zu unterscheiden. ALLGEMEINES: Der Artname *lugubris* stammt aus dem Lateinischen und bedeutet ursprünglich »traurig« oder »Trauer verursachend«.

## Pferdeegel
*Haemopis sanguisuga*

MERKMALE: Körperlänge 6-10 cm. Färbung dunkelbraun bis schiefergrau oder schwarz, manchmal mit hellem Seitenband, sonst ohne auffallende Zeichnungen. Wie *Hirudo* mit 10 kleinen Augen (Pigmentbecherocellen), die oben an den Seiten der vorderen Segmente liegen. Seine Kiefer haben zwei unregelmäßige Reihen von je nur 14 ziemlich stumpfen Zähnen, die es ihm nicht ermöglichen, die Haut von Wirbeltieren zu durchsägen. LEBENSRAUM: Stehende und langsam fließende Gewässer, z. B. in Teichen, Gräben und Quellrinnsalen. Oft außerhalb des Wassers unter Steinen oder Brettern. VERBREITUNG: Allgemein verbreitet und fast überall häufig. NAHRUNG: Im Gegensatz zum nahe verwandten Blutegel kein Blutsauger, sondern ein ausgesprochen gefräßiger Räuber. Verschlingt andere Wassertiere, wie Insektenlarven, Schnecken und Würmer (auch andere Egel).

## Milchweiße Planarie
*Dendrocoelum lacteum*

MERKMALE: Undurchsichtiger, weißer Strudelwurm. Darmsystem oft rötlich oder schwärzlich durchschimmernd. Körperlänge bis 30 mm. Am Vorderende mit 2 breit 3eckigen, kaum abgegliederten Tentakeln, die den Kopf nach vorn nicht oder kaum überragen. Augen klein, voneinander weiter entfernt als vom Stirnrand. Auf der Kopfunterseite vorn eine rundliche Sauggrube. Ränder des Körpers meist deutlich gewellt. LEBENSRAUM: Stehende und fließende Gewässer aller Art; in turbulenten Bergbächen ebenso wie in langsam fließenden Gräben, kleinen Tümpeln oder großen Seen. Vorzugsweise in sauberem, aber auch in leicht verschmutztem Wasser. VERBREITUNG: Allgemein verbreitet und fast überall häufig. NAHRUNG: Strudelwürmer sind Fleischfresser, nur die kleinsten Arten (bis 3 mm) sind mikrophag und nehmen Geißeltierchen und Kieselalgen auf. Die Größe der Beutetiere richtet sich nach der Ausstattung des Pharynx (Schlund).

## Medizinischer Blutegel
*Hirudo medicinalis*

MERKMALE: Körperlänge 10-15 cm. Färbung dunkelbraun bis dunkelgrün mit 6 auffallenden, roten Längsbändern oder Fleckenreihen. Bauch gelb mit unregelmäßig verteilten, schwarzen Flecken. Kopfbereich nicht deutlich abgesetzt, mit 10 kleinen Augen, die oben an den Seiten der vorderen Segmente liegen (wie bei *Haemopis*). Vorder- und Hinterende unten mit einem Saugnapf. In der Mundöffnung 3 scheibenförmige, gesägte Kiefer. LEBENSRAUM: Vorwiegend in moorigen und sumpfigen Gewässern und pflanzenreichen Seen. VERBREITUNG: Hauptsächlich in den Flußtälern Norddeutschlands, in Süddeutschland sehr selten. Durch Umweltveränderungen, vermutlich aber auch durch übermäßiges Absammeln zu medizinischen Zwecken überall stark zurückgegangen. LEBENSWEISE: Kann durch schlängelnde Auf- und Abbewegungen des Körpers schnell durchs Wasser schwimmen.

## Fischegel
*Piscicola geometra*

MERKMALE: Sehr schlanker, bis 10 cm langer Egel. Körperquerschnitt rund. Saugnäpfe deutlich breiter als der angrenzende Körperabschnitt. Färbung hell grünlich oder gelblich, mit schwarzen oder braunen Flecken kontrastreich gescheckt. Hinterer Saugnapf radiär gestreift. 4 längliche Augen oben auf der vorderen Saugscheibe, in einem schräggestellten Quadrat angeordnet. LEBENSRAUM: Pflanzenreiche Bäche, Flüsse, Teiche und Seen. VERBREITUNG: Überall häufig. NAHRUNG: Saugt Blut von Fischen verschiedener Arten (Weißfische, Hecht, Barsch u. a.). Ruht tagelang mit schräg vorgestrecktem Körper an Wasserpflanzen und steigt dann auf einen vorbeischwimmenden Fisch über. Bleibt dort einige Tage oder Wochen. FORTPFLANZUNG: Die Eier werden in 1-1,5 mm langen Kokons an Wasserpflanzen abgelegt. ALLGEMEINES: Alle Egel sind außerordentlich beweglich.

## Kriechendes Moostierchen
*Plumatella repens*

MERKMALE: Bildet gabelig verzweigte Chitinröhren aus, die flach über die Unterlage kriechen oder girlandenartig ins freie Wasser ragen. Die einzelnen Röhren erreichen eine Länge von meist 3-5 cm, gelegentlich auch mehr. In den Röhrenmündungen erscheinen die etwa 1-2 mm großen, weißen Tentakelkränze und strudeln mit ihrer Bewimperung winzige Planktonorganismen zur Mundöffnung. LEBENSRAUM: Stehende und fließende, saubere bis mäßig verunreinigte Gewässer. Oft unter Seerosenblättern. VERBREITUNG: Ziemlich häufig, in Mitteleuropa das häufigste Moostierchen. FORTPFLANZUNG: Erzeugt anscheinend kein Larvenstadium. Im Herbst sind aber die Röhren dicht mit Statoblasten vollgestopft. Diese ähneln sehr denen von *Plumatella fungosa*, sind aber etwas schmaler. ÄHNLICHE ARTEN: *Plumatella fruticosa*. Röhren meist gekielt, Statoblasten auffallend lang und schmal.

## Moos-Blasenschnecke
*Aplexa hypnorum*

MERKMALE: Das Gehäuse der Moos-Blasenschnecke ist linksgewunden, schmal eiförmig und oben zugespitzt, 12-13 mm hoch und 5 mm breit. Letzter Umgang nicht aufgeblasen, etwa gleich hoch wie die darüber gelegenen Umgänge zusammen. Dünnschalig, gelbbraun bis rotbraun gefärbt. Körper schwärzlich, ohne freie Mantellappen. LEBENSRAUM: Tümpel und Gräben, auch solche, die öfters austrocknen. VERBREITUNG: Im norddeutschen Flachland häufig, in Süddeutschland selten. ÄHNLICHE ARTEN: Spitze Blasenschnecke *(Physella acuta)*. In den Merkmalen zwischen *Aplexa hypnorum* und Quell-Blasenschnecke *(Physa fontinalis)* stehend. Letzter Umgang blasig erweitert, Gewinde lang und spitz ausgezogen. Körper nur mit einem fingerförmig geteilten Mantellappen. Südeuropäische Art, in Mitteleuropa vielerorts eingebürgert, vor allem im Westen Deutschlands.

**Fluß-Deckelschnecke**
*Viviparus viviparus*

MERKMALE: Ähnlich der Sumpf-Deckelschnecke, aber etwas kleiner und schlanker. Gehäuse 30-32 mm hoch und 23-24 mm breit. Naht zwischen den Windungen nicht so tief, diese daher weniger stufig. Gehäusespitze stumpf. Färbung wie bei *V. contectus*. Fühler (wie bei der anderen Art) lang und fadenförmig, außen an ihrer Basis die Augen. LEBENSRAUM: Größere, langsam fließende Gewässer, selten in Seen. VERBREITUNG: In Norddeutschland weit verbreitet, aber vielerorts stark zurückgegangen. In Süddeutschland nur vereinzelt, z. B. im Rhein (ob noch?) und seinen Nebenflüssen. ALLGEMEINES: Ist die größte einheimische Süßwasserschnecke.

**Posthornschnecke**
*Planorbarius corneus*

MERKMALE: Gehäuse groß, dick scheibenförmig, ca. 30 mm im Durchmesser und 11-12 mm hoch. 5 Umgänge. Färbung rotbraun oder bräunlich oliv, unterseits aufgehellt. Körper fast schwarz. Gelegentlich unpigmentiert, dann durch das rote Blut (enthält Hämoglobin) leuchtend rot erscheinend. Fühler lang und dünn, Augen zwischen den Fühler. LEBENSRAUM: Stehende und langsam fließende, pflanzenreiche Gewässer. VERBREITUNG: In Norddeutschland sehr häufig. Im Süden selten, aber vielerorts angesiedelt (oft in der roten Form). FORTPFLANZUNG: Zwitter. Laich flach scheibenförmig, mit rötlichen Embryonen. NAHRUNG: Weiden Algen und Detritus ab.

**Große Schlammschnecke**
*Lymnaea stagnalis*

MERKMALE: Gehäuse sehr groß, rechtsgewunden, 45-60 mm hoch und 20-30 mm breit. Gewinde lang ausgezogen und spitz zulaufend, fast so hoch wie die Mündung; letzter Umgang bauchig erweitert. Färbung hell- oder dunkelbraun, Körper grau. Kopf mit flachen, dreieckigen Fühlern, an ihrer Basis innen die Augen. LEBENSRAUM: Stehende und langsam fließende, pflanzenreiche Gewässer. VERBREITUNG: Allgemein verbreitet und überall häufig. ALLGEMEINES: In besonderen Gewässertypen werden spezielle Gehäuseformen ausgebildet, z. B. haben Tiere aus größeren Seen ein kurzes Gewinde. Schlammschnecken sind »Weidegänger«, die Algenbelag abraspeln.

**Ohr-Schlammschnecke**
*Radix auricularia*

MERKMALE: Gehäuse breit ohrförmig, mit kurzem, spitzem Gewinde, das höchstens ein Sechstel der Gehäusehöhe einnimmt, also stets kürzer als die Mündung ist. Der letzte Umgang ist groß und stark ohrenförmig erweitert; der Mundsaum ist weit ausgebreitet. 25-35 mm hoch und 25-30 mm breit. Färbung hell gelbbraun. Tier grau, mit dunkel geflecktem, durch das Gehäuse schimmernden Mantel. LEBENSRAUM: Stehende und fließende, meist pflanzenreiche Gewässer; auch im Brackwasser. VERBREITUNG: Allgemein verbreitet, aber nicht häufig. ALLGEMEINES: Wie alle Lungenschnecken sind auch die Schlammschnecken Zwitter. Meist findet einseitige Begattung statt, d. h. ein Tier reicht als ♂, das andere als ♀.

**Anisus vortex**
*Anisus vortex*

MERKMALE: Kleiner und flacher als *Planorbis*, Gehäuse 9-10 mm breit und 1,2-1,4 mm hoch, 6½-7 Umgänge, die sehr langsam an Breite zunehmen. Außen an der Unterseite, ähnlich wie *P. planorbis*, scharf gekielt. Färbung hellbraun. Körper auffallend klein, Kopf und Fuß nur ⅓ so lang wie der Gehäusedurchmesser, schwärzlich gefärbt. LEBENSRAUM: In pflanzenreichen, stehenden und langsam fließenden Gewässern. VERBREITUNG: Häufig. ALLGEMEINES: Die kleinen Tellerschnecken-Arten sind in erster Linie Detritusfresser, wobei die in Seen lebenden Arten die unterseeischen *Chara*-Wiesen abweiden, während die in Weihern lebenden Arten Algen und Detritus von der Unterseite des Wasserspiegels abfressen.

**Radix peregra**
*Radix peregra*

MERKMALE: Gehäuse spitz eiförmig, 15-20 mm hoch und 12-13 mm breit. Mündung oben nicht spitz, etwas höher als das Gewinde darüber. Schale verhältnismäßig dickwandig, gelbbraun bis dunkelbraun. LEBENSRAUM: Kleinere stehende und langsam fließende Gewässer. VERBREITUNG: Allgemein verbreitet. FORTPFLANZUNG: Die Eier werden in gallertigen Strängen auf Steinen oder Wasserpflanzen abgelegt. ALLGEMEINES: Die Schlammschnecken werden ihrer Ernährungsweise nach zum Typ der »Weidegänger« unter den Schnecken gerechnet. Mit ihrer Radula (mit Zähnchen besetzte Reibplatte in der Mundhöhle), die von Muskeln bewegt wird, schaben sie den Algenbelag von Wasserpflanzen und Steinen ab.

**Teichmuschel**
*Anodonta cygnea*

MERKMALE: Schale sehr groß, länglich eiförmig, bis 20 cm lang und 12 cm hoch. Beide Schalenhälften oben durch ein horniges Band (Ligament) zusammengehalten. Dieses Scharnier (Schloß) besitzt bei *Anodonta* keine Zähne. 2 Schließmuskeln ziehen die Schalenhälften zusammen; bei ihrer Entspannung klaffen sie durch das etwas steife Ligament auseinander. Schale dünnwandig, grünlich braun bis dunkelbraun. Weichkörper ohne Kopf; zwischen den Schalenhälften kann aber ein kräftiger, muskulöser Fuß hervorgestreckt werden. Außerdem am Hinterende 2 spaltförmige Öffnungen: unten die langgezogene, am Rand mit Papillen besetzte Einströmöffnung, dicht darüber die mehr rundliche Ausströmöffnung. LEBENSRAUM: Stehende, seltener fließende Gewässer mit Schlammgrund. VERBREITUNG: Überall verbreitet, häufig. NAHRUNG: Kleine Planktonorganismen.

**Malermuschel**
*Unio pictorum*

MERKMALE: Schale schmal zungenförmig, mehr als doppelt so lang wie hoch; Länge 6-14 cm, Höhe 2,5-6 cm. Vorderende abgerundet, Hinterende zugespitzt, Ober- und Unterrand fast gerade und zueinander parallel. Schloß außer dem Ligament mit mehreren Zähnen: linke Schalenhälfte vor dem Wirbel mit 2 höckerförmigen Hauptzähnen und dahinter 2 langgezogenen, leistenförmigen Nebenzähnen; die andere Schalenhälfte mit je 1 Haupt- und Nebenzahn, jeweils zwischen die Zähne der Gegenseite passend. Schale dickwandig, grünlich gelb bis gelbbraun. LEBENSRAUM: Größere stehende und langsam fließende Gewässer, z. B. Baggerseen, Altwasser und Flüsse. Oft mit der Teichmuschel vergesellschaftet. VERBREITUNG: In Mitteleuropa weit verbreitet, aber nicht häufig. Vorwiegend im Bereich der Flußtäler. Gebietsweise selten geworden. ÄHNLICHE ARTEN: *Unio tumidus.*

**Fluß-Perlmuschel**
*Margaritifera margaritifera*

MERKMALE: Schale groß, eiförmig bis nierenförmig, 12-15 cm lang und 5,5-7 cm hoch. Wirbel immer stark korrodiert, kaum hervortretend. Schloß nur mit Hauptzähnen. Schale sehr dickwandig, schwarzbraun bis schwarz. Die Innenseite der Schalen ist mit einer bläulich-weißen Perlmutterschicht überzogen. LEBENSRAUM: Die Fluß-Perlmuschel bewohnt kühle, raschfließende Bäche mit kalkarmem Wasser und Sand- oder Steingrund (Forellenregion). Wassertemperaturen von etwa 14 °C sollten im Sommer nicht überschritten werden. Sie meidet schlammigen Boden und ist gegen eine Verschmutzung ihres Wohngewässers ausgesprochen empfindlich. VERBREITUNG: Früher z. T. in so dichten Beständen, daß die Muscheln in mehreren Schichten übereinander saßen. Heute fast ausgestorben. Zwar gibt es in wenigen Bächen noch Populationen von mehreren tausend Tieren (z. B. im Grenzgebiet zur Tschechoslowakei), doch findet man praktisch keine Jungmuscheln mehr. Fast alle Muscheln sind älter als 50 Jahre (ihr Lebensalter kann über 60 Jahre betragen). Der Grund hierfür liegt zum einen darin, daß die winzigen Junglarven (Glochidien) sich nur an Forellen eines ganz bestimmten Alters entwickeln können, zum anderen darin, daß die Jungmuscheln noch wesentlich empfindlicher auf Verunreinigungen reagieren als die ausgewachsenen. LEBENSWEISE: Fluß-Perlmuscheln sind sehr standorttreu und bilden oft sehr dichtgedrängte Kolonien. Ihre Nahrung besteht aus Plankton und Detritus. Auch die Befruchtung der in den Interlamellarräumen der Kiemen befindlichen Eier erfolgt über die mit dem Atemwasser aufgenommenen Samenzellen. Der komplizierte Entwicklungsgang erfordert die hohen Eizahlen von rund 1 Million. Die nach dem Platzen der Eihülle freiwerdenden Glochidien müssen mit dem Atemwasser an die Kiemen von Forellen (v. a. Bachforelle) und Elritzen gelangen, wo sie sich festsetzen und heranwachsen. Fertig entwickelte Muscheln (2-10 Wochen) fallen zu Boden.

**Flußmuschel**
*Unio crassus*

MERKMALE: Schale elliptisch bis eiförmig, nicht ganz doppelt so lang wie hoch; Länge 5-7 cm, Höhe 3-3,5 cm. Vorder- und Hinterende fast gleichartig abgerundet. Wirbel kaum vorspringend, oft stark korrodiert, wie zerfressen wirkend. Dickschalig, Färbung schwarzbraun bis schwarz. LEBENSRAUM: Saubere, meist schmale, sandige Fließgewässer. VERBREITUNG: Früher gebietsweise häufig, heute durch Gewässerverschmutzung stark zurückgegangen. FORTPFLANZUNG: Vermehrt sich durch parasitische Larven, die Glochidien. Diese bilden sich aus Eiern zwischen den Kiemenblättern der Muschel und werden durch die Ausströmöffnung ausgestoßen. Sie besitzen schon 2 Schalenklappen mit je einem langen Haken. Damit heften sie sich in der Haut von Fischen fest und leben eine Zeitlang vom Körpergewebe des Fisches. Dann lassen sie sich fallen und verwandeln sich in fertige, kleine Muscheln.

## Wandermuschel
*Dreissena polymorpha*

MERKMALE: Schale vorn dreieckig zugespitzt, hinten rund (ähnlich einer Miesmuschel), 25-40 mm lang, 13-18 mm hoch. Wirbel am Vorderende. Schale unten seitlich mit einem scharfen Knick, dadurch im Querschnitt 3kantig. Grundfärbung graugelb, mit braunen Zickzacklinien gezeichnet, mit zunehmendem Alter mehr schmutzig dunkelgrau. Heftet sich mit erhärtenden Sekretfäden aus einer Fußdrüse (Byssus) am Untergrund fest. LEBENSRAUM: Flüsse, Kanäle und Seen. An Steinen oder Holzstücken, auch an anderen Muscheln und Wasserfahrzeugen. VERBREITUNG: Ursprünglich nur in Flüssen, die ins Schwarze Meer münden. Hat sich seit etwa 150 Jahren nach Westen ausgebreitet und ist heute in Mitteleuropa fast überall zu finden. FORTPFLANZUNG: Legt Eier ab, aus denen sich freischwimmende Larven (Veliger) entwickeln. Diese leben zunächst im Plankton und setzen sich später fest.

## Kugelmuschel
*Sphaerium corneum*

MERKMALE: Etwas größer und noch rundlicher als die Häubchenmuschel, 10-14 mm lang und 7-10 mm hoch. Wirbel etwa in der Mitte, kaum über den Schalenumriß herausragend. Dünnschalig, Färbung graubraun bis gelbbraun. LEBENSRAUM: Stehende und langsam fließende Gewässer aller Art. VERBREITUNG: Überall sehr häufig. LEBENSWEISE: Durch den langen zungenförmigen Fuß sehr beweglich, kann damit z. B. an Wasserpflanzen emporsteigen. Lebt aber normalerweise im Bodenschlamm. ÄHNLICHE ARTEN: *Sphaerium rivicola.* Deutlich größer (18-24 mm lang). Schale etwas länglicher und dickschaliger, Wirbel etwas mehr herausragend. In sauberen Flüssen, seltener in Seen. *Sphaerium solidum.* Deutlich dickschaliger, mit stärker vortretendem Wirbel. 9-11 mm lang und 6,5-8,5 mm hoch. Schalenoberfläche konzentrisch gerippt. In größeren, sandigen Flüssen. Beide Arten sehr selten.

## Wasserspinne
*Argyroneta aquatica*

MERKMALE: Einzige ganz im Wasser lebende Spinne. Vorderkörper dunkelbraun, Hinterkörper grau. Bauchseite des Vorderkörpers und beim ♀ ganzer Hinterkörper von einer silbrig glänzenden Lufthülle überzogen. Beim ♂ bleibt der Hinterleibsrücken frei. Das ♂ ist mit 10-15 mm Körperlänge deutlich größer als das ♀ (8-9 mm). REIFEZEIT: Ganzjährig (zweijährige Art). LEBENSRAUM: Pflanzenreiche, stehende Gewässer unterschiedlicher Größe. Am häufigsten in Moorweihern, auch in Gräben und gelegentlich in Fischteichen. VERBREITUNG: In den norddeutschen Moorgebieten noch häufig, aber durch Verunreinigung und Eutrophierung der Gewässer zurückgehend. In Süddeutschland nur sporadisch. LEBENSWEISE: Die Wasserspinne stellt unter Wasser geräumige Luftglokken her. Sie webt hierfür zunächst ein horizontales Gespinsttuch zwischen Wasserpflanzen und spinnt einen Wegfaden zur Wasseroberfläche.

## Große Erbsenmuschel
*Pisidium amnicum*

MERKMALE: Schale eiförmig, 8-11 mm lang und 5-8 mm hoch. Wirbel deutlich zum Hinterende hin verschoben. Oberfläche konzentrisch, aber etwas unregelmäßig gerippt. Verhältnismäßig dickschalig, weißlich bis gelbbraun gefärbt. Am Hinterende ist nur die Ausströmöffnung zu einer kurzen Röhre verlängert, die Einströmöffnung ist von der Seite aus nicht sichtbar. LEBENSRAUM: Saubere, sandige Bäche und Flüsse, auch am Ufer von Seen. VERBREITUNG: Allgemein verbreitet, aber überall zurückgehend. ÄHNLICHE ARTEN: In Mitteleuropa ca. 15 weitere *Pisidium* Arten, die aber alle deutlich kleiner, meist unter 5 mm groß sind. Die kleinste Art, *Pisidium tendilineatum* erreicht sogar nicht einmal 2 mm Länge.

## Glanzspinne
*Hyposinga heri*

MERKMALE: Körperlänge des ♂ ca. 3 mm, des ♀ um 5 mm. Vorderkörper rotbraun, im Kopfbereich schwarz. Hinterkörper beim ♀ oben mit zwei braunen bis schwarzen, meist mehrfach unterbrochenen Längsbinden, ansonsten gelb bis leuchtend rot gefärbt. Beine rot oder braun. Ganzer Körper stark glänzend. ♂ weniger auffallend, oft ohne Rotfärbung. LEBENSRAUM: Ufer stehender Gewässer, Röhrichte, Seggensümpfe. VERBREITUNG: Ziemlich selten, aber an ihren Fundorten meist in größerer Anzahl. LEBENSWEISE: Die Spinne baut ihr kleines Radnetz in geringer Höhe, oft zwischen Seggenbulten über offenem Wasser. Tagsüber sitzt sie meist auf der Nabe.

## Gerandete Jagdspinne
*Dolomedes fimbriatus*

MERKMALE: Auffallend große, frei jagende Spinne. Körperlänge beim ♂ 15-22 mm. Grundfarbe hell- oder dunkelbraun, an den Körperseiten meist ein weißes bis gelbliches Längsband (das auch fehlen oder undeutlich sein kann). Auf dem Hinterkörper oft ein heller Spießfleck und paarige weiße Punkte. Augen in 3 Reihen angeordnet: vorn eine Querreihe mit 4 kleinen, dahinter 2 Paar größere Augen, die untereinander ein vorn verschmälertes Trapez bilden. Dieses ist breiter als lang (Unterschied zu den im Habitus ähnlichen Wolfspinnen). LEBENSRAUM: Meist am Ufer von Gewässern und auf Feuchtwiesen. VERBREITUNG: In Mitteleuropa weit verbreitet, aber überall zurückgehend. LEBENSWEISE: Die Gerandete Jagdspinne kann frei über Wasserflächen laufen und sogar tauchen. Sie erbeutet dadurch Kaulquappen und selbst kleine Fische, die sie durch ihr Gift in wenigen Sekunden tötet.

## Streckerspinne
*Tetragnatha montana*

MERKMALE: Körper schmal, Beine stark verlängert. Cheliceren sehr groß, innen mit 2 Reihen langer, spitzer Dornen. Körperlänge bis 10 mm. Oberseite silbern oder golden glänzend, mit einer dunkleren, blattförmigen Zeichnung. Sternum (Bauchplatte zwischen den Beinen) einfarbig schwarzbraun. Ruht in Tarnhaltung mit lang ausgestreckten Beinen. REIFEZEIT: Mai bis September. LEBENSRAUM: Gewässerufer, Sträucher in Gewässernähe, meist an schattigen Stellen. VERBREITUNG: Überall häufig. FORTPFLANZUNG: Bei der Paarung ergreift das ♂ mit seinen Cheliceren die des ♀. Dessen Giftklauen werden dabei durch genau passende Zähne festgehalten, so daß es nicht zum »Gattenmord« kommen kann. LEBENSWEISE: Die Art baut ein radienarmes Radnetz mit offener Nabe, d. h. einem »Loch« in der Mitte. ÄHNLICHE ARTEN: *Tetragnatha extensa*. Sternum mit hellem Längsstreifen.

## Piratenspinne
*Pirata piraticus*

MERKMALE: Im Erscheinungsbild und in der Lebensweise der Gerandeten Jagdspinne ähnlich, aber deutlich kleiner (5-8 mm). Augenstellung etwas anders: Das aus den hinteren 4 Augen gebildete Trapez ist (wie bei allen Wolfspinnen) so lang wie breit. Von den übrigen Wolfspinnen (Familie Lycosidae) unterscheiden sich die *Pirata*-Arten durch eine gabelförmige, dunkle Binde im hellen Längsband oben auf dem Vorderkörper. *P. piraticus* ist heller oder dunkler braun gefärbt, mit einem hellen Lanzettfleck auf dem Hinterkörper und dahinter paarig angeordneten, weißen Punkten. An den Körperseiten meist ein unscharf begrenztes, weißes Längsband. LEBENSRAUM: Ufer von stehenden und fließenden Gewässern aller Art. VERBREITUNG: In Mitteleuropa überall häufig, an den Fundorten meist in großer Individuenzahl. FORTPFLANZUNG: Paarung im Frühjahr (Mai/Juni). Das ♂ führt dabei vor seiner Partnerin einen Balztanz auf.

## Wassermilbe
*Hydracarina*

MERKMALE: Außer der Wasserspinne sind Wassermilben die einzigen echten Wassertiere unter den Spinnentieren. Größe meist gering, kleinere Arten um 0,5 mm, große bis 4 mm lang. Oft leuchtend rot, daneben blaue, graue, gelbe und z. T. bunt gescheckte Formen. Körper kugelig bis eiförmig, oft mit Einschnürungen und vorspringenden Ecken; vorn mit 1-2 Augenpaaren. Mundwerkzeuge (Chelizeren und Taster) an einem besonderen, vom Körper abgegliederten Abschnitt zwischen der Basis der Vorderbeine. Rumpf mit 4 Beinpaaren, die oft lange Schwimmborsten tragen. Große Artenfülle, in diesem Rahmen nicht weiter nach Arten aufzutrennen. LEBENSRAUM: Stehende und fließende Gewässer aller Art. NAHRUNG: Adulte Wassermilben sind Räuber, die sich in erster Linie von Kleinkrebsen und Insektenlarven, z. T. auch von anderen Milben ernähren. Larven parasitisch.

## Kiemenfuß
*Triops cancrifornis*

MERKMALE: Als typischer Vertreter der altertümlichen *Notostraca* mit einem breiten, flachen Rückenpanzer ausgestattet. Dieser bedeckt Kopf und Rumpf; an seinem Ende schaut der Hinterkörper mit 2 fadenförmigen, gegliederten Anhängen hervor. Rumpf mit mindestens 40 Blattbeinpaaren. ♂ äußerst selten. Mit Anhängen bis 10 cm lang. REIFEZEIT: Mai bis September. LEBENSRAUM: Wie *Branchipus schaefferi* eine Warmwasserform. In Lehmpfützen, überschwemmten Wiesen und manchmal in alljährlich abgelassenen Fischteichen. NAHRUNG: Würmer, Mückenlarven, Planktonorganismen. VERBREITUNG: Selten, mehr in Südeuropa. In Deutschland z. B. in der Oberrheinischen Tiefebene. LEBENSWEISE: Die Krebse wühlen sich meist durch den Schlamm des Gewässergrundes und suchen hier nach Würmern und Insektenlarven. Manchmal schwimmen sie bauchoben unter der Wasseroberfläche.

## Lepidurus apus
*Lepidurus apus*

MERKMALE: Zweiter heimischer Vertreter der Notostracen. Ähnlich einem *Triops*, aber etwas kleiner (bis 50 mm) und mit kürzeren Hinterleibsanhängen. Am letzten Segment zwischen den Anhängen mit einer zungenförmigen, nach hinten gerichteten Platte. Vorn auf dem Rükkenpanzer 2 Komplexaugen und dicht dahinter ein unpaares Naupliusauge (wie bei *Triops*). ♂ ebenfalls sehr selten. REIFEZEIT: März bis Mai. LEBENSRAUM: In den gleichen Gewässern wie *Siphonophanes grubei* (eine ursprüngliche Krebsart), oft mit ihm vergesellschaftet. VERBREITUNG: Fast nur nördlich der Mainlinie, sehr selten geworden. NAHRUNG: Ernährungsweise wie *Triops*, frißt oft die in seiner Gesellschaft meist zahlreichen *Siphonophanes grubei*. FORTPFLANZUNG: ♀ erzeugen parthenogenetisch Eier, die in Eikapseln am 11. Beinpaar getragen werden. Die hartschaligen Dauereier bleiben auch nach mehrjähriger Austrocknung entwicklungsfähig.

## Gemeiner Wasserfloh
*Daphnia pulex*

MERKMALE: Bekanntester Vertreter der Wasserflöhe *(Cladocera)*. ♀ 3-4 mm, ♂ höchstens 1,5 mm. Körper mit Ausnahme des Kopfes in eine durchscheinende, zweiklappige Schale eingehüllt, die nach unten in einen Dorn verlängert ist. LEBENSRAUM: Meist kleine, stehende Gewässer, aber auch in Seen. VERBREITUNG: Überall häufig. FORTPFLANZUNG: ♀ erzeugen parthenogenetisch Subitaneier, die sich im Brutraum am Rücken zu fertigen Wasserflöhen entwickeln. Nach Paarung mit ♂ bilden die ♀ besondere Dauereier, die sogenannten Ephippien, die aus einem Teil ihrer Schale bestehen und 2 Eier enthalten. Sie werden mit dem Schalenteil abgestoßen und überwintern.

## Flußflohkrebs
*Gammarus roeseli*

MERKMALE: Größe etwa wie *Gammarus pulex*. Von diesem leicht durch die oben scharf gekielten Segmente des Hinterkörpers zu unterscheiden. Diese Kiele sind nach hinten in deutliche, spitze Dornen verlängert. Färbung bräunlich bis gelblich, an den Seiten des Hinterkörpers mit roten Querstreifen. LEBENSRAUM: In stehenden und fließenden Gewässern, am häufigsten in Flüssen und breiteren Bächen. Auch in Baggerseen und Fischteichen. Offenbar weniger empfindlich gegenüber Verschmutzung der Gewässer. VERBREITUNG: Überall häufig. LEBENSWEISE: Schwimmt durch Ruderschläge der gefiederten 3 vorderen Pleopodenpaare, zum Abstoßen vom Untergrund wird der Hinterkörper ruckartig gestreckt.

## Steinkrebs
*Austropotamobius torrentium*

MERKMALE: Sehr ähnlich dem Edelkrebs, aber deutlich kleiner. Körperlänge bis 8 cm, in seltenen Fällen bis 12 cm. Färbung grau oder gelblich, Scheren auf der Unterseite weißlich. LEBENSRAUM: Saubere, kiesige oder steinige Bäche; unter Steinen. VERBREITUNG: Im südlichen und mittleren Deutschland, nach Norden bis zur Mainlinie, z. T. noch etwas weiter nördlich. Gebietsweise nicht selten, aber überall durch Gewässerverschmutzung zurückgehend. LEBENSWEISE: Schwimmt wie alle Flußkrebse stoßweise rückwärts durch ruckartige Schläge des Schwanzfächers und Einklappen des Hinterkörpers. ALLGEMEINES: Eine Unterscheidung der sehr ähnlichen Flußkrebsarten ist schwierig, am leichtesten gelingt dies noch bei erwachsenen Männchen. Hierbei geht es hauptsächlich nach Ausmaß und Gestalt des Brustpanzers und des Stirnstachels (Rostrum). Während sich beim Edelkrebs hinter jedem Auge 2 hintereinanderliegende Leisten befinden, weist der Steinkrebs nur je 1 solche Leiste auf. Der dem Edelkrebs sehr ähnliche Sumpfkrebs besitzt gezähnelte Rostrumränder, außerdem sind seine Scheren auffallend lang, mit sehr schmalen Fingern; die Färbung ist blaß gelbgrau. Dieser Krebs ist in Mitteleuropa nicht heimisch, wird aber zu Ernährungszwecken aus Ost- und Südosteuropa eingeführt. Der nach der Krebspest aus Nordamerika eingeführte Amerikanische Flußkrebs ist ganz ohne Längsleisten. Er ist gegen die Seuche, deren Erreger der zu den Saprolegniaceen gehörende Pilz *Aphanomyces astaci* ist, immun. Der Amerikanische Flußkrebs verträgt auch ziemlich verschmutztes Wasser und lebt in schlammigen, flachen Buchten mit reichlichem Pflanzenwuchs. Dort geht er nicht nur nachts, sondern auch tagsüber auf Nahrungssuche, wohingegen die anderen Flußkrebse echte Dämmerungs- und Nachttiere sind. Flußkrebse sind Allesfresser, hauptsächlich besteht ihre Nahrung aus Würmern, Schnecken und Muscheln.

## Flußkrebs, Edelkrebs
*Astacus astacus*

MERKMALE: Größter mitteleuropäischer Vertreter der Zehnfüßigen Krebse (Decapoda) im Süßwasser. ♂ bis 18, gelegentlich 25 cm lang, ♀ meist unter 15 cm. Vorderkörper mit einheitlicher Rückenplatte (Carapax) bedeckt. Komplexaugen gestielt, 2. Antenne fast körperlang. 5 Paar Schreitbeine, von denen das 1. besonders beim ♂ sehr kräftige Scheren trägt. Auch das 2. und 3. Beinpaar mit kleinen Scheren. Hinterkörper mit 5 (beim ♀ nur 4) Paar gespaltener Pleopoden und 1 Paar Uropoden. Diese ebenfalls gespaltenen, flachen Uropoden bilden zusammen mit einem endständigen Hinterleibsanhang, dem Telson, einen 5blättrigen Schwanzfächer. Färbung rotbraun, grau oder gelblich, Scheren auf der Unterseite rot. LEBENSRAUM: Saubere Fließgewässer und größere Seen; in Uferhöhlen und unter Steinen. VERBREITUNG: Früher in Mitteleuropa weit verbreitet und vielerorts häufig. Heute selten.

## Wasserassel
*Asellus aquaticus*

MERKMALE: Vertreter der Asseln (Isopoda), einer Ordnung der Krebstiere. Kopf mit Komplexaugen und 2 Paar Antennen, von denen das 1. ziemlich kurz, das 2. etwa körperlang ist. Rückenplatten der Segmente nur schwach gewölbt. Vorderkörper mit 7 getrennten Segmenten und ebenso vielen stabförmigen Laufbeinpaaren. Körperlänge des ♂ bis 12 mm, des ♀ nur bis 8 mm. Färbung grau mit helleren Flecken, manchmal weißlich. LEBENSRAUM: Stehende und fließende Gewässer aller Art, vorwiegend am Gewässerboden. VERBREITUNG: Überall sehr häufig. NAHRUNG: Abgestorbene Pflanzenteile (z. B. ins Wasser gefallene Blätter) und Detritus. FORTPFLANZUNG: Wie beim Bach-Flohkrebs findet die Paarung im Zusammenhang mit einer Häutung des ♀ statt. Das ♂ reitet tagelang auf dem deutlich kleineren ♀. Dann häutet dieses zunächst seinen hinteren Körperabschnitt. Dabei vergrößern sich seine Geschlechtsöffnungen um ein Mehrfaches.

## Schwarzer Wasser-Springschwanz
*Podura aquatica*

MERKMALE: Ein etwas plumper, blauschwarzer Springschwanz mit 1-1,4 mm Körperlänge. Körper deutlich segmentiert; Thorax aus 3, Abdomen aus 6 Segmenten zusammengesetzt. Kopf mit 4gliedrigen, kurzen Fühlern. Mundwerkzeuge in Ruhelage in die Kopfkapsel zurückgezogen, von außen nicht sichtbar. 4. Abdominalsegment unterseits mit langer Sprunggabel (Furca). Die Furca wird in Ruhelage unter dem Körper nach vorn eingeklappt. LEBENSRAUM: Ufer stehender Gewässer. VERBREITUNG: Allgemein verbreitet und überall häufig. LEBENSWEISE: Die Art tritt oft in so dichten Scharen auf, daß die Wasseroberfläche schwärzlich erscheint. Die Tiere sitzen vor allem auf im Wasser treibenden, abgestorbenen Pflanzenteilen. An ihren Aufenthaltsorten sind auch die weißen, nach der Häutung zurückbleibenden Chitinhüllen (Exuvien) in großer Zahl zu finden. NAHRUNG: Verrottende Pflanzenreste.

## Gemeine Eintagsfliege
*Ephemera danica*

MERKMALE: Große Eintagsfliege mit 16-24 mm Körperlänge und 30-45 mm Flügelspannweite. Flügel mit dichtem Adernetz und einigen dunklen Flecken; Hinterflügel etwa halb so lang wie die Vorderflügel. Kopf und Thorax schwarz, Abdomen weißlich. Vordere Hinterleibssegmente mit schwacher, hintere mit deutlicher, kommaförmiger Zeichnung. Hinterende mit 3 beim ♂ sehr langen Schwanzfäden (30-40 mm), beim ♀ kürzer. Auch die Vorderbeine des ♂ stark verlängert (fast flügellang). Larve mit zylindrischem Körper, weißlich, oben mit der gleichen Zeichnung wie die Imago. Beine kurz und kräftig. Mandibeln sichelförmig, ihre Spitzen nach außen gebogen. FLUGZEIT: Mai bis Juli, vereinzelt noch im September. LEBENSRAUM: Saubere Fließgewässer, seltener an Seen. VERBREITUNG: Im Bergland verbreitet und häufig, in der norddeutschen Tiefebene seltener.

## Schlammfliege
*Sialis sp.*

MERKMALE: Düster schwarzbraun gefärbter Netzflügler mit 23-35 mm Flügelspannweite. Flügel breit, mit deutlich vortretendem, grobmaschigem Adernetz, in Ruhelage dachförmig über dem Hinterleib zusammengelegt. Kopf mit kräftigen Mandibeln und fadenförmigen Fühlern von etwa halber Flügellänge. Hinterleib kurz und gedrungen, sehr weichhäutig. FLUGZEIT: Mai bis Juni, z. T. bis August. LEBENSRAUM: Artweise verschieden (daher lassen sich die Arten nach dem Habitat leichter unterscheiden). *Sialis lutaria* vorwiegend an stehenden, seltener langsam fließenden Gewässern. *Sialis fuliginosa* fast nur an schnellfließenden Bächen. *Sialis nigripes* ausschließlich an Fließgewässern, vorwiegend an Flüssen. VERBREITUNG: *S. lutaria* ist überall sehr häufig. *S. fuliginosa* kommt vorwiegend im Bergland, seltener in der Ebene vor. *S. nigripes* ist überall selten. LEBENSWEISE: Die Imagines sind tagaktiv, fliegen aber nur wenig.

## Fliegenhaft
*Cloeon dipterum*

MERKMALE: Imago ähnlich den *Baetis*-Arten, aber ohne Hinterflügel. Larve wie die *Baetis*-Larve mit 7 Paar Kiemenblättern. Die vorderen 6 Paare sind aber verdoppelt und alle Blätter deutlich breiter. Länge 5-9 mm. LEBENSRAUM: Stehende, seltener langsam fließende Gewässer, auch an kleinsten Tümpeln. VERBREITUNG: Überall häufig. FORTPFLANZUNG: Die ♂♂ tanzen in dichten Schwärmen, oft in größerer Entfernung vom Schlüpfort. Ein ♀, das über diesen Schwarm fliegt, wird sofort zur im Flug stattfindenden Paarung ergriffen. Danach begibt es sich nicht gleich zur Eiablage, sondern hält sich noch 1-2 Wochen versteckt. In dieser Zeit findet in seinem Körper die Embryonalentwicklung statt. Erst wenn diese kurz vor dem Abschluß steht, werden die schlüpfreifen Eier im Gewässer abgelegt. Falls das ♀ nicht zur Paarung kommt, kann es sogar (ohne Nahrungsaufnahme) mehrere Wochen leben.

## Ecdyonurus forcipula
*Ecdyonurus forcipula*

MERKMALE: Gleich in Gestalt und Größe der Larve von *E. venosus*. Körper aber meist auffallend gescheckt: ein runder Stirnfleck, die Schenkelspitzen, die Pronotum-Seitenlappen sowie die vorderen und hinteren Hinterleibsringe sind weißlich bei brauner bis fast schwarzer Grundfarbe. Daneben kommen aber auch weniger kontrastreich gefärbte Exemplare vor, die schwer von *E. venosus* zu unterscheiden sind. LEBENSRAUM: Bergbäche, auf Steinen. VERBREITUNG: Im Bergland, nicht häufig.

## Gemeine Binsenjungfer
*Lestes sponsa*

MERKMALE: 3,5 cm lang, 4-4,5 cm Flügelspannweite. Typischer Vertreter der Teichjungfern *(Lestidae)*, von denen 8 nicht leicht zu unterscheidende Arten in Europa leben. Alle *Lestes*-Arten tragen die Flügel in der Ruhe halb geöffnet. ♂ tragen oberseits einen dunkel metallischen Glanz mit grünem Ton am Körper, während er bei den ♀ kupferfarben ist. Bei alten ♂ sind die zwei ersten und zwei letzten Hinterleibsringe blau bereift. Aufgrund der fast glasig wirkenden Flügel und dem sehr schmalen Hinterleib sind die Tiere in ihrer natürlichen Umgebung nur schwer auszumachen. LEBENSRAUM: Tümpel, Teiche und Moore, wobei die ökologischen Ansprüche sehr weit gespannt sind: Schon eine kleine Wasserstelle mit Binsen oder Schilfbewuchs lockt im Sommer die ersten Gemeinen Binsenjungfern an. Sie leben gesellig, und so kann man sie an einem warmen Sommertag manchmal zu Hunderten über der Wasserfläche umherfliegen oder am Ufer in der Vegetation sitzen sehen. VERBREITUNG: Von Mittel- und Nordeuropa bis weit nach Nordasien. Im Gebirge bis 1200 m Höhe. HÄUFIGKEIT: Die Gemeine Binsenjungfer ist eine der häufigsten heimischen Libellenarten. Da sie keine besonderen Ansprüche an ihren Lebensraum stellt, vermag sie sich auch den Umweltveränderungen gut anzupassen. Schon nach kurzer Zeit besiedelt sie neu entstandene Baggerlöcher, in denen etwas Wasser steht. NAHRUNG: Libellen jagen am Ufer nach kleinen Insekten. Die im Wasser lebenden Larven halten sich an kleine Krebse und Insekten.

## Frühe Adonislibelle
*Pyrrhosoma nymphula*

MERKMALE: 3,5 cm lang, 4,5 cm Flügelspannweite. In beiden Geschlechtern kräftiger, oberseits dunkelrot, unterseits gelb gefärbter Körper. Kopf und Beine schwarz. LEBENSRAUM: An langsam fließenden oder stehenden Gewässern, auch an schmalen Wassergräben oder Kanälen mit dichter Vegetation. Tagsüber ruhende Tiere halten die Flügel leicht vom Körper abgespreizt, während nachts im Schlaf die Flügel dicht am Körper anliegen. VERBREITUNG: In ganz Europa; fehlt im äußersten Norden und Süden. Das Gesamtverbreitungsgebiet reicht bis nach Kleinasien, im Gebirge bis 1200 m. LEBENSWEISE: Anfang Mai fliegen die ersten, Anfang September die letzten Tiere, je nach Höhenlage des Biotops. Eine der frühesten Libellenarten. In Paarung und Eiablage ähnelt die Art den anderen Kleinlibellen. Bei der Eiablage wird das Weibchen vom Männchen begleitet. Die Entwicklung dauert 1 Jahr.

## Federlibelle
*Platycnemis pennipes*

MERKMALE: 3,5 cm lang, etwa 4,5 cm Flügelspannweite. Grundfärbung beim ♂ hellblau, beim ♀ hell grünlich bis cremefarben. Sehr ähnlich den Schlanklibellen *(Coenagrionidae)*, doch am eigenartigen Bau der Beine leicht zu erkennen: Die Beinschienen der Hinter- und Mittelbeine sind deutlich abgeflacht und verbreitert und mit zahlreichen Dornen besetzt (Name). LEBENSRAUM: Seen, Tümpel und Teiche, auch an langsam fließenden Gewässern. VERBREITUNG: In Europa, fehlt nördlich des Polarkreises und auf der Iberischen Halbinsel. HÄUFIGKEIT: In der Ebene häufig, im Gebirge seltener. LEBENSWEISE: Die Männchen fliegen von Mitte Mai bis Mitte September im Zickzack über dem Wasser, wodurch die Weibchen aufmerksam werden. Eiablage mit angekoppelten Männchen, welche man an den drei spitz ausgezogenen Terminalanhängen erkennt, gern in die Blütenstiele der Gelben Teichrose. Die Larven überwintern.

## Fledermaus-Azurjungfer
*Coenagrion pulchellum*

MERKMALE: 3,5 cm lang, knapp 5 cm Flügelspannweite. Auf dem zweiten Körpersegment des ♂ findet man die Zeichnung einer »fliegenden Fledermaus«. LEBENSRAUM: An Teichen und Tümpeln, bevorzugt werden Gewässer mit Seerosen und Schilf am Ufer. VERBREITUNG: In ganz Europa, östlich bis Sibirien. Fehlt nördlich des Polarkreises und im äußersten Süden. Im Gebirge bis 1000 m. HÄUFIGKEIT: Regelmäßig und häufig. FORTPFLANZUNG: Diese zierliche Azurjungfer bewohnt dieselben Gewässer wie die viel häufigere Hufeisen-Azurjungfer. Dennoch kommt es in freier Natur nur ausnahmsweise zu einer Artvermischung, da die Klammerorgane der ♂ artverschieden sind. Paarungsversuche am falschen Objekt kommen öfter vor, doch nur selten auch Paarungen! Eiablage in Paarungskette in Wasserpflanzen. Gelegentlich gehen die Tiere unter Wasser. Entwicklungsdauer 1 Jahr.

## Westliche Keiljungfer
*Gomphus pulchellus*

MERKMALE: 4,5-5 cm lang, 6-7 cm Flügelspannweite. Nicht so kontrastreich gefärbt wie die nahe verwandten Arten. Kopf leuchtend grün. Hinterleib gelb-schwarz gezeichnet. Zarte Gestalt. LEBENSRAUM: Große, tiefe Seen mit spärlicher Unterwasserflora. Ruhende Tiere findet man am Ufer an sonnenexponierten Stellen. VERBREITUNG: Wie der deutsche Name besagt, findet man sie in West- und Südwesteuropa. Ihr geschlossenes Verbreitungsgebiet reicht im Osten über das Elsaß bis nach Nordrhein-Westfalen und Niedersachsen. Sie breitet sich jedoch nach Osten hin aus. HÄUFIGKEIT: In günstigen Biotopen nicht selten. FORTPFLANZUNG: Die Art fliegt von Mai bis Juli. Die Eier werden auf der freien Wasserfläche abgelegt. Die Larven entwickeln sich im Schlamm des Seegrunds. Nach 4-5 Jahren schlüpft die Libelle. NAHRUNG: Libellenlarven fressen kleine Wassertiere; Krebschen, Milben, Wasserinsekten.

## Zweigestreifte Quelljungfer
*Cordulegaster boltonii*

MERKMALE: 8 cm lang, 10 cm Flügelspannweite. 2 gelbe Querringe auf den mittleren Hinterleibsringen gaben ihr den Namen. LEBENSRAUM: Die Larven leben in schmalen, reißenden, sauberen Gebirgsbächen, an denen auch die Libellen fliegen. Die ausgewachsenen Libellen entfernen sich kaum von ihren Heimatgewässern. VERBREITUNG: Weit in Europa. In Südeuropa andere Färbung der Tiere. Im Gebirge bis nahe 1500 m. HÄUFIGKEIT: Aufgrund der inselartigen Verbreitung nur regional häufig. FORTPFLANZUNG: Flugzeit Juni bis Ende August. Das ♀ wippt über flachem Wasser mit fast senkrecht abwärts gerichtetem Hinterleib auf und ab und vergräbt mit Hilfe einer langen Legescheide im Flachwasserbereich die Eier. Die Entwicklungsdauer der Larven dürfte mehrere Jahre betragen. LEBENSWEISE: Die ♂ fliegen den Bachlauf auf und ab, setzen sich jedoch häufig.

## Gebänderte Prachtlibelle
*Calopteryx splendens*

MERKMALE: Mit 5 cm Länge und etwa 7 cm Flügelspannweite ist die Gebänderte Prachtlibelle etwas größer als die ähnliche Blauflügel-Prachtlibelle, von der die ♂ leicht am breiten grün-blau schillernden Band in den Flügeln zu unterscheiden sind. Die ♀ haben im Gegensatz zur Blauflügel-Prachtlibelle durchscheinend grüne Flügel. Meist sitzen die Tiere bis zu 1 m hoch über der Wasseroberfläche auf Zweigen oder Steinen und bewachen ihre Territorien. Sie ernähren sich von Insekten und anderen kleinen Wirbellosen. LEBENSRAUM: Bevorzugt werden sonnenbeschienene Gewässer, an deren Ufer Schilf und Seggen stehen. Im Gegensatz zur Blauflügel-Prachtlibelle lebt die Art an breiteren, langsam fließenden Bächen und Flüssen. VERBREITUNG: Über ganz Europa nach Kleinasien und Nordafrika; im Gebirge bis 1200 m hoch. HÄUFIGKEIT: Früher gehörte die Art zu den häufigsten Libellen unserer Heimat. Heute ist ihr Lebensraum stark eingeschränkt.

## Blaugrüne Mosaikjungfer
*Aeshna cyanea*

MERKMALE: 7-8 cm lang, 10-11 cm Flügelspannweite. Das leuchtende Grün und Blau an Kopf, Brust und Hinterleib gaben dieser ungewöhnlich schönen Libelle den wissenschaftlichen Namen. Trotz der bunten, leuchtenden Farbe sind sitzende Tiere kaum zu entdecken. Die stattliche Größe und der kräftige Körperbau weisen sie als guten Flieger aus. Daher kann man sie weitab von ihren Heimatgewässern beobachten. Sogar inmitten der Städte huschen sie an heißen Sommertagen zwischen den fahrenden Autos umher. LEBENSRAUM: Kaum ein Gewässer ohne *A. cyanea!* Diese Feststellung gilt noch immer. VERBREITUNG: In ganz Europa. Im Norden bis zur Polargrenze, im Süden bis nach Algerien. Ihre östliche Arealgrenze liegt in Kleinasien. Im Gebirge bis 1400 m. HÄUFIGKEIT: Sie ist Einzelgänger, der seinen Flugbereich streng gegen Rivalen verteidigt. Man trifft die Blaugrüne Mosaikjungfer daher nur einzeln oder in wenigen Exemplaren an. Dennoch ist sie neben der Herbst-Mosaikjungfer die häufigste ihrer Familie (*Aeshnidae*) bei uns. FORTPFLANZUNG: Flugzeit Mitte Juni bis Anfang November. Die stattlichen Tiere sind gegenüber niedrigen Temperaturen nicht so empfindlich wie die Kleinlibellen. So kann man sie oft noch in Abendstunden fliegen sehen. Diese Tiere zeigen keinerlei Scheu vor dem Menschen, und so kommt es öfter vor, daß sich eine Mosaikjungfer in ein Zimmer verirrt. Vorsichtig eingefangen kann sie wieder in die Freiheit entlassen werden. Wird ein Gartentümpel ausgehoben, so dauert es nicht lange, bis die ersten Blaugrünen Mosaikjungfern anfliegen und, wenn der Tümpel richtig gestaltet ist, ihre Eier darin ablegen. Zwei Jahre später steigen dann die fertig entwickelten Libellen aus ihrer Larvenhülle. NAHRUNG: Larven und Vollkerfe führen ein räuberisches Dasein. Im Wasser jagen die Larven kleine Wirbellose, außerhalb verfolgen die Libellen im Flug Mücken, Bremsen und andere fliegende Insekten.

## Große Königslibelle
*Anax imperator*

MERKMALE: 7-8 cm lang, 10-11 cm Flügelspannweite! Eine der größten heimischen Libellen! Hinterleib des ♂ himmelblau mit schwarzen Zeichnungen, der der ♀ grünblau mit breiten braunen Zeichnungen. Flügel leicht braun oder gelb getönt. Diese wohl auffallendste Libelle Mitteleuropas erhielt ihren deutschen Namen von dem bekannten Heimatdichter und Naturkenner Hermann Löns. LEBENSRAUM: Die Große Königslibelle lebt an bewachsenen Teichen, Tümpeln und Seen; fließendes Gewässer wird gemieden. Da sie ein ausgezeichneter Flieger ist, kann man sie weitab von ihren Heimatgewässern antreffen; sogar an der Küste tauchen hin und wieder einige auf. VERBREITUNG: In Süd- und Mitteleuropa. Die nördliche Arealgrenze verläuft in Südengland, Südskandinavien und Polen. Das Gesamtverbreitungsgebiet reicht im Osten bis nach Turkestan und in Afrika bis ans Kap der Guten Hoffnung. Die Große Königslibelle bevorzugt das Flachland.

## Plattbauch
*Libellula depressa*

MERKMALE: 4 cm lang, 8 cm Flügelspannweite. Besonders die ♂ fallen durch den sehr breiten (6-8 mm) blaugrauen Hinterkörper auf. Bei den ♀ ist er fast ebenso breit, doch meist braun oder gelbbraun gefärbt. Die Wurzelfelder der Flügel tragen einen dunklen, bräunlichen Fleck. LEBENSRAUM: An stehenden Gewässern aller Art, bevorzugt an kleineren Tümpeln. Der Plattbauch schweift vor Eintritt der Geschlechtsreife weit umher, und so taucht er an neu entstandenen Gartenteichen als eine der ersten Libellen auf. Doch bleibt er nur an geeigneten Gewässern, so auch an betonierten Tümpeln mit klarem Wasser. Ragt über dieses Gewässer ein Ast, so wird dies sicher sein Lieblingssitzplatz werden, von dem aus er seine Jagdflüge startet und auf ♀ wartet. VERBREITUNG: In ganz Europa und Vorderasien. Meidet Hochgebirge, in Mittelgebirgen bis 1000 m. Meist häufig.

## Blutrote Heidelibelle
*Sympetrum sanguineum*

MERKMALE: 4 cm lang, 5-6 cm Flügelspannweite. Die ♂ dieser Libellen sind leuchtend blutrot gefärbt; die ♀ sind braun, seltener auch rot, frisch geschlüpfte stets hell. LEBENSRAUM: An kleinen und kleinsten Gewässern aller Art. Im Flachland an Tümpeln. VERBREITUNG: In ganz Europa, findet sich auch in Nordafrika und Kleinasien. HÄUFIGKEIT: In Mitteleuropa häufig und regelmäßig, in Norddeutschland seltener als im Süden. FLUGZEIT: Juli bis Mitte Oktober.

**Schildkrötenwanze**
*Eurygaster testudinaria*

MERKMALE: 1,1 cm lang. Typischer Vertreter der Baumwanzen (*Pentatomidae*), besonders gekennzeichnet durch den großen Schild, der den ganzen Hinterkörper bedeckt. Farbe rötlichbraun. Sie tragen gut entwickelte Fühler und beeindruckende Stinkdrüsen: Aus diesen geben sie zur Feindabwehr eine stinkende und ätzend wirkende Flüssigkeit ab. LEBENSRAUM: Feuchte Biotope mit Riedgras. VERBREITUNG: Ganz Europa. HÄUFIGKEIT: Häufig. FORTPFLANZUNG: Pro Jahr eine Generation. Ob bei der Partnerfindung nur der Geruchs- oder auch der Gehörsinn eine Rolle spielt, ist bis heute nicht geklärt. ♀ legen ihre Eier auf der Blattoberseite ab. Bald schlüpfen die kleinen Larven, die nach 5 Häutungen ausgewachsen sind. Nicht voll entwickelte Larven tragen kurze Flügel, erinnern aber schon in Farbe und Gestalt an die ausgewachsenen Tiere. NAHRUNG: Säfte verschiedener Pflanzenarten.

**Gemeiner Teichläufer, Wasserreiter**
*Hydrometra stagnorum*

MERKMALE: 1-1,3 cm lang. Sehr schmal, mit weit nach vorn gezogenem Kopf. Extrem lange Beine und vielgliedrige Fühler. Meist in kurzflügeliger Form. Aufgrund der fein behaarten Unterseite ist sie unbenetzbar. Teichläufer bilden eine eigene Familie *(Hydrometridae)*. Sie alle leben auf der Wasseroberfläche. Ihr »federleichtes« Gewicht verhindert, daß sie das Oberflächenhäutchen des Wassers durchdringen. Werden in der Abenddämmerung aktiv. Zum Ausruhen halten sie sich auf dem Land auf. Bei Störungen stellen sie sich tot. LEBENSRAUM: Praktisch an allen Gewässern zu finden; am häufigsten an seichten Stellen. VERBREITUNG: In Europa. Fehlt im Norden. Im Süden bis Nordafrika. HÄUFIGKEIT: Regelmäßig und allgemein häufig. FORTPFLANZUNG: Vollkerfe überwintern. NAHRUNG: Tote Insekten, die auf der Wasseroberfläche treiben.

**Kurzflügelige Schwertschrecke**
*Conocephalus dorsalis*

MERKMALE: 1-1,5 cm lang. Der spitz nach vorn gezogene Kopf und die vorspringende Stirn gaben dieser Langfühlerschrecke auch den Namen Kegelkopf. An diesen Merkmalen ist sie leicht zu erkennen. ♀ tragen einen fast gerade verlaufenden Legestachel, der körperlang ist. Flügel stark reduziert: mit ihnen können die ♂ laut und anhaltend zirpen, aber nicht fliegen. In ihrer Gestalt erinnern sie an Eichenschrekken, sind aber kräftiger gebaut. LEBENSRAUM: Feuchtigkeitsliebende Art: Auf nassen Wiesen, an langsam fließenden Bächen, wo man sie auch auf den Schwimmpflanzen beobachten kann. VERBREITUNG: Hauptverbreitungsgebiet Norddeutschland, Südengland und Südskandinavien; im Osten nicht sehr weit verbreitet. HÄUFIGKEIT: Im südlichen Mitteleuropa selten, im Norden häufiger. Bestände sind überall deutlich rückläufig. NAHRUNG: Pflanzen, aber auch Insekten.

**Sumpf-Grashüpfer**
*Chorthippus montanus*

MERKMALE: Körperlänge beim ♂ 13-16 mm, beim ♀ 17-21 mm. Grundfarbe grün oder braun, mit sehr veränderlicher Zeichnung. Oft grün mit braunem Längsband über Kopfoberseite, Halsschild und Hinterleib. Hinterknie immer schwarz gefärbt. Flügel verkürzt. Beim ♂ erreichen sie nicht ganz die Abdomenspitze, beim ♀ etwa dessen Mitte. Stigma (ein weißlicher oder bräunlicher Fleck mit verdichteter Aderung) im Vorderflügel des ♂ mindestens 2,5 mm von der Flügelspitze entfernt. Die Hinterflügel erreichen das Stigma fast oder ganz (im durchscheinenden Licht erkennbar, wenn man das Tier gegen den Himmel hält). Flügelspitze beim ♀ abgerundet. Gelegentlich auch voll geflügelte Individuen sowie alle Übergänge von kurzflügligen zu langflügligen Tieren. LEBENSRAUM: Feuchtwiesen, Schwingrasen. VERBREITUNG: Weit verbreitet, aber nicht besonders häufig. NAHRUNG: Gräser. GESANG: Die Hinterschenkel werden dazu über die Flügel gerieben.

## Rückenschwimmer
*Notonecta glauca*

MERKMALE: 1,5 cm lang. In Gestalt und Körperleistungen dem Wasserleben besonders angepaßt: die Oberseite wölbt sich dachförmig und ist hell, die Unterseite dagegen dunkel und flach. Der Umkehrung der Färbung entspricht die Umdrehung des Körpers. Diese »Gegenschattierung« - dunkle Seite nach oben und helle nach unten - vermindert den Kontrast und somit die Sichtbarkeit für Freßfeinde. Rückenschwimmer bewegen sich mit kräftigen Ruderbeinen unter Wasser stoßweise fort. Sie halten sich aber nahe der Oberfläche auf, wo sie ihren Luftvorrat regelmäßig ergänzen müssen. Die Wasserwanzen können schmerzhaft stechen und heißen im Volksmund auch »Wasserbienen«. LEBENSRAUM: Tümpel, Teiche und pflanzenreiche Seeufer. VERBREITUNG: Fast ganz Europa bis Nordafrika. HÄUFIGKEIT: Meist nicht selten bis häufig, besonders an Kleingewässern.

## Ruderwanze
*Corixa punctata*

MERKMALE: 1,5 cm groß. In Aussehen und Lebensweise erinnert die »Wasserzikade«, wie sie auch genannt wird, an den Rückenschwimmer. Doch schwimmt sie nicht auf dem Rücken, da sie die Luft unter den Flügeln und zwischen Hals und Kopf speichert. Sie ist aber ebenfalls leichter als Wasser und muß sich daher, wenn sie nicht schwimmt, am Grund des Gewässers an einer Pflanze festklammern, um nicht nach oben getragen zu werden. Man sieht sie nur zum Luftholen nach oben schwimmen. Neu entstandene Gewässer werden von ihr sehr rasch besiedelt. Ruderwanzen können als einzige Wasserwanzen direkt aus dem Wasser starten. Mit ihren kräftigen Ruderbeinen durchstoßen sie die Oberfläche, breiten die trockenen Flügel aus und fliegen davon. LEBENSRAUM: Stehende Gewässer, vor allem Tümpel und Teiche. VERBREITUNG: Von Europa bis Mittelasien. HÄUFIGKEIT: Regelmäßig und häufig.

## Wasserskorpion
*Nepa rubra*

MERKMALE: Etwa 2 cm groß. Lang ausgezogenes Atemrohr am Hinterleib. Körper kurz und kräftig gebaut, flach, oberseits braun bis rötlich gefärbt. Auffallend sind die zu »Raubbeinen« umgewandelten vorderen Gliedmaßen, die zum Ergreifen der Beute dienen. Der Wasserskorpion besitzt ein Sinnesorgan (das hydrostatische Organ), mit dessen Hilfe er stets die geeignete Wassertiefe feststellen kann, bei der das Atemrohr gerade noch die Wasseroberfläche erreicht. LEBENSRAUM: Sehr flache Gewässer aller Art. VERBREITUNG: Von Europa bis China. Ursprünglich weit verbreitet. Heute rückläufig. FORTPFLANZUNG: Im April und Mai legen die ♀ ihre Eier in Stengel und Blätter von Unterwasserpflanzen. Die Eier tragen 6-9 feine Atemanhänge, die mit dem sie umgebenden Luftmantel in Verbindung stehen. Sie erhalten damit eine ausreichende Sauerstoffzufuhr. NAHRUNG: Kaulquappen, Insektenlarven, selten auch winzige Fische.

## Wasserläufer
*Gerris lacustris (G. gibifer)*

MERKMALE: 1 cm lang; kräftiger als der sonst ähnliche Gemeine Teichläufer. Beim Laufen auf der Wasseroberfläche schräg aufgerichtete Körperhaltung. Nur das mittlere und hintere Beinpaar bewegen den Körper in typisch ruckartigem Lauf schnell und geschickt vorwärts. Die weit abgespreizten Beine vermindern die Flächenbelastung so sehr, daß sie von der Wasseroberfläche getragen werden. LEBENSRAUM: Tümpel und Teiche, Stillwasserzonen an Bächen und Flüssen. VERBREITUNG: In Europa häufig.

## Stabwanze, Wassernadel
*Ranatra linearis*

MERKMALE: 3,5 cm groß, mit einem 2 cm langen, fein ausgezogenen Atemrohr. Wesentlich schmaler gebaut als der Wasserskorpion. Auch sind die Fangbeine nicht so auffallend breit, dienen aber ebenfalls zum Ergreifen der Beute. Die besondere Körperform tarnt die Stabwanze zwischen den Wasserpflanzen. Flügel gut ausgebildet. Im Gegensatz zum Wasserskorpion guter Flieger. LEBENSRAUM: Flache, bewachsene Gewässer. VERBREITUNG: Von Europa bis China. HÄUFIGKEIT: Nicht selten.

**Furchenschwimmer**
*Acilius sulcatus*

MERKMALE: 1,5-1,8 cm groß. ♂ und ♀ sind sehr verschieden (Geschlechtsdimorphismus). Die ♀ tragen auf den Flügeldecken drei tiefe Furchen. Die keulenartige Verdickung an den Vorderbeinen fehlt ihnen. Die Flügeldecken der ♂ sind glatt. An den Vorderbeinen tragen sie ähnlich wie der Gelbrandkäfer je einen scheibenförmigen Saugnapf, mit dem sie sich bei der Paarung am ♀ festhalten. Der Halsschild ist die Anheftungsstelle. Er trägt eine charakteristische gelbe und schwarze Zeichnung. Beide Geschlechter sind mit ihrem abgeflachten Körper, der eine ideale Stromlinienform besitzt, sehr gute Schwimmer. Die mit Borstensäumen versehenen Hinterbeine dienen als Ruder. LEBENSRAUM: Stehende Gewässer, besonders bevorzugt an kleinen, wasserpflanzenreichen Tümpeln. Mitunter auch in Pfützen zu finden, wo sich die gut flugfähigen Käfer aber nicht lange aufhalten. Die Eiablage erfolgt nur an größeren, nicht austrocknenden Gewässern. VERBREITUNG: Ganz Europa bis zum Polarkreis mit Ausnahme von Südspanien und Süditalien. HÄUFIGKEIT: Meist häufig, besonders in pflanzenreichen Kleingewässern. LEBENSWEISE: Die Käfer überwintern in ihren Wohngewässern unter dem Eis.

**Grüngestreifter Grundkäfer**
*Omophron limbatum*

MERKMALE: 0,5-0,7 cm groß. Klein, rundlich, hochgebaut: untypische Merkmale für einen Laufkäfer! Gelbbraun mit grüner Zeichnung, fast einem Marienkäfer ähnlich. Dennoch gehört der Grundkäfer in diese Gruppe. An den langen Beinen und an dem Verhalten in freier Natur erkennt man ihn als Laufkäfer besser. Er ist stets grün-gelb gezeichnet. LEBENSRAUM: Streng an Wassernähe gebunden: Hier bewohnt er Sandbänke und Schlickflächen, über die er sehr flink läuft. Doch meist entdeckt man ihn gar nicht, da er tagsüber im Sand und Kies eingegraben ruht. VERBREITUNG: Zwar in ganz Europa verbreitet, aber inselartig in artgleichen Gruppen, die untereinander keine Verbindung haben, aufgeteilt. Verbreitungsgebiet bis Nordafrika. HÄUFIGKEIT: Meist selten. Da die Art jedoch gesellig auftritt, kann man sie in manchen Gebieten in größerer Anzahl finden. NAHRUNG: Nachts fangen diese Käfer Insekten, die sich auf dem Sand aufhalten.

**Gemeiner Taumelkäfer**
*Gyrinus substriatus*

MERKMALE: Körper ausgesprochen stromlinienförmig, 5-7 mm lang. Kopf mit 2 Paar Komplexaugen, eines auf der Kopfoberseite, das andere auf der Unterseite. Zwischen beiden Augen kurze, stummelförmige Fühler. Vorderbeine ziemlich lang. Mittel- und Hinterbeine zu sehr kurzen, kräftigen Rudern umgewandelt. Schienen kurz und flach, Fußglieder nach innen stark verbreitert, legen sich fächerförmig übereinander. Am Rand der Schiene und des 4. Fußglieds abgeplattete, steife Schwimmborsten. Körperoberfläche mit regelmäßigen Punktreihen. Färbung schwarz mit bläulichem Schimmer, Beine gelb. LEBENSRAUM: Stehende und fließende Gewässer, am häufigsten auf vegetationsarmen Gräben und größeren Tümpeln mit freien Wasserflächen. VERBREITUNG: Überall häufig. LEBENSWEISE: Schwimmt meist auf der Wasseroberfläche. Das obere Augenpaar beobachtet dabei über, das untere unter dem Wasserspiegel. Die Fühler liegen auf der Wasseroberfläche und registrieren alle Wellenbewegungen, auch solche, die von Gegenständen im Wasser zurücklaufen. Dadurch kann der Käfer Hindernisse erkennen und ihnen blitzschnell ausweichen. Seine Hinterbeine werden mit hoher Schlagfrequenz bewegt.

**Großer Kolbenwasserkäfer**
*Hydrous piceus*

MERKMALE: 4-5 cm groß. In Mitteleuropa leben zwei sehr ähnliche Arten. Sie gehören zu den größten Käfern Europas. Beim Luftholen schwimmen sie an die Wasseroberfläche und leiten mit den Fühlern die Luft auf die Bauchseite nach unten. LEBENSRAUM: Stehende Gewässer mit dichter Unterwasserflora, in deren Gewirr sie sich an Stengeln und Blättern festhalten. VERBREITUNG: Gesamte Nordhemisphäre. HÄUFIGKEIT: Früher sehr viel häufiger. Geschützt!

**Schwimmwanze**
*Ilyocoris cimicoides*

MERKMALE: 1,5 cm groß. Schwimmkäferähnliche Gestalt. Vorderbeine dolchartig umgewandelt. Mit ihrer Hilfe ergreift die Schwimmwanze die Beutetiere. Ausgezeichneter Schwimmer, der wie die Wasserkäfer mit dem Rücken oben schwimmt. Beim Luftschöpfen bringt sie den Rücken an die Oberfläche. Mit der aufgenommenen Luftblase kann sie sehr lange unter Wasser atmen. Die Mittelbeine sind dicht mit Schwimmhaaren besetzt. LEBENSRAUM: Tümpel, kleine stehende und langsam fließende Gewässer.

## Larve des Gelbrandkäfers
*Dytiscus marginalis*

MERKMALE: Körperlänge bis 6 cm. Kopf nach vorn verbreitert, mit dolchförmigen, innen ausgehöhlten Mandibeln. Alle Beine mit Schwimmhaaren. Hinterleibsende stark verschmälert; letztes Segment röhrenförmig verlängert und an seiner Spitze mit 2 Stigmen (Atemöffnungen). NAHRUNG: Frißt nur lebende Beute, z. B. Insektenlarven, Kaulquappen und kleine Fische. Die Beute wird mit den Mandibeln ergriffen, durch ein ausgeschiedenes Verdauungssekret aufgelöst und durch den Saugkanal in den Mandibeln aufgenommen.

## Gelbrandkäfer
*Dytiscus marginalis*

MERKMALE: Körperlänge 27-35 mm. Stromlinienförmiger Körperbau. Hinterbeine mit langen Schwimmborsten, Vorderbeine des ♂ mit großen, runden Haftscheiben. Körperoberfläche glatt und glänzend, beim ♀ auf den Flügeldecken jederseits etwa 10 tiefe Furchen. Färbung schwarzbraun mit grünlichem Schimmer. Halsschild ringsum mit breitem, gelbem Rand. Flügeldecken seitlich gelb gerandet. LEBENSRAUM: Stehende Gewässer aller Art. VERBREITUNG: Überall häufig. NAHRUNG: Larven verschiedener Wasserinsekten, Amphibienlarven.

## Gaukler
*Cybister lateralimarginalis*

MERKMALE: Ähnelt dem Gelbrandkäfer. Sein Körper ist aber noch breiter und flacher, die größte Breite liegt deutlich hinter der Mitte (bei *Dytiscus* etwa in der Mitte). Halsschild nur seitlich gelb gerandet. Schienen der Hinterbeine auffallend kurz, kaum länger als breit. LEBENSRAUM: Saubere, pflanzenreiche Weiher und Seen. VERBREITUNG: Sehr verstreut in Mitteleuropa, in der letzten Zeit stark zurückgegangen. LEBENSWEISE: Bester Schwimmer unter den Schwimmkäfern. NAHRUNG: Scheint Wasserschnecken und Kaulquappen zu bevorzugen.

## Teichschwimmer
*Colymbetes fuscus*

MERKMALE: Körper verhältnismäßig schmal, 16-17 mm lang. Grundfärbung gelblich, mit schwarzen und braunen Zeichnungen. Kopf braun. Halsschild in der Mitte mit unscharf begrenztem, schwarzbraunem Fleck. Flügeldekken mit einem dichten Netz feiner, schwarzer Querriefen. Beine gelbbraun. Die ersten 3 Glieder der Vorder- und Mitteltarsen beim ♂ verbreitert, unterseits je mit ca. 20 kleinen Saugnäpfen. LEBENSRAUM: Stehende Kleingewässer, oft z. B. in Kiesgrubentümpeln. VERBREITUNG: Allgemein verbreitet und häufig.

## Schnellschwimmer
*Platambus maculatus*

MERKMALE: Kleinerer Schwimmkäfer, 7-8,5 mm lang. Sehr auffallend gezeichnet. Grundfarbe gelblich. Kopf rotbraun, zwischen den Augen mit einer brillenartigen, schwarzen Zeichnung. Flügeldecken mit geschwungenen, schwarzen Längsbinden und Flecken, die mehr oder weniger zusammenfließen. Die Ausdehnung dieses Musters variiert stark; es kommen Tiere mit weitgehend geschwärzten Flügeldekken vor, aber auch solche, bei denen die Gelbfärbung überwiegt. Beine und Unterseite rotbraun. Beim ♂ Vorder- und Mitteltarsen etwas erweitert, aber unterseits ohne Saugnäpfe. LEBENSRAUM: Einer der wenigen Schwimmkäfer, die typisch für Fließgewässer sind. Am häufigsten in Wiesenbächen, auch in schnellfließenden Bergbächen und in der Uferzone größerer Seen. VERBREITUNG: In Mitteleuropa überall verbreitet und meist häufig.

## Kugelschwimmer
*Hyphydrus ovatus*

MERKMALE: Körper fast kugelig, klein, 4,5-5 mm lang. Färbung einheitlich rostrot. Flügeldecken hinten mit kurzem Vorsprung, an dem unter Waser ständig eine Luftblase haftet. Larve ebenfalls recht auffällig. Breit gebaut, nach vorn und hinten deutlich verschmälert. LEBENSRAUM: Stehende Gewässer aller Art. VERBREITUNG: Überall häufig. LEBENSWEISE: Der Käfer führt den Großteil seines Luftvorrats offenbar nicht, wie die anderen Schwimmkäfer, unter den Flügeldecken, sondern in der Luftblase an seiner Hinterleibspitze mit sich.

## Kleiner Pappelbock
*Saperda populnea*

MERKMALE: 1-1,5 cm groß. Pappelböcke erkennt man an den etwa körperlangen Fühlern, parallel verlaufenden Flügeldeckenseiten und nicht verdickten Schenkeln; den Kleinen Pappelbock an der schwarz-gelben Behaarung der Flügeldecken, die ihm ein fleckiges Aussehen gibt. LEBENSRAUM: In Auwäldern, an Bach- und Flußböschungen. Bevorzugt Zitterpappeln und Weiden. VERBREITUNG: Im größten Teil Europas, in Nordafrika, Ostasien und Nordamerika. FORTPFLANZUNG: An dünnen Ästchen nagt das ♀ eine hufeisenförmige Vertiefung, in deren Mitte es ein Loch unter die Rinde beißt und darin ein Ei versteckt. Das Loch wird mit einer Gallerte verschlossen, die das pflanzliche Gewebe zur Kallusbildung anregt. Die Larve frißt in den ersten Wochen den Kallus. Später dringt sie ins Holz ein. Entwicklungszeit 2 Jahre. NAHRUNG: Holz und Saft der Bäume.

## Schilfkäfer
*Donacia semicuprea*

MERKMALE: Etwa 1 cm lang. Die Gattung *Donacia* trägt metallisch glänzende Flügeldecken. 21 Arten in Mitteleuropa. Schwer bestimmbar. Ihr Metallschiller - bläulich, grünlich oder kupferfarben - ist nicht arttypisch. LEBENSRAUM: Uferzonen von Seen, Teichen und Altwässern. VERBREITUNG: In ganz Europa. HÄUFIGKEIT: Regelmäßig im Sommer, stellenweise häufig. Besonders auf Röhrichthalmen. NAHRUNG: Blätter und weiche Stengelabschnitte von Wasser- und Uferpflanzen. Die Larven saugen unter Wasser an Pflanzen.

## Paederus littoralis
*Paederus littoralis*

MERKMALE: 0,8 cm groß. Alle 10 in Mitteleuropa lebenden *Paederus*-Arten sind bunt gefärbt: metallisch blaue Flügeldecken und roter Halsschild. Schwer bestimmbar. LEBENSRAUM: An Ufern von Seen und Flüssen. Meist auf Kalkböden. VERBREITUNG: In ganz Europa. HÄUFIGKEIT: Regelmäßig. FORTPFLANZUNG: *Paederus*- und *Stenus*-Arten tragen am Hinterleib eine Drüse, aus der unangenehm riechende und ätzende Stoffe ausgestoßen werden. Diese dienen einerseits zur Feindabwehr, andererseits lösen sie die Oberflächenspannung des Wassers, wodurch ein Sog entsteht, der das Tier nach vorn zieht (Entspannungsschwimmer). NAHRUNG: Lebende, doch häufiger tote Organismen, die am Spülsaum liegen. ALLGEMEINES: *Paederus*-Arten teilen den Lebensraum mit der Gruppe der *Stenus*-Arten, die - etwa gleich groß - allesamt schwarz gefärbt sind. Auch sie sind arten- und individuenreich.

## Moschusbock
*Aromia moschata*

MERKMALE: 1,3-4,3 cm groß. Leuchtend metallisch blau oder blaugrün gefärbt. Unverwechselbar! LEBENSRAUM: Auwälder, Bach- und Flußufer, an denen Weiden, Erlen und Pappeln stehen. Bevorzugte Baumart ist die Weide. Von Juni bis August trifft man die Käfer auf Blüten oder auf Weiden, häufig auf alten Kopfweiden. VERBREITUNG: Großteil Europas. HÄUFIGKEIT: Regelmäßig, häufig. FORTPFLANZUNG: Larven leben in dünnen und dicken Ästen der Weide, wo sie teilweise Schäden verursachen können. Stark befallene Bäume sterben nach einigen Jahren ab. Moschusböcke sind berühmt dafür, daß sie einen aromatischen Duftstoff abgeben: Sie nehmen aus der Futterpflanze Salizylsäure auf, die in den Duftdrüsen chemisch umgewandelt wird. Larvenentwicklung mehrjährig. NAHRUNG: Käfer saugen den Saft von Weiden, Ahorn und Birke. Larven fressen Holz von Weiden, Pappeln und Erlen.

## Lilienhähnchen
*Lilioceris lilii*

MERKMALE: 0,6-0,8 cm groß. Mehr oder weniger intensiv rot bis rotbraun gefärbt, mit dunklem Kopf und dunklen Beinen. LEBENSRAUM: Feuchtwiesen, Ufer, Gärten und Parkanlagen mit Lilien. VERBREITUNG: Inselartig in Europa, Sibirien und Nordafrika. HÄUFIGKEIT: Nicht häufig, doch in Kulturen manchmal Massenvermehrung mit Schadwirkung. FORTPFLANZUNG: Von April bis Juni leben die Käfer auf Maiglöckchen, Lilien, Kaiserkrone oder der Schachblume, wo sie sich paaren und die Eier ablegen. Nach einer dreimonatigen Entwicklungszeit der Larven verpuppen sie sich. Im September schlüpfen die Käfer und verkriechen sich zur Überwinterung. Die Larven umgeben sich mit einer schleimigen, schützenden Kothülle. Damit sind sie für insektenfressende Singvögel ungenießbar. NAHRUNG: Pflanzlich. Sowohl Käfer als auch Larven leben an Lilienpflanzen. ALLGEMEINES: Nahe verwandt ist das Spargelhähnchen *(Crioceris asparagi)*.

## Gemeine Köcherfliege
*Limnephilus flavicornis*

MERKMALE: Imago nachtfalterähnlich, Körperlänge 10-14 mm, Flügelspannweite 26-37 mm. Färbung gelbbraun, Thorax oben schwärzlich, Abdomen grünlich. Vorderflügel fester und viel schmäler als die Hinterflügel, am Ende schief abgeschnitten; farblos und glänzend, in der hinteren (bei zusammengelegten Flügeln der oberen) Hälfte mit unregelmäßigen, schwarzbraunen Flecken. Fühler etwa flügellang. Körper gelb behaart. Beine mit schwarzen Dornen. Larve zylindrisch, raupenähnlich. FLUGZEIT: Mai bis Oktober, am häufigsten im Juni und Juli. LEBENSRAUM: Stehende und langsam fließende, pflanzenreiche Gewässer aller Art. VERBREITUNG: Überall sehr häufig. LEBENSWEISE: Die adulte Köcherfliege ist dämmerungs- und nachtaktiv. Tagsüber ruht sie in der Vegetation. Sie nimmt vermutlich kaum Nahrung auf; die verkümmerten Mundwerkzeuge können höchstens Flüssigkeit aufnehmen.

## Phryganea grandis
*Phryganea grandis*

MERKMALE: Larve mit gelbem, schwarz gestreiftem Kopf, nur das Pronotum hörnig, übriger Thorax wie das Abdomen weichhäutig. Köcher röhrenförmig, bis 7 cm lang. Besteht aus lauter gleichlangen, ca. 8-10 mm messenden Stengelstücken von Wasserpflanzen, die zu einem Spiralband zusammengefügt sind. Die Jungraupen bauen konisch verschmälerte, haarig wirkende Köcher aus Moosen oder Armleuchteralgen *(Chara)*. FLUGZEIT: April bis August. LEBENSRAUM: Stehende, seltener langsam fließende, pflanzenreiche Gewässer. Am häufigsten in Moorgebieten. VERBREITUNG: Weit verbreitet.

## Riesenschnake
*Tipula maxima*

MERKMALE: Mit 55-65 mm Flügelspannweite und 27-40 mm Körperlänge größter heimischer Zweiflügler. Kopf schnauzenartig vorgezogen, mit großen, halbkugeligen Augen. Fühler fadenförmig. Mundwerkzeuge verkümmert, aber mit sehr langen Tastern. Färbung hellbraun, grau bereift. Thorax an den Seiten mit schwärzlichen Streifen. FLUGZEIT: Mai bis Juli. LEBENSRAUM: Am Ufer von langsam fließenden, schlammigen Bächen und Quellrinnsalen. VERBREITUNG: In Mitteleuropa weit verbreitet und gebietsweise ziemlich häufig, besonders in den Mittelgebirgen.

## Zuckmücken
*Familie Chironomidae*

MERKMALE: Kleinste Arten 2 mm, die größten bis 14 mm lang. Vorderbeine verlängert, oft wie ein zusätzliches Fühlerpaar ausgestreckt und in ständiger, zuckender Bewegung. Mundwerkzeuge stark zurückgebildet. Fühler beim ♀ kurz und fadenförmig, beim ♂ länger, dicht buschig behaart. Larven wurmförmig und langgestreckt. Einige Arten durch hämoglobinhaltiges Blut rot gefärbt. LEBENSRAUM: Larven in praktisch allen denkbaren Gewässertypen, sogar in heißen Quellen oder in Gletscherbächen.

## Kriebelmücken
*Familie Simuliidae*

MERKMALE: Kleine, bucklige Mücken mit 2-6 mm Körperlänge, die sehr an Fliegen erinnern. Fühler 11gliedrig, kurz und gedrungen. Saugrüssel kurz und kräftig, mit scharf gesägten Mandibeln. Thorax auffallend hochgewölbt, nach vorn über den Kopf vorgezogen, so daß dieser von oben nicht sichtbar ist. FLUGZEIT: Vor allem im April und Mai, auch im Hochsommer und Herbst. LEBENSRAUM: Larvenentwicklung ausschließlich in Fließgewässern, manchmal in langsam fließenden Gräben.

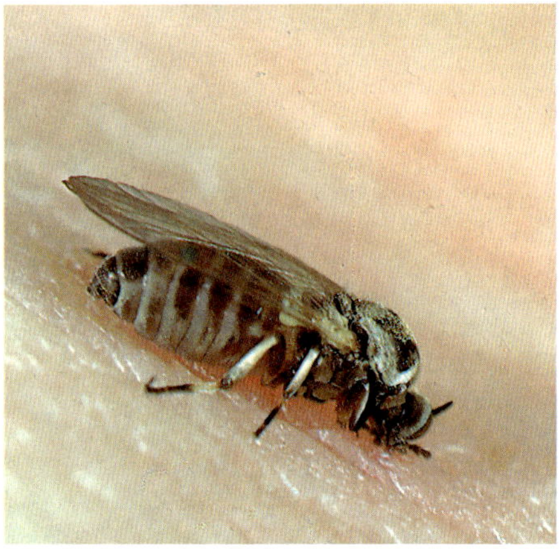

## Gemeine Stechmücke
*Culex pipiens*

MERKMALE: 4-6 mm lange Mücke. Körper dunkelbraun, dicht mit hellbraunen, gelben und weißlichen Schuppen bedeckt. ♀ mit langem Stechrüssel, der sich aus 6 sehr dünnen Stechborsten zusammensetzt. LEBENSRAUM: Larvalentwicklung vorwiegend in kleinen, stehenden Gewässern. Imagines regelmäßig in Häusern und Ställen. Winterruhe in Höhlen und Kellern. NAHRUNG: Saugt vorwiegend das Blut von Vögeln, seltener an Säugern oder beim Menschen.

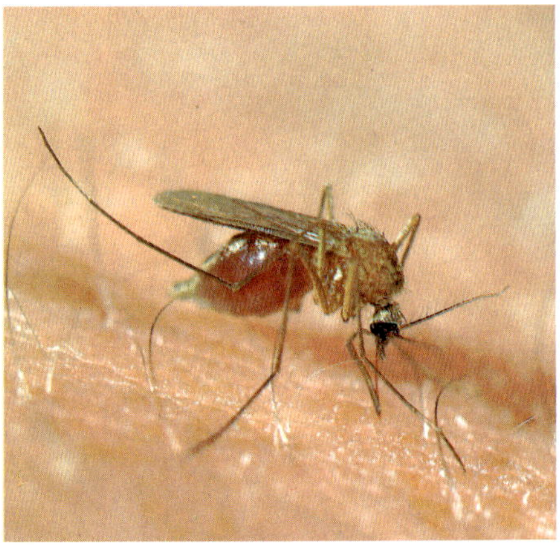

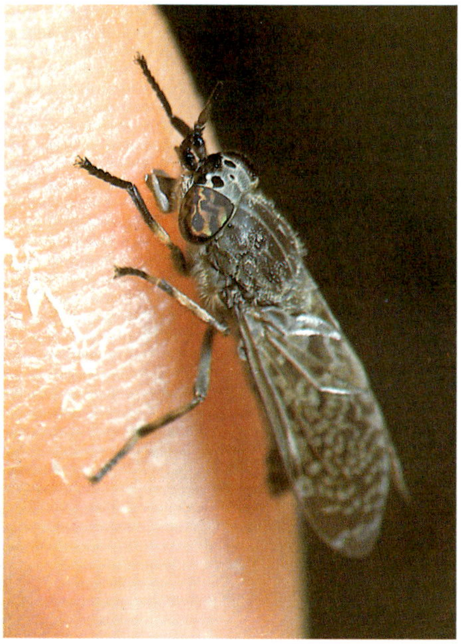

## Regenbogenbremse
*Haematopota pluvialis*

MERKMALE: Bis 12 mm lange Bremsenart. Färbung grau, Thorax oben mit dunklen Längsstreifen. Augen sehr bunt, mit geschwungenen, hellen und dunklen Bändern, die in allen Regenbogenfarben schillern, beim ♂ aneinanderstoßend, beim ♀ deutlich getrennt. Flügel milchig mit zahlreichen, unscharf begrenzten, grauen Flecken, in Ruhelage dachförmig. Mundwerkzeuge des ♀ zu einem kräftigen, kurzen Stechrüssel mit messerförmigen Mandibeln entwickelt, beim ♂ zurückgebildet. FLUGZEIT: Mai bis Oktober. LEBENSRAUM: Sümpfe und Feuchtwiesen, auch an trockenen Stellen (z. B. in Wäldern). Larven im feuchten Boden bis über 2000 m. VERBREITUNG: Überall sehr häufig; häufigste Bremsenart der paläarktischen Zone Eurasiens. FORTPFLANZUNG: Nach einem kurzen Balzflug verpaaren sich die Bremsen am Boden. ♀ suchen danach Säugetiere - auch Menschen - auf, um die notwendige Menge Blut zu erhalten, die sie zur Eientwicklung brauchen. Orientierung zuerst optisch, später auch geruchlich. Eiablage in geschichteten Eipaketen an Pflanzen in Wassernähe. NAHRUNG: Die ♀ saugen Blut bei Säugetieren. Gehen häufig auch an Menschen, vor allem bei feucht-schwülem Wetter. Die ♂ leben nur von Nektar.

## Schöne Waffenfliege
*Oxycera pulchella*

MERKMALE: Kleinere Waffenfliege mit 8-9 mm Körperlänge. Kopf fast kugelig, mit großen Augen und kurzen Fühlern. Abdomen scheibenförmig etwa so lang wie der Thorax, aber deutlich breiter. Körper schwarz gefärbt, schwach behaart und stark glänzend. Auf dem Hinterleib zitronengelbe Zeichnungen: 3. und 4. Segment mit großen, schräggestellten Seitenflecken, Abdomenspitze mit einem nach vorn gerichteten Dreieck. Thorax ebenfalls gelb gefleckt. Das gelbe Schildchen mit 2 langen, schwarzspitzigen Dornen. FLUGZEIT: Juni bis August. LEBENSRAUM: Schlammige, pflanzenreiche Tümpel und Quellrinnsale. Larven in Moosen und Pflanzenresten, Imagines meist in der Ufervegetation. VERBREITUNG: Allgemein verbreitet und gebietsweise nicht selten, trotz der auffallenden Färbung aber leicht zu übersehen. ÄHNLICHE ARTEN: Mehrere weitere Arten der Gattung *Oxycera* bei denen die Körperzeichnung aber anders verteilt ist.

## Braunfleckiger Perlmutterfalter
*Clossiana selene*

MERKMALE: 1,8-2 cm Vorderflügellänge. Oberseite orangebraun, auf den Hinterflügeln in der Zelle in der Regel mit einem runden schwarzen Fleck. Die leuchtende metallische Färbung des Diskalbandes ist sehr variabel, oft fehlt sie auch ganz. Die Randflecke sind gelblich oder silbern. Männchen und Weibchen unterscheiden sich nicht. Im äußersten Norden des Verbreitungsgebietes ist die Grundfarbe dunkler und die schwarzen Zeichnungen sind kräftiger. LEBENSRAUM: Nasse Wiesen, feuchte Hänge, Bruchgebiete, Auen, Waldränder. Auch in buschigem Gelände vom Tiefland bis über 2000 m. VERBREITUNG: In Europa weit verbreitet, fehlt jedoch weitgehend im Mittelmeerraum und in Irland. HÄUFIGKEIT: Häufig. FLUGZEIT: Zwei Generationen: I. Ende Mai bis Anfang Juli, II. Ende Juli bis Mitte September. RAUPENZEIT: I. September bis Mai, II. Juli. Raupe überwintert. FUTTERPFLANZEN: Hunds- und Sumpfveilchen.

## Zitronengelber Heufalter, Hochmoorgelbling
*Colias palaeno*

MERKMALE: 3 cm lange Vorderflügel. Schwefelgelb, manchmal blaß, mit orangeroten Fransen. LEBENSRAUM: Nur über Hochmooren und anderen sehr feuchten Gebieten. VERBREITUNG: In Mitteleuropa inselartig, in Skandinavien und Finnland flächenmäßig. In Deutschland vor allem in den bayerischen Mooren. HÄUFIGKEIT: Der Hochmoorgelbling ist in Mitteleuropa selten, im Norden häufig. FLUGZEIT: Juni bis Juli. Eine Generation. RAUPENZEIT: August bis Mai. Raupe überwintert. FUTTERPFLANZEN: Sumpfheidelbeere (*Vaccinium uliginosum*). ALLGEMEINES: Früher weit verbreitet. Mit dem Zurückweichen der meisten Hochmoore seltener.

## Blauäugiger Waldportier
*Minois dryas*

MERKMALE: Männchen mit 3 cm langen Vorderflügeln. Charakteristische blaugekernte Augenflecken. Außenrand der Hinterflügel gewellt. Das Weibchen ist größer, bis zu 3,5 cm Vorderflügellänge; der Rand der Hinterflügel stark gewellt. Die Grundfarbe der Oberseite ist heller braun. LEBENSRAUM: Anmoorige und moorige Wiesen, warme, feuchte Quellhänge und sumpfige Waldwiesen. Auch in trockenen, lichten Wäldern, sowie auf Heiden bis ca. 1500 m. VERBREITUNG: Inselartiges Vorkommen in Nordspanien, Frankreich, Mittel- und Osteuropa. HÄUFIGKEIT: Selten. FLUGZEIT: Juli bis August, auch bis September. RAUPENZEIT: September bis Juni; Raupe überwintert. FUTTERPFLANZEN: Pfeifengras, Glatthafer u. a.

## Milchfleck, Großer Mohrenfutter
*Erebia ligea*

MERKMALE: Männchen mit 2,4-2,8 cm langen Vorderflügeln. Grundfarbe der Oberseite schwarzbraun mit breiter rotbrauner Binde, in der auf den Vorderflügeln 3-4 meist weiß gekernte Augenflecke stehen; auf den Hinterflügeln 3. Weibchen meist etwas kleiner mit schmäleren Flügeln, hellbrauner Grundfarbe und etwas helleren orangeroten Binden. Einer der schwer bestimmbaren Augenfalter, die in einer großen Arten- und Formenvielfalt in Europa vorkommen. LEBENSRAUM: Nasse Wiesen, feuchte Wälder. VERBREITUNG: Mittel-, Süd- und Osteuropa. In Mittelgebirgen und Vorgebirgen Mittel- und Südeuropas, in Skandinavien. In den gesamten Alpen und Karpaten bis zum Balkangebirge und Mazedonien. Ein früher gemeldetes Vorkommen auf der schottischen Insel Arran konnte bis heute nicht bestätigt werden. Im Norden Tieflandbewohner. HÄUFIGKEIT: Häufig bis vereinzelt. FLUGZEIT: Ende Juni bis Mitte August. RAUPENZEIT: September bis Juli. Frisch geschlüpfte Raupen überwintern, fast erwachsene Raupen überwintern ein zweites Mal. FUTTERPFLANZEN: Verschiedene Gräser, vor allem Fingerhirse *(Digitaria)* und Wald-Flattergras *(Milium effusum)*.

## Rundaugen-Mohrenfalter
*Erebia medusa*

MERKMALE: 2-2,4 cm lange Vorderflügel. Die weißgekernten Augenflecke sind breit gelblichbraun beringt, wobei die beiden obersten größer sind. Diese gelblichbraunen Umrandungen der Augenflecke bilden ein an der Ader unterbrochenes Band. Ebenfalls weißgekernte Augenflecke (3-4) befinden sich auf den Hinterflügeln; sie sind ebenfalls gelblichbraun umringt, stehen aber isoliert. Beim Weibchen ist die Grundfarbe etwas heller, die Binden sind ausgedehnter und mehr orangegelb. In den Hochlagen der Gebirge fliegt von der Baumgrenze bis über 2500 m die etwas kleinere Unterart *hippomedusa*, bei der die Grundfarbe der Oberseite dunkel- bis schwarzbraun ist. LEBENSRAUM: Feuchte Niederungen, Waldwiesen, Waldränder, Lichtungen, Gebüsch und Kahlschläge; vom Tiefland bis gegen 1500 m. VERBREITUNG: Von Zentralfrankreich über Mitteleuropa nach Osten (Asien) hinreichend. In der Norddeutschen Tiefebene lokal und selten, fehlt in Nordeuropa und Teilen von Südeuropa sowie auf den Mittelmeerinseln. FLUGZEIT: Erscheint bereits im Mai und fliegt bis Juni. RAUPENZEIT: Juli bis April. An verschiedenen Gräsern. Die halberwachsene Raupe überwintert im Boden.

## Großer Feuerfalter
*Lycaena dispar*

MERKMALE: 2 cm lange Vorderflügel. Feuerrote Flügeloberseite (*f. rutilus*). Bei der *f. batava* befindet sich auf den Vorderflügeln nur je 1 schwarzer Punkt, die Hinterflügel sind durch schwarzen Saum gekennzeichnet. Die Weibchen sind wesentlich dunkler mit zahlreichen schwarzen Punkten auf den Vorderflügeln und einem dunklen Feld auf den Hinterflügeln. LEBENSRAUM: Nasse Wiesen und Moore. VERBREITUNG: *F. rutilus* inselartig in Mitteleuropa.

## Rotrandbär
*Diacrisia sannio*

MERKMALE: Knapp 2,5 cm lange Vorderflügel. Das größere ♂ ist oberseits gelb gefärbt mit je einem roten Mittelfleck auf jedem der 4 Flügel. Hinterflügel grau überhaucht. Das ♀ dagegen ist deutlich kleiner und bunter gezeichnet. Vorderflügel orangerot mit rotem Punkt. Hinterflügel fast schwarz mit roten Randbereichen. LEBENSRAUM: Moorwiesen, Bruchwälder und Flußauen, auch an Waldrändern, in Schonungen oder in grasbewachsenen, feuchten Waldlichtungen. Bis in 2400 m Höhe. VERBREITUNG: Sehr weit in Europa bis zum 68. Breitengrad verbreitet. Doch immer nur inselartig. Die ehemals flächenhafte Verbreitung ist vor allem durch die menschlichen Eingriffe aufgesplittert worden. Diese Teilpopulationen vermischen sich heute auch nicht mehr, so daß die Vorkommen immer stärker isoliert werden. Bei einer Art, die wie der Rotrandbär flugunlustig ist, kann dies problematisch werden. HÄUFIGKEIT: Früher häufiger als heute.

## Dukatenfalter
*Heodes virgaurea*

MERKMALE: 1,7-2,0 cm lange Vorderflügel. Genaue Bestimmung nicht einfach, da die Art stark variiert und es eine ganze Anzahl ähnlicher Arten gibt. Oberseits leuchtend orange ohne Flecken. Außenrand der Vorderflügel schwarz, gegen die Flügelspitze zu verbreitert. Der schwarze Rand der Hinterflügel ist schmäler, zwischen den Adern befinden sich schwarze Flecke. Unterseits sind in die orangefarbenen Flächen schwarze Punkte eingestreut; der Außenrand ist breit gelbgrau. LEBENSRAUM: Feuchte Wiesen, Moore, auch Waldränder und -lichtungen; vom Flachland bis 1500 m Höhe ansteigend. VERBREITUNG: Europa, doch im Westen inselartig. Fehlt in großen Teilen der Iberischen Halbinsel, in England, Nordwestfrankreich, Niederlande, Süditalien und Südgriechenland. Lokal, aber meist nicht selten. FLUGZEIT: Mitte Juni bis August. RAUPENZEIT: April bis Juni. FUTTERPFLANZEN: Großer und Kleiner Sauerampfer.

### Wegerichbär
*Parasemia plantaginis*

MERKMALE: Bis 2 cm lange Vorderflügel. In Farbe, Form und Aussehen erinnert der Wegerichbär an eine kleine Ausgabe des Braunen Bären. Doch kaum eine Schmetterlingsart variiert so stark wie diese. So treten manche mit rot-schwarzen Hinterflügeln auf, andere mit weiß-schwarzen und wieder andere sind gelb-schwarz gezeichnet. Der Wegerichbär ist ein Beispiel einer polymorphen Art, d. h. in einer Population findet man stets verschiedene Typen (Morphen) beieinander. Dabei spielt das Geschlecht eine Rolle: so sind ♀ stets rot, ♂ gelb oder weiß. LEBENSRAUM: Im Hügelland über nassen Wiesen, Mooren, an feuchten Waldrändern und -schneisen. VERBREITUNG: Europa, doch bevorzugt in den Gebirgen und Mittelgebirgen. In den Alpen steigen sie bis über 3000 m Höhe. HÄUFIGKEIT: Im Gebirge auf feuchten Almwiesen und in Hochmooren mitunter häufig.

### Kleewidderchen
*Huebneriana trifolii*

MERKMALE: Mit 1,5 cm langen Vorderflügeln etwas kleiner als das sonst außerordentlich ähnliche Gemeine Blutströpfchen. Doch im Gegensatz dazu trägt das Kleewidderchen nur 5 große rote Punkte auf dem dunklen Untergrund der Vorderflügel. Diese Punkte, vor allem die beiden inneren, können auch ineinander verlaufen. Das Kleewidderchen variiert noch stärker als das Gemeine Blutströpfchen. Bei der Form *f. minoides* sind alle Punkte zu einem großen roten Feld mit schwarzer Umrandung geworden. LEBENSRAUM: Das Kleewidderchen lebt über feuchten, sumpfigen Wiesen. Damit schließen beide Arten Konkurrenz aus, denn das Gemeine Blutströpfchen bevorzugt trockene Kurzrasen. Der Name ist daher etwas irreführend. VERBREITUNG: In ganz Europa beheimatet. HÄUFIGKEIT: In Gebieten mit entsprechendem Angebot an geeignetem Lebensraum kann die Art häufig sein.

### Kleiner Weinschwärmer
*Deilephila porcellus*

MERKMALE: 2,2-2,4 cm lange Vorderflügel. Deutlich kleiner als der Mittlere Weinschwärmer, dem er in Färbung und Zeichnung ähnelt. Er wirkt jedoch nicht ganz so rot wie dieser. Während beim Mittleren Weinschwärmer eine gerade Linie in die Flügelspitze zieht, verläuft beim Kleinen Weinschwärmer über Vorder- und Hinterflügel ein breites, gelbbraunes, gezacktes Band, dessen Spitze ebenfalls in der Vorderflügelspitze endet. LEBENSRAUM: Feuchte Auwälder, Fluß- und Stromniederungen, Bachufer, auch in Gärten. VERBREITUNG: Ganz Europa. In den Alpen bis 1600 m. HÄUFIGKEIT: Nicht ganz so häufig wie der Mittlere Weinschwärmer. Gilt als nicht selten. FLUGZEIT: Mitte Mai bis Anfang Juli in einer Generation. Falter fliegen gern ans Licht. RAUPENZEIT: Juli bis August. Die Raupen zeigen eine sehr unterschiedliche Färbung: Es gibt leuchtend-grüne, braune und schwärzliche Raupen. FUTTERPFLANZEN: Weidenröschen, Labkraut.

## Messingeule
*Plusia chrysitis*

MERKMALE: 1,4-1,8 cm lange Vorderflügel. Mittelfeld und Wurzfeld dunkelbraun. Äußeres Wurzelfeld und Saumfeld metallisch grün, messingfarben oder golden. Makeln wenig hervortretend, hell umrandet. Hinterflügel braun oder braungrau. LEBENSRAUM: Auwälder, Moore, an Flüssen und Bächen, auf Brachflächen, an Wegrändern, in Gärten und Parkanlagen. VERBREITUNG: Ganz Europa bis zur Polargrenze. In den Niederungen am häufigsten. Doch auch hoch im Gebirge. HÄUFIGKEIT: Häufig, aber große Schwankungen von Jahr zu Jahr. Alljährlich fliegt die Art in größerer Anzahl, fällt aber - da nachtaktiv - nicht so auf wie die Gammaeule. FLUGZEIT: Zwei Generationen: I. Mai bis Anfang Juli, II. Ende Juli bis Ende September. RAUPENZEIT: I. September bis Mai, II. Juni bis Juli. Raupen überwintern. FUTTERPFLANZEN: Brennessel, Taubnessel, Löwenzahn, Wegerich und viele andere.

## Rotes Ordensband
*Catocala nupta*

MERKMALE: 3,3-3,8 cm lange Vorderflügel. Vorderflügel grau mit gelblichen Einmischungen, doch immer grob beschuppt. Querlinien doppelt angelegt und hell gefüllt. Die roten Hinterflügel weisen zwei breite, schwarze Bänder auf, die nur wenig gezackt sind und bis in den Flügelrand reichen. An diesen Merkmalen kann man das Rote Ordensband gut bestimmen. LEBENSRAUM: Ufer von Seen, Bächen und Flüssen, wenn genügend Weiden- und Pappelgebüsch zu finden ist. Auen- und Bruchwälder, aber auch in Alleen und Parkanlagen. Die Art meidet sehr trockene Standorte. VERBREITUNG: In der gemäßigten und warmen Zone Europas weit bis flächendeckend verbreitet. Fehlt im nördlichen Europa. Auf der Nordseite der Alpen reicht das Vorkommen im Gebirge bis auf 1000 m, auf der Südseite bis auf 1600 m hinauf. HÄUFIGKEIT: Das Rote Ordensband ist das häufigste Ordensband in Europa.

## Seerosenzünsler
*Nymphula nymphaeata*

MERKMALE: 1,6 cm lange Vorderflügel. ♀ sind deutlich schwächer gezeichnet, aber etwas größer als ♂. Beide Geschlechter hängen sich beim Ruhen am Ufer mit dem Kopf nach unten in die Vegetation (Unterschied zur ähnlichen *N. stagnata*, die aufrecht sitzt und im Hinterflügel zwei scharf abgesetzte Querbänder trägt). ♂ machen in der Abenddämmerung Suchflüge über die Wasseroberfläche. LEBENSRAUM: Teiche, Seeufer mit Schwimmblattpflanzen und reichlich Ufervegetation. VERBREITUNG: Mit Ausnahme des hohen Nordens ganz Europa, wo es geeignete Gewässer gibt. HÄUFIGKEIT: An den Vorkommen meist nicht selten. Besiedelt rasch neue Kleingewässer (Kiesgruben) mit passender Vegetation. FLUGZEITEN: Juni und August/September in 2 Generationen. RAUPENZEIT: Juli/August und ab September überwinternd bis Mai. FUTTERPFLANZEN: Laichkraut, Wasserknöterich, Seekanne und kleinere Seerosenblätter.

## Nemophora degeerella
*Nemophora degeerella*

MERKMALE: Knapp 1,0 cm lange Vorderflügel. Scharf abgegrenzte, gelbe Binde über den gerundeten Vorderflügeln, deren metallischer Glanz von dunklen Aderlinien unterbrochen wird. Die Fühler der ♂ sind 4mal länger als der Körper. Im Flug kann man ein charakteristisches Auf- und Abtanzen beobachten. LEBENSRAUM: In Auen und feuchten Laubwäldern, meist in der Nähe von Wasserläufen oder an Ufern. VERBREITUNG: In der gemäßigten Zone Europas; im Südosten bis zum Kaukasus. HÄUFIGKEIT: Nicht selten. FLUGZEIT: Mai bis Juni, in sonnigen Abschnitten. RAUPENZEIT: August bis Mai. FUTTERPFLANZEN: Buschwindröschen, erst minierend, dann in einem kleinen Köcher.

## Gemeines Grünwidderchen
*Procris statices*

MERKMALE: 1,4-1,6 cm lange Vorderflügel. Unscheinbar gefärbt. Die Oberseite der Vorderflügel ist metallisch grün, die Hinterflügel sind dagegen braun. Eine genaue Bestimmung ist nur durch einen Fachmann möglich, da es mehrere sehr ähnliche Arten gibt! LEBENSRAUM: Feuchtgebiete, selten über trockenen Heiden. VERBREITUNG: Ganz Europa bis zum Polarkreis. HÄUFIGKEIT: Stellenweise häufig. Bestände aber sehr rückläufig, da ihre Futterpflanzen in der vom Menschen stark veränderten Landschaft abnehmen. FLUGZEIT: Mai bis August. RAUPENZEIT: August bis Mai. Raupe überwintert am Boden. FUTTERPFLANZEN: Verschiedene Ampferarten (*Rumex acetosa* und *acetosella*).

## Aal
*Anguilla anguilla*

MERKMALE: Schlangenartiger Körper mit schleimiger Haut, in die die winzigen, länglichovalen Schuppen sehr tief eingebettet sind. Rücken-, Schwanz- und Afterflosse zu einem Flossensaum, vereinigt. Ansatz der Rückenflosse weit hinter der Spitze der Brustflossen. Bauchflossen fehlen. Färbung: Gelbaal: Rücken olivbraun oder graubraun, Bauchseite gelblich. Blankaal (bei Eintritt der Geschlechtsreife): Rücken dunkel graugrün, Flanken und Bauch stark silberglänzend. Länge: Männchen bis 51 cm, Weibchen bis 150 cm. VERBREITUNG: Einzugsbereich des Nordostatlantiks von der Petschora und dem Weißen Meer, von Island und den Faröern bis zu den Azoren, Kanaren und der westafrikanischen Küste; Nordsee, Ostsee; Mittelmeer (bis Griechenland), Adria. Heute durch Besatzmaßnahmen (z. B. im Donaugebiet) weit verbreitet. NAHRUNG: Würmer, Kleinkrebse, kleine Weichtiere, Kleinfische.

## Regenbogenforelle
*Salmo gairdneri*

MERKMALE: Langgestreckter, seitlich etwas abgeflachter Körper mit hohem Schwanzstiel. Fettflosse zwischen Rücken- und Schwanzflosse. Kleine Schuppen, 135-150 entlang der Seitenlinie, 14-19 (meist 16) zwischen Fettflosse und Seitenlinie (einschließlich der Seitenlinienschuppen). Stumpfschnauziger Kopf mit weiter Mundspalte. Färbung: Kopf, Körper, Rücken-, Fett- und Schwanzflosse mit vielen schwarzen Flecken und Punkten. Ein breites rötliches Längsband auf den Flanken. Länge: 25-50 cm, max. bis 70 cm (bis 7 kg). LEBENSRAUM: Die Stammform *S.g. gairdneri* bewohnt als Wanderfisch, der zum Laichen in die Flüsse aufsteigt, die Küstengewässer von Südalaska bis Südoregon; *S.g. shasta* dagegen ist eine reine Süßwasserform, die in den Flüssen und Seen der Sierra Nevada lebt. Beide Formen sind seit 1880 aus Nordamerika nach Europa gebracht worden.

## Hecht
*Esox lucius*

MERKMALE: Langgestrecker, seitlich nur wenig abgeflachter Körper mit weit nach hinten verlagerter Rückenflosse. Langer Kopf mit flacher, entenschnabelförmiger Schnauze und weiter Mundspalte; der Unterkiefer steht vor. Färbung: Je nach Wohngewässer sehr unterschiedlich, Rücken bräunlich oder grünlich, Flanken heller mit dunklen Querbinden. Bauch weißlich bis gelblich. Rücken-, Schwanz- und Afterflosse mit unregelmäßigen dunklen Flecken. Einjährige Fische an pflanzenreichen Uferstellen meist hellgrün (Grashechte). Männchen werden max. bis 100 cm, Weibchen max. bis 150 cm lang. LEBENSRAUM: Standfisch, der klare, ruhige Gewässer mit Kiesgrund und pflanzenreiche Seen bevorzugt. Dort steht er fast unbeweglich nahe der Wasseroberfläche und lauert auf seine Beute. VERBREITUNG: In Seen und Flüssen der gemäßigten Klimazonen Europas, Asiens und Nordamerikas weit verbreitet. In den Alpen bis in 1500 m Höhe.

## Plötze, Rotauge
*Rutilus rutilus*

MERKMALE: Je nach Alter und Wohngewässer mehr oder weniger hochrückiger, seitlich abgeflachter Körper. Bauchkante zwischen Bauchflossen und After gerundet; Vorderende der Rückenflosse über (oder nur ganz knapp hinter) dem Ansatz der Bauchflossen; enge, fast waagrechte Mundspalte; rote Augen (Kennzeichen der Plötze gegenüber der sehr ähnlichen Rotfeder). Große Rundschuppen, 39-48 (meist 42-45) entlang der Seitenlinie. Brustflossen mit 16, Rückenflosse mit 12-14, Afterflosse mit 12-14 Strahlen. Färbung: Rücken dunkelgrün bis blaugrün; Flanken silberfarben, mit gelblichem Schimmer; Bauch zur Laichzeit mit rötlichem Glanz. Brust- und Bauchflossen und Afterflosse rötlich. Länge: 25-30 cm (-50 cm). VERBREITUNG: Stehende und langsam fließende Gewässer Europas nördliche der Pyrenäen und Alpen bis zum Ural und Sibirien. NAHRUNG: Kleintiere und Pflanzen.

## Schleie
*Tinca tinca*

MERKMALE: Gedrungener, kräftig gebauter Körper mit hohem Schwanzstiel. Kleine Augen. Kleine, endständige Mundspalte, 1 Bartfaden an jedem Mundwinkel. Winzige Schuppen (95-100 entlang der Seitenlinie), tief in die dicke, schleimige Oberhaut eingebettet. Rükkenflosse mit 12-13, Afterflosse mit 9-11 Strahlen; alle Flossen abgerundet; Männchen mit verlängerten Bauchflossen, deren 2. Strahl verdickt ist. Schwanzflosse nur schwach eingebuchtet. Färbung: Rücken meist dunkelgrün oder -braun; Flanken heller, mit Messingglanz; Bauchseite gelblichweiß. Länge: 20-30 cm, max. 60 cm (7,5 kg Gewicht). VERBREITUNG: Überwiegend in langsam fließenden Gewässern und flachen, wärmeren Seen und Teichen mit dichten Pflanzenbeständen und Schlammgrund; in ganz Europa bis nach Sibirien weit verbreitet. Fehlt in Island und Nordschottland. NAHRUNG: Würmer, Insektenlarven und Pflanzen.

## Döbel, Aitel
*Leuciscus cephalus*

MERKMALE: Spindelförmiger, fast drehrunder Körper mit breitem, dickem Kopf (Dickkopf, Hartkopf) und weiter Mundspalte. Große, derbe Schuppen, 44-46 entlang der Seitenlinie. Rückenflosse mit 11-12, Afterflosse mit 10-12 Strahlen; der Rand der Afterflosse ist nach außen gewölbt. Färbung: Rücken graubraun, mit grünlichem Schimmer, Flanken silbrig, oft mit Goldglanz; Bauch weißlich. Bauchflossen und Afterflosse rot. Schuppen dunkel umrandet (Netzzeichnung). Länge: 30-40 cm, max. bis 60 cm. VERBREITUNG: In Fließgewässern Europas (von der Iberischen Halbinsel bis zum Ural) und Vorderasiens sehr weit verbreitet, seltener in Seen. Aus Flüssen im Einzugsbereich des Mittelmeers (Spanien, Südfrankreich, Italien, Griechenland) sind 7 Unterarten bekannt. Nahverwandte Arten im Einzugsbereich des Kaspischen Meeres, in der Türkei und in Syrien. NAHRUNG: Würmer, Weichtiere, Kleinfische, Frösche, Kleinsäuger.

## Blei, Brachsen
*Abramis brama*

MERKMALE: Hochrückiger, seitlich stark abgeflachter Körper mit stumpfer Schnauze und fast unterständigem Mund. Augendurchmesser kleiner als Schnauzenlänge. 50-57 Schuppen entlang der Seitenlinie. Rückenflosse mit 12, Afterflosse mit 26-31 Strahlen. Die Brustflossen reichen bis zum Ansatz der Bauchflossen. Färbung: Rücken bleifarben bis schwärzlich, meist mit Grünglanz; Flanken heller, metallisch glänzend; Bauch weißlich, mit Perlmutterglanz. Ältere Tiere meist mit Goldglanz. Unpaare Flossen dunkelgrau, Paarflossen hellgrau. Länge: 30-50 cm, max. 75 cm. VERBREITUNG: In größeren, nährstoffreichen Seen und langsam fließenden Gewässern (Brachsenregion) nördlich der Pyrenäen und Alpen, von Irland und England (nicht in Nordschottland, Cornwall und Devonshire), West- und Mitteleuropa, Südnorwegen, Schweden und Finnland bis zum Ural.

## Karpfen
*Cyprinus carpio*

MERKMALE: Die Stammform des Karpfens besitzt einen gestreckten, seitlich etwas abgeflachten Körper. Endständiger, vorstülpbarer Mund; 4 Bartfäden (2 lange, 2 kürzere) an der Oberlippe. Große Schuppen, 33-40 entlang der Seitenlinie; bei den Zuchtformen, deren Körperbau gestreckt oder hochrückig sein kann, werden unterschieden: 1. Schuppenkarpfen (mit vollständigem Schuppenkleid). 2. Spiegelkarpfen (mit unregelmäßig verteilten ›Spiegelschuppen‹). 3. Zeilkarpfen (mit einer Reihe gleich großer ›Zeilschuppen‹ entlang der Seitenlinie). 4. Nackt- oder Lederkarpfen (ohne oder nur mit wenigen Schuppen). Rückenflosse mit 20-26, Afterflosse mit 8 Strahlen; Schwanzflosse deutlich zweizipfelig. Länge: 25-75 cm, max. 120 cm. VERBREITUNG: Warme, stehende und langsam fließende Gewässer mit Sand- oder Schlammgrund und reichen Pflanzenbeständen.

## Barsch, Flußbarsch
*Perca fluviatilis*

MERKMALE: Je nach Wohngewässer mehr oder weniger hochrückiger Körper mit stumpfer Schnauze und weiter, endständiger Mundspalte. Kiemendeckel hinten spitz ausgezogen, mit starkem Dorn. Kleine Kammschuppen, 58-67 entlang der Seitenlinie. Zwei Rückenflossen, die 1. mit 13-17 Stachelstrahlen, die 2. mit 1-2 Stachel- und 13-16 Gliederstrahlen; Afterflosse mit 2 Stachel- und 8- 10 Gliederstrahlen. Färbung: Rücken dunkelgrau bis bläulich oder olivgrün. Flanken heller, mit 6-9 dunklen Querbinden oder gegabelten Streifen; Bauch weiß- bis rötlich, mit Silberglanz. 1. Rückenflosse mit einem schwarzen Fleck am Hinterrand. Bauchflossen und Afterflosse rötlich. Die Männchen sind kräftiger gefärbt als die Weibchen. Länge 25-30 cm, max. 51 cm. VERBREITUNG: In fließenden und stehenden Gewässern (bis auf 1000 m Höhe), in Europa weit verbreitet; fehlt in Nordnorwegen, Schottland und in weiten Teilen Südeuropas.

**Feuersalamander**
*Salamandra salamandra*

MERKMALE: Großer, robuster, recht plumper Salamander mit breitem Kopf, abgerundeter Schnauze, hervorstehenden dunklen Augen und auffälligen länglichen Ohrdrüsenwülsten. LEBENSRAUM: Vor allem laubwaldreiches Hügel- und Bergland in der Nähe klarwasserführender Bäche und Rinnsale. Lebt in vegetationsreichen Schluchten und an moosigen, mit Stauden, Sträuchern und Steinen durchsetzten Hängen sowie an mit Laubwerk und Fallholz bedeckten, baumstumpfreichen Böden von Laubwäldern. VERBREITUNG: Mittel- und Südeuropa, Nordafrika; Südwest-Asien. In Deutschland sind zwei Unterarten anzutreffen: die gefleckte typische Rasse *S. s. salamandra*, die überwiegend im südlichen und mittleren Deutschland verbreitet ist, und die fleckenstreifige oder gebänderte Unterart *S. s. terrestris*, die mehr im westlichen Teil Deutschlands vorkommt.

**Kammolch**
*Triturus cristatus*

MERKMALE: Großer, meist recht robuster Molch mit grobkörniger Haut und kräftigen Gliedmaßen sowie langen, schwarz und gelb geringelten Fingern und Zehen. Schwanz etwa körperlang, seitlich abgeplattet und beim ♀ mit gelblicher oder orangefarbener Unterkante. Kopf, Halsseiten und Flanken mit unzähligen, kleinen, kreideweißen Pünktchen übersät; die gefleckte Kehle mit deutlicher Querfalte. Bauchseite gelb bis dottergelb oder orange mit großen, schwärzlichen Flecken. ♂ zur Fortpflanzungszeit mit hohem, tiefgezacktem Rükkenkamm, der vom ebenfalls sehr hoch ausgebildeten oberen Schwanzsaum durch einen tiefen Einschnitt getrennt ist. VERBREITUNG: Besiedelt große Teile Mittel- und Südeuropas. LEBENSRAUM: Besiedelt das Tiefland ebenso wie das Gebirge, wo die Art regelmäßig bis 1000 m, seltener bis 2000 m vorkommt. Bewohnt recht unterschiedliche Biotope.

**Teichmolch, Streifenmolch**
*Triturus vulgaris*

MERKMALE: Schlanker, feingliedriger Molch mit länglichem, drei Längsfurchen tragendem Kopf und während des Wasserlebens glatter, an Land jedoch trockener und feinkörniger Haut. Färbung des ♂: Kopf hell-dunkel längsgestreift, Rücken und Seiten olivgrünlich, bräunlich bis schwärzlich, mit dunkler, meist rundlicher und üppiger Fleckenzeichnung. Auffälligstes Kennzeichen ist ein hoher, zwischen oder hinter den Augen beginnender, gezackter oder gewellter Rückenkamm, der ohne Unterbrechung in einen ebenfalls gezackten oder gewellten Schwanzsaum übergeht und in eine mehr oder weniger lange Spitze ausläuft. VERBREITUNG: Mittel- und Nordeuropa, von Mittelfrankreich bis Westasien. LEBENSRAUM: Besiedelt besonders das Tiefland, ist aber auch weit im Hügel- und Bergland verbreitet. Kommt nur selten über 1000 m vor. Bewohnt Laubwälder, Parks und Wiesen, auch in unmittelbarer Siedlungsnähe.

## Fadenmolch
*Triturus helveticus*

MERKMALE: Kleiner, schlanker Molch mit länglichem Kopf, abgerundeter Schnauze und seitlich zusammengedrücktem Schwanz. Kopfseiten mit dunklen, über das Auge verlaufenden Streifen. Oberseite gelblich, olivfarben bis hellbräunlich; meist dunkel gefleckt oder marmoriert. Die leicht durchscheinende Kehle ist rosa und zeigt eine Querfalte. Die Bauchfärbung ist weißlich mit strohgelbem Mittelbereich. VERBREITUNG: Vom nördlichen Randbereich Iberiens über Frankreich, Schweiz, Benelux-Länder bis Westdeutschland; auch in England. LEBENSRAUM: Ist in seiner Biotopwahl vielseitig. Besiedelt vegetationsreiche Lebensräume ebenso wie mäßig bewachsenes Gelände. Ist in der Ebene, im Hügelland und im Gebirge verbreitet. Steigt meist bis 1400 m Höhe empor, erreicht aber an einigen Stellen seines Verbreitungsgebietes, z. B. im nördlichen Spanien, sogar 2000 Meter Höhe.

## Rotbauch-Unke
*Bombina bombina*

MERKMALE: Wie die Gelbbauch-Unke etwa 4-5 cm lang (nur ausnahmsweise etwas über 5 cm) und dieser oberseits sehr ähnlich. Die Bauchseite zeigt aber ausgedehntere, von zahlreichen kleinen, weißen Punkten durchsetzte graue bis schwarze Färbung, zwischen der sich ein zumeist intensives Orangerot befindet. Es kann Gelbrot ausgeprägt sein, und dadurch zu Verwechslungen mit der Gelbbauch-Unke führen. Jedoch trägt die Rotbauch-Unke stets dunkle oder aufgehellte, aber nie intensiv gefärbte Fingerspitzen, erheblich mehr und auffälligere weiße Punkte auf der Unterseite, einen schmaleren Kopf und kürzere Hinterbeine. LEBENSRAUM: Flache, stehende Kleingewässer mit reichlich Wasserpflanzen und guter Wasserqualität bilden die bevorzugten Laichplätze und Wohngewässer. VERBREITUNG: Im Vergleich zur Gelbbauch-Unke reicht das Areal der Rotbauch-Unke weiter nach Norden bis nach Schleswig-Holstein.

## Gelbbauch-Unke
*Bombina variegata*

MERKMALE: Ausgewachsen viel kleiner als eine Erdkröte. Körperlänge 4 bis knapp 5 cm. Körperbau flach mit weit seitlich ansetzenden Beinen. Haut der unauffällig bräunlichen, grauen oder olivgrünlichen Körperoberseite warzig. Auf der Bauchseite ist die Haut dagegen fast glatt, auffällig gelb bis gelborange gefärbt und mit größeren Flecken von grauer, graublauer bis schwärzlicher Farbe bedeckt. Dadurch wirkt der Bauch marmoriert. In den gelben Feldern liegen feine, schwarze Punkte. Im Gegensatz zur Rotbauch-Unke tragen die schwarzen Felder aber keine oder nur sehr wenige weiße Punkte. LEBENSRAUM: Ihre Ansprüche an den Lebensraum sind nicht besonders speziell. Sie nehmen mit Kleingewässern aller Art vorlieb. Am häufigsten findet man sie in jenen Tümpeln und Teichen, in denen keine anderen Froschlurche vorkommen. Selbst wassergefüllte Wagenradspuren, die sich einige Wochen halten, reichen den Gelbbauch-Unken bereits. Hält sich größtenteils im Wasser auf, nur fließendes Wasser wird gemieden. VERBREITUNG: Zentral- und Südeuropa von Frankreich im Westen bis zum schwarzen Meer im Osten, Süditalien und Griechenland im Süden. Die Art fehlt in Südwest- und Nordeuropa. In ihrem Areal gliedert sie sich in vier Unterarten.

## Erdkröte
*Bufo bufo*

MERKMALE: Große, plumpe, sehr kräftig gebaute Kröte. Voll ausgewachsen erreichen die ♀ der größten Formen bis zu 15 cm Körperlänge. Die Erdkröte ist die größte und häufigste europäische Kröte. Sie besitzt zumeist eine einheitlich braune, dunkelbraune oder ockerfarbene Körperfärbung, die ohne deutliche Begrenzung in die weißliche, bräunliche bis graue Färbung der Unterseite übergeht. Der Bauch kann ungezeichnet sein, trägt aber oft eine dunkle Marmorierung. Kennzeichnend für die Erdkröte ist das Auseinanderweichen der großen, deutlich hervortretenden Ohrdrüsen. Bei den kleineren Kreuz- und Wechselkröten verlaufen diese Drüsen nahezu parallel, bei der Erdkröte gehen sie nach hinten seitlich auseinander. LEBENSRAUM: Die Art stellt keine besonderen Ansprüche an ihre Umwelt. Tatsächlich findet man Erdkröten von den Niederungen und Tiefländern bis in mehr als 2000 m im Gebirge. Sie kommt genauso vor in naturnahen Wäldern und Waldsteppen wie im menschlichen Siedlungsbereich, an den Ufern von Kleingewässern, Flüssen und Lagunen. VERBREITUNG: Wahrscheinlich besiedelt sie das riesige Gebiet, das von Südspanien bis Mittelschweden reicht, in erheblich größerer Bestandsdichte als der Grasfrosch.

## Moorfrosch
*Rana arvalis*

MERKMALE: Kräftig gebauter Frosch mit langen Hinterbeinen, die seitlich am Körper nach vorn gelegt mit dem Fersengelenk (Tibiotarsalgelenk) bis zur Schnauzenspitze reichen. Mit 6,5-8 cm Körperlänge durchschnittlich kleiner als der sonst ähnliche Grasfrosch und von diesem durch die spitz zulaufende Form der Schnauze, durch einen größeren, harten Fersenhöcker und eine ganz andere Stimme unterschieden. VERBREITUNG: Gemäßigte und nördliche Bereiche von Europa bis zu den Alpen und bis in die nördlichen Abschnitte Jugoslawiens und Rumäniens; das Areal reicht bis nach Sibirien. LEBENSRAUM: Moore und Feuchtwiesen bilden die wichtigsten Lebensräume. Der Moorfrosch besiedelt sie insbesondere im Flachland. Im Bergland reichen die höchstgelegenen Vorkommen selten bis in Höhen von über 600 m. NAHRUNG: Insekten, Würmer und Asseln sowie Spinnen und Schnecken.

## Europäischer Laubfrosch
*Hyla arborea*

MERKMALE: Unverkennbar. Die Art kann nur mit dem verwandtschaftlich sehr nahe stehenden Mittelmeer-Laubfrosch verwechselt werden. Davon unterscheidet sich der gewöhnliche oder Europäische Laubfrosch durch die in der Regel deutlich ausgebildete und auch in der Ruhestellung sichtbare »Hüftschlinge«, der schwärzlichen Grenzlinie zwischen Rücken- und Bauchseite. Diese fehlt dem Mittelmeer-Laubfrosch. LEBENSRAUM: Innerhalb des großen Verbreitungsgebietes besiedelt der Laubfrosch vornehmlich die Flußtäler mit ihren Auen, feuchte Laub- und Laubmischwälder mit eingestreuten Tümpeln und Teichen, Röhrichte und üppig mit Buschwerk durchsetzte Gärten, in denen sich Wasserstellen befinden. Im Bergland reichen die Vorkommen nördlich der Alpen bis in etwa 600 m Höhe, südlich davon bis in rund 800 m. NAHRUNG: Kleine Fluginsekten, Spinnen und andere kleine Kerbtiere.

## Wechselkröte
*Bufo viridis*

MERKMALE: Unverkennbar. Diese große, kräftige, bis 10 cm Körperlänge erreichende Kröte besitzt ein so charakteristisches Zeichnungsmuster auf dem Rücken, daß man sie kaum mit einer anderen Art verwechseln kann. Unregelmäßig geformte, hell- bis dunkelgrüne Felder und Flecken erstrecken sich über die gesamte Oberseite. VERBREITUNG: Ihr Areal reicht nach Westen bis Ostfrankreich, im Norden bis ins Baltikum. Außerdem besiedelt die Art den ganzen Balkan, Italien und die Inseln des westlichen Mittelmeerbeckens sowie Nordafrika. LEBENSRAUM: Sandige Ackerflächen, Dorfgärten und Siedlungsgebiete, sofern geeignete Wasserstellen für die Fortpflanzung vorhanden sind, sogar hoch im Gebirge bis in Höhen von 4200 m. Das Bergland meidet sie in Mitteleuropa. NAHRUNG: Insekten, Schnecken und Würmer sowie Spinnen und Asseln, die vorwiegend nachts oder bei sehr kalter Witterung auch tagsüber erbeutet werden.

## Grasfrosch
*Rana temporaria*

MERKMALE: Großer, kräftiger Frosch, der ausgewachsen bis zu 10 cm Körperlänge, in seltenen Fällen sogar noch mehr, erreicht. Die Grundfärbung läßt sich im allgemeinen einem mehr bräunlichen oder mehr gelblichen Grundtyp zuordnen. Unregelmäßige, unterschiedlich große Flecken erstrecken sich über die Körperoberseite und bilden ein tarnendes Muster. Die weißliche, gelbliche oder schwach orangefarbene Unterseite ist beim Weibchen gefleckt, beim Männchen meist einfarbig. Die Flanken sind in der Regel dunkel marmoriert. Über die Beine ziehen sich dunkelbraune bis schwärzliche Querbinden. Die Färbung kann - insbesondere bei den hellen Formen der Grasfrösche - zu Verwechslungen mit dem Springfrosch verleiten. Jungtiere ähneln mitunter dem Moorfrosch. VERBREITUNG: Ganz Mittel-, West- und Nordeuropa sowie die Übergangszonen vom Mittelmeerklima zum gemäßigten Klimabereich. Das Areal reicht darüber hinaus über ganz Nordasien bis nach Japan. In Europa dringt der Grasfrosch von allen Lurchen am weitesten nach Norden vor. LEBENSRAUM: Grasfrösche leben bevorzugt in feuchteren Lebensräumen von Meereshöhe bis in über 2500 m Höhe im Gebirge. Sie stellen vergleichsweise geringe Ansprüche an ihre Umwelt. Nicht selten findet man Grasfrösche auch in vom Menschen gestalteten Lebensräumen wie Gärten, Parks oder Hecken. Feuchte Niederungen dürften aber die geeignetsten Lebensbedingungen bieten. NAHRUNG: Insekten und deren Larven, Spinnen, Asseln, Schnecken und Würmer. LEBENSWEISE: Außerhalb der Fortpflanzungszeit lebt der Grasfrosch an Land, wo er sich tagsüber meist in feuchten Verstecken verborgen hält. Bei feuchtem, regnerischem Wetter auch tagsüber, sonst in der Dämmerung und nachts, streifen die Grasfrösche zur Nahrungssuche umher. Trockene Umgebung können sie nur kurzfristig aufsuchen, weil ihre Haut schnell austrocknet.

## Wasserfrosch
*Rana »esculenta«*

MERKMALE: Als mittlere Körperlänge ausgewachsener Wasserfrösche können etwa 10 cm gelten. Färbung und Zeichnung der Oberseite variieren. Helle Grüntöne herrschen vor. Die Hinterseite der Oberschenkel trägt zumeist eine bräunliche oder schwärzliche Färbung sowie eine gelbliche bis gelborange Marmorierung. Die Schnauze ist weniger spitz als beim Teichfrosch, jedoch nicht so gerundet wie beim Seefrosch. VERBREITUNG: Wegen des Hybridencharakters der Wasserfrösche ist es kaum möglich, eine zutreffende Verbreitung anzugeben. LEBENSRAUM: Kleinere und größere Stillgewässer aller Art, besonders solche, die reichlich Wasserpflanzenbestände aufweisen. NAHRUNG: Wasserfrösche fangen vor allem Insekten und andere Kleintiere, die sich am Ufer einfinden oder die Wasseroberfläche aufsuchen. Die Nahrung wird im Sprung oder durch rasches Zuschnappen erbeutet.

## Kleiner Teichfrosch
*Rana lessonae*

MERKMALE: Kleinste der drei »Grünfrosch«-Arten mit spitzer Schnauze und schlankem Körperbau. Körperlänge 4-5 cm, nur ausnahmsweise größer. Die Art besitzt einen großen, festen und scharfrandig wirkenden Fersenhöcker, der bis zu ⅔ der Länge der ersten Hinterzehe erreicht. Die Hinterseite der Oberschenkel kann gelb oder orangefarben, seltener auch braun oder schwärzlich marmoriert sein. VERBREITUNG: Von Frankreich reicht das Areal ostwärts bis Rußland, nordwärts bis Südschweden und südwärts bis nach Italien und auf den Balkan. Doch die genaue Art der Verbreitung läßt sich wegen der hohen Verwechslungswahrscheinlichkeiten mit den beiden anderen »Grünfrosch«-Arten nicht angeben. LEBENSRAUM: Der Teichfrosch besiedelt kleine Gewässer, wie Tümpel und Teiche, wie dies sein Name auch zum Ausdruck bringt. NAHRUNG: Fliegen und andere Insekten, die ans Gewässer kommen, werden blitzschnell geschnappt.

## Europäische Sumpfschildkröte
*Emys orbicularis*

MERKMALE: Dunkel gefärbte, flache Schildkröte, die sich am oder im Wasser aufhält und ausgezeichnet taucht und schwimmt. Von den Landschildkröten unterscheidet sie ihr abgeflachter Körperbau. Sie trägt zahlreiche kleine, gelbe Tupfen und Pünktchen oder kurze Streifen an Kopf und Hals. LEBENSRAUM: Stehende Gewässer mit schlammigem Grund und reichlich Wasserpflanzenentwicklung; in Südeuropa auch steinige Bergbäche und Brackwasserlagunen. Stille, sonnige Waldweiher oder Auwaldtümpel bilden die bevorzugten Lebensräume. VERBREITUNG: Sie kommt vom nordwestlichen Afrika über ganz Südeuropa bis zum Aral-See nach Asien hinein vor. Sie besiedelt die südlichen Teile Frankreichs und weite Gebiete in Osteuropa, wo sie bis zur Ostsee vordringt. In den Alpen kommt sie nicht vor; nördlich davon gelegene Vorkommen in Mitteleuropa gehen wohl auf Einbürgerungen zurück.

## Kreuzotter
*Vipera berus*

MERKMALE: Kräftige Otter mit dickem Körper, wenig vom Hals abgesetztem Kopf, auffälligen, rötlichen Augen mit senkrecht geschlitzten Pupillen, gekielten Schuppen und recht kurzem Schwanz. Die Färbung der Oberseite kann weißlich-, silber- oder hellgrau, aber auch gelblich, rötlich, kupferfarben oder schwarz sein. Der Kopf trägt oft eine x-förmige oder ähnliche Zeichnung und beiderseits je ein vom hinteren Augenrand zum Hals führendes Band. Über die gesamte Oberseite erstreckt sich ein breites Zickzackband. Gesamtlänge 55-60, selten 70 und ausnahmsweise sogar 80 cm. LEBENSRAUM: Sonnige, buschreiche und verkrautete Wegränder, baumstumpfdurchsetzte mit Brombeeren und Brennesseln bewachsene Rodungsflächen, Torfmoore, Auwälder und stark besonnte, vegetationsreiche Geröllhänge. VERBREITUNG: Nord- und Mitteleuropa (außer Irland) sowie Mittelasien bis zum Amur.

## Ringelnatter
*Natrix natrix*

MERKMALE: Große, kräftige Natter mit deutlich vom Hals abgesetztem, ovalem Kopf, großen Augen und runden Pupillen, auffällig gekielten Körperschuppen und langem Schwanz. Die Färbung ist grau in verschiedenen Tönungen, selten bräunlich. Ringelnattern können zeichnungslos sein, schwarze Rücken- und Seitenflecken haben oder auch schwarze Flecken und helle Längsbänder zeigen. Der Kopf trägt meist eine mehr oder weniger deutliche, charakteristische Zeichnung, die aus einem Paar weißlicher, gelber oder orangefarbener Flecken besteht, die sich schwarz umgrenzt an den Seiten des Hinterkopfes befinden. Gesamtlänge der Männchen 70-75, der Weibchen 85-90 cm; manchmal auch 150 oder sogar 200 cm. LEBENSRAUM: Häufig an von Schilf und Stauden umwachsenen Seen, Teichen und Tümpeln. VERBREITUNG: Die Ringelnatter kommt in fast ganz Europa, in Westasien und in Nordafrika vor. Sie fehlt auf verschiedenen Mittelmeerinseln.

## Weißstorch
*Ciconia ciconia*

MERKMALE: Durch Größe - Länge um 100 cm, Spannweite um 220 cm wie der Steinadler, Gewicht 3 bis 4 kg - und das schwarzweiße Gefieder unverwechselbar. Weibchen nur an der etwas geringeren Größe kenntlich. Die Federn am Vorderhals sind bei Altvögeln etwas verlängert, bei den Jungen nicht. Außerdem erkennt man Jungvögel am erst schwärzlichen und dann lange blaßroten Schnabel mit dunkler Spitze. LEBENSRAUM: Der Storch meidet den Hochwald. Er braucht feuchte, wasserreiche Wiesengründe mit Baumgruppen und meidet das Schilf, wo es ihm die freie Rundumsicht raubt. Die Nester liegen meist auf Türmen oder Hausdächern. Die Nester werden alljährlich aufgestockt, können 1,5 Meter hoch werden und brechen schließlich zusammen. VERBREITUNG: Das Verbreitungsgebiet ist in zahlreiche Inseln aufgespalten. In manchen Ländern Europas werden noch immer Störche abgeschossen.

## Haubentaucher
*Podiceps cristatus*

MERKMALE: Entengroß, Länge um 48 cm. Von einer Ente schon von fern durch den hochgereckten Hals zu unterscheiden. Schnabel rötlich. Im Brutkleid mit beweglicher Federhaube und rostrotem Halskragen. Zum Winter verschwinden die Federohren fast ganz, die Wangen sind dann weiß ohne Braun. Der Vogel wirkt im Flug von unten fast ganz weiß. Ruflustig mit verschiedenen knarrenden Tönen. LEBENSRAUM: Der Haubentaucher ist eine Zierde ruhiger, fischreicher Gewässer, die im Idealfall einen breiten Schilfsaum und eine reiche Wasserpflanzenwelt aufweisen. Hier finden sich die Vögel im April oder Mai ein und bleiben manchmal bis in den Spätherbst. Die mittel- und nordeuropäischen Haubentaucher ziehen im Winter süd- und westwärts und überwintern in Westeuropa, auch in England und im Mittelmeerraum. Im Winter trifft man sie in ruhigen Buchten auf dem Meer an. Einzelne Haubentaucher versuchen die Überwinterung nördlich der Alpen, kommen dabei aber während kalter Winter in höchste Gefahr. Viele werden dann erschöpft aufgefunden und in Tierheimen abgeliefert. NAHRUNG: Fische, Schnecken, Frösche, Wasserinsekten, meist tauchend erbeutet. Sie bleiben bis 50 Sekunden unter Wasser und tauchen einige Meter tief.

## Graureiher
*Ardea cinerea*

MERKMALE: Der letzte in Mitteleuropa noch weit verbreitete Großvogel mit einer Länge von 90 cm und einer Spannweite bis 170 cm, Gewicht um 1,5 bis 2 kg. Gefieder in verschiedenen Grautönen, bei den Altvögeln von weiß bis schwarz, bei den Jungvögeln in matteren Kontrasten. Flug wuchtig rudernd mit zurückgelegtem Hals. Stimme laut und krächzend »kräik«, oft im Fluge zu hören. Tag- und nachtaktiv bis in die späte Dämmerung. LEBENSRAUM: Graureiher sind sehr anpassungsfähig. Sie brauchen nur fischreiche Gewässer und ein Mindestmaß an Duldung durch den Menschen. Sie fehlen nur in geschlossenen Großwaldungen. Wo er nicht verfolgt wird, gewöhnt er sich auch an den Menschen und brütet sogar inmitten von Großstädten. Graureiher sind Teilzieher, die noch vor Ende der Schneeschmelze im Brutgebiet erscheinen, aber schon bald nach Ende der Brutzeit abziehen. Vor allem die Jungvögel unternehmen nach dem Flüggewerden weite Wanderungen bis nach Nordafrika. Manche jungen Reiher lassen sich später in fremden Reiherkolonien bis einige 1000 Kilometer von ihrem Geburtsort entfernt nieder. Die meisten Graureiher überwintern in Süd- und Westeuropa, manche auch in Mitteleuropa.

## Höckerschwan
*Cygnus olor*

MERKMALE: Einer der größten flugfähigen Vögel, Länge um 150 cm, Spannweite um 240 cm, Gewicht bis 13 kg. Von anderen Schwänen am schwarzen Höcker an der Schnabelwurzel zu unterscheiden, der beim Männchen stärker ausgebildet ist als beim Weibchen. Der eigentliche Schnabel ist orangerot mit schwarzem Nagel. LEBENSRAUM: Der Höckerschwan muß im sumpf- und wasserreichen Mitteleuropa einst überall heimisch gewesen sein. Da er leicht durch Jagd und Eiersammeln auszurotten ist, dürfte er schon früh durch den Menschen zurückgedrängt worden sein und überlebte vermutlich nur in den unwegsamen Sümpfen Nordosteuropas. In den letzten Jahrhunderten wurden wieder Schwäne auf Parkweihern angesiedelt, verwilderten dort und bilden heute wieder eine Zierde unserer Weiher und Seen. Schwäne brüten an stehenden oder langsam fließenden Gewässern mit reichem Nahrungsangebot in Form von Wasserpflanzen oder Fütterung durch den Menschen. Von Natur aus Zugvögel, können sie im Winter Wanderungen von mehr als 1000 km zurücklegen, um in milden Lagen Europas zu überwintern. Parkschwäne bleiben oft auf eisfreien Wasserflächen der Großstädte, wo sich immer Menschen finden, die sie mit Nahrung versorgen.

## Graugans
*Anser anser*

MERKMALE: Eine große Gans - Länge um 80 cm, Spannweite um 170 cm - mit hellgrauem Gefieder, fast ohne Beimischung. Schnabel hell fleischfarben oder orangerot mit weißem Nagel, Füße je nach Herkunft fleischfarben bis rosa, bei Jungvögeln graubraun. Die Stimme ist nasal »ong p ong« oder volltönend und trompetend. LEBENSRAUM: Ihren natürlichen Lebensraum bilden schilfumstandene Seen. Der Bestand in Europa dürfte bei einigen 10000 Paaren liegen, davon brüten nur einige hundert in Deutschland - mit steigender Tendenz. VERBREITUNG: Die Graugans ersetzt die Saatgans südlich von deren Brutgebiet und ist durch die Laubwald- und Steppenzone fast ganz Eurasiens verbreitet. Die Verbreitungslücken in Europa hat der Mensch verschuldet. Die Graugans ist auch heute noch jagdbares Wild und hat beispielsweise in der Bundesrepublik Schußzeit im November und Dezember. Wo sie aber geschützt wird, dehnt sie ihr Verbreitungsgebiet heute langsam wieder aus. Solcher Zuwachs geht zum einen von den Restpopulationen vor allem der nördlichen Gegenden aus, zum anderen werden Graugänse von Jägern zur Wiedereinbürgerung ausgesetzt, einige mögen auch aus Tierparks entkommen sein.

## Kanadagans
*Branta canadensis*

MERKMALE: In Nordamerika bildete die Kanadagans viele Rassen aus, die sich vor allem in der Größe voneinander unterscheiden. Die größte Rasse lebt am Südrand ihres Brutareals und wird so groß wie ein Singschwan. Die nördlichste Rasse wird nur wenig größer als eine Stockente. Die in Europa eingebürgerten Tiere gehören zu den größten, sie übertreffen mit einer Länge von 90 bis 100 cm jede andere europäische Wildgans. Die Jungvögel des ersten Herbstes erkennt man an den ungestreiften Flanken. In ihrem zweiten Sommer sind Brust und Flanken verwaschen quergestreift. Die Stimme ist laut und trompetend »ahonk p ahonk«. Man hört sie besonders während der Paarungszeit und im Fluge. LEBENSRAUM: Die Urheimat der Kanadagans ist Nordamerika. Dort kommt sie von Alaska bis in die Höhe der Großen Seen als die bei weitem häufigste Gans vor. Sie überwintert im südlichen Nordamerika. Die Geschichte der europäischen Kanadagänse begann im Jahre 1678, als die ersten dieser großen Vögel in einem englischen Park ausgesetzt wurden. Seither breiten sie sich weiter aus. Die englische Population ist inzwischen einige Tausend stark, wird aber bei weitem von der schwedischen überholt.

## Stockente
*Anas platyrhynchos*

MERKMALE: Länge um 58 cm. Die bei weitem häufigste Wildente. Erpel mit grünschillerndem Kopf, weißem Kragen und zwei paar Federlokken auf dem Schwanz; Schnabel gelblich; im Schlichtkleid weibchenfarben, aber am gelben Schnabel auch dann als Erpel zu erkennen. Weibchen unscheinbar braun mit braunem Schnabel. Metallisch blauer, weiß eingefaßter Spiegel bei beiden Geschlechtern. Stimme »räb räb räb«. LEBENSRAUM: Verbreitet durch ganz Eurasien etwa bis zur Baumgrenze im Norden und bis in die Steppenzone, im Süden, auch auf Island, Grönland und in fast ganz Nordamerika. In Mitteleuropa ist die Stockente die bei weitem »erfolgreichste« Ente, obwohl sie in den Winterquartieren Südeuropas unter fast kriegsmäßigen Bedingungen bejagt wird. Der Bestand in Europa wird auf etwa 2 Millionen geschätzt. Stockenten sind meist Strichvögel, die noch beim Einsetzen strengen Frostes zur Winterflucht nach Südwesten fähig sind.

## Pfeifente
*Anas penelope*

MERKMALE: Länge 46 cm. Flug in sehr dichten Schwärmen und ohne besonderes Fluggeräusch. Läuft rasch und gewandt ohne jegliches Watscheln. Pfeifenten fliegen vom Wasser fast senkrecht auf, sie landen dicht beisammen und fast gleichzeitig. Der Ruf der Männchen ist sehr oft zu hören und ein unverwechselbarer melodiöser Pfiff, etwa wie »wiw« oder »huihu«. Die Weibchen schnarren »rerrr«. LEBENSRAUM: Durch ganz Eurasien von der Strauchtundra im Norden bis in die Mischwaldzone im Süden verbreitet. Der Gesamtbestand wird auf über 1 Million geschätzt. Die Pfeifente brütet an flachen Süßwasserseen mit reichem Pflanzenwuchs, sie meidet Waldseen und das Gebirge.

## Krickente
*Anas crecca*

MERKMALE: Die kleinste Schwimmente Europas mit etwa 37 cm Länge und einer Spannweite um 60 cm. Gewicht etwa 300 Gramm. Die Erpel tragen von Oktober bis Juni ein Prachtkleid, das aus der Ferne unauffällig, aus der Nähe aber bunt aussieht: Die Unterschwanzfedern sind gelb, die Kopfseite schmückt je ein dunkelgrünes, hellgerandetes Längsoval. Im Ruhe- und im Weibchenkleid sind die Krickenten nicht leicht von der etwas größeren Knäkente zu unterscheiden, zumal beide Geschlechter beider Arten grüne Flügelspiegel tragen. LEBENSRAUM: Das Verbreitungsgebiet bildet einen mehrere tausend Kilometer breiten Gürtel quer durch ganz Eurasien und Nordamerika.

**Reiherente**
*Aythya fuligula*

MERKMALE: Eine häufig tauchende Ente mittlerer Größe - Länge 43 cm -, mit unverwechselbarem Erpelprachtkleid und unscheinbarem Weibchen. Der Federschopf des Erpels ist im Schlichtkleid nur kurz und fällt wenig auf. Die Weibchen können variieren: Flanken und Unterschwanzdecken können mehr oder weniger aufgehellt erscheinen, die Schnabelwurzel ist oft weißlich gerandet oder trägt einen weißlichen Fleck. Wegen solcher Ähnlichkeiten kann man die Weibchen der Reiherenten nicht leicht von denen der Bergente unterscheiden; aber nur die Reiherente trägt stets einen - wenn auch unauffälligen - Nackenschopf, was der Art ihren Namen verlieh. Die Stimme der Weibchen ist knarrend, die der Männchen pfeifend. LEBENSRAUM: Die Reiherente konnte ihren Lebensraum in den letzten 150 Jahren weit nach Süden und Westen ausdehnen. In Mitteleuropa sind ihre Brutplätze aber recht verstreut. Sie häufen sich nur in der Nähe der Nord- und Ostsee und auf den Seen im Alpenraum. In der Wahl ihres Brutplatzes ist die Reiherente anpassungsfähig. Ideal sind mäßig tiefe, schilfumstandene Seen mit reicher untergetauchter Wasserpflanzenflur und offenen Wasserflächen.

**Kolbenente**
*Netta rufina*

MERKMALE: Eine große, 56 cm lange und massige Ente (Gewicht bis 1 kg), die äußerlich eine Mischform von Gründelente und Tauchente darstellt. Erpel im Prachtkleid mit fuchsrotem Kopf und Hals, Schnabel, Füße und Augen siegellackrot, ♀ Schnabel grau mit rötlicher Spitze. Kopffedern besonders beim Erpel buschig verlängert; er sieht daher dickköpfig aus. Im Schlichtkleid ist der Kopf des Erpels aschgrau, sonst ähnelt er dem des Weibchens: bräunlichgrau mit hellen Wangen. Kolbenenten tauchen oft und bleiben im tiefen Wasser bis über eine halbe Minute untergetaucht. Vom Wasser können sie nur nach einem kurzen Anlauf auffliegen. Sie gehen oft und gern an Land, um sich zu putzen und um zu ruhen. Schweigsam, Stimme knarrend. LEBENSRAUM: Verschilfte Seen mit freier Wasserfläche und reicher Unterwasserflora, im Winter auch auf Lagunen. Die Erpel verlassen im Juni ihre Weibchen und fliegen teilweise über viele hundert Kilometer zu traditionellen Mauserplätzen, wo sie in das Schlichtkleid wechseln und dabei für ein paar Wochen flugunfähig werden. Bald nach dieser Mauser beginnt eine Teilmauser, die Anfang November wieder zum Prachtkleid führt. Ein bekannter Mauserplatz ist der Bodensee.

**Teichhuhn, Grünfüßiges Teichhuhn**
*Gallinula chloropus*

MERKMALE: Länge 33 cm. Altvögel an der roten Stirn und den weißen Unterschwanzdecken immer zu erkennen. Gefieder dunkel mit schmalem, weißem Flankenstreifen, Beine und Füße grün, auch wenn Schnabel und Füße im Winter etwas verblassen. Die Jungvögel sind unscheinbar asch- bis düstergrau, grünfüßig, aber ohne Rot am Schnabel, tragen aber schon die weißen Felder unter dem Schwanz und eine Andeutung des Flankenstreifens. Teichhühner können sich rasch an Menschen gewöhnen und zeigen sich auch längere Zeit auf offenen Wasserflächen, wirken aber immer schüchtern. Erschreckt flüchten sie mit Flatterlauf ins Dikkicht. In der Not tauchen sie unter und »fliegen« unter Wasser mit langsamen Schlägen ihrer halb geöffneten Flügel. LEBENSRAUM: In Nord- und Südamerika, im tropischen Afrika sowie im warmen und gemäßigten Eurasien heimisch, in Europa bis Mittelskandinavien. An Gewässern aller Art mit dichter Ufervegetation und üppig entfalteten Wasserpflanzen, auch an leicht brackigen Gewässern und kleinsten Bächen und Entwässerungsgräben. Oft in städtischen Gewässern in lebhaftester Umgebung. Im nördlichen Europa immer, in Mitteleuropa teilweise Zugvogel.

**Tafelente**
*Aythya ferina*

MERKMALE: Länge 46 cm. Männchen im Prachtkleid unverwechselbar mit rostrotem Kopf und Hals, grauem Rücken und schwarzer Brust und weißen Flanken. Im Ruhekleid sind das leuchtendrote Auge und der schwarze, von einem blaugrauen Querband überzogene Schnabel sichere Merkmale. Das unscheinbar bräunliche Weibchen trägt gleichfalls, aber undeutlicher, eine Schnabelbinde. Das Auge ist braun, in der Brutzeit von stärkerer Farbe. Aus der Nähe zeigt das Rückengefieder feine Querwellen. Tafelenten sind wenig fluglustig. Im Auffliegen nehmen sie einen kurzen, kräftigen Anlauf auf der Wasserfläche. Sie kommen nur selten an Land. LEBENSRAUM: Die Tafelente war ursprünglich auf den osteuropäischen Steppenseen zu Hause. In den letzten hundert Jahren dehnte sie ihr Brutgebiet langsam nach Mittel- und Westeuropa, aber auch in nördlicher Richtung aus und zählt an manchen Stellen Mitteleuropas zu den häufigsten Enten.

**Bläßhuhn**
*Fulica atra*

MERKMALE: Länge 38 cm; Altvögel mit Schnabel und Stirnschild in Weiß. Die Männchen wiegen bis um 600 g, die Weibchen bis 800 g. Die Jungen sind bis zur Herbstmauser ohne weiße Stirn (Blässe) und oberseits dunkel, an Hals und Brust hell aschgrau. Kräftige Beine und lange grünlich dunkle Zehen mit Schwimmlappen. Bläßhühner verbringen die meiste Zeit auf dem Wasser. Sie schwimmen langsam und mit Kopfnicken. Gelegentlich kommen sie zum Rasten und Grasen ans Ufer, fliehen aber bei der geringsten Störung aufs Wasser. Die Nacht verbringen sie auf einem geschützten Schlafplatz außerhalb des Wassers. Stimme eintönig: ein hohes »Zip« sowie mekkerndes »Käff«. LEBENSRAUM: Brutvogel an langsam fließenden und stehenden Gewässern mit Schilfsaum, in dem die Vögel ihre Nester bauen. Als Bewohner von Park- und Stadtweihern kommen sie auch ohne Schilf aus.

**Lachmöwe**
*Larus ridibundus*

MERKMALE: Im Sommer mit schwarzbrauner Gesichtsmaske, roten Beinen und rotem Schnabel, gesellig und lärmend. Im Winter mit weißem Kopf und graubraunen »Schmutzflecken« in der Ohrgegend. Flügelvorderkante immer weiß. Länge um 36, Spannweite um 100 cm. Die Jungvögel tragen in ihrem ersten Herbst ein auf dem Rücken braun geflecktes Jugendkleid; im zweiten Sommer sind Füße und Schnabel noch graubraun, erst im dritten Jahr legen sie die schwarzbraune Gesichtsmaske an, Füße und Schnabel färben sich lackrot. Nur in diesem Kleid werden sie in den Brutkolonien geduldet und brüten dann zum ersten Mal. LEBENSRAUM: Die Lachmöwe ist durch das gesamte gemäßigte und stellenweise auch kalte Eurasien verbreitet. In den letzten 100 Jahren hat sie ihr Verbreitungsgebiet nach Norden und Nordwesten erweitert. Brutkolonien im Uferbewuchs mooriger Weiher und Seen.

**Wasseramsel**
*Cinclus cinclus*

MERKMALE: In der Gestalt ähnlich dem Zaunkönig, mit gedrungenem Körper, kurzen, gerundeten Flügeln und auch kurzem, aufgestelltem Schwanz. Mit 18 cm Länge etwa starengroß, kräftige, lange Beine. Dunkelbraun bis schwarzbraun mit weißem Brustlatz. Die Jungvögel sind bis zur Herbstmauser mehr braungrau mit dunkler Rücken- und hellerer Bauchseite und verwaschen gefleckt. Wasseramseln fliegen mit schnurrendem Flug dicht über das Wasser und folgen dabei allen Biegungen des Bachlaufs. Im Fluge rufen sie häufig »zrrr«, sonst kurz »zit«. LEBENSRAUM: Bäche und schnellfließende Flüsse mit kaltem Wasser und kiesigem Grund, gern mit eingestreuten Felsbrocken und bewaldeten Ufern. In Mitteleuropa hat die Wasseramsel viele Brutplätze durch Bachverbauungen verloren. Sie ist kältefest; im Gebirge und in Nordeuropa geht sie bis über die Baumgrenze. Standvogel, solange das Wasser fließend bleibt.

**Flußregenpfeifer**
*Charadrius dubius*

MERKMALE: Mit 15 cm Länge deutlich kleiner als der Sandregenpfeifer. Ohne Flügelbinde, Schnabel schwarz, gelber Augenring, Füße gelblichgrau. Im Winter- und Jugendkleid unscheinbar und den anderen Regenpfeifern ähnlich. Kein weißer Flügelstreif im Flugbild (Oberseite) wie bei den ähnlichen Sandregenpfeifern. Sie sind dämmerungs- und nachtaktiv und laufen mit so schnellen Trippelschritten, daß man einen rollenden Ball zu sehen glaubt. Dazwischen halten sie ruckartig inne und wiegen den Körper. LEBENSRAUM: Der einzige Regenpfeifer, der an den Flüssen Mitteleuropas brütet, dafür fehlt er an der Meeresküste. Sein Lebensraum sind die Kiesinseln der Wildflüsse.

**Bekassine**
*Gallinago gallinago*

MERKMALE: Länge um 27 cm, reichlich amselgroß. Die Bekassine hat von allen Schnepfen den im Verhältnis zum Körper längsten Schnabel. Sie verharrt bei einer Störung unbeweglich und fliegt erst einige Meter vor dem Eindringling mit einem Blitzstart auf. Zunächst steigt sie in einer Zickzacklinie schräg aufwärts und ruft dabei mehrfach krächzend »ätsch«. Dann wird der Flug gleichmäßig und führt meist in einem hohen und weiten Bogen wieder in die Nähe des Ausgangspunktes zurück. LEBENSRAUM: Das Brutgebiet zieht sich in breitem Gürtel durch das gesamte gemäßigte und kühle Eurasien und Amerika. Die Bekassine bevorzugt sumpfige Wiesen und mäßig feuchte Moore mit nicht zu hoher Vegetation.

## Sumpfmeise
*Parus palustris*

MERKMALE: Verwechslungsmöglichkeit in Mitteleuropa nur mit der Weidenmeise. Die Sumpfmeise hat eine glänzend schwarze Kopfplatte und kein helles Feld im Flügel. Beide Merkmale sind in der Natur oft nicht leicht zu erkennen, außer wenn sich beide Arten nebeneinander zeigen und die Sonne sie bescheint. Stimme »pistjä« und »zjä dä dä«. LEBENSRAUM: Auwälder, feuchte Laubwälder, Parks, Gärten, bevorzugt keine Sümpfe. NAHRUNG: Im Sommer Insekten und Spinnen, mit denen die Jungen ausschließlich gefüttert werden, daneben auch wenige ölhaltige Samen. Im Winter reichliche Sämereien, mit Vorliebe aus den Früchten der Erle. Am Futterhaus ist die Sumpfmeise die einzige Meise, die mehrere Futterbrocken zugleich in den Schnabel nimmt und damit davonfliegt, um sie unter loser Rinde zu verstecken. Sie vergißt zwar die Verstecke, findet aber durch Zufall einiges wieder.

## Brachvogel
*Numenius arquata*

MERKMALE: Der größte aller Watvögel, so groß wie ein Haushuhn. Weibchen mit extrem langem, Männchen mit kürzerem, stärker gekrümmtem Schnabel. Im Unterschied zum Regenbrachvogel keine hellen und dunklen Streifen am Kopf und keine dunklen Tropfenflekken an den Flanken. Spannweite um 110 cm. LEBENSRAUM: Früher ein Vogel baumloser Niedermoore, ist der Brachvogel heute ein Vogel der spät gemähten Niederungswiesen und Weiden, im Norden auch der Flachmoore, immer aber lebt er in der Nähe von Wasser. FORTPFLANZUNG: Die Vögel bevölkern von Ende März bis in den Juli hinein ihr Brutgebiet. Gleich nach der Ankunft zeigt das Männchen seinen eigenartigen, als Girlandenflug bezeichneten Balzflug, mit dem es das Brutrevier umkreist. Schon von der allerfrühesten Morgendämerung an hört man seinen melodischen Trillerruf. Vor dem Weibchen führt es eine Bodenbalz vor, indem es flügelschlagend vielmals um die Partnerin herumläuft. Die meist 4 Eier werden in Intervallen von 1 bis 3 Tagen gelegt und von beiden Eltern etwa 29 Tage lang bebrütet. Naht eine Störung, so schleicht der Brutvogel auf große Entfernung von den Eiern und fliegt erst weit davon auf.

## Rohrammer
*Emberiza schoeniclus*

MERKMALE: Männchen in der Brutzeit mit schwarzem Kopf und weißem Nackenstreif. Nach der Herbstmauser ist diese kontrastreiche Färbung durch graue Federsäume verdeckt und kommt im Verlauf des Winters nach Verschleiß der Felderränder wieder zum Vorschein. Das unscheinbare Weibchen läßt sich auf dem Zuge nur schwer bestimmen, besonders, wenn man es allein antrifft. Länge 15 cm. LEBENSRAUM: Grasbewachsene Sümpfe mit eingestreuten Büschen, Weidendickicht in sumpfigen Wiesen, lichte Schilfbestände. Die Rohrammer turnt zwar lange nicht so geschickt wie die Rohrsänger, aber sie hat sich doch weit von der Lebensweise der meisten übrigen Ammern entfernt, die sich praktisch nur auf dem Boden und in der Luft fortbewegen können. Während des Zuges rastet die Rohrammer auch auf Unkrautäckern. FORTPFLANZUNG: Der Ammerhahn singt sehr fleißig seine kurze Strophe, während das Weibchen das Nest nach Ammerart am Boden unter überhängendem Altgras errichtet, meist an einer trockenen Stelle in sumpfiger Umgebung. Scheucht man das brütende Weibchen vom Nest, so fliegt es in einem merkwürdigen, langsamen Zitterflug davon. Die Jungen werden mit Insekten gefüttert.

## Eisvogel
*Alcedo atthis*

MERKMALE: Länge um 16 cm. In Gestalt, Farbe und Lebensweise unverwechselbar. Die Jungvögel sind etwas matter gefärbt, das Männchen erkennt man am schwarzen, das Weibchen am unterseits schwarzroten Schnabel. Meist wird man auf den tropenprächtigen Vogel erst aufmerksam, wenn man ihn aufgescheucht hat, und er im Schnurrflug dicht über das Wasser davonfliegt, bis er außer Sichtweite ist. LEBENSRAUM: Der Eisvogel ist in mehreren Rassen über die gemäßigte und warme Zone ganz Eurasiens verbreitet. In seinem Brutgebiet müssen ruhige, klare und fischreiche Gewässer mit genügend Sitzplätzen für die Ansitzjagd vorhanden sein und eine Steilwand aus Sand, Löß oder Torf, in welche die Vögel ihre Bruthöhle graben. Da in Mitteleuropa vielfach Abwässer den Fischbestand vernichten, Flußregulierungen und Flurbereinigungen sowohl Nahrungsbiotop wie Brutwand beseitigen, schrumpfte der Bestand und ist weiter rückläufig.

## Wasserspitzmaus
*Neomys fodiens*

MERKMALE: Kopf-Rumpf 7,2-9,6 cm, Schwanz 4,7-7,7 cm, Höhe 1,6-2 cm, Gewicht 9-23 g. Ohrmuscheln ganz im Fell versteckt. Schnauze etwas dicker als bei Sorex-Arten. Zahnspitzen weinrot. Verhältnismäßig groß. Schwanz an der Unterseite mit einem doppelreihigen Streifborstenkiel. Hinterfüße relativ groß, am Außenrand mit einem Schwimmborstensaum für besseres Schwimmen. Körperfarbe sehr unterschiedlich, von Braun über Grau bis oberseits schwarz. Bauch in der Regel heller (Gegenschattierung), Schwanzkiel stets silbergrau. Gelegentlich findet sich hinter dem Auge und am Innenrand der Ohren ein weißer Fleck. Die roten Zahnspitzen erinnern an die *Sorex*-Art, zu denen sie nicht gehört. LEBENSRAUM: Klare, nicht verschmutzte Gewässer, aber auch gelegentlich weit ab vom Wasser anzutreffen. Dabei handelt es sich wahrscheinlich um Tiere, die ein neues Territorium suchen. Auch in Brunnenstuben. Kommt bis in 2500 m Höhe vor. VERBREITUNG: Kommt in ganz Europa außer im Mittelmeergebiet und in Irland vor. LEBENSWEISE: Schwimmt und taucht gut. Kann lang unter Wasser bleiben. Sie ist 24 Stunden aktiv und legt nur kurzfristige Ruhepausen ein. Der Grundumsatz ist ähnlich wie bei Mäusen.

## Iltis
*Mustela putorius*

MERKMALE: Kopf-Rumpf 29-46 cm, Männchen im Durchschnitt 38 cm, Weibchen 33 cm, Schwanz 12,5-14 cm, Gewicht im Durchschnitt 620 g (Weibchen) bis 980 g (Männchen). Helles Gesicht mit dunkler Maskenzeichnung und beim Laufen angehobener Rücken (»Buckel«) bilden die charakteristischen Merkmale. Durch das schwarzbraune Rückenfell schimmert an den Körperseiten die grauweiße Unterwolle. Die Unterseite ist fast ganz schwarz. Eine Albinoform des Iltisses, das Frettchen, wird seit der Römerzeit domestiziert und zur Kaninchenjagd verwendet. Mischlinge zwischen Iltis und Frettchen, die Iltisfrette, zeigen weitgehend wildfarbenes Fell. Das Frettchen lebt auf Sardinien und Sizilien verwildert. LEBENSWEISE: Iltisse jagen hauptsächlich in der Dämmerung und nachts. Sie schwimmen und tauchen gut, stöbern auch in dichtem Unterwuchs am Ufer der Gewässer.

## Bisamratte
*Ondatra zibethicus*

MERKMALE: Kopf-Rumpf 26-40 cm, Schwanz seitlich etwas abgeflacht, 20-27 cm lang, kräftig; Gewicht 0,6 bis knapp 2 kg. Fell dunkelbraun mit etwas hellerer Unterseite und starken Grannenhaaren - daher struppig wirkend. Zehen an den Hinterfüßen mit kurzen Schwimmhäuten. Der Körper ragt beim Schwimmen in der Regel aus dem Wasser, wobei der Schwanz seitlich hin- und herbewegt wird. An Land wirkt die Bisamratte plump, benützt aber ihre Vorderpfoten sehr geschickt zur Nahrungsaufnahme. Von der Körpergestalt her kann die Bisamratte kaum mit anderen Wühlmäusen, wohl aber mit Nutria oder jungen Bibern verwechselt werden. Letztere haben einen breit abgeflachten, kellenförmigen Schwanz, während sich die Nutria durch einen dicken, drehrunden Schwanz auszeichnet. LEBENSRAUM: Bisamratten besiedeln heute nahezu alle Gewässer in Mittel- und Osteuropa.

## Schermaus
*Arvicola terrestris*

MERKMALE: Kopf-Rumpf 16-22 cm, Schwanz 10-15 cm, Gewicht 70-180 g. Abgesehen von der eingebürgerten Bisamratte ist sie die größte Wühlmausart. Schwanz kreisrund. Sie tritt in 2 Typen auf: die »Schermaus« lebt in Gärten, Wiesen und Äckern, wo sie durch ihre oberflächennahen, aufgeworfenen Gänge auffällt; die »Wasserratte« hält sich an Gewässern aller Art auf und gräbt Baue in die Uferbänke. LEBENSRAUM: Ökologisch sehr anpassungsfähig; vorwiegend an überhängenden, bewachsenen Ufern stehender oder langsam fließender Gewässer. Im Gebirge bis 2400 m. LEBENSWEISE: Die Schermäuse sind hauptsächlich morgens und abends zu beobachten. Sie werfen hochovale (Maulwurf querovale) Gänge auf, die kleine Erdwälle bilden. FORTPFLANZUNG: April bis Oktober, 3-4 Würfe. Ähnliche Art: Westschermaus (*Arvicola sapidus*) in Frankreich und Spanien; sehr ähnlich der auch als Ostschermaus bezeichneten *Arvicola terrestris*.

## Fischotter
*Lutra lutra*

MERKMALE: Kopf-Rumpf 62 (Weibchen) bis 85 cm (Männchen), Schwanz 40-43 cm, Gewicht im Durchschnitt 7,4 (Weibchen) bis 10,3 kg (Männchen), schwere Männchen erreichen bis zu 23 kg. Abgesehen von der Größe sind der spitz auslaufende, an der Basis dick angesetzte Schwanz und der breite, flache Kopf für den Otter kennzeichnend. Die 5 Zehen der Füße werden durch Schwimmhäute verbunden. Die kurzen, kräftigen Beine ermöglichen ein ausdauerndes, ausgesprochen wendiges Schwimmen und Tauchen. Mit Ausnahme der blasseren Kehle zeigt das Fell ein einheitliches, sattes Braun. Es ist sehr dicht und wirkt im Wasser wegen der zwischen den Haaren eingeschlossenen Luft glänzend. Bei gemächlichem Gang liegen die Fußabdrücke etwa 36 cm auseinander. In schnellem Lauf reichen sie 0,5-1 m weit. Auf schlammigem Untergrund oder in nassem Neuschnee drücken sich die Schwimmhäute in der Spur deutlich ab. LEBENSRAUM: Das Vorkommen des Fischotters erstreckt sich von Europa über ganz Asien bis Japan und zu den Sunda-Inseln sowie nach Nordafrika. In Nordamerika vertritt ihn der sehr ähnliche Kanada-Otter (*Lutra canadensis*). In diesem riesigen Areal bewohnen die Otter alle Arten von Süßwasser-Lebensräumen, wie Seen und Teiche, Flüsse und Kanäle, gebietsweise aber auch Meeresbuchten (in Westeuropa und Skandinavien). Von allen Vertretern der Marderfamilie ist der Fischotter zweifellos dem Wasserleben am besten angepaßt. Die damit verbundene Spezialisierung wird ihm jetzt zum Verhängnis, weil menschliche Nachstellungen, Wasserverschmutzung, Lebensraumzerstörung und Nahrungsverknappung die Otterbestände besonders in Mittel- und Westeuropa so stark beeinträchtigten, daß sie über weite Bereiche erloschen. Neben den direkten Nachstellungen, die wohl die Hauptschuld am Rückgang der Otter tragen, gefährdeten wahrscheinlich die waschmittelhaltigen Abwässer die Tiere sehr stark, weil sie die Isolationswirkung des Pelzes herabsetzten oder vernichteten. Flußverbauungen, -begradigungen und Beseitigung der Ufervegetation an Fließgewässern zur Abflußertüchtigung entzogen dem Otter wichtige Bestandteile seines Lebensraumes, nämlich Unterschlupfstellen für Fische und Krebse, ruhige Kolke und überhängende Uferdeckung. Starke Einbußen der Otterbestände ergaben sich in Mitteleuropa, als die Flußsysteme einschneidend verändert wurden.

## Biber
*Castor fiber*

MERKMALE: Kopf-Rumpf 75-100 cm, Schwanz 30-35 cm, Gewicht bis über 30 kg. Ausgewachsene Biber sind schon wegen ihrer Größe mit keinem anderen Nagetier zu verwechseln. Sie übertreffen selbst Rehe an Gewicht, obwohl sie wegen ihres gedrungenen Körperbaus - vor allem im Wasser - keineswegs so gewichtig wirken. Der abgeplattete Schwanz, die Kelle, macht den Biber unverkennbar. Sie dient im Wasser als Höhensteuer, ist aber - vor allem bei Jungbibern - kaum zu sehen, weil sie etwas eingetaucht bleiben. Das gibt mitunter Anlaß zu Verwechslungen, wenn kräftige Bisamratten für Jungbiber gehalten werden. Der Bisam hat jedoch einen rundlichen, viel dünneren Schwanz, der beim Schwimmen mit seitlichen Schlängelbewegungen eingesetzt wird. Der Biberschwanz ist mit einer schuppenartigen Haut überzogen und unbehaart. An Land wird er als Stütze benutzt. Die Hinterbeine tragen Schwimmhäute zwischen den Zehen. Biber können sehr gut schwimmen und tauchen. Dagegen wirkt ihre Fortbewegung an Land wegen ihres Körpergewichts unbeholfen und schwerfällig. Ihr Fell ist sehr dicht; die Unterwolle seidig weich und von kräftigen Grannenhaaren bedeckt. LEBENSRAUM: Flußauen und Seeufer mit Weichholzbeständen bilden den typischen Lebensraum des Bibers. Hier verbessert er zu einem gewissen Teil seine Lebensbedingungen selbst, wenn er mit seinen Dammbauten Bäche anstaut und kleine Seen schafft. Sein Vorkommen erstreckte sich bis ins 17. oder 18. Jahrhundert über die Flußsysteme von fast ganz Europa und darüber hinaus über Nord- und Zentralasien. In Nordamerika vertritt ihn ebenfalls über nahezu den ganzen Erdteil hinweg der sehr nahe verwandte Kanadabiber (*Castor canadensis*). Beide Arten wurden im Laufe der letzten 200 Jahre so stark verfolgt, daß sie weithin verschwanden und erst mit umfangreichen Versuchen zur Wiedereinbürgerung wenigstens teilweise in ihr ursprüngliches Areal zurückgebracht werden konnten. LEBENSWEISE: Biber leben gesellig in Familiengruppen, die bei größerer Bestandsdichte regelrechte Kolonien bilden. Das Territorium erstreckt sich je nach Qualität der angrenzenden Baumbestände über eine Uferlänge von 0,5-2,5 km und mehr. Bei allen Bautypen der Biberburgen liegen die Eingänge unter Wasser. Der Hauptzweck der Dämme besteht in der Anhebung des Wasserstandes auf ein Niveau, das die Burgeingänge ganzjährig unter Wasser hält. Es schützt vor Feinden und eiskalter Winterluft.

# Lebensraum **WIESE**

Neben den Siedlungen ist der Lebensraum Wiese der am stärksten vom Menschen geprägte Landschaftstyp. Er ist eine künstlich geschaffene Lebensgemeinschaft von Pflanzen und Tieren – eine Kulturlandschaft, deren Entstehung und Erhaltung ein Werk des Menschen ist. Würden Wiesen nicht gemäht werden, so würden sie verbuschen und bald von lockerem Mischwald bedeckt sein. Naturwiesen sind nur noch an wenigen Stellen in ihrem ursprünglichen Zustand als Feuchtwiesen, Salzwiesen, Trockenwiesen und Alpenmatten erhalten geblieben.

Kultur- und Naturwiesen ist gemeinsam, daß sie keine oder nur einen spärlichen, weitverstreuten Baum- oder Strauchbewuchs aufweisen; Gräser und krautige Pflanzen dominieren. Die wichtigsten Einflußgrößen auf den Zustand der Wiesen sind neben der Mahd das Klima, die Beweidung und die Düngung. Die ursprünglich bäuerlich geprägte Kulturlandschaft bot ein reiches Spektrum einzelner Lebensräume: vom Acker bis zum Brachland, von Hecken und Rainen bis zu Gräben und Teichen. Die moderne Form der Landwirtschaft muß mehr aus dem Boden herausholen, um konkurrenzfähig zu sein: Übermäßiger Einsatz von Mineraldünger und moderne Maschinentechnik verwandelten die Feldflur in eine monotone Agrarsteppe. Diese Fehlentwicklung wurde in letzter Zeit immer deutlicher. Inzwischen werden zunehmend Anstrengungen in Richtung naturnaher und qualitätsbewußter landwirtschaftlicher Erzeugung unternommen.

## Sommer-Linde
*Tilia platyphyllos*

MERKMALE: Meist sehr stattlicher, sommergrüner, laubwerfender Baum bis etwa 35-40 m Wuchshöhe, mit großer, hochgewölbter, ziemlich dicht geschlossener Krone, die jedoch nicht sehr breit ausläuft, sondern eher schmal hochgezogen erscheint. Stamm meist gerade und bei älteren Exemplaren sehr dick. Rinde dunkelgrau oder graubräunlich, mit feinen, längs verlaufenden Furchen und schmalen, netzig verzweigten Leisten, jedoch nicht grob oder tief skulpturiert. Blätter wechselständig, herzförmig, fast ebenso lang wie breit und etwa 7-12 cm groß, vorne mit schlanker, langer Spitze. LEBENSRAUM: Die Sommer-Linde kommt von Natur aus recht zerstreut in krautreichen Ulmen-Ahorn-Eschen-Schluchtenwäldern oder in Buchen-Linden-Bergwäldern auf sickerfrischen, nährstoff- und basenreichen, lockeren Böden vor. Ziemlich empfindlich gegen Luftverschmutzung.

## Hänge-Birke, Weiß-Birke, Warzen-Birke
*Betula pendula*

MERKMALE: Sommergrüner, bis etwa 20 m hoher Baum mit anfangs schmaler, spitzkegeliger, später rundlich gewölbter und unregelmäßiger Krone. Stamm gerade oder gekrümmt, mitunter auch einseitig geneigt. Rinde glatt, silbrig weiß, mit einzelnen, grauweißen Querbinden, zuletzt vor allem an der Stammbasis mit groben, knorrigen, tiefrissigen, schwarzen Leisten gefeldert. Blätter 2-6 cm lang, rundlich-oval oder von dreieckigem Umriß, mitunter auch rhombisch, lang gestielt, doppelt gesägt, beidseits kahl, fühlen sich sehr dünn und leicht an. LEBENSRAUM: Pionierart auf lockeren, lichten Rohböden, erträgt keine Überschattung. VERBREITUNG: Überall in Europa häufig und weit verbreitet, besonders in Sandfluren, auf Schlägen, an Waldrändern oder in Feldgehölzen. In Südeuropa nur in den höheren Gebirgslagen anzutreffen. BLÜTEZEIT: März bis Mai.

## Feld-Ulme, Rot-Rüster
*Ulmus carpinifolia*

MERKMALE: Sommergrüner Baum mit Wuchshöhen bis etwa 30 m. Krone recht vielgestaltig, bei der Typform meist hochgewölbt, dabei jedoch ziemlich schmal. Rinde braungrau, mit langen, recht tiefen Furchen und Buckelleisten. Blätter 6-10 cm lang und etwa 5-8 cm breit, von veränderlicher Form, überwiegend verkehrt-eiförmig oder länglich, mit verlängerter, schmaler Spitze und auffallend schiefem, unsymmetrischem Blattgrund. Blattrand undeutlich doppelt gesägt oder auch nur gekerbt mit kleinen, zur Spitze weisenden Zähnen. Blattoberseite meist glänzend, dunkelgrün. LEBENSRAUM: Feld-Ulmen bevorzugen sickerfeuchte, manchmal auch überflutete, basen- und nährstoffreiche Böden. VERBREITUNG: Vor allem in den großen europäischen Stromtälern häufiger anzutreffen. Fehlt jedoch im Nordwesten Mitteleuropas und steigt im Bergland höchstens auf 600 m. Die Feldulme gehört zu den häufigsten Ulmen. BLÜTEZEIT: März.

## Gemeiner Wacholder
*Juniperus communis*

MERKMALE: Immergrüner, langsam wachsender, aufrechter, vom Grunde an verzweigter Strauch von säulenförmigem, aber auch flach ausgebreitetem Wuchs; oder kleiner, mehrstämmiger Baum mit schmal pyramidaler Krone. Rinde anfangs glatt, rötlich braun, später graubraun, längsrissig, schuppig und faserig abschälend. Blätter nadelförmig, in meist 3zähligen Wirteln. LEBENSRAUM: In Heiden, lichten Nadelwäldern, auf Magerweiden und Felshängen. Von der Ebene bis in die Hochalpen auf nährstoffarmen, sandigen Böden in sonnigen Lagen verbreitet. VERBREITUNG: Europa, Asien. BLÜTEZEIT: April, in höheren Lagen Mai, Juni.

## Gewöhnliche Berberitze
*Berberis vulgaris*

MERKMALE: Bis 3 m hoher Strauch mit glatter, weißlichgrüner Rinde und tiefgefurchten, strohgelben Zweigen. Die Laubblätter der Langtriebe in 1-2 cm lange, 3-7teilige Dornen umgewandelt. Die elliptisch bis eiförmigen Blätter stehen büschelig gehäuft in den Achseln der Kurztriebe; sie sind etwa 4 cm lang, mit dornig gezähntem Rand, derb, auf der Oberseite dunkelgrün, unterseits hellgrün. LEBENSRAUM: Häufig in Gebüschen, Hecken, an lichten Waldstellen, Waldrändern, an steinigen Abhängen sowie in trockenen Flußauen. Vorwiegend auf mageren Kalkböden vom Tiefland bis ins Hochgebirge (etwa 2000 m). VERBREITUNG: Als mediterranes Florenelement besonders in Südeuropa verbreitet.

## Preiselbeere
*Vaccinium vitis-idaea*

MERKMALE: Immergrüner, aufrechter, bis höchstens 30 cm hoher, spärlich verzweigter Zwergstrauch mit unterirdisch kriechenden und quirlenden, schuppig beblätterten Sprossen. Die Zweige aufrecht, aufstrebend oder gebogen, die jungen flaumig behaart. Blätter kurzgestielt, wechselständig und oft zweizeilig angeordnet, dick und derb lederig, elliptisch bis länglich oder verkehrt-eiförmig, an der Spitze stumpf oder leicht ausgerandet, ganzrandig, kahl, oberseits dunkelgrün, glänzend, unterseits heller grün. LEBENSRAUM: In sonnigen Lagen, auf trockenen, meist sauren Sand-, Heide- und Moorböden, in lichten Nadelwäldern, Zwischenmooren und Zwergstrauchheiden der höheren Lagen, bis etwa 3000 m. VERBREITUNG: Nord- und Mitteleuropa, südlich bis in die Gebirge des nördlichen Apennin, Albanien und Bulgarien. BLÜTEZEIT: Mai bis Juli, in tieferen Lagen zum 2. Mal im August.

## Eingriffeliger Weißdorn
*Crataegus monogyna*

MERKMALE: Mittelgroßer, dicht verzweigter, dorniger Strauch oder kleiner, bis 8 m hoher Baum mit formloser, ausgebreiteter Krone. Rinde dunkelbraun, in schmale Rauten oder Rechtecke zerrissen. Blattrand ganzrandig, gegen die Spitze zu einfach oder doppelt gesägt, Sägezähne an Größe zunehmend. Blattgrund keilförmig, fast gestutzt, mit etwa 3 cm langem, rinnigem Blattstiel. Nebenblätter ganzrandig. Blattoberseite glänzend, dunkelgrün, unterseits bläulichgrün, mit stets behaarten Nervenwinkeln. Blüten weiß, 8-15 mm breit, in reichblütigen Doldenrispen. LEBENSRAUM: Verbreitet in Laubwäldern (seltener in Nadelwäldern), in Hecken, an Zäunen, an Waldrändern, Böschungen und in sonnigen Gebüschen. Von der Ebene bis in die obere Bergstufe (ca. 1500 m). Bevorzugt meist niederschlagsreiche und tiefere Lagen. VERBREITUNG: In Mittel- und Südeuropa verbreitet.

## Schlehe, Schwarzdorn
*Prunus spinosa*

MERKMALE: Dorniger, sommergrüner, sparriger, dicht verzweigter, 1-4 m hoher Strauch, seltener bis 6 m hoher, mehrstämmiger Baum mit dichter Krone. Rinde dunkelbraun bis schwärzlich, im Alter in schmale Streifen zerrissen. Laubblätter einfach, wechselständig, häufig jedoch büschelig angeordnet, 2-5 cm lang und 1-2 cm breit, länglich-eiförmig bis elliptisch oder auch lanzettlich, am oberen Ende spitz bis stumpf, am Grund keilförmig verschmälert, am Rand fein gesägt bis gekerbt, spärlich behaart, mattgrün, oberseits etwas runzelig. LEBENSRAUM: In lichten Laubwäldern, an Waldrändern, in Hecken, an Fels- und Schutthängen, Zäunen und Feldrändern, zwischen Weinbergen und in trockenen Flußauen. Vom Tiefland bis in die subalpine Region (ca. 1500 m) aufsteigend. Liebt lockere, nährstoffreiche und humose Böden in warmen und sonnigen Lagen.

## Heidekraut, Besenheide
*Calluna vulgaris*

MERKMALE: Immergrüner, üppig und dicht verzweigter, fast kahler oder dicht grau behaarter kleiner Strauch, bis 80 cm, selten bis 150 cm hoch werdend, mit einem dichten Wurzelballen. Stämmchen dünn, graubraun, aufrecht oder niederliegend, wurzelnd oder aufstrebend. Die sehr kleinen Blätter sind gegenständig 4zeilig angeordnet, sitzend, anliegend; sie stehen an den Hauptsprossen nicht zu dicht, decken sich aber dicht dachziegelartig an den seitlichen, nicht blühenden Zweigen; im Sommer dunkelgrün, im Winter braunrot gefärbt. LEBENSRAUM: Die Pflanze ist anspruchslos, bevorzugt magere, nährstoffarme Böden, ist jedoch sehr lichtbedürftig, kalkfliehend, auf offenen Mooren und Heiden, in trockenen, lichten Wäldern, meist Kiefernwälder, auf sandigen Dünen, oft großflächige Heiden bildend; von der Ebene bis in die alpine Region. BLÜTEZEIT: Juli bis November.

### Wiesenchampignon
*Agaricus campester*

MERKMALE: Sein Hut erreicht einen Durchmesser von 10 cm. Zunächst erscheint er halbkugelig, schirmt aber schon nach kurzer Zeit auf und wird dann fast flach. Die Huthaut fällt durch ihre weiße Farbe auf, sie ist nur manchmal von feinen, bräunlichen Schüppchen unterbrochen. Die Farbe der Lamellen ändert sich vom anfangs hellen Rosarot zum späteren charakteristischen Schokoladenbraun und wird schließlich fast schwarz. Dieses Merkmal ist wichtig, um Verwechslungen mit dem Knollenblätterpilz zu vermeiden. Das Fleisch ist weiß, läuft aber beim Anschneiden ganz schwach rötlich an. LEBENSRAUM: Der Name sagt es schon: Der beliebteste unter den Champignons bevorzugt Wiesen und Weiden, vor allem solche, die durch grasendes Vieh gedüngt sind. Der Wiesenchampignon erscheint stets in Gruppen oder Ringen vom Frühsommer bis in den Herbst. VERWENDBARKEIT: Eßbar.

### Riesenschirmling, Parasolpilz
*Macrolepiota procera*

MERKMALE: Junge Pilze sehen aus wie Paukenschlegel. Wenn sie aufschirmen, können sie einen Hutdurchmesser von 25 (30) cm erreichen. In der Mitte bleibt dabei ein kleiner Buckel erhalten. Meist werden die Pilze völlig flach, der Rand kann auch ein wenig eingebogen bleiben. Im Jugendzustand trägt der Parasolpilz eine feinschuppige Haut von bräunlicher bis graubrauner Farbe, die später zu großen, unregelmäßigen Schuppen aufreißt. Schon von weitem erkennt man diese braunen Flecken auf dem faserigen, helleren Untergrund. Nur der kleine Buckel in der Mitte bleibt einheitlich braun. Die bauchig breiten Lamellen stehen sehr unregelmäßig, anfangs sind sie weiß bis leicht gelblich, alt verfärben sie sich bräunlich. LEBENSRAUM: Vom Sommer bis in den Herbst an allen Lichtungen, Wald- und Wegrändern, wobei er grasige Stellen bevorzugt. VERWENDBARKEIT: Gehört zu den besten Speisepilzen.

### Weißer Anisegerling, Schafchampignon
*Agarcius arvensis*

MERKMALE: Sein weißer, später gilbender, seidiger Hut kann einen Durchmesser von fast 20 cm erreichen. Im Jugendzustand ist er halbkugelig und schirmt dann bis zu einer flachen Wölbung auf. Die Farbe der Lamellen macht eine ganze Reihe von Veränderungen durch: zuerst zart gräulich, dann rosa bis fleischfarben, schließlich tief dunkelbraun. In schönem Kontrast dazu steht der schlanke, weiße Stiel, der dicht unter dem Hut einen häutigen, zweischichtigen Ring trägt. Ein weiteres, untrügliches Erkennungsmerkmal: Das weiße Fleisch riecht deutlich nach Anis. Ein Anschnitt verfärbt sich gelblich. LEBENSRAUM: Der Pilz scheint Sonne zu lieben, er wächst auf Wiesen und Weiden, in Parks, Gärten und an Waldrändern. Zuweilen entdeckt man ihn auf Lichtungen oder in lichten Gebüschen. Sammler finden ihn vom Sommer bis in den Herbst hinein.

### Schopftintling
*Coprinus comatus*

MERKMALE: Schon von weitem erkennt der Sammler die charakteristische Form des jungen weißen Pilzes; sie ist nahezu zylindrisch. Aber schon bald öffnet sich der weiße, 5-10 cm hohe Hut und nimmt die Gestalt einer schmalen Glocke an. Diese beginnt schnell an den Rändern auszufransen und biegt sich dabei leicht nach oben. Unverkennbar schließlich auch das Ende des zunächst so schönen Tintlings: Der Fruchtkörper zerfließt in einer schmierigen, tintenschwarzen Masse. Die Lamellen stehen dichtgedrängt und haben ganz unterschiedliche Längen. LEBENSRAUM: Vom Frühling bis in den Herbst hinein erscheinen immer wieder neue Exemplare, einzeln oder gesellig, oft in Massen, vor allem an Wegrändern, auf Feldern, in Gärten, überhaupt mit Vorliebe auf fetten Böden, aber auch in Wäldern. Er ist weit verbreitet vom Tiefland bis in mittlere Gebirgslagen. VERWENDBARKEIT: Guter Speisepilz.

## Englisches Weidelgras, Ausdauernder Lolch

*Lolium perenne*

MERKMALE: Ausdauerndes, dunkelgrün-glänzendes, auch mit nichtblühenden Trieben versehenes, lockerhorstig wachsendes Gras, im ozeanisch getönten Klima wintergrün bleibend und daher frostempfindlich. Halme glatt, mit wenigen Knoten, aufrecht bis locker ausgebreitet oder bogig aufsteigend, 10-70 cm, oft stark bestockend und bei dichtem Stand geschlossene Rasen bildend. Blätter wie der Sproß völlig kahl, in Knospenlage gefaltet. Blattspreiten 2-4 mm breit, auf der Oberseite mit zahlreichen längs verlaufenden Riefen, daher oberseits rauh, unterseits glatt, zugespitzt. Deutliche, kurze Öhrchen an der Blattspreitenbasis. Blatthäutchen etwa 1 mm, stumpf. Ährchen steif aufrecht, häufig schwach gebogen. Ährenachse S-förmig geschlängelt, die zahlreichen zusammengedrückten 7-20 mm langen, länglich-elliptischen Ährchen abwechselnd - mit der schmalen Flanke der Achse zugewendet - in den jeweiligen Buchten sitzend, Ähre daher insgesamt deutlich abgeflacht. Stumpfe Hüllspelzen wenig länger als die stumpfen oder leicht zugespitzten Deckspelzen. Alle Spelzen unbegrannt, auf dem Rücken abgerundet. BLÜTEZEIT: Mai bis August. LEBENSRAUM: Ziemlich häufig und weit verbreitet in Fettweiden, an Wegrändern, auf Ruderalflächen, in Trittrasen, auf frischen bis feucht-nährstoffreichen Lehmböden. VERBREITUNG: Europa, Asien, NW-Afrika, N- und S-Amerika, Neuseeland, Australien. ALLGEMEINES: Charakteristische Art des beweideten Grünlandes, das dichte Rasen zu bilden vermag, die vor allem trittresistent sind. Daher werden Aussaaten des Weidelgrases in nahezu jeder Art von Grünland verwendet. Ertragreich sowohl in der Weiden- als auch in der Wiesennutzung. Empfindlich reagiert es nur auf Dürre und Frost. Es stellt insgesamt das wichtigste Weidegras bindiger Böden dar, das in zahlreichen Sorten im Handel ist.

## Gemeine Quecke

*Agropyron repens*

MERKMALE: Ausdauerndes, mit weithin kriechender, bleicher Grundachse wachsendes Obergras, Ausläufer treibend, Gruppen oder große Herden bildend, mit zahlreichen hochwüchsigen, nicht blühenden Blättertrieben. Halme 20-150 cm hoch, aufrecht, an der Basis bisweilen gebogen, glatt. Blätter mattgrün, manchmal blaugrün bereift (abwischbar). Blattscheiden auf dem Rücken gerundet, glatt, kahl oder behaart. Blattspreiten zugespitzt, bis 30 cm lang bis 10 mm breit, schlaff, oberseits kurz behaart und daher leicht rauh. Blattnerven im Gegenlicht als deutliche weiße Streifen erkennbar. Ähre ± 10 cm lang, aufrecht oder gebogen, seltener überhängend, locker bis dicht mit Ährchen besetzt. LEBENSRAUM: Sehr häufig an Feldrändern, Weg-, Straßenrändern, auf Ödland, in Gärten und auf Äckern. BLÜTEZEIT: Juni bis August. VERBREITUNG: Europa, N-Amerika, gemäßigtes Asien.

## Wiesen-Fuchsschwanz

*Alopecurus pratensis*

MERKMALE: Ausdauerndes, in lockeren oder dichteren Horsten wachsendes Gras mit aufrechten oder vom Grund bogig aufsteigenden kräftigen oder dünnen Halmen mit auffallend wenigen Knoten, etwa 30 bis 120 cm hoch. Blatthäutchen etwas gestutzt, bis 2,5 mm lang, ganzrandig. Blattscheiden glatt, etwas aufgespalten und leicht aufgeblasen, völlig glatt. Blattspreiten unbehaart, kräftig grün, leicht rauh und gänzlich glatt, schmal zugespitzt, flach, 3 bis 10 mm breit und etwa 5-40 cm lang, nach oben am Halm kürzer. Ährenrispen sehr dicht, zylindrisch, vorne stumpf, sehr weich, 3-12 cm lang und bis 10 mm breit, trübgrün oder leicht purpurn überlaufen. BLÜTEZEIT: April bis Juli. LEBENSRAUM: Von der Ebene bis ins Gebirge auf sickerfeuchten, kühlen, nährstoffreichen Böden. VERBREITUNG: Der Wiesen-Fuchsschwanz ist in ganz Europa weit verbreitet und wurde nach Nordamerika eingeführt.

## Gemeines Ruchgras

*Anthoxanthum odoratum*

MERKMALE: Ausdauerndes, in Horsten wachsendes Gras mit aufrechten, dünnen oder etwas kräftigeren Halmen, 10-50 cm hoch, mit 1-3 Knoten, glatt, unverzweigt, steif. Blatthäutchen 1-5 mm lang, stumpf. Blattscheiden am Ende bärtig behaart, auf der Rückseite rund, Blattspreiten lang zugespitzt, grün, bis 5 mm breit und 15 cm lang, flach, zerstreut behaart oder fast kahl. Rispen ährenartig, ziemlich dicht zusammengezogen, länglich-oval, 1-10 cm lang und bis 15 mm breit, grün oder purpurn. Ährchen bis 10 mm lang. Deckspelze mit kräftiger, gebogener Granne. Nach Zerreiben intensiver Waldmeisterduft. BLÜTEZEIT: April bis Juli. LEBENSRAUM: Auf Magerwiesen, Triften, in lichten Laubwäldern, Gärten, auf mäßig sauren und somit kalkarmen Böden. VERBREITUNG: In fast ganz Europa häufig, in den Alpen bis etwa 2300 m. ALLGEMEINES: Das Gemeine Ruchgras ist aufgrund seines hohen Kumaringehaltes in großen Mengen giftig.

## Knäuelgras
*Dactylis glomerata*

MERKMALE: Mehrjähriges, 50-120 cm hohes, graugrünes, in oft dichten und vitalen Horsten wachsendes Obergras mit kräftigen, aufrechten Halmen, ohne Ausläufer. Erneuerungstriebe bleiben während des Winters grün, geschützt durch die verbliebenen Blattscheiden der vorjährigen Blätter, deshalb früh austreibend, aber spätfrostempfindlich. Blätter graugrün, Blattscheiden zunächst geschlossen, rauh oder glatt, flach zusammengedrückt, auf Bauch- und Rückennaht deutlich gekielt, daher scharf zweischneidig. Blattspreiten in der Knospenlage gefaltet, später flach, aber auf der Unterseite gekielt, bis 45 cm lang, 2-14 mm breit, zugespitzt. Ohne Öhrchen. An der Blattspreitenbasis ein 3-5 mm langes gezähneltes und meist zerschlitztes Blatthäutchen. Blütenstand eine einseitswendige, große aufrechte, dreieckige Ährenrispe mit dichtstehenden, geknäuelten Ährchen (Name!). Untere Rispenäste waagerecht, abstehend, meist rauh. Ährchen 5-9 mm lang, zusammengedrückt, 3-5blütig, Hüllspelzen, 1-3nervig, schmal eiförmig, zugespitzt, mit kurzer, bis 1,5 mm langer Granne, auf dem Rücken behaart. BLÜTEZEIT: Juni bis September. LEBENSRAUM: Mäßig trockene bis feuchte, nährstoffreiche Böden, in Grünland, an Wegrändern auf Schuttplätzen. Knäuelgras ist empfindlich gegen Trockenheit, es ist auch ein Stickstoffanzeiger. VERBREITUNG: Von der Ebene bis ins Gebirge, in den Alpen bis auf 1950 m ü. NN aufsteigend. In Europa, sowie verschleppt und eingebürgert in nahezu allen Gebieten mit gemäßigtem Klima. ALLGEMEINES: Das Knäuelgras zählt zu unseren am weitesten verbreiteten Gräsern. Es ist ein früh austreibendes, ertragreiches und gut nachwachsendes Gras, das aber nur bei ausreichend frühem Schnitt (vor dem Schossen) hochwertiges Viehfutter liefert. VERWANDTE ART: Das Wald-Knäuelgras *(Dactylis polygama)* kommt auf frischen bis feuchten Lehmböden in halbschattigen Wäldern vor.

## Wiesen-Lieschgras, Timotheusgras
*Phleum pratense*

MERKMALE: Ausdauerndes, locker- oder dichthorstiges Gras mit aufrechten oder bogig aufsteigenden Halmen, 40-150 cm hoch, ziemlich kräftig, mit 3-6 Knoten, glatt, unterste Internodien deutlich verdickt und ziemlich kurz. Blatthäutchen stumpf, bis 6 mm lang. Blattscheiden glatt, rund, später bräunlich, Blattspreiten flach, zugespitzt, rauh, bis 9 mm breit und 40 cm lang. Ährenrispen, sehr dicht, zylindrisch, 6-15 cm lang und bis 1 cm breit. Ährchen 1blütig. Hüllspelzen an den Seiten häutig, mit 1-2 mm langer Granne. Deckspelzen deutlich kürzer. BLÜTEZEIT: Juni bis August. LEBENSRAUM: Ziemlich häufig in Fettwiesen und -weiden auf frischen, nährstoffreichen Lehm- und Tonböden. Gutes Futtergras. VERBREITUNG: Ganz Europa mit Schwerpunkt in Mittel-, West- und südlichem Nordeuropa. VERWANDTE ARTEN: Knotiges Lieschgras, Sand-Lieschgras und Alpen-Lieschgras.

## Glatthafer
*Arrhenatherum elatius*

MERKMALE: Ausdauerndes, in lockeren Horsten wachsendes Gras, etwa 50-150 cm hoch, mit aufrechten oder wenig ausgebreiteten Halmen, ziemlich kräftig, mit 3-5 dicklichen Knoten, völlig glatt oder nur an den Knoten leicht behaart. Die Blattscheiden sind auf der Rückseite rund, ebenfalls glatt oder nur wenig rauh oder locker behaart. Blatthäutchen vorhanden, etwa 1-3 mm lang, gewöhnlich ganzrandig. Blattspreiten ebenso wie die Blattscheiden kräftig grün, 5-10 mm breit und bis 40 cm lang, schmal zugespitzt, flach, sehr locker behaart oder auch völlig kahl, fühlen sich am Rande und auf der Oberfläche leicht rauh an. BLÜTEZEIT: Juni bis September. LEBENSRAUM: Weit verbreitet bis häufig in Grasländern, an Hecken und Dämmen, an Böschungen und Wegrändern. Glatthafer bevorzugt mäßig trockenen bis frischen und nährstoffreichen Boden. VERBREITUNG: In ganz Europa von der Ebene bis in mittlere Gebirgslagen (Alpen bis etwa 1400 m).

## Wiesen-Schwingel
*Festuca pratensis*

MERKMALE: Ausdauerndes, mit kurzer, kriechender Grundachse locker rasig wachsendes, dunkelgrünes, formenreiches Wiesengras. Halme aufrecht bis bogig aufsteigend, 30-120 cm hoch. Blattscheiden bis zur Basis offen, auf dem Rücken abgerundet kahl, die der Grundblätter braun, zerfasernd. Blätter bis 20 cm lang, bis 5 mm breit, schlaff, unterseits glänzend, allmählich in eine feine Spitze verschmälert, an der Spreitenbasis mit kahlen, spitzen Blattröhrchen versehen. Blatthäutchen kurz, weniger als 1 mm lang. Rispen aufrecht, manchmal etwas überhängend, 15 cm lang, zusammengezogen, einseitswendig. Der kleinere der unteren Rispenäste mit nur 1-3 Ährchen, diese meist 7- bis 8blütig, schmal elliptisch, hellgrün,bisweilen violett überlaufen. Hüllspelzen lanzettlich, gestutzt. Deckspelzen breit lanzettlich, meist unbegrannt zugespitzt, ungekielt. BLÜTEZEIT: Juni bis Juli. LEBENSRAUM: Häufig in Frischwiesen und -weiden, an Wegen und grasigen Plätzen, auf nährstoffreichen, aber sauren Böden. VERBREITUNG: Europa, gemäßigtes Asien, verschleppt nach Amerika. ALLGEMEINES: Der Wiesen-Schwingel ist ein im Wirtschaftsgrünland weit verbreitetes Obergras. Er gilt als weidefestes Futtergras und wird vom Vieh gerne gefressen.

## Hasen-Klee, Acker-Klee
*Trifolium arvense*

MERKMALE: Einjährige, 5-30 cm hohe, aufrechte Pflanze mit z. T. aufsteigendem Stengel. Die graugrünen Blätter mit lineallänglichen Fiedern. Die Blüten sind erst weiß und später rötlich überlaufen; die 1-2 cm langen Blütenköpfchen befinden sich am Grunde der Hochblätter. Der Kelch ist dicht und lang behaart, länger als die Blütenblätter. LEBENSRAUM: Trockenwiesen und -rasen, Heiden, Brachland, auf sandigen und kalkfreien Böden. VERBREITUNG: Der wärmeliebende Hasen-Klee ist in fast ganz Europa häufig. BLÜTEZEIT: Mai bis Juli. ALLGEMEINES: Als Futterpflanze wertlos, da er bitter schmeckt und außerdem ziemlich hart ist.

## Wiesen-Klee
*Trifolium pratense*

MERKMALE: Formenreiche, mehrjährige Pflanze mit aufsteigenden oder aufrechten, meist behaarten Stengeln, 20-35 mm lang. 3zählige Blätter mit eiförmigen, ganzrandigen Fiedern, meist gefleckt. Blüten hellpurpurn, wohlriechend, in kugeligen bis eiförmigen Köpfchen, die meist zu zweit am Stengel stehen. Der Kelch ist ebenfalls behaart, zehnnervig und halb so lang wie die Blütenblätter. LEBENSRAUM: Fettwiesen, Wegränder, Felder, lichte Wälder. Liebt nährstoffreiche und tiefgründige Böden. VERBREITUNG: In ganz Europa häufig; er wird meist mit der Wiesensaat angepflanzt und auch auf Äckern als Futterpflanze angebaut. BLÜTEZEIT: Mai bis September. ALLGEMEINES: Wichtige eiweißreiche Futterpflanze.

## Wiesen-Platterbse
*Lathyrus pratensis*

MERKMALE: Mehrjährige Pflanze mit kantigem, kurz anliegend behaartem Stengel, am Grund mit unterirdischen Ausläufern. Gefiederte Blätter meist nur mit einem Paar laubiger, lanzettlicher Fiedern und einer Ranke; die am Grund des Blattstiels sitzenden Nebenblätter sind pfeil- bis spießförmig. Können fast die gleiche Länge wie die Fieder erreichen. Gelbe Blüten 1-1,5 cm lang, zu 3-12 in einer Traube angeordnet. Zusammengedrückte Frucht etwa 3 cm lang und 0,5 cm breit. Bei uns die häufigste Platterbsenart. LEBENSRAUM: Feuchte, vor allem Fett- und Moorwiesen, Ufer, Weg- und Waldränder, gern auf humusreichen, lehmigen Böden; stickstoffliebend. VERBREITUNG: Fast ganz Europa. In Deutschland verbreitet und im allgemeinen häufig, stellenweise jedoch nur zerstreut, selten oder fehlend. BLÜTEZEIT: Juni bis Juli. ALLGEMEINES: Enthält Bitterstoffe, wird von den Rindern meist verschmäht.

## Futter-Esparsette
*Onobrychis viciifolia*

MERKMALE: Mehrjährige Pflanze mit 30-60 cm, zuweilen auch bis 80 cm langen, aufsteigenden oder aufrechten Stengeln. Blätter gefiedert mit 5-12 Paaren ei-länglicher Seitenfiedern. Blüten hellrot, purpurn geadert, in vor dem Aufblühen ei-länglicher, später sich verlängernder Traube, in der sich bis zu 50 Blüten befinden können. Schiffchen fast so lang wie die Fahne, Flügel kürzer als der wollig behaarte Kelch. LEBENSRAUM: Wiesen, Böschungen, Äcker, Wegränder, Halbtrocken- und Kalkmagerrasen. VERBREITUNG: Ursprünglich aus Südosteuropa stammend, mittlerweile fast im ganzen übrigen Europa eingebürgert. In Deutschland nur aus Kulturen verwildert, kommt zerstreut vor. BLÜTEZEIT: Mai bis Juli. ALLGEMEINES: Die Esparsette wird gelegentlich als Futterpflanze angebaut. Der Name der Gattung *Onobrychis* kommt aus dem Griechischen und bedeutet »Eselsfraß«.

## Moschus-Malve
*Malva moschata*

MERKMALE: Mehrjährige, verzweigte Pflanze mit abstehend behaartem, 20-80 cm, mitunter auch bis 100 cm langem Stengel. Die im Umriß rundlichen Blätter sind fast bis zum Grund handförmig 5-7teilig mit fiederspaltigen Abschnitten; die Grundblätter, im Umriß eher nierenförmig, weisen breite, eingeschnittene Lappen auf. Rosa oder weiße Blüten im Durchmesser 4-6 cm groß, einzeln in den Blattachseln stehend, riechen nach Moschus. LEBENSRAUM: Halbtrocken- und Magerrasen, sonnige und trockene Wiesen und Weiden, Gebüsch, Wegränder, gern auf kalkarmem Boden. VERBREITUNG: In fast allen Teilen Europas, in Skandinavien eingebürgert. In Deutschland zerstreut, im Norden selten. BLÜTEZEIT: Juni bis September. ALLGEMEINES: Früher als Heilpflanze verwendet. ÄHNLICHE ART: Wilde Malve *(Malva sylvestris)*, Blüten in Büscheln in den Blattachsen stehend. Obere Blätter höchstens ⅔ handförmig eingeschnitten.

## Feld-Mannstreu
*Eryngium campestre*

MERKMALE: Der Feld-Mannstreu sieht wegen der stacheligen Blätter und der köpfchenartigen Blütenstände auf den ersten Blick einer Distel ähnlich und wird daher auch Brachdistel genannt. Die bis 100 cm hohe, mehrjährige, sparrig-ästige Pflanze fällt mit den anderen Arten der Gattung tatsächlich aus dem Rahmen der Doldenblütler, die wir sonst kennen. Ihre ungeteilten oder handförmig fiederschnittigen bis doppelt fiederschnittigen Blätter sind am Rande der Abschnitte dornig gesägt, untere gestielte wie obere stengelumfassende Blätter weißlichgrün. Weiße oder weißlichgrüne Blüten in fast kugeligen Köpfchen, umgeben von linealisch-lanzettlichen, dornigen Hüllblättern. LEBENSRAUM: Trockene Rasen und Wiesen. VERBREITUNG: Mittel- und Südeuropa. In Deutschland zerstreut, in den Alpen fehlend. BLÜTEZEIT: Juli bis September. ALLGEMEINES: Der Name Mannstreu oder Männertreu muß wohl ironisch verstanden werden und bezieht sich auf die so unstet hin- und herlaufenden Fruchtstände; diese Fruchtstände werden auch als »Steppenhexe« oder »Laufdistel« bezeichnet. Die Anpassung an trockene Standorte besteht in Wurzeln, die bis 2 m Tiefe reichen und ledrigen Blättern. Als alte Heilpflanze enthält er Saponine.

## Wilde Möhre
*Daucus carota*

MERKMALE: Zweijährige, 50-100 cm hohe Pflanze mit borstig behaarten Stengeln und dicken, weißen Wurzeln. Blätter 2- oder 3fach, seltener auch 4fach gefiedert mit feinen Zipfeln. Im zur Blütezeit flach gewölbten Blütenstand findet sich in der Mitte zumeist eine tief purpurn oder fast schwarz gefärbte »Mohrenblüte«. Durch sie soll der Name Möhre entstanden sein. Zur Fruchtreife neigen sich die Strahlen der Dolde so zusammen, daß in der Mitte eine nestförmige Vertiefung entsteht. (Wildform der Gartenmöhre). LEBENSRAUM: Wiesen, Felder, Wegränder, Magerrasen, Triften, Böschungen, steinige Abhänge, Schuttplätze. Die Wilde Möhre liebt vor allem lokkere, sandige oder sogar steinige, zum Teil wenig bewachsene Böden. VERBREITUNG: Ganz Süd- und Mitteleuropa, im Norden bis Südnorwegen und Mittelschweden. In ganz Deutschland verbreitet und meist häufig. In höheren Lagen seltener. BLÜTEZEIT: Mai bis Juli. ALLGEMEINES: Die Wilde Möhre ist die Stammform der verschiedenen Kulturformen, und dürfte schon seit Urzeiten ein wichtiges Nahrungsmittel gewesen sein. Sie enthält ätherische Öle und in der Wurzel Provitamin A, sowie Vitamin B1, B2 und C. In der Heilkunde findet sie heute keine Verwendung mehr.

## Gewöhnlicher Pastinak
*Pastinaca sativa*

MERKMALE: Zweijährige Pflanze mit kantig gefurchtem und behaartem Stengel, 30-100 cm hoch. Der Stengel ist aufrecht und oben verästelt. Die Blätter sind einfach, selten zweifach gefiedert mit 3-7 Paaren ungleich gekerbter Fiederblätter; von diesen Fiederblättern ist jedes etwa 5 cm lang. An 5-15 Doldenstrahlen sitzen gelbe Blüten, die zusammen eine ungefähr 10 cm messende Dolde bilden. Die ganze Pflanze duftet stark nach Möhren, was man besonders beim Zerreiben der Blätter merkt. LEBENSRAUM: Wiesen, Ödland, Wegränder, Gräben, Trockenhänge, Steinbrüche, Schuttplätze und Getreideäcker. Der Gemeine Pastinak liebt lehmige, tiefgründige und stickstoffreiche Böden. VERBREITUNG: Fast ganz Europa, in Deutschland stellenweise selten, sonst verbreitet. BLÜTEZEIT: Juli bis August. VERMEHRUNG: Durch Samen. Bestäuber sind vor allem Fliegen und Käfer. ALLGEMEINES: Wird bis heute als Gemüse angebaut, aber kaum mehr als Heilpflanze verwendet. Bei den seit alter Zeit gezüchteten Kulturformen sind die fleischigen, würzig schmeckenden Wurzeln eßbar, bzw. wurden die Wurzelextrakte als Schnapszusätze verwendet. Die Wurzel enthält Stärke, Eiweiß, Pektin und Vitamin C. Auch die Blätter eignen sich als Wildgemüse.

## Kleiner Ampfer
*Rumex acetosella*

MERKMALE: Mehrjährige, 10-30 cm hohe Pflanze. Lanzettliche bis linealische Blätter mit oder ohne nach auswärts gerichteten Spießekken; säuerlich schmeckend. Die Blätter sind alle gestielt, wobei bei den obersten der Stiel undeutlich abgesetzt ist. Eingeschlechtliche Blüten in schlanker Blütenrispe. LEBENSRAUM: Triften, Wege, Heiden, trockene Wiesen, Magerrasen, Äcker, vor allem auf sandigen und nur auf kalkfreien Böden. Der Kleine Ampfer ist eine Zeigerpflanze für sandigen Boden und Bodenversauerung. VERBREITUNG: Ganz Europa. In Deutschland verbreitet und überall häufig. BLÜTEZEIT: Mai bis Juli. ALLGEMEINES: Der Kleine Ampfer gehört zur artenreichen Gattung *Rumex*, welche in Deutschland etwa 22 Arten enthält. Ähnlich dem Sauer-Ampfer *(Rumex acetosa)* enthält der Kleine Ampfer Kleesalz und Oxalsäure. Werden größere Mengen verzehrt, führt dies zu Gesundheitsschäden, vor allem, wenn bereits ein Nierensteinleiden vorliegt. Auch Vergiftungen von Weidevieh sind bei massenhaftem Auftreten auf Viehweiden beschrieben worden. Auf der anderen Seite enthält die Pflanze sehr viel Vitamin C, so daß sie gerne zu Wildgemüse gekocht oder roh gegessen wird. Schwach giftig. Der Name »Ampfer« entstammt einer alten germanischen Wortwurzel und bedeutet scharf.

## Karthäuser-Nelke
*Dianthus carthusianorum*

MERKMALE: Mehrjährige, sehr variable, bis 50 cm hohe Pflanze. Die gegenständigen Blätter sind am Grund scheidig verwachsen (Blattscheide etwa 1,5 cm lang), schmal-lanzettlich, derb und 2-3 mm breit. Kahler, aufrechter Stengel, nach oben zu 4kantig. 3-8 endständige karminrote, sehr selten auch weiße Blüten sind dicht gedrängt und von braunen, schuppenartigen Kronblättern umgeben. Die Kronblätter sind eiförmig-gezähnt, der Kelch ist bis 2 cm lang. Die Blüten sind 2-3 cm lang. LEBENSRAUM: Trockene Rasen und Wiesen, sandige und sonnige Wälder und Waldränder, Felsen. Die Karthäuser-Nelke ist ein typischer Vertreter von Kalk- und Silikat-Xerothermrasen. Sie kommt bis in Höhen von 2500 Meter vor. VERBREITUNG: Mitteleuropa, im Westen bis Frankreich, im Süden bis Nordspanien, Norditalien und Österreich. Fehlt im Nordwesten Deutschlands, sonst verbreitet. BLÜTEZEIT: Juni bis August oder September. ALLGEMEINES: Angeblich hat die Karthäuser-Nelke ihren Namen daher bekommen, daß die Mönche der Karthäuser diese Nelke früher oft in ihren Klostergärten angepflanzt haben. Sie wird vor allem von Schmetterlingen bestäubt. ÄHNLICHE ARTEN: Heide-Nelke *(Dianthus deltoides)*, Stengel flaumig behaart; Busch-Nelke *(D. sequieri)*.

## Nickendes Leimkraut
*Silene nutans*

MERKMALE: Mehrjährige, aufrechte und unverzweigte Pflanze mit 30-60 cm hohem Stengel, meistens behaart, besonders unten, und nach oben zu klebrig. Die langgestielten Grundblätter sind linealisch-spatelförmig, die oberen Stengelblätter sind lanzettlich. Weiße oder rosa Blüten mit tief zweilappigen Kronblättern, nikkend (Name), angeordnet in einer rispigen, vor dem Blühen einseitig überhängenden Trugdolde, öffnen sich erst nachts oder frühestens am Abend. Kelch zehnnervig. Nebenkrone bis 0,3 cm lang. LEBENSRAUM: Magerrasen, Halbtrockenrasen, Heiden, sonnige Hügel, lichte Wälder (vor allem mit Eichenbestand), trokkene Gebüsche und Waldränder, Felsen, sandige Plätze, gern auf Kalk. Das Nickende Leimkraut stellt an den Nährstoffgehalt der Böden keine allzu hohen Ansprüche. VERBREITUNG: In den meisten Teilen Europas. In Deutschland verbreitet, nur im Nordwesten selten. In den Alpen bis etwa 2000 Meter hoch. BLÜTEZEIT: Juni bis August. VERMEHRUNG: Wird von Nachtschmetterlingen bestäubt. Das Nickende Leimkraut ist ein typischer Nachtblüher. Die Blüten beginnen erst abends zu duften. Ebenfalls von Nachtschmetterlingen wird das verwandte Taubenkropf-Leimkraut *(Silene vulgaris)* bestäubt.

## Kriechender Günsel
*Ajuga reptans*

MERKMALE: 15-30 cm hohe, mehrjährige Pflanze mit oberirdischen Ausläufern. Stengel an der Basis mehr oder weniger kahl. Rosettenartige Grundblätter mit geflügeltem, langem Stiel, 4-7 cm lang, nach oben zu kürzer. Stengelblätter eiförmig-länglich, entweder schwach gezähnt oder ganzrandig. Die oberen Stengelblätter stehen gekreuzt-gegenständig. Die blauen bis blauvioletten, ganz selten rosa oder weißen Blüten sitzen zu 2-6 in den Achseln der oberen Stengelblätter und bilden eine zylindrische Scheinähre. Die Oberlippe fehlt fast ganz, die dreilappige Unterlippe dagegen ist verhältnismäßig groß. Die Blüten messen 1,5-2 cm, wovon 1-1,5 cm auf die Krone entfallen. LEBENSRAUM: Feuchte Wiesen, Gebüsche, Wegränder, Laubwälder, Mischwälder, Nadelwälder, bis 1700 m. Der Kriechende Günsel liebt nährstoffreichen, etwas feuchten, lehmigen Boden. VERBREITUNG: Europa, außer Südeuropa. Sehr häufig. BLÜTEZEIT: Mai bis August. ALLGEMEINES: Frühere Heilpflanze, welche als Wundkraut geschätzt wurde. Die zarten jungen Blätter können in der Küche zu Wildgemüse verarbeitet werden. Die Verbreitung der Samen erfolgt durch Ameisen. Der verwandte Genfer Günsel *(Ajuga genevensis)* vermehrt sich auch durch Wurzelknospen.

## Wiesen-Salbei
*Salvia pratensis*

MERKMALE: Mehrjährige, bis 80 cm hohe Pflanze. Behaart mit aufrechten, hohlen Stengeln, oben ästig und drüsenhaarig, daher etwas klebrig. Die Blätter sind eiherzförmig, unregelmäßig gekerbt, doppelt gekerbt, ungeteilt oder dreilappig, bis zu 12 cm lang; sie sind meist grundständig und runzelig. Die Blüten sind dunkelblau bis blauviolett, selten rosa oder ganz weiß und stehen in sechsblütigen Scheinquirlen. Die 1,5-2,5 cm lange Kronröhre besitzt eine sichelförmige Oberlippe. Der unregelmäßig gezähnte Kelch ist 1/3 so lang. LEBENSRAUM: Trockenwiesen, Magerrasen, Raine. Der Wiesen-Salbei liebt nährstoffreichen, lockeren und leicht kalkhaltigen Boden. Da seine Wurzeln sehr weit (oft bis in etwa 1 m Tiefe) in den Boden reichen, erträgt er auch zeitweilige Trockenheit. Eine wärmeliebende Art. VERBREITUNG: Fast ganz Mitteleuropa und sehr häufig. BLÜTEZEIT: Mai bis August. ALLGEMEINES: Der Wiesen-Salbei wird vor allem von Bienen und Hummeln bestäubt, wobei die gelenkigen Staubblätter und Griffel beim Einführen des Rüssels deren Hinterleib berühren. Die Gattung *Salvia* enthält noch weitere 5 Arten, von denen der Echte Salbei (*S. officinalis*) und der Muskateller-Salbei (*S. sclarea*) als Arzneipflanzen, im letzteren Falle auch als Gewürzpflanze verwendet werden.

## Wiesen-Schaumkraut
*Cardamine pratensis*

MERKMALE: Mehrjährige, 15-40 cm hohe Pflanze mit rundem, hohlem Stengel. Blätter unpaarig gefiedert, Grundblätter rosettenartig, 3-11zählig, jedoch mit rundlichen Fiedern und größerer, ausgeschweift dreilappiger Endfieder, die Stengelblätter mit linealischen Fiedern. Weiße oder rosa, auch blaßlila Blüten bilden eine tragblattlose Traube. Kronblätter über 1 cm lang. LEBENSRAUM: Feuchte Böden. VERBREITUNG: Fast ganz Europa. BLÜTEZEIT: April bis Juni.

## Gemeiner Wundklee
*Anthyllis vulneraria*

MERKMALE: Mehrjährige, sehr variable mit verzweigten, aufrechten oder aufsteigenden, 15-30 cm, manchmal auch bis 60 cm langen Stengeln. Blätter gefiedert. Blüten gelb, zuweilen aber auch orange oder rot, heller Kelch zottig-filzig, nach der Blüte bauchig aufgeblasen. Blütenstand ist ein dichtes, kugeliges Köpfchen aus mehreren Blüten. LEBENSRAUM: Trockenhänge und -wiesen, Magerrasen, sonnige Hügel, Gebirgsweiden. VERBREITUNG: Ganz Europa bis auf den äußersten Norden, auf Kalk durchaus verbreitet.

## Scharfer Hahnenfuß
*Ranunculus acris*

MERKMALE: Mehrjährige, 30-100 cm hohe, kahle oder dicht anliegend behaarte Pflanze. Grundblätter handförmig, tief drei- bis fünfspaltig, z. T. mit schmalen, dreispaltigen Abschnitten. Die unteren Blätter sind langgestielt, obere Blätter sitzend. Die Teilblättchen sind gespalten. Die Blattstiele werden nach oben hin immer kürzer. Die goldgelben Blüten sind in einer lockeren Rispe angeordnet, die Blütenstiele sind rund und nicht gefurcht. Die Kelchblätter sind gelblich und anliegend behaart. LEBENSRAUM: Wiesen und Gebüsch, Weiden und Wegränder. Der Scharfe Hahnenfuß bevorzugt stickstoffhaltige Lehmböden, die durchaus auch etwas feucht sein dürfen. VERBREITUNG: Fast ganz Europa, sehr häufig. BLÜTEZEIT: Mai bis Juli, z. T. bis Oktober. Vor allem Mitte Mai dominiert der Scharfe Hahnenfuß mit seinen goldgelben Blüten in feuchten Wiesen. ALLGEMEINES: Der Scharfe Hahnenfuß ist giftig, verliert aber durch Trocknen diese Giftigkeit. Diese Giftigkeit im frischen Zustand ist auch der Grund, warum er vom Weidevieh gemieden wird und sich auf diese Art die auffälligen Hahnenfuß-»Inseln« auf den sonst abgefressenen Wiesen bilden. Der Giftstoff ist das scharf schmeckende Anemonin.

## Kleiner Wiesenknopf
*Sanguisorba minor*

MERKMALE: 30-60 cm hohe, mehrjährige Pflanze mit grundständiger Blattrosette und verzweigtem Blütenstengel. Blätter unterseits grün, gefiedert, mit bis zu 20, gelegentlich sogar 30 eiförmigen Fiederblättern. Winzige Blüten in 1 cm großen Köpfchen, meist grünlich. Die obersten Blüten sind immer weiblich mit 2 Narben, die unteren männlich mit 10-30 langgestielten, hängenden Staubgefäßen, die mittleren oft zwittrig. LEBENSRAUM: Magerrasen, Trockenwiesen, trockene Hänge und Böschungen, Heiden, Wegränder, auch auf felsigem Untergrund, besonders auf Kalk. VERBREITUNG: Fast ganz Europa, im Norden bis Südschweden, in Südwesteuropa selten. Kommt in Deutschland verbreitet bis zerstreut vor. BLÜTEZEIT: Mai bis Juli. VERMEHRUNG: Durch Samen. Windbestäubung. ALLGEMEINES: Der Kleine Wiesenknopf enthält vor allem im Wurzelstock Gerbstoffe und ist eine alte Heilpflanze.

## Knolliger Hahnenfuß
*Ranunculus bulbosus*

MERKMALE: Mehrjährige Pflanze, bis 30 cm, zuweilen bis 50 cm hoch. Der Stengel ist am Grunde, unmittelbar unter der Erdoberfläche knollig verdickt (Name). Die unteren Blätter sind langgestielt, dreizählig oder doppelt dreizählig. Einzelne, endständige Blüten 2-3 cm breit, auf gefurchten Stielen. Zurückgeschlagene Kelchblätter, die mit den Außenseiten an den Blütenstiel angepreßt sind. LEBENSRAUM: Trockene Wiesen, Halbtrockenrasen, Wegraine und Böschungen. Der Knollige Hahnenfuß liebt warme, kalkhaltige Böden. VERBREITUNG: Ganz Europa, häufig. BLÜTEZEIT: Mai bis August. ALLGEMEINES: Der Knollige Hahnenfuß enthält, wie viele Vertreter der artenreichen (in Deutschland über 30 Arten) Gattung *Ranunculus* (z. B. Kriechender-, Scharfer-, Berg-, Acker-, Zungen-Hahnenfuß, Gift- und wahrscheinlich auch Wolliger und Goldschopf-Hahnenfuß) die Giftstoffe Protoanemonin und Anemonin. Schon beim Pflücken kann es zu Hautreizungen kommen. Der deutsche Name bezieht sich auf die vogelfußartig geteilten Blätter, der wissenschaftliche hingegen auf die kleinen, gekrümmten Früchtchen. Der Knollige Hahnenfuß findet besonders in der Homöopathie Verwendung.

**Rapunzel-Glockenblume**
*Campanula rapunculus*

MERKMALE: Ein- bis mehrjährige, 40-80 cm hohe Pflanze mit rübenähnlicher Wurzel. Lanzettliche bis eiförmige Blätter zum Grund hin verschmälert. Hellblauviolette, 1,5-2,5 cm lange, trichterförmige Krone weniger als bis zur Hälfte gespalten; Kelchzipfel fast so lang wie die Kronröhre. LEBENSRAUM: Wiesen, Halbtrockenrasen, Gebüsche, Weg- und Waldränder, bis 700 m. VERBREITUNG: Fast ganz Europa, in Nordeuropa zum Teil fehlend, zum Teil eingebürgert. BLÜTEZEIT: Mai bis August.

**Mittlerer Wegerich**
*Plantago media*

MERKMALE: Mehrjährig, 15-40 cm hoch. Kurz gestielte Blätter in einer grundständigen, meist dem Boden dicht anliegenden Rosette, locker behaart, breit-eiförmig, sich in den kurzen breiten Stiel verschmälernd. Weißliche Blüten mit lilafarbenen Staubfäden in einer nur 2-6 cm langen, walzenförmigen Ähre. LEBENSRAUM: Magerwiesen, Halbtrockenrasen, Wegränder, gern auf trockenen, kalkhaltigen Böden. VERBREITUNG: Fast ganz Europa. Im Norden Deutschlands selten oder zerstreut, sonst verbreitet.

**Gänseblümchen**
*Bellis perennis*

MERKMALE: Sehr niedrige, kaum über 10 cm hohe, ausdauernde Pflanze. Grundblätter spatelförmig oder auch verkehrt-eiförmig, in einer Rosette. Anliegend behaarter Stengel mit einer 1-3 cm großen Blüte. Randblätter zungenförmig (Zungenblüten), weiß, zuweilen rötlich. Innere Blütenblätter röhrenförmig, zweigeschlechtlich im Gegensatz zu den äußeren nur weiblichen Zungenblüten. Blüten öffnen sich schon frühmorgens, schließen sich aber außer am Abend auch bei Regen und trüber Witterung. Können sich sogar nach der Sonne ausrichten. Außerdem sind sie sehr widerstandsfähig gegen Kälte: Sie ertragen bei trockener Luft bis zu − 15 °C, ohne daß eine wesentliche Schädigung eintritt. LEBENSRAUM: Wiesen aller Art, Rasen, Wegränder, Weiden, von der Ebene bis über 2000 m. VERBREITUNG: In ganz Europa sehr häufig. BLÜTEZEIT: Außergewöhnlich lang, von März bis November. VERMEHRUNG: Bestäubung durch Kerbtiere. ALLGEMEINES: Alte Heilpflanze, in der Volksmedizin recht beliebt; allerdings findet sie heute kaum noch Verwendung. Aufgrund des Saponingehaltes besitzt sie eine stoffwechselanregende, harntreibende Wirkung und eignet sich auch bei rheumatischen Beschwerden.

**Wiesen-Wucherblume**
*Chrysanthemum leucanthemum*

MERKMALE: Mehrjährige Pflanze 20-80 cm hoch. Blätter am Stengelgrund gestielt, nach oben zu sitzend, spatelförmig bis länglich-lanzettlich, gesägt, mittlere Stengelblätter halbstengelumfassend. Blütenköpfe bis 6 cm breit, Röhrenblüten gelb. Zungenblüten weiß, Hüllblätter grün mit braunem Rand. LEBENSRAUM: Wiesen, Halbtrockenrasen, Gebüsche, Hekken, Wegränder, lichte Trockenwälder, Gras- und Schuttplätze; auf unterschiedlichen Böden. VERBREITUNG: Fast ganz Europa, sehr häufig. BLÜTEZEIT: Mai bis Oktober. ALLGEMEINES: Die Wiesen-Wucherblume enthält ätherisches Öl mit dem Giftstoff Thujon sowie Bitter- und Gerbstoffe. Aufgrund des giftigen Thujon sollte die Pflanze nicht geerntet werden. Trotzdem fanden sich sehr viele Anwendungsarten in der Volksmedizin, die diese Pflanze, in Öl angesetzt, bei Gicht und Rheuma einsetzte, aber auch als gebräuchliches Wurmmittel, gegen Bauchschmerzen und als schweißtreibendes Mittel verwendete. Heute als Heilmittel ohne Verwendung. Flöhe und Kopfläuse sollten ebenso vertrieben werden wie Motten und Hexen. Zählt zu den »Kompaßpflanzen«, da sich die Blätter im vollen Sonnenlicht genau senkrecht nach Süden ausrichten.

**Acker-Witwenblume**
*Knautia arvensis*

MERKMALE: Mehrjährige, behaarte Pflanze, schwach verzweigt, 30-120 cm hoch. Sitzende, graugrüne Stengelblätter tief fiederteilig mit länglichen Lappen, nach oben zu einfach, zweireihige Hüllblätter eiförmig oder lanzettlich. Gestielte Grundblätter meist ganzrandig, überwinternd. Langgestielte, blauviolette Blüten in halbkugeligen, im Durchmesser bis 4 cm großen Köpfchen mit strahlenden, deutlich größeren Randblüten und ungleichen Kronlappen. LEBENSRAUM: Trockene Rasen und Wiesen, Äcker, Wegränder, Gebüsch, bis 1500 m. VERBREITUNG: Ganz Europa bis auf den äußersten Südosten. In Deutschland verbreitet, stellenweise sehr häufig. BLÜTEZEIT: Mai bis September oder Oktober. VERMEHRUNG: Bestäubung durch Bienen und Tagfalter, Fruchtverbreitung durch Ameisen. ALLGEMEINES: Die Acker-Witwenblume ist eine alte Heilpflanze, welche Gerbstoffe und einen Bitterstoff enthält.

## Maulwurfsgrille
*Gryllotalpa gryllotalpa*

MERKMALE: 5 cm groß. Bräunlich gefärbt, mit feinen Haaren besetzt. Fühler kurz, Vorderbeine zu kräftigen Grabschaufeln umgewandelt. Mächtiger Halsschild. Die erhärteten Vorderflügel sind kurz, mit den voll ausgebildeten Hinterflügeln können diese Tiere ausgezeichnet fliegen, tun dies jedoch selten. LEBENSRAUM: Lockere Böden, wo sie sich ihre Gänge graben können. Bevorzugen Ruderalflächen, sandige Böden, auch Gärten, wo sie nicht geschätzt werden, da sie durch Abbeißen von Wurzeln und Unterwühlen vor allem an Jungpflanzen Schaden anrichten. VERBREITUNG: Weit in Europa. HÄUFIGKEIT: Häufig. FORTPFLANZUNG: Den Balzgesang des Männchens kann man im Sommer als feines, regelmäßiges Zirpen (Trillern) vernehmen. Auch die Weibchen können, wenn sie erschrecken, Laute von sich geben. Nach dieser Balz steigt das Weibchen zur Kopulation auf das Männchen. Normalerweise findet diese Begattung mit Übertragung einer Spermatophore unterirdisch statt. Etwa eine halbe Stunde nach der Kopulation stößt das Weibchen die Spermatophore ab. Die Eier werden in einer vom Weibchen gegrabenen Höhle (welche durch erhärtenden Speichel verfestigt ist) in 5-25 cm Tiefe abgelegt. Im Laufe von etwa drei Monaten werden so mehrere Nester mit insgesamt über 500 Eier angelegt. Eiablage nur, wenn das Weibchen selbst gebaut hat. Die Eier wie auch die Jungtiere werden lange Zeit vom Weibchen bewacht. Die aus den Eiern schlüpfenden Junglarven besitzen noch keine Grabbeine und nehmen auch noch keine Nahrung auf. Die Häutung zum 2. Larvenstadium erfolgt aber bereits nach wenigen Stunden und die Larve verläßt das Nest. Die Entwicklungsdauer ist regional verschieden, dauert in Mitteleuropa meist zwei Jahre. NAHRUNG: Ihre Schädlichkeit wird überschätzt, da sie sich nur zum Teil von Wurzeln, überwiegend aber von Insekten und anderen kleinen Tieren des Bodens ernähren.

## Warzenbeißer
*Decticus verrucivorus*

MERKMALE: 2,5-4,5 cm lang. In der Gestalt ähnlich dem mit ihm verwandten Großen Grünen Heupferd, doch gedrungener und kräftiger. Mit den kürzeren, wohlausgebildeten Flügeln kann er ausgezeichnet fliegen, was er bei Gefahr tut. Die Fühler sind etwa körperlang. Verschiedene Farbtypen: braune, grüne, auch grünbraune Tiere, meist ist der Warzenbeißer verschiedenfarbig gescheckt. Die Flügel sind meistens mit dunkelbraunen Würfelflecken gezeichnet. Die lange Legeröhre ist schwach gebogen. Die Organe (Stridulationsorgane) zur Lauterzeugung sitzen bei allen Laubheuschrecken an den Vorderflügeln und arbeiten wie ein Kamm, der an einer scharfen Kante entlanggestrichen wird. LEBENSRAUM: Nasse und trokkene Wiesen, Auwälder, aber auch Äcker und Heideflächen. Sie stellen nur geringe Ansprüche, sind aber als typische Bodenbewohner am häufigsten auf kurzgrasigen Bergwiesen anzutreffen. VERBREITUNG: In ganz Europa und in Asien bis nach Sibirien. In Deutschland wird er allerdings nach Norden zu immer seltener. HÄUFIGKEIT: Meist häufig, doch wie auch bei anderen Heuschrecken gehen die Bestände durch die intensive Landwirtschaft stark zurück. FORTPFLANZUNG: Von Juni bis September. Ihr Zirpen - eine Aneinanderreihung scharfer »zick«-Laute - kann man nur in den heißen Mittagstunden vernehmen. Es klingt deutlich schärfer als das der Grünen Heupferde. Bei der Paarung sitzt das Weibchen aufrecht und wird an der Legeröhre vom auf dem Kopf stehenden Männchen mit den Vorderbeinen umklammert. Die Eier (etwa 50) werden einzeln im Erdreich abgelegt, die Embryonalentwicklung dauert mindestens eineinhalb Jahre. NAHRUNG: Insekten, aber auch tote Tiere und Pflanzenreste. ALLGEMEINES: Seinen Namen erhielt diese Heuschrecke von dem Volksglauben, man könne mit ihren Bissen und dem dabei hervorgewürgten Verdauungssaft Warzen heilen.

## Gemeiner Grashüpfer
*Chorthippus biguttulus*

MERKMALE: 1,5-2 cm lang. Eine Heuschrecke mit unscheinbarem, kleinem braunem Körper und sehr kräftigen Sprungbeinen. Es gibt eine Reihe sehr ähnlicher und ebenfalls häufiger Arten; die genaue Bestimmung verlangt eine gewisse Übung. Bis 1920 verbargen sich drei Arten unter dem Namen Gemeiner Grashüpfer, denen alle die nierenförmigen Gehöröffnungen (Tympanalöffnungen) gemeinsam sind. Erst bei der Untersuchung der Gesänge war eine Unterscheidung möglich, die schon früher in der Flügelform vermutet wurde, da manche Tiere schmale, lange Flügel und andere kurze, breite Flügel hatten. Beim Gemeinen Grashüpfer sind die Vorderflügel kurz und breit. Die Färbung eignet sich zur Bestimmung weniger, sie variiert besonders bei den Weibchen und kann rotbraun, schwarzbraun, grün, grau oder rosenrot sein. Beim Männchen ist die Abdomenspitze rot, beim Weibchen nicht. Grashüpfer sind sehr sangesfreudig. Wie bei allen Insekten wird der Gesang mechanisch erzeugt: Auf der Innenseite des Hinterschenkels liegt ein Sägekamm, der regelmäßig über eine Kante der Flügeldecken geführt wird. Dabei entstehen die Zirptöne. Die wechselwarmen Tiere sind nur an warmen Tagen stundenlang zu hören. LEBENSRAUM: Extensiv genutzte Wiesen, Wegraine, Waldränder, Feldgehölze. VERBREITUNG: In ganz Europa; im Osten bis nach Sibirien, im Süden bis nach Nordafrika. HÄUFIGKEIT: Besonders in Mitteleuropa sehr häufig; allerdings nicht mehr auf Fettwiesen. FORTPFLANZUNG: Beide Geschlechter zirpen. Der Gesang gehört zur typischen Geräuschkulisse einer sommerlichen Wiese und besteht aus laut geschmetterten Versen, die zunächst aus deutlich getrennten Schlägen bestehen und dann immer dichter aufeinanderfolgen. Dabei werden sie immer lauter und enden nach 2-3 Sekunden abrupt. Daneben verfügen die Tiere noch über unterschiedliche Gesangsweisen bei der Balz und beim Rivalisieren. Die Eier werden mit Hilfe des Legestachels im Boden versteckt. NAHRUNG: Verschiedene Gräser.

## Grüne Stinkwanze, Faule Grete
*Palomena prasina*

MERKMALE: 1-1,4 cm lang. Große, leuchtend grüne Wanze. Artbestimmung schwierig. Weltweit kennt man mehr als 6000 Arten, davon etwa 50 in Europa, vor allem in Südeuropa. Bezeichnend für die Familie *Pentatomidae* (Schild- oder Baumwanzen) ist das große, manchmal den ganzen Hinterleib bedeckende Schildchen (Scutellum), das sich hinten an den Halsschild anschließt. Die Farbintensität ist von Untergrund und Art der Nahrung abhängig. So sind Wanzen im allgemeinen im Herbst und Winter dunkler als im Frühjahr und Sommer. Bei der Grünen Stinkwanze färben sich die im Herbst braunen Tiere nach der Überwinterung im Frühjahr grün um. Die folgende Generation, welche nach der Imaginalhäutung ebenfalls grün gefärbt ist, lagert später auch rote Farbstoffe ein. LEBENSRAUM: Wiesen, Weg- und Waldränder, auch Gärten. Sie leben auf Sträuchern, Laubbäumen und Doldengewächsen. VERBREITUNG: Im mittleren und südlichen Europa. Fehlt im Norden von England und Fennoskandien. HÄUFIGKEIT: Im südlichen Mitteleuropa nicht selten. Im Mittelmeerraum häufig. FORTPFLANZUNG: Eiablage und Brutfürsorge entsprechen denen anderer Baumwanzen. NAHRUNG: Pflanzen- und Tiersäfte. ÄHNLICHE ARTEN: *Palomena viridissima*. Die Arten sind an der Form des Halsschildes zu unterscheiden, welcher bei *P. prasina* am vorderen Seitenrand leicht konkav, bei *P. viridissima* leicht konvex gebogen ist. Das zweite und dritte Fühlerglied sind bei der Grünen Stinkwanze etwa gleich lang, während bei *P. viridissima* das zweite Fühlerglied fast zweimal so lang ist wie das dritte. Beim ebenfalls ähnlichen Wacholderling *(Pitedia juniperina)* ist die Spitze des Scutellums und der Halsschildrand gelblich gefärbt. ALLGEMEINES: Das Tier gibt bei Gefahr eine ätzend riechende Flüssigkeit ab, die bei manchen Menschen allergische Reaktionen hervorruft.

## Streifenwanze
*Graphosoma lineatum*

MERKMALE: 1 cm groß. Die wohl schönste heimische Baumwanze: schwarz-rot gezeichnet. Giftig! LEBENSRAUM: Sonnenexponierte, warme Stellen, Wiesen, Südhänge, Böschungen. Gerne auf Doldengewächsen wie Wiesenkerbel. VERBREITUNG: Südliches Mitteleuropa, vor allem in Südeuropa. Fehlt in England und Fennoskandien. HÄUFIGKEIT: In Mitteleuropa nicht sehr häufig. In Südeuropa stellenweise massenhaft. FORTPFLANZUNG: Nach einem stark ritualisierten Paarungsverhalten kommt es zur Begattung. Danach trennen sich die Partner, und die ♀ legen in kleinen Paketen die Eier auf der Blattoberfläche ab. Nach dem Schlüpfen der Larven werden sie eine Weile von der Mutter bewacht. Junge Streifenwanzen tragen auch schon ein Warnkleid, das dem ihrer Eltern ähnelt. Doch ihre Flügel sind kleine Stummeln. Nach der 5. Häutung geschlechtsreif. NAHRUNG: Pflanzensäfte, gelegentlich räuberisch.

## Ritterwanze
*Lygaeus equestris*

MERKMALE: 1,1 cm lang. Sehr auffallend rot und weiß gezeichnete Wanze mit voll ausgebildeten Flügeln und langen, kräftigen Beinen. In Aussehen und Verhalten erinnert sie an die Rote Mordwanze, gehört jedoch zu der Familie der Lang- oder Bodenwanzen (*Lygaeidae*), von denen in Europa mehr als 100 Arten vorkommen; die meisten schwer bestimmbar. LEBENSRAUM: Trockenrasen, auch in lichten Wäldern, an Gebüsch und auf Ruderalflächen. Hält sich oft an Schwalbenwurz (*Cynanchum vincetoxicum*), aber auch auf anderen giftigen Pflanzen auf. VERBREITUNG: Vor allem in wärmeren Gebieten. FORTPFLANZUNG: In der Gruppe der Ritterwanzen bringt sie jede Art Lautäußerungen hervor, die jedoch so leise sind, daß sie der Mensch kaum hört. Das »Lied« wird bei der Balz vorgetragen und nur vom artgemäßen Partner »verstanden«, so daß Fehlverpaarungen vermieden werden. NAHRUNG: Ausschließlich Pflanzensäfte.

## Kohlwanze
*Eurydema oleraceum*

MERKMALE: 8 mm groß. Kontrastreich gefärbt: auf dunkel, metallisch glänzendem Grund mit grünem oder blauem Schiller liegen gelbe, rote oder orangefarbene, manchmal auch weiße Punkte. Grundfarbe im Sommer heller, im Herbst und Winter dunkler, um im darauffolgenden Frühjahr wieder hell umzufärben. LEBENSRAUM: Extensiv genutzte Wiesen mit spärlicher Vegetation. VERBREITUNG: Über ganz Europa; regelmäßig und häufig. FORTPFLANZUNG: Im Frühjahr schlüpfen die Vollkerfe aus ihren Winterverstecken, um an Pflanzen zu saugen, wobei Kohlpflanzen bevorzugt werden. Nach der Verpaarung legen die ♀ ihre Eier in kleinen Haufen auf der Blattoberseite ab. Im Juni schlüpfen die Larven und wechseln meist auf Kreuzblütler um. Nach 5 Häutungen sind die Tiere geschlechtsreif. NAHRUNG: Ist nicht auf eine bestimmte Pflanze beschränkt: Sie saugt an Kreuzblütlern, besonders an Kohl. Mitunter tierische Nahrung.

## Schmetterlingshaft
*Ascalaphus longicornis*

MERKMALE: 3 cm groß, 5 cm Flügelspannweite. Flügel dreieckig, durchsichtig mit gelbbrauner Zeichnung. Von dem sehr ähnlichen Schmetterlingshaft *A. libelluloides* an einem schwarzen, halbmondförmigen Fleck um einen gelblichen Fleck, der *A. libelluloides* fehlt, zu unterscheiden. LEBENSRAUM: Auf wenige Wärmeinseln in Europa beschränkt. In Mitteleuropa vor allem am Kaiserstuhl und Neusiedlersee. HÄUFIGKEIT: Sehr selten! Streng geschützt! FORTPFLANZUNG: Paarung erfolgt im Flug. Das ♂ ergreift das ♀ nach einer rasanten Verfolgungsjagd. Eier werden in Doppelreihen an Pflanzenstengeln abgelegt. Nach 2-3 Wochen schlüpfen die kleinen Larven, die unter Moos oder Steinen auf Beute lauern. In ihrem Aussehen ähneln sie kleinen Ameisenlöwen, bauen jedoch keine Trichter. Verpuppung erfolgt in einem Kokon, der an einem Pflanzenstengel hängt. Puppenruhe etwa 3 Wochen. Gesamtdauer der Entwicklung mindestens 2 Jahre. NAHRUNG: Räuberisch von kleinen Tieren. ALLGEMEINES: Mit nur 20 Arten in Europa relativ artenarm. Ihnen allen gemeinsam ist ihre Aktivität am Tag, wo sie bevorzugt anderen Insekten, besonders Schmetterlingen, nachstellen. Schmetterlingshaften, Ameisenjungfern, Staubhaften und Bachhaften werden in die Familie der Plattflügler eingeordnet.

## Blutzikade
*Cercopis vulnerata*

MERKMALE: Mit ebenfalls 1 cm Körpergröße gleich groß wie die sehr ähnliche *C. sanguinolenta*. Die genaue Bestimmung muß dem Fachmann vorbehalten bleiben. Doch der Fundort gibt einen ersten Hinweis auf die Artzugehörigkeit, da beide Arten nicht im gleichen Biotop vorkommen. So findet man *C. vulnerata* in höheren Gebirgslagen. Sie bevorzugt sauren Boden. LEBENSRAUM: An sonnenexponierten Hängen der Mittelgebirge mit buschreicher Vegetation und ausgedehnten Grasflächen. VERBREITUNG: Sehr weit in Europa. HÄUFIGKEIT: Wie *C. sanguinolenta* kann diese Blutzikade in geeigneten Biotopen und warmen Jahren außerordentlich häufig werden. Ihre Bestände sind aber durch die Intensivierung der Landwirtschaft stark rückläufig. FORTPFLANZUNG: Ähnlich *C. sanguinolenta*. Die Larven leben ebenfalls unterirdisch an Wurzeln, eingepackt in Schaumnestern. Die Schaumbildung entsteht durch Einpumpen von Luftbläschen aus der Atemhöhle in eine, aus dem After austretende Flüssigkeit. Zum Atmen wird die Hinterleibsspitze aus der Schaumoberfläche herausgestreckt. Der Schaum schützt gegen Austrocknung und vor Feinden. NAHRUNG: Blutzikaden und deren Larven leben von Pflanzensäften, die sie mit ihrem Rüssel aus Gräsern, Sträuchern und Wurzeln ziehen.

## Feld-Sandlaufkäfer, Tigerlaufkäfer
*Cicindela campestris*

MERKMALE: 1,5 cm lang. Leuchtend grüne Körperoberseite mit einem oder mehreren paarigen, hellen Flecken auf den Flügeldecken. LEBENSRAUM: Trockene, sandige Böden, Heidegebiete, alte Kiesgruben, an warmen Waldrändern mit stellenweise freiem Sand. VERBREITUNG: Ganz Europa bis weit nach Sibirien. Auch in Nordafrika. HÄUFIGKEIT: Häufig, heute stark rückläufig. FORTPFLANZUNG: Vollkerfe überwintern. Man trifft sie von Mai bis September. die ♀ legen ihre Eier in wenige Millimeter tiefe Sandlöcher. NAHRUNG: Die Larven graben sich in bis zu 40 cm tiefe Röhren in den Sand. Am Eingang lauern sie auf Beute, die meist aus Raupen oder anderen Insektenlarven besteht. Sie ziehen die Beute in die Tiefe und saugen das Körperinnere aus.

## Körner»wanze«
*Carabus cancellatus*

MERKMALE: 1,6-2,5 cm groß. Körperfarbe Bronze mit grünlichen Beimischungen, in seltenen Fällen rein schwarz. Schwer bestimmbar! LEBENSRAUM: Offene Landschaft, meist Wiesen und Felder. VERBREITUNG: Gemäßigte Zone Europas; im Norden bis Mittelskandinavien, im Süden bis Nordspanien, Mittelitalien, fehlt im übrigen Mittelmeerraum. Bis ins Hochgebirge anzutreffen. FORTPFLANZUNG: Die überwinternden Laufkäfer erscheinen im April und können bis September beobachtet werden, ehe sie sich wieder im Boden in etwa 50 cm Tiefe eine kleine Höhle graben, um hier zu überwintern. Das ♀ legt im Frühjahr 30-40 Eier in den Boden. Zwar leben die Larven oberirdisch, doch zu jeder Häutung graben sie sich ein: typisches Verhalten vieler Laufkäfer. NAHRUNG: Als Kartoffelkäfer-Vernichter sehr geschätzt.

## Gemeine Ameisenjungfer
*Myrmeleon formicarius*

MERKMALE: 3,5 cm lang, 6-8 cm Flügelspannweite. Libellenähnlich. Auf den glasig durchsichtigen Flügeln liegen in Größe und Gestalt unregelmäßige braune Flecken. Gute Tarnung! LEBENSRAUM: Sandige Flächen in warmen Gebieten, Heiden und Steppenheiden. VERBREITUNG: Weite Teile Europas, im Norden bis Südskandinavien. HÄUFIGKEIT: Nicht sehr häufig. ALLGEMEINES: Dämmerungsaktiv. Mit ihren kräftigen Mundwerkzeugen können sie Insekten festhalten und töten.

## Rhagonycha fulva
*Rhagonycha fulva*

MERKMALE: Bis 1 cm groß. Ockerbrauner Käfer, manchmal am Ende der Flügeldecken schwärzlich überhaucht. Flügeldecken überdekken nicht ganz den Hinterleib, stets kann man die Spitze noch sehen. Die genaue Bestimmung ist problematisch, da aus Mitteleuropa allein 16 Arten der Gattung *Rhagonycha* bekannt sind. Eine sichere Bestimmung ist nur durch eine Genitalpräparation möglich. LEBENSRAUM: Auf bunten Blumenwiesen, wo man sie in den Dolden von Wildem Kümmel, Wilder Möhre, Geißfuß, Engelwurz und vielen anderen in großer Anzahl beobachten kann. VERBREITUNG: In ganz Europa bis nach Südskandinavien. Im Osten bis in den Kaukasus. Vom Flachland bis 1000 m. HÄUFIGKEIT: Überall häufig. FORTPFLANZUNG: Wie beim Soldatenkäfer. NAHRUNG: Käfer und Larven leben räuberisch von Schadinsekten, weshalb sie wie die meisten Weichkäfer zu den Nützlingen zählen.

## Soldatenkäfer
*Cantharis rustica*

MERKMALE: 1-1,5 cm groß. Eine typische Art der Weichkäfer, die man an den schwach chitinisierten Flügeldecken erkennt. Daher auch die Bezeichnung »Weich«-Käfer. Meist sind sie schlank gebaut, von länglicher Gestalt und rot, blau oder gelb gefärbt, weshalb sie auch »Soldatenkäfer« genannt werden. *C. rustica* trägt lange schwarze Flügeldecken und einen roten Halsschild. Wie bei allen Weichkäfern sind die Fühler lang und vielgliedrig ohne Endkeule. LEBENSRAUM: Auf blühenden Wiesen und Sträuchern sitzen diese Weichkäfer in den Blütendolden. VERBREITUNG: Fast ganz Europa. HÄUFIGKEIT: Regelmäßig und häufig. FORTPFLANZUNG: ♀ legen im Boden die Eier ab. Die daraus schlüpfenden Larven sind dicht behaart. Halb erwachsen, überwintern sie am Boden. An warmen Wintertagen kommen sie heraus, weshalb sie der Volksmund auch »Schneewürmer« nennt.

## Bienenwolf
*Trichodes apiarius*

MERKMALE: 1-1,6 cm groß. Gehört mit der metallisch rot-blauen Zeichnung der Flügeldecken und des Körpers zu den schönsten heimischen Käfern, von denen 4 verschiedene, untereinander recht ähnliche Arten in Mitteleuropa leben. LEBENSRAUM: Bevorzugt auf bunten Blumenwiesen, wo die Käfer in den Dolden verschiedenster Pflanzen sitzen und nach kleinen Insekten jagen. VERBREITUNG: Früher in ganz Europa, heute vielerorts - vor allem im Norden - verschwunden. Im Osten erreicht der Bienenwolf Kleinasien und im Süden Nordafrika. HÄUFIGKEIT: Selten. FORTPFLANZUNG: ♀ legen die Eier in die Nester wilder Bienen, vor allem Solitärbienen *(Megachilidae, Colletidae)* und Grabwespen *(Sphecidae)*. Gelegentlich findet man sie auch in Honigbienenstöcken. Hier verpuppen sich die Larven. Doch aufgrund der Seltenheit der Tiere ist der Schaden unbedeutend. NAHRUNG: Käfer ernähren sich von kleinen Insekten, die Larven von Bienenbrut.

## Zipfelkäfer
*Malachius aeneus*

MERKMALE: 0,7 cm groß. Flügeldecken und Körper sind auffallend bunt gezeichnet. Zusätzlich bestehen deutliche Geschlechtsunterschiede: ♂ blaue Flügeldecken mit einem darüber hinausstehenden roten Hinterleib, ♀ dagegen rote Flügeldecken. Typisch für die *Malachiiden* sind auf der Körperunterseite ausstülpbare Hautlappen und die Exzitatoren der ♂, Drüsen, die einen Sexuallockstoff ausscheiden. Bei der Balz stülpt das ♂ die Lappen aus und gibt den Duftstoff ab. Die ♀ verbeißen sich in diese Hautblasen und werden durch den Duftstoff paarungswillig. LEBENSRAUM: Blumenwiesen. VERBREITUNG: Große Teile Europas. NAHRUNG: Larve und Käfer leben räuberisch.

## Stachelkäfer
*Variimorda fasciata*

MERKMALE: Knapp 1 cm groß. Auffallend lang ausgezogener Hinterleib, mit dem in der Blüte schlängelnde, manchmal springende Bewegungen ausgeführt werden. LEBENSRAUM: In Blüten aller Art. VERBREITUNG: In Europa flächendeckend. HÄUFIGKEIT: Regelmäßig, massenhaft. FORTPFLANZUNG: Die kleinen Larven bohren sich in Blüten, verpilztes Holz, Baumschwämme, aber auch in Äste und Stämme von Pflaumenbäumen, wo sie Schäden anrichten können. Verpuppung nach mehreren Häutungen. ALLGEMEINES: Aus Mitteleuropa kennt man 118 Arten, die sich sehr ähnlich sehen. Die Larven bohren in anbrüchigem, morschem, verpilztem Holz oder in Baumschwämmen, bisweilen auch in grünen Pflanzenteilen.

## Feldmaikäfer
*Melolontha melolontha*

MERKMALE: Der 2-3 cm lange Feldmaikäfer unterscheidet sich vom sonst recht ähnlichen Waldmaikäfer durch die schmale, lanzettartige Form der nagelartigen Verlängerung an der Hinterleibsspitze (Pygidium). Außerdem ist das Bruststück glänzend schwarz. Die Flügeldecken tragen einen fast lackartigen Glanz. Ihre Farbe ist meist hell- bis mittelbraun, kann jedoch variieren. Die ♂ tragen 7 lange Fiederblättchen an den Fühlern, die ♀ 5 kurze. Die Unterseite des Hinterleibs weist auffallende weiße Keile auf dem schwarzen Untergrund auf. Flugzeit der Käfer je nach Gebiet von Ende April bis Anfang Juni; in Mitteleuropa zumeist Anfang Mai (Hauptflugphase). LEBENSRAUM: Wiesen, Gärten und Kulturland bis in etwa 1000 m Höhe, vorzugsweise an Waldrändern und in Obstgärten. VERBREITUNG: Mitteleuropa und südliches Nordeuropa; fehlt im Mittelmeerraum. HÄUFIGKEIT: Um die Jahrhundertwende und die erste Hälfte des 20. Jahrhunderts sehr häufig mit Massenflügen, die Laubwälder und Obstanlagen kahlfraßen. Danach starker Bestandsrückgang und gegenwärtig fast überall selten bis sehr selten geworden. Lokale Vorkommen schwanken stark in der Häufigkeit. FORTPFLANZUNG: Die im Herbst aus der Puppe geschlüpften Käfer überwintern in der Erdhöhle. Im Frühling schwärmen sie dann wie auf ein geheimes Kommando fast gleichzeitig in der Abenddämmerung aus. Sie sammeln sich an den jungen Trieben von Laubbäumen. Nach dem ersten Fraß paaren sich die Maikäfer. Die begatteten ♀ legen ihre Eier in kleinen Erdhöhlen im Wiesenboden ab. Sie geben etwas Kot dazu und versorgen damit die schlüpfenden Engerlinge mit Symbionten, die sie zur Verdauung der Wurzelnahrung benötigen. Je nach Klimagebiet dauert die Entwicklung 3-4 Jahre. Die Engerlinge verursachen in Gärten und Obstkulturen bei massenhaftem Auftreten Schäden an den Wurzeln. Käfer wie Engerlinge wurden daher massiv bekämpft.

## Halsbock
*Leptura livida*

MERKMALE: Etwa 1 cm groß. Kenntlich am schwarzen, runden und hochgewölbten Halsschild und an den gelbbraunen Flügeldecken. LEBENSRAUM: Waldnahe Blumenwiesen. VERBREITUNG: In ganz Europa vom Flachland bis in hohe Lagen der Alpen. HÄUFIGKEIT: Regelmäßig und häufig, manchmal auf engem Raum in großer Anzahl. FORTPFLANZUNG: Flugzeit Juli bis August. ♀ legen mit einem besonders gebauten Legerohr die Eier in die Humusschicht oder in Astspalten, die unter der Erdoberfläche liegen. Der Untergrund muß trokken und warm sein. Die Larven verlassen nie den Boden. Sie halten sich in 2-6 cm Tiefe auf. Im Herbst des zweiten Jahres bauen sie eine Puppenwiege, in der sie überwintern. Verpuppung erst im Frühjahr. Nach etwa 2 Wochen schlüpfen die Käfer. Erst nach weiteren 8-10 Tagen voll ausgefärbt. NAHRUNG: Käfer nehmen in Korbblütlern, am häufigsten in der Schafgarbe, Pollen und Nektar auf. Die Larven leben vom Holz und verschiedenen Pilzmyzelien. In Zellen von Ausstülpungen am Vorderende des Mitteldarmes sind symbiontische hefeartige Mikroorganismen vorhanden, die der Larve die Verdauung und Verwertung der Holzbestandteile erst ermöglicht. ALLGEMEINES: Die weltweit mit ca. 30 000 Arten vertretene Familie der Bockkäfer (Cerambycidae) bringt es auch in Mitteleuropa auf etwa 200 Arten, die in Körpergröße und Färbung sehr variabel sind. Auffallend sind die meist körperlangen Fühler, die beim Zimmermannsbock *(Acanthocinus aedilis)* im männlichen Geschlecht 4-5mal so lang sind wie der Körper. Die Fühler werden nach vorn oder nach der Seite getragen; manche Arten nehmen sie auch beim Umdrehen aus der Rückenlage zu Hilfe. Weit verbreitet ist bei beiden Geschlechtern die Fähigkeit zur Lauterzeugung, was man ausprobieren kann, wenn man Bockkäfer zwischen die Finger nimmt: Durch nickende Bewegung der Vorder- gegen die Mittelbrust entsteht ein zirpendes Geräusch. Über die Bedeutung des Zirpens ist nichts Sicheres bekannt.

## Junikäfer
*Amphimallon solstitiale*

MERKMALE: 1,4-1,8 cm groß. Dicht behaart, mittel- bis hellbraun mit gelblichen Tönen. Flügeldecken, Halsschild und Kopf gleichgefärbt. ♂ an den breiteren und größeren Fühlerblättchen zu erkennen. LEBENSRAUM: Fast überall in offener Landschaft; in Wiesentälern, Gärten, an Weg- und Feldrainen, sofern diese nicht mit Chemikalien bearbeitet werden, welche die Larven der Junikäfer vergiften. VERBREITUNG: In ganz Europa und fast in ganz Asien außerhalb der subtropischen und tropischen Bereiche. Vom Tiefland bis ins Gebirge. HÄUFIGKEIT: Regelmäßig und häufig. FORTPFLANZUNG: Siehe Maikäfer. Junikäfer schwärmen an warmen Juniabenden vor Einbruch der Dämmerung in großer Anzahl. Verpaarung und Eiablage an wenigen Abenden. Gesamtentwicklung dauert 2-3 Jahre. Larven leben im Boden und verpuppen sich hier im Frühjahr. Wochen später schlüpfen die Käfer.

## Großrüssler
*Liparus glabrirostris*

MERKMALE: 17-21 mm groß. Die 7 *Liparus*-Arten sind die größten einheimischen Rüsselkäfer-Arten. LEBENSRAUM: Wiesen, Hänge, Geröllhalden in mittleren und größeren Höhen der Mittel- und Hochgebirge, gerne an feuchten Stellen. So findet man die Käfer häufig an Bergbächen auf den großen Blättern z. B. von Huflattich *(Tussilago farfara)* und Pestwurz, wo sie an den Blättern nagen. VERBREITUNG: Inselartig mit Schwerpunkt im südlichen Mitteleuropa. HÄUFIGKEIT: Stellenweise (in Bayern und Schlesien) häufig, nach Norden zu abnehmend. FORTPFLANZUNG: Die Weibchen stechen Wurzelstöcke von Pestwurz *(Petasitis officinalis, P. albus)* an und legen ein Ei hinein. Die Larve miniert im Wurzelstock und gräbt sich dann zur Verpuppung in den Boden ein. NAHRUNG: Die Larven fressen die Wurzeln der Pestwurz, die Käfer die Blätter (auch vom Huflattich). ALLGEMEINES: Die Rüsselkäfer *(Curculionidae)* sind mit über 50000 Arten weltweit die größte Käferfamilie, wobei in Deutschland etwa 900 Arten vorkommen. Die Imagines zeichnen sich alle durch einen mehr oder weniger stark rüsselartig verlängerten Kopf aus. Am Rüsselende sitzen die kurzen kauenden Mundwerkzeuge. In vielen Fällen sind die Fühler gekniet, d. h. das erste Fühlerglied ist schaftartig stark verlängert und daran setzt gewinkelt die mehrgliedrige Fühlergeißel an. Bei den »Langrüsslern« ist der Rüssel sehr lang, oft dünn und gebogen, bei den »Kurzrüsslern« ist er kurz, dick und mehr abgeflacht. Bei den Rüsselkäfern herrschen braune, dunkelbraune und schwarze Färbung vor, manche besitzen einen metallischen Glanz. Manche Arten sind flügellos, die harten Flügeldecken sind miteinander verwachsen. Viele Arten betreiben Brutfürsorge, indem die Eier besonders untergebracht und die Larven mit einem Futtervorrat versorgt werden. Die Larven sind madenförmig. Die Verpuppung erfolgt in der Erde oder an bzw. in der Futterpflanze.

## Schildkäfer
*Cassida vibex*

MERKMALE: 0,7-0,9 cm lang. Grasgrün mit charakteristischem, schildartig geformtem Körper. Flügeldecken und Brustschild passen so zueinander, daß sie den insgesamt flach gebauten Körper des Schildkäfers wie eine kompakte, flache Schale bedecken. Der Kopf ist kaum zu sehen. Meist ragen nur die dünnen Fühler unter dem Brustschild hervor. Gleiches gilt für die äußeren Glieder der Beine. Bei Gefahr drückt sich der Käfer so an die Unterlage, daß der Schildrand direkt darauf aufliegt. Kopf, Fühler und Beine verschwinden darunter vollständig. Während der ähnliche Grüne Schildkäfer *C. viridis* einheitliches Grün auf der Oberseite trägt, erkennt man *C. vibex* an den dunklen Flecken im Zentrum der Flügel und an den beiden Punkten auf den Elytren. In Mitteleuropa kommen etwa 30 verschiedene, schwer voneinander unterscheidbare Schildkäferarten vor. LEBENSRAUM: Wiesen, Raine und Hecken. VERBREITUNG: Gemäßigte Zone Eurasiens. HÄUFIGKEIT: Nicht selten, lokal häufig. FORTPFLANZUNG: Die ♂ besitzen ein ausstülpbares Begattungsorgan, mit dem sie unter den Panzer des ♀ reichen können. Die ♀ legen ihre Eier auf den Futterpflanzen ab, wo sie sich schnell entwickeln. Mitunter trifft man alle Stadien auf der gleichen Futterpflanze.

## Feldhummel
*Bombus agrorum*

MERKMALE: 20-22 mm groß. Nicht leicht zu bestimmen: Die Haare stehen struppig vom Körper ab. Die Farbe ist grau-gelb verwaschen. Hilfreich bei der Bestimmung dieser Art ist vor allem die orangegelbe Behaarung der Brust. LEBENSRAUM: Wiesen, Felder, Gärten, Parks, Äcker und Waldränder, an feuchten und an trockenen Stellen, vom Tiefland bis in die Knieholzregion der Berge. VERBREITUNG: Großteil Europas. HÄUFIGKEIT: Die Feld- oder Ackerhummel, wie sie auch genannt wird, gehört zu den häufigsten Hummelarten und kann überall regelmäßig angetroffen werden. FORTPFLANZUNG: Wie alle europäischen Hummelarten lebt auch die Feldhummel sozial in einem einjährigen Staat, an den sie ihr ganz Leben lang eng gebunden ist. Hummeln sind ebenso wie Wespen nicht in der Lage Wintervorräte einzutragen, so daß der Staat im Herbst bis auf die jungen befruchteten Weibchen abstirbt. Die in verschiedenen Schlupfwinkeln überwinternden Weibchen bauen im Frühjahr aus Moos und Wachs eine Kernzelle, aus der die 1. Generation schlüpft. Beim Weiterbau und bei der weiteren Versorgung hilft diese mit, so daß sich das Weibchen ganz dem Eierlegen widmen kann. Das Nest ist nicht sehr groß und enthält nur -200 Zellen.

## Wiesenhummel
*Bombus pratorum*

MERKMALE: Bis 20 mm groß, gehört zu den Arten die farblich sehr stark variieren und daher nicht leicht zu bestimmen sind. Bei beiden Geschlechtern ist das Brustvorderteil meist gelb, die restliche Brust und der vordere Teil des Abdomens schwarz; 4.- 6. Hinterleibsring des Weibchens und 4.-7. des Männchens sind rot behaart. Das Stirnschild des Männchens ist gelbweiß, der Scheitel ganz gelb. LEBENSRAUM: Gärten, Buschflächen, Wälder, vom Tiefland bis ins Gebirge, in den Alpen bis 2500 m. VERBREITUNG: Sehr weit in Europa und Nordasien. HÄUFIGKEIT: Regelmäßig und häufig. FORTPFLANZUNG: Wiesenhummeln gehören zu den ersten Frühlingsboten; die jungen Weibchen erscheinen je nach Witterung schon Ende März. Pollen wird in dieser Zeit vor allem von Salweidenkätzchen, aber auch von Lerchensporn, Primel, Lungenkraut und Nieswurz gesammelt und gefressen. Sie versorgen die erste Generation von geschlechtslosen Hummeln, die später die Arbeiten des Weibchen übernehmen. Nest meist an der Erdoberfläche. Erst im Sommer reifen Männchen und Weibchen, die späteren Königinnen, heran. Nach einem Balzflug verpaaren sie sich. Während die Männchen danach sterben, verkriechen sich die Weibchen in ihr Winterquartier.

## Feldwespe
*Polistes gallicus*

MERKMALE: 10-15 mm groß. Eine zierliche, soziale Faltenwespe (Vespidae), die von der zweiten Art dieser Gattung *(Polistes nimpha)* nicht leicht zu unterscheiden ist: Die Unterseite des letzten Hinterleibssegmentes ist bei *P. gallicus* gelb, bei *P. nimpha* schwarz. LEBENSRAUM: Wiesen, buschreiches Gelände, Waldränder und -schneisen. VERBREITUNG: Gemäßigtes Europa. HÄUFIGKEIT: Regelmäßig, meist häufig. FORTPFLANZUNG: Mehrere befruchtete Weibchen gründen gemeinsam ein Nest: An einem Stengel oder auf einem Stein errichten sie ein bestieltes, nicht umhülltes Nest, bestehend aus einer Wabe und wenigen Zellen. Das Nest ist dunkelgrau gefärbt und befindet sich meist an einer windgeschützten Stelle. Nicht selten finden sich mehrere Nester in dichter Nachbarschaft. Die Nester von *P. nimpha* sind dagegen hell gefärbt und werden meist an einer sonnigen Stelle angelegt, oft dicht über dem Boden, an einem Pflanzenstiel, Zaunpfahl oder auch einer Hauswand. Schon kurz nach der Eiablage frißt das stärkste Weibchen die Eier der anderen Weibchen so lange, bis sich diese nur noch als Arbeiterinnen betätigen. Stirbt das stärkste Weibchen, rückt ein anderes in dessen Position nach. Interessant ist die Fähigkeit beider Feldwespen, die Temperatur im Inneren des Nestes zu regulieren: Bei großer Hitze bringen sie Wasser herbei, spucken dies auf die Wabe und befächeln es, damit es verdunstet. Die dabei entstehende Verdunstungskälte dringt in das Nest ein. Bei Kälte zittern die Tiere mit den Muskeln zur Erwärmung. NAHRUNG: Feldwespen sind in erster Linie Räuber, die kleine Insekten und Spinnen jagen. Diese werden getötet, zerkaut und zu einer festen Kugel verarbeitet. Diese Kugeln werden zum Nest transportiert und damit Königin und Larven gefüttert. Manchmal wird ein kleiner Nektarvorrat in den Zellen angelegt. Häufig werden auch Blüten aufgesucht, wo die Wespen Nektar saugen. Im Herbst findet man sie an überreifen Früchten.

## Schnepfenfliege
*Symphoromyia immaculata*

MERKMALE: Die Schnepfenfliegen sitzen in ganz charakteristischer Weise mit dem Kopf nach unten gerichtet und schräg gehaltenem Körper sowie leicht abstehenden Flügeln. Die Männchen findet man oft in dieser Haltung an Hauswänden, Baumstämmen oder Zäunen. LEBENSRAUM: Gärten und Wiesen (Waldränder und Gebüschgruppen). VERBREITUNG: Fast ganz Europa. HÄUFIGKEIT: Mehrere Arten dieser Gruppe sind häufig, besonders die oft an Häusern zu beobachtende Gemeine Schnepfenfliege *Rhagio scolopaceus*, deren kräftiger, mittellanger Rüssel (ähnlich dem der Bremsen) auf eine räuberische Lebensweise schließen läßt. FORTPFLANZUNG: Die Eier werden einzeln in vermodernde Stoffe (Komposthaufen u. a.) gelegt. Die sich hier entwickelnden Larven fressen zerfallende pflanzliche und tierische Stoffe, zum Teil sind sie auch räuberisch, indem sie Insektenlarven und Würmer vertilgen.

## Waffenfliege
*Chloromyia formosa*

MERKMALE: Knapp 1 cm groß. Körper metallisch glänzend. Hinterleib breit. Viele Arten tragen am Ende des Brustabschnitts auf dem Rücken dornartige Fortsätze, von denen die Familie (*Stratiomyidae* = Waffenfliegen) zwar den Namen hat, die aber sicher keine »Waffen« darstellen. In Mitteleuropa leben etwa 100 Arten. LEBENSRAUM: Wiesen, Gärten, Parks. VERBREITUNG: Über ganz Europa. HÄUFIGKEIT: Regelmäßig und häufig. Gelegentlich findet man in Komposthaufen größere Mengen von Larven. FORTPFLANZUNG: *C. formosa* legt die Eier einzeln auf weichen, feuchten Boden, besonders gern in vermoderndes Altlaub oder in Kompost. NAHRUNG: Larven ernähren sich von vermoderndem, pflanzlichem Material. Sie leisten einen wichtigen Beitrag zur Humusbildung und sollten daher vom Gärtner in Komposthaufen gern gesehen werden. ALLGEMEINES: Die Larven der meisten nah verwandten Arten leben in kleinen Wasseransammlungen.

## Wiesenschnake
*Tipula crocata*

MERKMALE: 2,5 cm groß. Im Gegensatz zu der sehr ähnlichen Kohlschnake ist sie leicht gelblich gefärbt. Körperkennzeichen wie bei den anderen Schnaken. Auch die Wiesenschnaken sind ungefährlich, da sie weder stechen noch beißen können. LEBENSRAUM: Wiesen, Felder, Raine, Gärten, Parks, lichte Wälder. VERBREITUNG: Großteil Europas. FORTPFLANZUNG: Flugzeit von August bis Oktober. Damit schiebt sie sich zwischen die *T. oleracea*, um direkter Konkurrenz auszuweichen. Beide Arten stellen ganz ähnliche Ansprüche an ihren Lebensraum und zeigen auch ein sehr ähnliches Verhalten; Kreuzungen oder Verwechslungen werden durch die zeitliche Verschiebung der Flugzeit vermieden. NAHRUNG: Larven leben im Boden und ernähren sich von Wurzeln. Bei einer Dichte von 400 pro $m^2$ können in einem Garten schon beträchtliche Schäden entstehen. Altlarven kriechen nachts aus dem Boden und benagen die oberirdischen Pflanzenteile.

## Kleiner Kohlweißling
*Pieris rapae*

MERKMALE: Die Vorderflügellänge erreicht knapp 3 cm. Wie der Name sagt, ist er ein kleiner Verwandter des Großen Kohlweißlings. Er gleicht ihm auch in der Färbung. LEBENSRAUM: Der Kleine Kohlweißling ist weit verbreitet und häufig anzutreffen. Bewohnt offenes Gelände, fliegt auch in Gärten. Von der Meeresküste bis in 2000 m Höhe, auch über Gebirgspässe. Er ist dem Leben in der Kulturlandschaft sehr gut angepaßt. VERBREITUNG: In ganz Europa bis zum 62. Breitengrad. Vereinzelt noch nördlicher zu beobachten. Mehr oder weniger auch in ganz Nordafrika vertreten. HÄUFIGKEIT: Überall häufig, gelegentlich Massenentwicklung wie beim Großen Kohlweißling. FLUGZEIT: Man kennt regelmäßig zwei bis drei Generationen. Die III. Generation ist stets unvollständig. Die Falter der I. Generation fliegen vom April bis Mai, die der II. von Juli bis August und die der III. von September bis Oktober. Die Falter der verschiedenen Generationen unterscheiden sich in der Ausbildung dunkler Flecken und am Grad der Beschuppung. RAUPENZEIT: Die Raupen der I. Generation sind von September bis Oktober aktiv, die der II. im Juni und die der III. im September. Die Raupe ist mattgrün gefärbt mit hellen Seiten und einem hellen Streifen. FUTTERPFLANZEN: Die Raupen leben von den Blättern der Kreuzblütler (Cruciferen), auch an Reseda, Gänsekresse, an Lauchkraut und natürlich ganz besonders an Kohlpflanzen. Während die Raupen der I. Generation sich meist an Wildpflanzen halten, wandern die Falter der II. Generation gern in menschliche Kulturen. Sie benagen bevorzugt das Herz des Kohls, während die Raupen von *P. brassicae* den Kohl von außen nach innen »bearbeiten«. PUPPE: Grünlich graue bis bräunliche Gürtelpuppe, gelb gestreift. Die Puppe überwintert an der Futterpflanze, an Wänden und Zäunen. ALLGEMEINES: Wie alle Kohlweißlinge fliegen auch sie langsam und gaukelnd.

## Rapsweißling
*Pieris napi*

MERKMALE: Vorderflügel bis 2,5 cm lang. Frühjahrs- und Sommerformen unterscheiden sich in Größe und Färbung voneinander. Auch die Geschlechter sind verschieden gefärbt, wobei die Intensität der Farben, Ausmaß der Beschuppung und Größe des schwarzen Flecks auf dem Außenrand des Vorderflügels die wichtigsten Unterschiede ausmachen. Die Sommerform wird mit 2,5 cm Vorderflügellänge deutlich größer. LEBENSRAUM: Offenes Gelände, bevorzugt darin feuchte Stellen, Waldwiesen oder buschige Hänge. Im Gebirge bis 2000 m Höhe. VERBREITUNG: Ganz Europa mit Ausnahme der höchsten Polarzonen und Gebirgsregionen. Fehlt auf den atlantischen Inseln und auf Kreta. HÄUFIGKEIT: Gehört zu den nicht bedrohten Arten; allgemein häufig und nicht zu übersehen. FLUGZEIT: Man kennt drei Generationen, wobei die III. nur in warmen, sonnigen Jahren und auch meist unvollständig auftritt. Die I. Generation fliegt von Mai bis Juni, die II. von Mitte Juni bis August, und die III. im September. Nur ganz selten findet man im Okober noch aktive Rapsweißlinge. RAUPENZEIT: I. Generation August bis September. II. im Juni und die III. im August. Die Raupe ist mattgrün mit oberseits schwarz behaarten Punktwarzen. Die Atemöffnungen (Stigmen) sind gelb eingefaßt. FUTTERPFLANZEN: Die Raupen leben an verschiedenen Kreuzblütlern, so an Raps (*Brassica napus*), Schaumkraut (*Cardamine*), Kresse (*Nasturtium*), Turmkraut (*Turritis*), Gänsekresse (*Arabis*), Lauchkraut (*Alliaria*) sowie an allen Krautarten. PUPPE: Blasse, graugrünliche Gürtelpuppe mit schwarzen Punkten, überwinternde Puppen sind weißlich und fast ohne Zeichnung. Überwintern an Pflanzenstengeln. ALLGEMEINES: Vom Rapsweißling sind verschiedene Farbvarietäten bekannt, z. B. eine gelbe Abart, die *f. flava*. Im Süden erreichen Männchen die Größe des Kleinen Kohlweißlings, und können mit ihm leicht verwechselt werden.

## Schwalbenschwanz
*Papilio machaon*

MERKMALE: Wie bei allen Tagfaltern schlanker Körperbau und kleiner Kopf. Die Fühler tragen am Ende eine kleine Verdickung, die sogenannte Keule. Die langen Haare der Vorderbeine dienen als Putzkämmchen. Am Hinterflügel, der stets leicht gewölbt ist, befindet sich eine schwanzartige Verlängerung. Beim Männchen erreichen die Vorderflügel etwa 3,4 cm Länge. Der Falter ist kräftig gelbschwarz gezeichnet. LEBENSRAUM: Überall in offenem Gelände, von der Meeresküste bis in Gebirgshöhen von 2000 m; hier vor allem während des Sommers, da er gern auf Kuppen rastet. Auch in Gärten, wenn darin Mohrrüben angebaut werden. Über den Sommerwiesen segeln sie zu Wilden Möhren, Dill, Kümmel und anderen Blüten. VERBREITUNG: Fast weltweit; die europäischen Rassen (*gorganus* in Mitteleuropa) leben von Nordafrika bis hoch in den Norden. HÄUFIGKEIT: In letzter Zeit wieder öfter zu sehen.

## Tagpfauenauge
*Inachis io*

MERKMALE: Während das ♂ eine Vorderflügellänge von etwa 3 cm erreicht, wird das ♀ meist etwas größer. Die 4 großen, blau gekernten Augenflecken auf den 4 Flügeln sind so auffallend, daß das Tagpfauenauge mit keiner anderen Art verwechselt werden kann. Grundfarbe braun bis rötlich. Gehört zu den bekanntesten Tagfaltern Europas. Es sind keine Formen oder Rassen bekannt. LEBENSRAUM: Überall. Oft in Gärten und Parklandschaften. Bis in 2500 m Höhe. Man trifft Tagpfauenaugen mitten in der Stadt, in Gärten, in Parkanlagen, über Blumenwiesen und buschreichem Gelände, auf Lichtungen. VERBREITUNG: Ganz Europa bis zum 60. Breitengrad. Alle größeren Mittelmeerinseln außer Kreta. Fehlt im äußersten Norden und in Nordafrika. HÄUFIGKEIT: Neben dem Kohlweißling vielleicht der häufigste Schmetterling unserer Heimat. Er wird in keinem Garten fehlen.

## Aurorafalter
*Anthocharis cardamines*

MERKMALE: 2,5 cm lange Vorderflügel. ♂ mit leuchtend orangefarbenem Fleck im Spitzenbereich des Vorderflügels. Dem ♀ fehlt dieses Kennzeichen. Es ist fast einfarbig, schwach bräunlich-gelb. Die Vorderflügelspitzen sind geschwärzt, die Unterseite der Hinterflügel ist unregelmäßig gelbgrün gezeichnet. LEBENSRAUM: Offenes Gelände, Blumenwiesen, Hekken und Waldränder, bis 2000 m Höhe. VERBREITUNG: Europa bis zum Polarkreis. Fehlt auf Kreta, Elba, in Nordafrika und im südlichen Spanien. HÄUFIGKEIT: Früher häufig, heute viel seltener. FLUGZEIT: Anfang April bis Juni, in einer Generation; in den Alpen auch bis Anfang August. RAUPENZEIT: Juni bis Juli. Die Raupe ist blaugrün, mit feinen schwarzen Pünktchen und weißem Seitenstreifen, die Unterseite ist dunkelgrün. Die Eier werden an Blütenknospen gelegt und die daraus schlüpfenden Jungraupen fressen zuerst an den Samenkapseln. Die Verpuppung erfolgt im Juli. FUTTERPFLANZEN: Wiesenschaumkraut, Weg- und Knoblauchsrauke, Rauhe Gänsekresse, Ackersenf und andere Kreuzblütler. PUPPE: Grüne bis bräunliche Gürtelpuppe mit sichelförmig gebogenem Kopfteil. Die Puppe überwintert an Stengeln oder Zweigen, aber selten an der Futterpflanze.

## Kleiner Fuchs
*Aglais urticae*

MERKMALE: Die Vorderflügel erreichen eine Länge von 2,5 cm. Der Kleine Fuchs unterscheidet sich vom Distelfalter und vom C-Falter durch eine deutliche Reihe von Punkten am Außenrand der Vorder- und Hinterflügel. Diese Flecken sind halbmondförmig schwarz umrandet und blau gefüllt. Sie geben dem Falter ein besonders hübsches Aussehen, da sie im Kontrast zum Orange der Flügel stehen. LEBENSRAUM: Überall in offenem Gelände, gern auch in Gärten, an Waldrändern und über Ödländern. Im Gebirge bis auf 3000 m Höhe. VERBREITUNG: In ganz Europa bis zum Nordkap. Dürfte der einzige Tagfalter sein, der flächendeckend in ganz Europa vorkommt. HÄUFIGKEIT: Nicht nur sehr weit verbreitet, sondern auch überall häufig. Man findet ihn mitten in Großstädten, in Parkanlagen und in Gärten. Zählt im Frühling zu den ersten. FLUGZEIT: Im südlichen Europa tauchen die ersten Falter bereits Ende Februar auf, im Norden dagegen erst im Mai. In der Regel entwickeln sich zwei Generationen, die I. Mitte Juni bis Mitte Juli, die II. August bis Mai. Die Falter überwintern in ihrer Heimat, meist gut versteckt in Holzspalten, auf Dachböden oder hinter Gemäuer. RAUPENZEIT: I. Generation Mai bis Juni, die II. Generation Juli bis August.

## Zitronenfalter
*Gonepteryx rhamni*

MERKMALE: Mit 3 cm langen Vorderflügeln und leuchtendem Gelb fällt der Zitronenfalter überall auf. Die Geschlechter sind unterschiedlich gefärbt. Nur das ♂ trägt die leuchtend gelbe Flügelfarbe mit den 4 orangeroten Punkten, je einer auf jedem Flügel. Das ♀ ist sehr viel blasser, weist aber ebenfalls die Punkte auf. Beim flüchtigen Hinschauen kann man das fliegende ♀ mit einem Kohlweißling verwechseln. LEBENSRAUM: Praktisch überall; in lichten Wäldern, über Heideflächen, in Auen und Gärten; im Gebirge bis 2000 m. VERBREITUNG: Europa, Nordafrika und gemäßigtes Asien bis Sibirien. Fehlt in Europa nur im äußersten Norden von England und Skandinavien und im Süden auf Kreta. HÄUFIGKEIT: Weit verbreitet, tritt aber nirgends in Mengen auf. Massenvorkommen sind nicht bekannt, auch wenn er überall und regelmäßig beobachtet werden kann. FLUGZEIT: Der Lebenszyklus des Zitronenfalters unterscheidet sich von dem der anderen Schmetterlinge: er hat eine ungewöhnlich lange Flugzeit und zählt zu den Faltern mit der längsten Lebenserwartung. Seine Flugzeit beginnt im Juli und dauert bis zum nächsten Frühjahr. Um diese Zeit energetisch zu bewältigen, legt er zahllose »Pausen« ein. RAUPENZEIT: Im Juni schlüpfen die Raupen, im Juli verpuppen sie sich.

## Distelfalter
*Vanessa cardui*

MERKMALE: Vorderflügel fast 3 cm lang. Man könnte den Distelfalter in freier Natur mit dem ähnlichen Kleinen Fuchs verwechseln. Doch ist der Distelfalter allgemein blasser gefärbt, größer und im Flug viel schneller und unsteter. Ein eindeutiges Kennzeichen bilden die 5 kleinen Augenflecken auf der Unterseite der Hinterflügel. Beide Geschlechter gleich gefärbt. LEBENSRAUM: Überall, wo es Brennesseln und Disteln gibt. Im Gebirge bis über 2000 m Höhe. VERBREITUNG: Wanderfalter, der auf der ganzen Welt, mit Ausnahme von Südamerika, angetroffen wird. Ganz Europa, doch nur in Südeuropa können die Distelfalter überwintern. Nördlich der Alpen müssen sie Jahr für Jahr einwandern. Manchmal ziehen sie in großen Scharen weit in den Norden und erreichen dabei Nordengland und sogar Island. HÄUFIGKEIT: Einer der häufigsten Falter Europas. In den verschiedenen Jahren kann man ihn in unterschiedlicher Häufigkeit überall dort, wo Brennesseln wachsen, beobachten. FLUGZEIT: Von Mai bis Juli fliegen die Distelfalter in die nördlich der Alpen gelegenen Gebiete ein. Der Zugang erfolgt je nach Witterung früher oder später. Meist treten zwei Generationen auf, die I. im Juli und August, die II. im August und September. In günstigen Jahren auch drei Generationen. Da sich der Einflug über einen großen Zeitraum hinzieht, fliegen oft im Gebiet geborene Falter und neu angekommene nebeneinander. Die Generationen verschieben sich damit ineinander. Vor allem im Süden kann man die Generationen nicht genau voneinander trennen. RAUPENZEIT: I. Generation Juni bis Juli, die II. im August und September. Doch auch hier kann man die Zeiten nicht scharf abgrenzen, da die Raupenzeiten in starkem Maße vom Einflug der Falter abhängen. Die Raupe ist schwärzlich oder graugrün, hell gefleckt und mit gelblichen Dornen besetzt. FUTTERPFLANZEN: Disteln, auch Klette, Brennessel, Huflattich.

## Kleiner Heufalter
*Coenonympha pamphilus*

MERKMALE: Etwa 1,5 cm lange Vorderflügel. Flügeloberseite gelblichbraun, mit einem dunkelgrauen Rand an den Seiten und an der Vorderkante der Vorderflügel. Die Unterseite der Hinterflügel trägt eine verwaschen weißliche Binde in hellerem Außen- und dunklerem Innenteil. LEBENSRAUM: Wiesentäler, Waldlichtungen; auch an der Küste. Auf allen Bodentypen, gerne an besonnten Hängen und Lehnen, vom Tiefland bis ins Bergland. VERBREITUNG: Ganz Europa bis Nordskandinavien, Nordafrika, östlich bis Sibirien. HÄUFIGKEIT: Häufig. FLUGZEIT: Bis zu drei Generationen: I. Mai, II. Juli, III. Ende August bis September, zum Teil auch noch bis in den Oktober, wobei sich die Generationen überschneiden. RAUPENZEIT: I. August bis April, II. Juni, III. August. Die Raupe ist gräulich grün und besitzt längs des Rückens einen dunklen Streifen. Die junge Raupe überwintert am Boden. FUTTERPFLANZEN: Gräser. ÄHNLICHE ARTEN: Die Heufalter oder Wiesenvögelchen sind wenig auffällige Falter, die eine maximale Vorderflügellänge von 2,1 cm erreichen (*C. oedippus*). Auch der Perlgrasfalter (*C. arcania*) erreicht etwa 2,0 cm, wohingegen Wald- und Moor-Wiesenvögelchen (*C. hero*, *C. tullia*) die Größe des Kleinen Heufalters haben.

## Gemeiner Heidewiesenbläuling
*Lycaeides idas*

MERKMALE: Etwa 1,5 cm lange Vorderflügel. Sehr ähnlich dem Geißkleebläuling *(Plebejus argus)*; die Flügelunterseite ist mehr bräunlich als beim Geißkleebläuling und die runden schwarzen Punkte sind weniger deutlich ausgeprägt. Während der Geißkleebläuling einen kurzen Dorn an den Vorder- und Mittelschienen der Beine besitzt, fehlt dieser dem Gemeinen Heidewiesenbläuling. LEBENSRAUM: Heidegebiete, Magerrasen, Waldwiesen, Waldränder. Im Gebirge bis über 2500 m. HÄUFIGKEIT: Regelmäßig auftretend, doch nicht so häufig wie früher. FLUGZEIT: Mitte Juni bis Mitte August. Gelegentlich im Süden eine II. Generation. RAUPENZEIT: Mai bis Juni. Das Ei überwintert. FUTTERPFLANZEN: Kleearten, auch Besenstrauch, Goldregen. ALLGEMEINES: Leben mit Ameisen in Symbiose (myrmekophile Art). Weniger Ameisen bedingen den Rückgang der Art. Die Raupen besitzen typische Ameisenlockorgane, die seitlich sitzen und blitzschnell ausgestülpt werden, wenn das Interesse der Ameisen nachläßt. Diese Organe sondern ein Sekret (enthält verschiedene Zucker) ab, welches von den Ameisen gerne verzehrt wird. Dafür beschützen die Ameisen die Raupen vor Feinden. Durch den fortschreitenden Rückgang der Ameisen ist diese Bläulingsart gefährdet.

## Malven-Würfelfleckfalter
*Pyrgus malvae*

MERKMALE: Dunkelbraun mit typischen weißen Würfelflecken, auch die Flügelfransen sind weiß und schwarz gefleckt. Knapp 1,5 cm lange Vorderflügel. Die Unterseite ist heller braun, die Hinterflügel sind gelblichgrün getönt und ihre weißen Flecken sind nicht so scharf begrenzt wie auf der Oberseite. Meistens sind die Weibchen größer als die Männchen. LEBENSRAUM: Überall, am häufigsten im Hügelland auf sonnigem Grasland, von der Meeresküste bis in 2000 m Höhe. VERBREITUNG: Fast ganz Europa bis zum 65. Breitengrad. Durch das gemäßigte Asien bis in die Mongolei und Amurgebiet. HÄUFIGKEIT: Häufig. FLUGZEIT: Ende April bis Juni in einer Generation. Die Falter fliegen nur bei Sonnenschein, mit reißendem Schwirrflug dicht über der Vegetation. RAUPENZEIT: August bis September. Puppe überwintert in einem lockeren Gespinst am Boden, zwischen Stengeln der Futterpflanze. FUTTERPFLANZEN: Malven, Walderdbeeren, Fingerkraut, Himbeere und Brombeere. Polyphag. Die langgestreckte Raupe ist grünlich, mit großem, schwarzem Kopf. Die junge Raupe verbirgt sich unter einem Gespinst; wenn sie älter ist, wird ein Blatt heruntergezogen und mit der Unterlage versponnen. Dieses »Schutzzelt« wird nur zum Fressen verlassen.

**Rostflügelbär, Zimtbär**
*Phragmatobia fuliginosa*

MERKMALE: Knapp 2 cm lange Vorderflügel. Ihre Oberseite ist zimtfarben mit einem kleinen schwarzen Punkt in der Mitte. Die der Hinterflügel ist meist leuchtend dunkelrot mit schwarzen Flecken, die individuell stark variieren. Das Rot mit den schwarzen Punkten wiederholt sich auf dem Körper. Die auffallende Zeichnung des Falters ist als Warnung an die Singvögel zu deuten. Sollte ein noch unerfahrener Jungvogel die Warnung nicht erkennen und den Rostflügelbär dennoch probieren, dann wird er eine Erfahrung machen, die er so schnell nicht vergißt: diese Schmetterlinge schmecken so schlecht, daß sie der Vogel sofort wieder ausspuckt und bestimmt keinen zweiten dieser Art versuchen wird. LEBENSRAUM: Wiesen, Weiden, Waldränder, Heidegebiete und Ödländer. Im Gebirge bis in 3000 m Höhe. VERBREITUNG: Ganz Europa; gehört zu den häufigsten seiner Gattung.

**Gemeines Blutströpfchen**
*Zygaena filipendulae*

MERKMALE: 2 cm lange Vorderflügel. Wie alle Blutströpfchen fliegen sie in den heißesten Stunden des Tages langsam, fast behäbig von Blüte zu Blüte. Gewöhnlich treten sie in größeren Mengen auf und halten gesellig zusammen. Die Vertreter dieser Gruppe sind auffallend gefärbt: Das Schwarz, Blau, Gelb und Rot stellt eine Warnfärbung dar - Blutströpfchen gelten als hochgiftig. Sie selbst sind unempfindlich gegen manche Gifte. Das Gemeine Blutströpfchen besitzt meist 6 große rote Punkte auf schwarz- bis grünschillerndem Untergrund. Die Keulen an den langen Fühlern sind typisch für die ganze Gruppe der Blutströpfchen. LEBENSRAUM: Bewohner trockener Magerrasen, in aufgelassenen Kiesgruben mit spärlicher Vegetation, auch über Moor- und Heideflächen. VERBREITUNG: In ganz Europa bis zum 61. Breitengrad. Sie kommen bis in 2000 m Höhe vor.

**Wolfsmilchschwärmer**
*Celerio euphorbiae*

MERKMALE: 3,5-3,7 cm lange Vorderflügel. Im Gegensatz zu dem sonst sehr ähnlichen Labkrautschwärmer an großen olivgrünen Flecken auf dem hellen Grund der Vorderflügel zu erkennen. Auch die Hinterflügel unterscheiden sich, wenngleich sie bei beiden Arten bunt rotweiß und schwarz-oliv gemustert sind. So trägt der Wolfsmilchschwärmer ein breites rotes Band, der Labkrautschwärmer dagegen nur rote Flecken. LEBENSRAUM: Besonders dort, wo Wolfsmilchgewächse (*Euphorbiaceae*) gedeihen: auf Ruderalflächen, an Ackerrainen, Waldrändern, an spärlich bewachsenen, sonnenbeschienen Hängen, an Feldwegen, über Heideflächen. VERBREITUNG: Die eigentliche Heimat des Wolfsmilchschwärmers bilden die Gebiete um das Mittelmeer. Alljährlich fliegen sie von dort ein und siedeln sich nördlich der Alpen an. Doch auch in Mitteleuropa gibt es bodenständige Populationen.

**Taubenschwänzchen**
*Macroglossum stellatarum*

MERKMALE: 2-2,5 cm lange Vorderflügel. An diesem kleinen Schwärmer fällt besonders der verbreitete, an den Seiten schwarz-weiß gezeichnete Hinterleib auf, der wie ein »Schwanz« aussieht. Verlängerte Schuppen bilden ihn. Damit kann er beim Schwirren vor den Blüten ausgezeichnet steuern. Vorderflügel unscheinbar braun, von Linien durchzogen, Hinterflügel tief orange bis gelb. LEBENSRAUM: Sonnige Kahlschläge, Südhänge mit Gebüsch, Heideflächen und Waldränder sind die bevorzugten Plätze, an denen man das Taubenschwänzchen beobachten kann. Im Gegensatz zu den anderen Schwärmern sind sie tagaktiv, sogar in den heißen Mittagsstunden. In den Gärten kann man sie auch in den Nachmittags- und Abendstunden am Phlox, an Geranien und Petunien beobachten. In der freien Natur suchen sie in Flockenblumen, Seifenkraut (*Saponaria*) und im Natternkopf (*Echium*) nach Nektar.

## Mäusebussard
*Buteo buteo*

MERKMALE: In der Gefiederfärbung sehr variabel, von dunkelbraun bis fast weiß. Sitzt offen auf Zaunpfählen und Masten, kreist im Aufwind, miauende Rufe. LEBENSRAUM: Kulturland mit eingestreuten Wäldern. In Mitteleuropa der weitaus häufigste Greifvogel, nach Osten durch ganz Eurasien verbreitet. FORTPFLANZUNG: Die nördlichen Bussarde sind Zugvögel, die im April aus ihren Überwinterungsgebieten ins Brutgebiet zurückkehren (bei uns Strichvogel). Meist wird der vorjährige selbsterbaute Horst wieder bezogen, ausgebessert oder aufgestockt, so daß mit der Zeit halbmeterhohe »Burgen« mit einem Durchmesser bis 80 cm entstehen können. Von der Ankunft an zeigen die Vögel über dem Brutgebiet Balzflüge mit »himmelhohem« Kreisen und Sturzflügen. Ende April wird meist das erste Ei gelegt und auch sofort bebrütet. Die Eizahl hängt durchweg vom Nahrungsangebot ab und liegt meist bei 2 oder 3. Beide Eltern lösen sich beim Brüten ab, doch sitzt das Weibchen die längere Zeit. Nach 30 bis 35 Tagen schlüpfen die Jungen mit offenen Augen und sind, wie alle Greifvogelküken, in einen Dunenpelz gekleidet. Während der Brutzeit und auch in den ersten Tagen danach trägt das Männchen dem Weibchen die Nahrung zum Horst.

## Turmfalke
*Falco tinnunculus*

MERKMALE: Ein schnittiger Falke mit etwa 75 cm Spannweite, der über dem freien Felde jagt und dabei oft im Rüttelflug, also gegen den Wind gerichtet und in der Luft stehend, nach Beute sucht. Bei günstigem Licht leuchtet der Rücken rostrot auf. Männchen mit grauem Kopf und schwarzem Bartstreif sowie grauem Schwanz mit schwarzer, weiß gesäumter Endbinde, Weibchen mit bräunlichem Kopf und Schwanz. Ruflustig, Stimme »gickernd«. LEBENSRAUM: Überall vorkommend, wo es noch Wiesen gibt. Er meidet geschlossene Großwaldungen. FORTPFLANZUNG: Zur Brutzeit zeigt das Männchen einen Balzflug, bei dem es auf der Seite liegend oder mit auf dem Rücken fast ganz zusammengelegten Flügeln dahinschießt. Die Paarung ist mit lautem Geschrei verbunden und findet meist auf einem Ast in Horstnähe statt. Turmfalken brüten in verlassenen Nestern anderer größerer Vögel, vor allem von Krähen und Elstern. Sie kommen in Wohnungsnot, wo der »Hegeabschuß« oder, wie es früher hieß, die Raubzeugbekämpfung rücksichtslos durchgeführt wird. Daneben brüten Turmfalken auch in Gebäuden aller Art, und zwar möglichst hoch. Sie wählen dafür windgeschützte Mauerlöcher. An hohen Kirchtürmen kann es zu lockeren Kolonien kommen. Hier zeigen die Falken ihre große Flugkunst in den Windwirbeln, die sich um die Türme bilden. Gerne werden auch die für sie aufgehängten Nistkästen oder flache Körbe angenommen. Eine Nestunterlage tragen sie ebensowenig ein wie die anderen Falken. Die ersten Eier werden im letzten Aprildrittel, häufiger aber im Mai gelegt. Die Brutdauer ist mit 28 bis 30 Tagen recht lang. Das Männchen füttert das allein brütende Weibchen. Wenn es nicht genügend Nahrung herbeischaffen kann, wird die Brut abgebrochen. Man kennt diese »Geburtenregelung« bei den Falken allgemein, eine Anpassung an das wechselnde Nahrungsangebot. Turmfalken können 20 Jahre alt werden.

## Wiesenweihe
*Circus pygargus*

MERKMALE: Die kleinste und zierlichste der Weihen mit einer Spannweite von etwa 110 cm. Das Männchen zeigt eine rostfarben getropfte Brust und einen dunklen Längsstrich auf der Flügeloberseite sowie im Ruhen eine dunkle Querbinde auf den Schwingen. Der Bürzel ist nicht hell. Das Weibchen ist schwer von den anderen Weihenweibchen zu unterscheiden, hat aber im Unterschied zum Kornweihenweibchen eine nur schmale weiße Bürzelbinde. LEBENSRAUM: Weite Wiesengründe und am liebsten anmooriges Brachland mit eingestreuten Büschen. Die bäuerliche Handarbeit früherer Jahrhunderte muß in Mitteleuropa die Landschaft vielerorts nach den Bedürfnissen der Wiesenweihen gestaltet haben, bevor die rücksichtslose Entwässerungspolitik der letzten Jahrzehnte sie dann weithin ausgerottet hat. Heute gehören sie in Mitteleuropa zu den schwer bedrohten Vogelarten. FORTPFLANZUNG: Das Nest ist ein dürftiger Haufen aus dürren Halmen, liegt aber meisterlich versteckt im Schilf oder im Gebüsch. In günstigen Lebensräumen brüten oft mehrere Brutpaare so dicht beieinander, daß der Eindruck einer lockeren Kolonie entsteht. Die Eiablage beginnt in der ersten Maihälfte, wobei alle zwei Tage ein Ei gelegt wird, bis das Gelege mit 3 bis 5 Eiern vollzählig ist.

## Kiebitz
*Vanellus vanellus*

MERKMALE: Taubengroß. Kehle zur Brutzeit schwarz, bei Jungvögeln und im Winterkleid weißlich. Männchen mit langer, Weibchen mit kürzerer Haube. LEBENSRAUM: Felder und Wiesen in Niederungen, vorzugsweise in feuchten Lagen. Ehemals ein Wiesen- und Flachmoorbrüter, entwickelte sich der Kiebitz zum Feldbrüter. So hat er es geschafft, auch dort zu überleben, wo die Wiesen im Frühjahr mehrmals gewalzt und geeggt werden. Er ist wenig an das Wasser gebunden und gibt sich zufrieden, wenn er mehrmals täglich etwa in einem Entwässerungsgraben baden kann. Außerdem ist er in besonderem Maße zu Nachgelegen befähigt, wenn das Erstgelege zerstört wurde. So kommt es, daß man vom April bis Juni frisch geschlüpfte Kiebitzküken finden kann. FORTPFLANZUNG: Zur Balzzeit im März zeigen die Männchen über der Brutkolonie auffällige Balzflüge.

## Bachstelze
*Motacilla alba*

MERKMALE: Je nach Alter, Rasse und Jahreszeit sehr verschieden gefärbt, aber immer in Grau, das bei den Jungen einen bräunlichen Anflug hat, Schwarz und Weiß. Länge mit Schwanz 18 cm. Stimme »philipp«. Häufiges Schwanzwippen. LEBENSRAUM: Immer in lockerer Nähe zum Wasser, nie im Wald. Als Wasser genügt der Bachstelze schon die Pfütze vor einem bäuerlichen Misthaufen. Auf dem Herbstzug rasten die Wanderscharen auch in Wiesen, Schilf und an Schlickufern. Sobald ein Stück Steppe bewässert wird, stellt sich die Stelze dort ein. Die Bachstelzen beginnen oft erst 2 bis 4 Wochen, nachdem sie ihr Brutrevier besetzt haben, mit dem Nestbau. Das Nest liegt stets unter einem festen Dach, aber sonst gibt es eine große Auswahl von Standorten: im Gebälk einer Scheune, in Mauerlöchern, Holzstapeln, unter Brücken, in Erdlöchern, Röhren und dergleichen.

## Schafstelze, Viehstelze
*Motacilla flava*

MERKMALE: Die Schafstelze ist in mehreren Rassen über ihr großes Gebiet verteilt. Dazu unterscheiden sich Männchen und Weibchen, Sommer- und Winterkleid, und nach dem Ausfliegen tragen die jungen Vögel noch ein Jugendkleid. Im Sommer ist in allen Alterskleidern die Kehle und Brust der Männchen leuchtend gelb, beim Weibchen blaßgelb. Der Rükken ist in allen Sommerkleidern olivgrün. Die südeuropäische Rasse heißt Maskenstelze und fällt durch die tiefschwarze Färbung des Scheitels auf. Die Jungen sehen nach dem Ausfliegen den jungen Bachstelzen sehr ähnlich, sind aber etwas bräunlicher und tragen ein breiteres Kopfband. LEBENSRAUM: Zur Brutzeit in feuchten Wiesen und Feldern, besonders gern auf von Entwässerungsgräben durchzogenen Viehweiden. Zur Brutzeit treiben sich die Wanderscharen auch an trockenen Orten wie Brachäckern herum.

## Fasan
*Phasianus colchicus*

MERKMALE: Obwohl bei uns die verschiedensten Fasanenrassen eingebürgert wurden, z. B. solche mit und ohne weißen Halsring, sind doch alle deutlich von anderen Wildhühnern unterscheidbar. Nur die halbwüchsigen Jungen könnten mit Rebhühnern verwechselt werden, sind aber hochbeiniger, schlanker und haben keinen rostroten Schwanz. Länge 50 cm (Henne) bis 90 cm (Hahn). LEBENSRAUM: Für den Abschuß ausgesetzt, gibt es die Fasane nahezu überall, aber spontan und dauerhaft sich vermehrend nur in eher feuchten Lagen, wo sich Wiesen, Wald und Buschwerk abwechseln. FORTPFLANZUNG: Im Frühjahr balzen die Hähne auf ihren Balzplätzen mit lautem Krächzen und Flügelwummern. Darauf sammelt sich um sie ein Harem von Hennen. Vor der Paarung umhopst der Hahn die Henne mit ungeschickt wirkenden Sprüngen, zur Paarung kommt es meist in den Morgenstunden. Gelege mit 8-12 Eiern.

## Goldammer
*Emberiza cintrinella*

MERKMALE: Rotbrauner Bürzel, Männchen mit zitronengelber, Weibchen mit blaßgelber Kopfzeichnung. Jungvögel ähnlich wie Weibchen. Gesang anheimelnd »wie-wie-wie- hab-ich-dich-lieb«, von einer Zweigspitze in Nestnähe vorgetragen. LEBENSRAUM: Traditionelles Bauernland: Felder, Wiesen, Brachäcker, Feldwege mit Hecken. Nest auch in Schonungen und an Waldrändern. Als Vogel des Bodens kann die Goldammer zwar noch auf Zweigen sitzen, aber nicht mehr von Zweig zu Zweig hüpfen. Die Hähne beginnen schon im Februar, etwa zur Zeit der Schneeschmelze, zu singen. Vor der Paarung heben beide Partner Halme auf und lassen sie wieder fallen. Das hat die Bedeutung einer gegenseitigen Versicherung: So wollen wir uns gemeinsam ein Nest bauen! Das Nest errichtet dann aber nur das Weibchen, und zwar meist in die Krautschicht oder niedrig in dichtes Gebüsch.

## Saatkrähe
*Corvus frugilegus*

MERKMALE: Im Vergleich zur Rabenkrähe mit schlankerem Schnabel, Gesicht im Alter grauweißlich und nackt, Gefieder mit Purpurschimmer, an den Schenkeln als »Hosen« herabhängend. Länge um 46 cm. Spannweite 90 cm. LEBENSRAUM: Offenes Ackerland mit eingestreuten Feldgehölzen. Fehlt in Großwaldungen, Brutkolonien immer in der Nähe von Wasser. Im Winter in schneefreien Lagen oder in der Umgebung von Städten. Saatkrähen versuchen auch immer wieder die Koloniegründung in Bäumen zwischen Häusern, aber die Anwohner vertreiben die Neusiedler mit Feuerwehr und Schroten, weil sie den Lärm der Vögel nicht ertragen können. Saatkrähen brüten in Kolonien von einigen Dutzend bis zu über 1000 Paaren. Ab März bieten diese Kolonien eines der letzten großen Naturschauspiele in der Kultur- und Ackerlandschaft. Viele beginnen schon um diese Zeit mit dem Nestbau.

## Elster
*Pica pica*

MERKMALE: Unverwechselbar, Länge 46 cm, Spannweite 60 cm. LEBENSRAUM: Kulturland mit Büschen und Bäumen, Feldgehölze, Parklandschaften, Ansiedlungen, Stadtränder. FORTPFLANZUNG: Das Elsternpaar lebt in Dauerehe und bleibt in nicht zu harten Wintern im Brutgebiet. Schon im März bauen beide Partner in den frühen Morgenstunden an ihrem großen Kugelnest mit seitlichem Einschlupf. Es liegt teils hoch in Baumkronen, teils metertief in Büschen und sogar in Entwässerungsgräben unter dem Niveau des umliegenden Landes, aber immer zwischen etwa fingerdicken Zweigen oder Halmen. Manche Elsternpaare brüten unbehelligt in den Gebüschen entlang der Autobahnen, manche im Stadtgebiet, also an Orten, wo die Jagd ruht. In den Nestboden ist eine bis zu 4 cm dicke Lehmschicht eingearbeitet, so daß die Nester jahrelang halten. Die Kuppel des Nestes besteht aus sparrig ineinandergesteckten Zweigen.

Lebensraum

# DORF UND STADT

Menschliche Siedlungen, ob Dörfer oder Städte, sind keine natürlichen Lebensräume für Tiere und Pflanzen. Es sind künstlich von Menschen für Menschen geschaffene Lebensräume. Die Übergänge von Siedlungsräumen in das angrenzende Umland sind fließend – es sind Ökosysteme ohne definierbare Grenzen.
Die Folgen der wachsenden Besiedelung für Tiere und Pflanzen sind sehr unterschiedlich. Einerseits verlieren viele Pflanzen- und Tierarten ihren ursprünglichen Lebensraum und müssen weichen. Andererseits werden für viele »Kulturfolger« geradezu ideale Lebensbedingungen geschaffen. Viele städtische Kleinbiotope wie Gärten, Parks, Teiche und Mauern, entsprechen zwar natürlichen Lebensräumen, und doch ist der Lebensraum Dorf und Stadt etwas Eigenständiges. Die Artengemeinschaften der menschlichen Siedlungsräume unterliegen einer eigenen Dynamik. Ursachen dafür sind die besonderen Umweltbedingungen: Größere Städte entwickeln z. B. ein vollkommen anderes Klima als ihre Umgebung, Luftverschmutzung, Verkehr, künstliche Hindernisse und Krankheitserreger erforden extreme Anpassungsleistungen von Tieren und Pflanzen.
Der Untersuchung dieser komplizierten Zusammenhänge hat sich ein noch recht junger Forschungszweig, die Stadtökologie, angenommen. Sie untersucht z. B. auch, welche Folgen für die Tier- und Pflanzenwelt die Anlage naturnaher Biotope wie Gartenteiche haben kann.

## Abendländischer Lebensbaum
*Thuja occidentalis*

MERKMALE: Immergrüner Nadelbaum bis ungefähr 20 m Wuchshöhe mit schmaler, kegelförmiger, an der Spitze aber stets etwas abgerundeter Krone. Rinde heller oder dunkler orangebraun, bei älteren Bäumen auch zunehmend graubraun, deutlich längsrissig und in schmalen Streifen ablösend. Schuppenblätter kreuzgegenständig, breit oval, ohne deutliche Spitze; beim Zerreiben nach Äpfeln oder Apfelmus mit Gewürznelken duftend. Männliche Blüten klein, länglich, dunkelrot, an den Zweigenden. Weibliche Zapfen anfangs gelblich, zur Reifezeit grün-bräunlich, bestehend aus 8-10 nach oben spreizenden Schuppen, insgesamt nur etwa 10-12 mm lang. VERBREITUNG: Der Abendländische Lebensbaum ist zusammen mit dem Riesen-Lebensbaum eines der wichtigsten Nadelhölzer Nordamerikas. In Europa in zahlreichen Varietäten als Ziergehölz. Auch als Zwergform in Gärten.

## Gemeine Roßkastanie
*Aeculus hippocastanum*

MERKMALE: Im Freistand meist sehr stattlicher, ansehnlicher Baum von etwa 20-25 m Wuchshöhe, mit sehr dichter, schöner, regelmäßig gestalteter und sehr hochgewölbter Krone. Stamm bei alten Bäumen sehr mächtig, meist gerade und bis in die obere Kronenregion klar zu verfolgen. Äste im unteren Kronenbereich sehr kräftig, abstehend oder steil aufwärts gerichtet. Zweige unregelmäßig abgehend, abstehend oder zum Teil auch herabhängend. Rinde bei sehr jungen Bäumen glatt und hell bräunlich, später zunehmend grau-rötlich oder dunkler braun und in einzelne, grobrissige Platten gefeldert, die sich an den Enden aufbiegen. Triebe sehr kräftig und fast fingerdick, bräunlich. VERBREITUNG: Ursprünglich nur in den Bergwäldern der Balkanhalbinsel heimisch, seit langem schon in allen Teilen Europas (mit Ausnahme Nordeuropas) eingeführt und als Park- und Zierbaum sehr beliebt.

## Gemeiner Goldregen
*Laburnum anagryoides*

MERKMALE: Aufrechter, bis 7 m hoher Strauch oder Baum mit schmaler, unregelmäßiger Krone. Rinde glatt, grünlich braun. Äste anfangs aufrecht, später oft überhängend, graugrün, anliegend silbrig behaart. Laubblätter wechselständig, an Kurztrieben meist büschelig gehäuft angeordnet, mit 2-7 cm langen, seidig behaarten Stielen, 3zählig gefiedert; Fiederblättchen 15-80 mm lang und 15-30 mm breit, elliptisch bis verkehrt-eiförmig, am oberen Ende stumpf bis rundlich, meist kurz stachelspitzig, oberseits dunkelgrün, kahl, unterseits grau-grün, anliegend behaart. Nebenblätter fehlen. Blüten hellgelb, 15-18 mm im Durchmesser, zu blattlosen Trauben angeordnet. LEBENSRAUM: In lichten Buschwäldern, auf steinigen Hängen und Felsen. Bevorzugt steinige, kalkhaltige Böden in sonnigen Lagen. Von der Ebene bis in die Bergstufe vorkommend. VERBREITUNG: Gebirge Mittel- und Südeuropas, von Ost-Frankreich bis zum Balkan.

## Hybrid-Magnolie, Tulpen-Magnolie
*Magnolica x soulangiana*

MERKMALE: Sommergrüner, laubwerfender kleiner Baum oder (häufiger) Strauch, selten über 5 m Wuchshöhe erreichend oder nur in sehr alten Beständen höher. Krone ziemlich locker und recht breit, meist schon dicht über dem Boden stärker verzweigt. Blätter verkehrteiförmig oder länglich-elliptisch, im vorderen Drittel der Blattspreite am breitesten, dann in eine schlanke, dünne Spitze verschmälert, um 10-15 cm lang, auf der Oberseite glatt, mattgrün, auf der Unterseite stärker oder schwächer behaart, ganzrandig, am Grund keilförmig. VERBREITUNG: Heute eine der am häufigsten in Gärten und Parkanlagen gepflanzten Magnolien.

## Gemeiner Efeu
*Hedera helix*

MERKMALE: Immergrüne, mit Haftwurzeln kletternde, verholzte Pflanze. Laubblätter wechselständig, ledrig, in der Jugend behaart, später kahl, auf der Oberseite dunkelgrün, glänzend, mit fächerstrahliger Nervatur. Blätter sehr unterschiedlich gestaltet; im Schatten tief oder seicht 3-5 eckig gelappt, mit herzförmigem Grund, meist weiß geadert, stark glänzend, sehr derb. Die oberen Blätter, im vollen Sonnenlicht, eirautenförmig bis elliptisch, ungelappt, lang zugespitzt, ganzrandig, in der Farbe mattgrün. LEBENSRAUM: Häufig in steinigen Wäldern, an Felsen, an alten Bäumen, in Gebüschen, an Schutthängen, an den Mauern alter Gebäude, Ruinen und Schlösser. Von der Ebene bis 1800 m aufsteigend.

**Saat-Weizen**
*Triticum aestivum*

MERKMALE: Einjähriges oder einjährig-überwinterndes Gras mit aufrechten, hohlen Halmen, meist zwischen 60-120 cm, früher vor Einführung der Kurzstrohrassen auch bis 150 cm hoch. Blatthäutchen kurz und gerade gestutzt. Blattscheiden anliegend, am oberen Ende mit deutlich bewimperten, lang übergreifenden Öhrchen. Blattspreiten kahl oder schwach behaart, dunkelgrün bis dunkel bläulichgrün. Stengelknoten mitunter behaart. Ähre bis 10 cm lang, ziemlich regelmäßig vierkantig, dicht. Ährenspindel zäh, zerbricht nicht. Ährchen 2- bis 5blütig, ungefähr so lang wie breit, gewöhnlich etwas zusammengedrückt. BLÜTEZEIT: Juni. LEBENSRAUM: Als Winter- oder Sommergetreide angebaut auf sommerwarmen, nur mäßig trockenen, meist basen- und nährstoffreichen Lehm- und Lößböden. Intensivwurzler. Langtagpflanze. VERBREITUNG: In fast allen Kulturländern der Erde verbreitet.

**Roggen**
*Secale cereale*

MERKMALE: Einjähriges oder einjährig überwinterndes Gras mit 60-200 cm hohen Halmen, unverzweigt oder am Grunde nur sehr wenig büschelig, aufrecht, ziemlich kräftig, im oberen Teil dicht behaart. Blatthäutchen gestutzt, sehr kurz, nur etwa 1,5 mm lang. Blattscheiden am oberen Ende mit sehr kurzen, unbewimperten Öhrchen. Blattspreiten flach, kahl, durch wachsigen Überzug bläulich bereift. Ähren 5-20 cm lang, vierkantig, ohne Gipfelährchen, zur Reifezeit leicht überhängend. Ährenachse ziemlich fest und kaum brüchig. Ährchen 2blütig oder nur selten 3blütig mit zwei zwittrigen und einer medianen männlichen Blüte. BLÜTEZEIT: Mai bis Juni. LEBENSRAUM: Im Anbau verhältnismäßig anspruchslos, auf mäßig frischen, meist basenarmen oder nur mäßig sauren Sand- oder Lehmböden. VERBREITUNG: Ursprünglich wohl nur in Westasien, heute in vielen Kulturformen weltweit verbreitet.

**Saat-Hafer**
*Avena sativa*

MERKMALE: Einjähriges, einzeln wachsendes, am Grunde büscheliges Gras mit aufrechten, kräftigen, glatten und kahlen Halmen, etwa 60-150 cm hoch. Blatthäutchen kurz, oval, mit zugespitzten Zähnen. Blattscheiden kahl, ohne Öhrchenbildung, etwas klaffend. Blattspreiten auf beiden Seiten besonders in Blattrandnähe ziemlich rauh, graugrün, bis 16 mm breit und etwa 30 cm lang, schmal zugespitzt. Rispe lokker, allseitswendig ausgebreitet, 15-30 cm lang. Rispenäste ungleich lang, waagerecht abstehend oder andeutungsweise aufwärts gerichtet. LEBENSRAUM: Soweit nicht angebaut als Begleitart in Brachen mit ehemaligem Getreideanbau, gerne auf frischen, oft basenarmen, mäßig sauren, leicht sandigen oder lehmigen Böden. Ziemlich anspruchslos. VERBREITUNG: Kulturpflanze mediterraner Herkunft. Anbaufähig von der Ebene bis in etwa 1400 m Höhe (Alpen). Heute in vielen Gebieten angebaut.

**Zweizeilige Gerste**
*Hordeum distichon*

MERKMALE: Einjähriges oder einjährig überwinterndes Gras mit aufrechten, glatten, unverzweigten Halmen, etwa 60 bis 120 cm hoch. Blatthäutchen gestutzt, kurz, bis 2 mm lang. Blattscheiden am oberen Ende mit großen sichelförmigen, breiten, übereinandergreifenden Öhrchen, die im Unterschied zum Weizen unbehaart sind. Ähre 7-15 cm lang, zur Reifezeit nickend oder (je nach Länge) auch aufrecht. Ährenspindel nicht brüchig. Spindelglieder der Ähre jeweils mit 3 Ährchen, von denen allerdings die beiden seitlichen verkümmern. Hüllspelzen borstenartig schmal. Deckspelzen lang begrannt. Granne bis 15 cm lang. Wie bei der Mehrzeiligen Gerste gibt es bei dieser Form, außer den begrannten Varietäten, auch sogenannte Nacktgersten ohne Granne. Sehr formenreich. BLÜTEZEIT: Juni bis Juli. LEBENSRAUM: Bevorzugt angebaut auf mäßig trockenen, basenreichen, neutralen Lehm- oder Lößböden.

**Klatsch-Mohn**
*Papaver rhoeas*

MERKMALE: Sehr auffällige und bekannte Pflanze mit einer Höhe von 30-80 cm. Blätter gefiedert mit gezähnten Abschnitten, wie Blütenstiel und Stengel mit anliegenden oder abstehenden Borsten behaart. Endständige Blüten mit 5-8 cm Durchmesser, von feuerroter Farbe mit meist schwarzen Flecken am Grund. LEBENSRAUM: Früher vor allem in Getreidefeldern. Dort jedoch durch Unkrautvertilgungsmittel vertrieben. Heute an Wegrändern, auf Schuttplätzen und Ödland. Bis 1800 Meter. VERBREITUNG: Ganz Süd- und Mitteleuropa.

**Gemeiner Erdrauch**
*Fumaria officinalis*

MERKMALE: Aufrechte Pflanze, Höhe bis 70 cm, in der Regel selten über 30 cm hoch. Stengel verzweigt mit blaugrünen, zweifach gefiederten Blättern. Blattzipfel 2-3 mm breit. Traubenartiger Blütenstand aus 20-30, manchmal auch 40 Einzelblüten. Die purpurroten Blüten mit dunkelroter Spitze und grünem Kiel messen zusammen mit ihrem Sporn nur 8 mm. LEBENSRAUM: Schuttplätze, Äcker, Weinberge, Gärten. Überall auf kultiviertem Land, besonders auf lehmigen Böden und trockenen Stellen.

**Gemeines Hirtentäschelkraut**
*Capsella bursa-pastoris*

MERKMALE: Sehr variable, ein- oder zweijährige, 20 bis über 40 cm hohe unscheinbare Pflanze. Rosettenartige Grundblätter buchtig gelappt bis fiederspaltig oder ungeteilt, was selten ist; oberste Stengelblätter ganzrandig mit pfeilförmigem Grund und stengelumfassend, lanzettlich. Weiße, bis zu 5 mm breite Blüten mit Kronblättern, die doppelt so lang wie der Kelch sind, in endständiger Blütentraube. LEBENSRAUM: Schuttplätze, Äcker, Gärten, Wegränder, Brachland, bis über 2000 m. VERBREITUNG: Häufig in ganz Europa.

**Gemeine Graukresse**
*Berteroa incana*

MERKMALE: Einjährige, wenig verzweigte, durch Sternhaare graugrüne Pflanze mit dünner Pfahlwurzel, 20-50 cm, selten bis 70 cm hoch. Lanzettliche, meist ganzrandige Blätter in den kurzen Stielen verschmälert, bis 5 cm lang. Blüten mit tief zweispaltigen, weißen Kronblättern, in ährenförmigen Trauben. Elliptische Schötchen 0,7-1 cm lang. LEBENSRAUM: Schuttplätze, Wege, Kiesgruben, an sandigen, trockenen und sonnigen Stellen. VERBREITUNG: Mittel- und Südeuropa, eingebürgert in West- und Nordeuropa.

**Weg-Rauke**
*Sisymbrium officinale*

MERKMALE: Einjährige 30-60 cm hohe, verzweigte Pflanze, steif und meist behaart. Untere Blätter schrotsägeförmig, sonst fiederspaltig, wobei die untersten Fiederpaare manchmal ohrenartig sind, dem Stengel genähert. Die blaßgelben, winzigen Blüten sind in einem kurzen, traubigen Blütenstand angeordnet, der sich später streckt. LEBENSRAUM: Wegränder, Schutt, Bahndämme, Mauern, Brachland und Kulturland, gilt als Zeiger für Stickstoff. VERBREITUNG: Ganz Europa; in Deutschland häufig, mit Ausnahme der höheren Lagen.

**Gemeine Knoblauchsrauke**
*Alliaria petiolata*

MERKMALE: Aufrechte, kahle, unverzweigte Pflanze mit kantigen, am Grund abstehenden, behaarten Stengeln, 20 bis über 100 cm hoch. Zerreibt man die Blätter mit den Fingern, verströmt sie einen intensiven Knoblauchgeruch (Name). Grundblätter nierenförmig, buchtig gekerbt, langgestielt. Weiße Blüten etwa 6 mm groß, in endständiger Blütentraube. LEBENSRAUM: Lichte Laubwälder, Waldränder und -wege, Hecken, Schuttplätze, Zäune. VERBREITUNG: Fast ganz Europa, außer im Süden der Mittelmeerländer.

**Große Brennessel**
*Urtica dioica*

MERKMALE: Aufrecht, mehrjährig, bis 150 cm hoch. Stengel und sägezähnige Blätter mit vielen stark brennenden Haaren. Grüne bis 10 cm lange Blütenrispen mit gelbgrünen Staubbeuteln. LEBENSRAUM: Wegränder, Ödland, Schuttplätze, Ufer, feuchte Waldstellen, Hekken. VERBREITUNG: Ganz Europa, sehr häufig. VERMEHRUNG: Durch Wurzelstock und Samen. Staubblätter stehen unter Spannung. Sind in der Knospe eingebogen und richten sich beim Aufblühen sprunghaft auf. Dabei werden die Pollen wie in einer Wolke fortgeschleudert.

**Acker-Winde**
*Convolvulus arvensis*

MERKMALE: Mehrjährige Pflanze mit windendem oder niederliegendem Stengel, 20-80 cm lang. Wächst ausgebreitet dicht am Boden, solange genügend Licht vorhanden ist. Befinden sich hochwüchsige Pflanzen in der Nähe, z. B. Getreidehalme, windet (Name) sich der oberirdische Sproß in dauernden Linkswendungen an ihnen hoch. Blätter gestielt und wechselständig, am Grund spieß- oder pfeilförmig. Blüten weiß-rosa gestreift. LEBENSRAUM: Äcker, Wegränder, Schuttplätze, Bahndämme, Gärten, Ödland.

**Schlitzblättriger Storchschnabel**
*Geranium dissectum*

MERKMALE: Einjährige, behaarte, 10-30 cm, zuweilen auch bis 50 cm hohe Pflanze. Verzweigte Stengel aufsteigend bis aufrecht; abstehend behaart im Gegensatz zum ähnlichen Stein- oder Tauben-Storchschnabel, dessen Stengel angedrückt behaart sind. Blätter alle gestielt, bis fast zum Grunde 5-7teilig (Name), weniger zerteilt als beim Stein-Storchschnabel. Blüten meist zu zweit, bis 1 cm im Durchmesser. LEBENSRAUM: Wegränder, Schuttplätze, Äcker. VERBREITUNG: Ganz Europa. BLÜTEZEIT: Mai bis Oktober.

**Rote Taubnessel**
*Lamium purpureum*

MERKMALE: Brennesselartige Pflanze, aber ohne Brennhaare. Nur 10 bis höchsten 30 cm hoch, einjährig, unangenehmer Geruch. Blätter weichhaarig, oft runzelig und rötlich überlaufen. Rosarote Blüten in pyramidenförmigen, dichten Scheinquirlen. 1-1,5 cm lange Krone mit Haarkranz, doppelt so lang wie der Kelch. LEBENSRAUM: Äcker, Schuttplätze, Wegränder, bis 1800 m. VERBREITUNG: Fast ganz Europa, häufig. BLÜTEZEIT: Hauptsächlich März bis Oktober, zuweilen schon ab Januar und bis in den Dezember.

**Persischer Ehrenpreis**
*Veronica persica*

MERKMALE: Einjährige, niederliegende bis aufsteigende, 10-30 cm hohe Pflanze. Stengel kräftig, nicht wurzelnd. Dreieckige bis eiförmige, kurzgestielte Blätter grob gezähnt. 8-12 mm breite Blütenkrone leuchtend blau, unterer Kronlappen heller, oft sogar weiß. LEBENSRAUM: Schuttplätze, Äcker und Gärten, wo er als verbreitetes Unkraut gilt, bis 1700 m. Liebt nährstoffreichen, etwas lehmigen Boden. VERBREITUNG: In fast ganz Europa. BLÜTEZEIT: März bis Oktober, in milden Lagen auch länger.

**Korn-Rade**
*Agrostemma githago*

MERKMALE: 30-100 cm hohe, einjährige Pflanze, zottig behaart. Gegenständige Blätter linealisch spitz. Aufrechter Stengel nach oben zu gabelig verzweigt. Langgestielte Blüten stehen einzeln, Kronblätter trübpurpurn, zum Grund hin weißlich gestreift, werden von den Kelchzipfeln überragt. Kelch mit 10 Rippen. Blüte bis zu 5 cm im Durchmesser. LEBENSRAUM: Getreideäcker; bevorzugt nährstoffreichen Lehmboden. VERBREITUNG: Ganz Europa. Stark gefährdet. BLÜTEZEIT: Juni bis September. ALLGEMEINES: Giftig.

**Gartenkreuzspinne**
*Araneus diadematus*

MERKMALE: Bis 1,7 cm groß. An dem hellen Kreuz auf dem Rücken als Kreuzspinne leicht zu erkennen. Doch die Gruppe der Kreuzspinnen *(Araneidae)* enthält Hunderte von Arten, die schwer bestimmbar sind. Typisches Kennzeichen aller Spinnen sind die 4 Beinpaare am Kopfbruststück. Am Kopf sitzen die Mundwerkzeuge. Sie bestehen aus *Cheliceren* und *Pedipalpen*. Hinterleib stets beinlos, meist dicht aufgetrieben. ♂ oft unscheinbar klein, ♀ sehr viel mächtiger durch den mit Eiern gefüllten Hinterleib. Weltweit kennt man 30000 verschiedene Spinnenarten, doch dürften noch wesentlich mehr dazukommen, da die Feinsystematik mit Hilfe von Genitaluntersuchungen zahlreiche neue Arten aufdeckt. Bei Spinnen gibt es viele Zwillingsarten, also Tiere, die sich so sehr ähneln, daß nur winzige Unterschiede verhindern, daß sie sich kreuzen. LEBENSRAUM: Sträucher, Bäume, Gärten.

**Hauswinkelspinne**
*Tegenaria atrica*

MERKMALE: 1-1,8 cm groß. Mittel- bis dunkelbraun, stark behaart. LEBENSRAUM: Gebäude, Höhlen. VERBREITUNG: Europa, bis Sibirien. HÄUFIGKEIT: Regelmäßig, manchmal sehr häufig. NAHRUNG: Meist Mücken und Fliegen. ALLGEMEINES: Die Angst vor diesen Spinnen ist völlig unbegründet. Die Fangarme sind so schwach, daß sie die menschliche Haut nicht durchstoßen können. Hauswinkelspinnen bauen sich in Winkeln 50 cm lange, dreieckige Netze, die in einen Trichter münden, in dem sie sich aufhalten. Verstaubt das Netz, errichtet die Hausspinne darüber das nächste. Wegen dieser Netzkonstruktion wird sie den Trichterspinnen *(Agelenidae)* zugerechnet. Als typischer Kulturfolger hat sie keine festgelegte Paarungszeit. Außerdem kann diese Spinne mehrere Jahre alt werden. Man kennt 2 sehr nah verwandte Hausspinnen, von denen *T. atrica* die größere und dunklere ist.

**Bücherskorpion**
*Chelifer cancroides*

MERKMALE: 0,3-0,5 cm Körpergröße. Große Taster, die an einen kleinen Skorpion erinnern, mit denen die Afterskorpione *(Pseudoscorpiones)*, zu denen auch der Bücherskorpion zählt, nur weitschichtig verwandt sind. Bewegen sich langsam von Ort zu Ort. Auch seitwärts. LEBENSRAUM: Wohnungen; in Schränken, Regalen, zwischen Ritzen, hinter Spalten. Im Freien unter Rinde, altem Laub und Moos. Häufig in naturkundlichen Sammlungen. VERBREITUNG: Weltweit durch Verschleppung. Kein Schädling! FORTPFLANZUNG: Ähnlich wie bei Spinnen übergeben die ♂ nach einem rituellen Tanz dem ♀ aus der Samentasche ein Samenpaket. ♀ tragen die Eier in einer kleinen Tasche, die an der Genitalöffnung angeklebt wird. Hier verbleiben und ernähren sie auch die kleinen Larven bis zu ihrer Selbständigkeit. Überwinterung in kleinen, allseitig umschlossenen Gespinsten. NAHRUNG: Räuberisch von Milben etc.

**Weberknecht**
*Phalangium opilio*

MERKMALE: Knapp 1 cm groß. Die Familie der Weberknechte *(Phalangiidae)* ist leicht an den extrem langen und dünnen Beinen zu erkennen. Doch die meist häufigen 23 in Mitteleuropa lebenden Arten sind im Freiland nicht zu bestimmen. Faßt man einen Weberknecht zu fest an, verliert er leicht ein Bein. LEBENSRAUM: Im Hochsommer und Herbst häufig auf Gräsern, Büschen, Bäumen und Sträuchern. Auch an Hauswänden in Städten. VERBREITUNG: Ganz Europa und Sibirien, südlich bis Nordafrika. Nordamerika. HÄUFIGKEIT: Regelmäßig bis häufig. FORTPFLANZUNG: Von Mai bis November trifft man junge Weberknechte an. Nach der Paarung, die in ihrem Ablauf an die der Spinnen erinnert, vor allem dann, wenn - wie es häufig vorkommt - das ♀ nach der Begattung das ♂ auffrißt, legt das ♀ die Eier in den Boden, in Felsspalten oder in vermodernde Baumstümpfe. NAHRUNG: Vermodernde Pflanzen, tote Tiere.

## Silberfischchen
*Lepisma saccharina*

MERKMALE: 7-10 mm lang. An den drei kurzen Körperanhängen, den langen Fühlern und vor allem an der silbrigen, feinen Körperbeschuppung leicht zu erkennen. Es gehört zu den flügellosen Insekten (*Apterygota*). LEBENSRAUM: Bevorzugte Wohnorte sind die Häuser! Und da sie hier besonders gern an süßen Sachen naschen, werden sie im Volksmund auch »Zukkergast« genannt. VERBREITUNG: Kosmopolitisch. Unschädlich! HÄUFIGKEIT: Nirgends selten, manchmal auch häufig; bei reichem Nahrungsangebot können sie sich stark vermehren. FORTPFLANZUNG: Das Paarungsspiel der Silberfischchen wurde wegen ihrer nächtlichen Lebensweise erst in letzter Zeit bekannt. ♂ und ♀ laufen während des Vorgangs erregt umher. Das ♂ legt unter Spinnfäden ein Samenpaket ab. Das ♀ findet das Samenpaket aufgrund vielfältiger biochemischer Abläufe und nimmt es auf.

## Amerikanische Großschabe
*Periplaneta americana*

MERKMALE: 2-4 cm lang. Typische Schabe mit großem Halsschild, kräftigen, bewehrten Beinen, langen Fühlern und großen Flügeln, mit denen sie gut fliegen kann. Die Flügel des ♀ sind etwas kleiner als die des ♂. Beide sind fluguniustig und bringen sich durch Weglaufen in Sicherheit. LEBENSRAUM: In Mitteleuropa nur in warmen, trockenen Gebäuden. VERBREITUNG: Auf der ganzen Welt. Ursprüngliche Heimat wahrscheinlich Südasien und nicht - wie der Name vermuten läßt - Amerika. HÄUFIGKEIT: In Städten häufig, vor allem in öffentlichen Gebäuden, wo sich diese Tiere trotz intensiver Bekämpfungsmaßnahmen erfolgreich halten und fortpflanzen. FORTPFLANZUNG: Die Kokons der ♀ werden im lockeren Boden eingegraben und getarnt oder in Ritzen gut versteckt. Nach einiger Zeit schlüpfen die Jungen, die sofort laufen können und sich sogleich in Sicherheit bringen, wenn Licht auf sie fällt.

## Heimchen
*Acheta domestica*

MERKMALE: 1,5-2 cm lang. Kleiner, zierlicher und heller gezeichnet als die Feldgrille, hat aber denselben walzenförmigen Körper, der so typisch für alle Grillen ist. LEBENSRAUM: Bei einer Vorzugstemperatur von 31-32 °C findet man Heimchen meist in Heizungskellern, auf Müllplätzen, in Labors oder anderen Einrichtungen. In der freien Natur können sie sich nur im Sommer aufhalten. VERBREITUNG: In ganz Europa. In Nordafrika leben sie im Freien; nach Nordamerika wurden sie eingeschleppt. HÄUFIGKEIT: In geeigneten Heimen häufig. FORTPFLANZUNG: In den warmen Abendstunden zirpen die ♂ stundenlang, um ein ♀ anzulocken. In Spalten und Ritzen der Gebäude werden die Eier gut versteckt. NAHRUNG: Allesfresser. Sie nehmen Brotreste, Mehl, alte Früchte und Fleischreste oder tote Insekten. ALLGEMEINES: In zoologischen Gärten und ähnlichen Einrichtungen werden Heimchen als Futter für insektenfressende Tiere gezüchtet.

## Weiße Gewächshausfliege
*Trialeurodes vaporariorum*

MERKMALE: 1 mm lang. Diese Art gehört zu den Mottenläusen, deren bestes Kennzeichen das Puparium ist. In diesen kranzförmig angelegten wachshaltigen Gebilden wachsen die Larven heran. Schmetterlingsähnlich; jedoch werden die Flügel dachförmig gehalten und sind wie der Körper mit einer weißen Wachsschicht überzogen. LEBENSRAUM: Gewächshäuser, im Süden (Mittelmeerraum) auch im Freien auf der Blattunterseite verschiedener Pflanzen. VERBREITUNG: Weltweit. HÄUFIGKEIT: Regelmäßig und häufig. FORTPFLANZUNG: Im Gegensatz zu den meisten Blattläusen pflanzen sich Mottenläuse überwiegend geschlechtlich fort.

## Gemeine Bettwanze
*Cimex lectularius*

MERKMALE: 0,3-0,8 cm lang. Durch die moderne Hygiene zurückgedrängter, früher häufiger Parasit des Menschen. Der dicke Körper und die kurzen Flügelstummel lassen zunächst nicht vermuten, daß die Bettwanze nahe mit anderen Wanzen verwandt ist. LEBENSRAUM: Stets in menschlichen Behausungen und Viehställen, wo sie nicht nur am Menschen nachts Blut saugt, sondern häufig auch an Hunden, Rindern, Schafen und anderen Haustieren. VERBREITUNG: Weltweit. HÄUFIGKEIT: Unterschiedlich. Bei mangelnder Hygiene rasch sehr häufig! FORTPFLANZUNG: ♀ legen 100 bis 200 Eier, müssen zuvor jedoch soviel Blut getrunken haben, daß sich ihr Körpergewicht etwa verdoppelt.

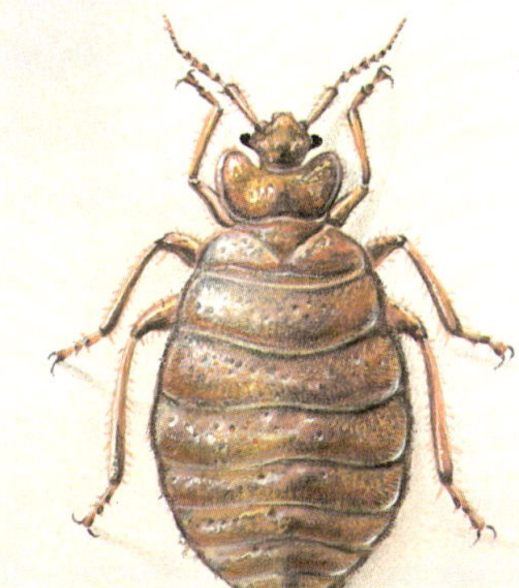

## Florfliege, Goldauge
*Chrysopa perla*

MERKMALE: Etwa 1 cm groß, ca. 3 cm Flügelspannweite. Grüne oder blaßgelbe, wie mit einem Flor überhaucht wirkende Flügel. Die gelben Augen und der feine Schiller geben diesen zarten Tieren ein zerbrechliches Aussehen. In Ruhestellung werden die Flügel dachförmig über dem Körper getragen. An der Vorderbrust besitzen diese Tiere eine »Stinkdrüse«, weshalb sie im Volksmund gelegentlich auch Stinkfliegen genannt werden. Mit diesem Duftstoff wehren sie Feinde ab. Manche Florfliegen besitzen an der Basis der Vorderflügel ein Organ (*Tympanalorgan*), mit dem sie Ultraschalltöne hören können. LEBENSRAUM: Wälder, Gärten, Parks und Siedlungen. Im Winter oft in großer Anzahl auf Dachböden oder in Räumen, wo sie überwintern. Im Frühjahr und Sommer im Garten. An warmen Sommerabenden fliegen sie in größeren Schwärmen ans Licht.

## Gemeiner Speckkäfer
*Dermestes lardarius*

MERKMALE: Knapp 1 cm lang. Dunkler, dicht behaarter Käfer mit gelbbraunem, breitem Band; darin je drei schwarze Punkte pro Elytrenhälfte. LEBENSRAUM: In freier Natur selten. Viel häufiger in menschlichen Behausungen, Vorratskammern, Lagerhallen, aber auch in Vogel- und Säugetiernestern. VERBREITUNG: Durch Verschleppung weltweit. HÄUFIGKEIT: Manchmal sehr häufig. FORTPFLANZUNG: ♀ legen ihre Eier in Vorräte. Die Larven mit verschiedenartig geformten, beweglichen Haaren; häuten sich fünf- bis siebenmal. Bei schlechtem Nahrungsangebot können sie wesentlich mehr Häutungen durchlaufen, ehe sie die Größe zur Verpuppung erreichen. ALLGEMEINES: Aus der Gattung *Dermestes* kommen in Mitteleuropa etwa ein Dutzend Arten vor, die alle eine recht ähnliche Lebensweise haben: *Dermestes vulpinus* wurde in gegerbten Rinderhäuten und Därmen gefunden; der Dornspeckkäfer *Dermestes maculatus*, dessen Flügelspitzen an der Nahtspitze dornförmig ausgezogen sind, frißt an verschiedenen tierischen Produkten, wobei Käfer und Larven eine Vorliebe für relativ trockene fleischliche Kost zeigen; *D. frischii* wurde an Trockenfisch und an trockenen Därmen gefunden, *D. cadaverinus* zerstört Leder, Seide und Wolle aller Art.

## Gemeiner Holzwurm
*Anobium punctatum*

MERKMALE: 0,5 cm groß. Der dunkle, unscheinbare Käfer ist wenig auffällig, dennoch als »Holzwurm« allgemein bekannt, da die Larven dieses Käfers in alten Holzbalken oder Möbeln große Schäden anrichten. Schon manches alte Bauernhaus fiel buchstäblich den Holzwürmern zum Opfer! LEBENSRAUM: In freier Natur in morschen Bäumen oder Ästen. Häufiger jedoch in Gebäuden als Kulturfolger, in Bauholz, Möbeln und Holzskulpturen. VERBREITUNG: In Europa und Asien bis zum nördlichen Polarkreis. In Amerika und Australien eingeschleppt. HÄUFIGKEIT: Unterschiedlich, örtlich häufig. FORTPFLANZUNG: Der Käfer legt im Holz die Eier ab. Die Larven erinnern an Engerlinge mit ihren kurzen Beinen und kräftigen Mundwerkzeugen, mit denen sie die Gänge ins trockene Holz nagen. Sie leben vom Holz, im Holz und verpuppen sich auch hier. Gesamtentwicklungszeit kann mehr als ein Jahr dauern. NAHRUNG: Die sonst unverdauliche Zellulose wird im Darm der Larven und Käfer durch symbiontische Mikroorganismen aufgeschlossen und verwertbar gemacht. ALLGEMEINES: Aus dieser Gattung sind bei uns etwa 12 Arten bekannt. Tabakkäfer, Brotkäfer und Totenuhr ziehen bei Gefahr ihren Kopf unter den kapuzenartig vorgezogenen Halsschild zurück.

## Siebenpunkt-Marienkäfer
*Coccinella septempunctata*

MERKMALE: 0,5-0,8 cm groß. Mit den sieben schwarzen Punkten auf den roten Flügeldecken ist der Siebenpunkt-Marienkäfer leicht bestimmbar. Damit gehört er zu den wenigen der fast 100 in Mitteleuropa lebenden Marienkäferarten, die jedermann erkennt. Die anderen Arten schwanken außerordentlich stark in Körperfarbe und Musterung. Doch allen gemeinsam ist die rundliche Gestalt. Die Punkte oder Flecken können ganz verschieden gestaltet sein: schwarz auf hellem Grund oder umgekehrt. Alle Marienkäfer tragen kurze Fühler mit keulenförmigem Ende. Marienkäfer sind als Blattlausvertilger hochgeschätzt. Sie sollen über 250 volkstümliche Namen besitzen! LEBENSRAUM: Fast überall gegenwärtig: in freier Flur, im Wald, in Parks und Gärten, auch in Häusern, wo sie an Blumentöpfen zu finden sind oder auf Dachböden überwintern. VERBREITUNG: In ganz Europa. HÄUFIGKEIT: Außerordentlich häufig, manchmal in großen Massen auftretend. LEBENSWEISE: Bei Gefahr stellen sich Marienkäfer tot: sie lassen sich fallen und rühren sich nicht vom Fleck. Bei großer Gefahr geben sie eine gelbliche Flüssigkeit ab, die manche Feinde, zum Beispiel Ameisen, recht wirksam abwehrt. NAHRUNG: Überwiegend von Blatt- und Schildläusen; nützlich!

## Brotkäfer
*Stegobium paniceum*

MERKMALE: 0,4 cm groß. Schädling. LEBENSRAUM: An Menschen gebunden. In freier Natur selten. Häufiger in Vorratshallen, in Brot und anderen Lebensmitteln, selbst in Schokolade, scharfen Gewürzen oder in giftigen Medikamenten. VERBREITUNG: Durch Verschleppung weltweit. HÄUFIGKEIT: Regelmäßig, auch sehr häufig. FORTPFLANZUNG: Der Käfer legt seine Eier außer in Brot in alle tierischen und pflanzlichen Produkte, u. a. Backwaren, Schokolade, scharfe Gewürze und ähnliches. Larven durchlaufen hier die verschiedenen Stadien und verpuppen sich. Ein ausgeprägter Jahreszyklus fehlt: Das ganze Jahr über schlüpfen Käfer, die Eier ablegen.

## Kornkäfer
*Sitophilus granarius*

MERKMALE: 25-35 mm. Kastanienbraun bis schwarz gefärbt, ohne weiße Flecken auf den Flügeln. Diese weisen auf der Oberseite feine, parallele Linien auf. Auf dem Halsschild befinden sich zahlreiche dicht nebeneinander stehende Punkte. LEBENSRAUM: Die Entwicklung findet im Getreide statt; so in Weizen, Roggen, Gerste, Hafer, Buchweizen, Hirse; seltener auch in Kastanien, Eicheln oder in Teigwaren. Man trifft den Kornkäfer in Vorratslagern, Getreidespeichern und Warenhäusern, doch praktisch nie an Kulturpflanzen in der freien Natur. VERBREITUNG: Weltweit. HÄUFIGKEIT: Manchmal massenhaft. FORTPFLANZUNG: In Europa treten 3-4 Generationen pro Jahr auf. Anfang März schlüpfen die kleinen Larven.

## Mehlkäfer
*Tenebrio molitor*

MERKMALE: Etwa 2 cm groß. Die schwarze Körperfarbe gab der Familie den Namen Schwarzkäfer *(Tenebrionidae)*, die in Mitteleuropa mit knapp 80 Arten vertreten ist. In den Tropen lebende Tenebrioniden können durchaus bunt gefärbt sein. LEBENSRAUM: Zwar kommt der Mehlkäfer in freier Natur gar nicht so selten vor, so etwa in Wäldern, in buschreichem Gelände, in Gärten oder Parkanlagen. Doch sein Auftreten in Häusern und Vorratshallen ist durch seinen beträchtlichen Schadfraß bekannter. VERBREITUNG: Heute ist der Mehlkäfer Kosmopolit. Der Mensch trug ihn in alle Erdteile. HÄUFIGKEIT: Regelmäßig und häufig. FORTPFLANZUNG: Befruchtete freilebende ♀ legen ihre Eier in der Laubstreu oder (in Kellern vorkommend) in Mehl und anderen Lebensmitteln ab. Die gelbbraunen Larven werden »Mehlwürmer« genannt und als Futter für insektenfressende Tiere verwendet.

## Sächsische Wespe
*Dolichovespula saxonica*

MERKMALE: 1-1,8 cm groß. Zwar schwer bestimmbar, doch allgemein bekannt: Sie ist die Wespe der Dachböden und Gartenhäuschen! Leider werden viele ihrer Nester aus unbegründeter Furcht vor Stichen entfernt. Beläßt man diese Tiere, so kommt es kaum zu Zwischenfällen, da Wespen nur stechen, wenn sie sich bedroht fühlen. Der widerhakenlose Stachel der Wespen unterscheidet sich von dem der Bienen. Diese sterben nach einem Stich in einen warmblütigen Körper, da der Stachel hängenbleibt und beim Herausziehen aus dem Bienenkörper gerissen wird. Der Stachel der Wespen dagegen besitzt keine Widerhaken; er kann nach dem Stich leicht herausgezogen werden. LEBENSRAUM: Kulturland. VERBREITUNG: Ganz Europa, Sibirien, Nordamerika. HÄUFIGKEIT: Regelmäßig und häufig. FORTPFLANZUNG: Siehe Deutsche Wespe. NAHRUNG: Insekten, Spinnen, die im Flug erbeutet werden.

## Mistbiene
*Eristalis tenax*

MERKMALE: 1,5-2,0 cm groß. Erinnert etwas an eine Biene, ist aber eine Schwebfliege *(Syrphidae)* und gehört damit zu den Zweiflüglern *(Diptera)*. LEBENSRAUM: Gärten, Misthaufen, in Ställen und auf Dung. Kulturfolger. VERBREITUNG: Weltweit. HÄUFIGKEIT: Eine der häufigsten Schwebfliegen. FORTPFLANZUNG: Fliegen und Larven trifft man vom Frühjahr bis in den Herbst hinein an. Ablegewillige Weibchen sprechen auf Jauchegeruch an und bringen die Eier in Gruppen am Rand von jauchigen Pfützen unter. Die Larven leben also in sehr stark verschmutzten, sauerstoffarmen Gewässern, dort, wo kaum noch andere Tiere existieren können. Larven und Puppen atmen mit einem langen Rohr am Hinterende, das ihnen den Namen »Rattenschwanzlarve« gab. NAHRUNG: Die Larven filtern über einen Filterapparat im Schlund die schmutzige und nährstoffreiche Brühe und tragen somit zur Klärung von Abwässern bei.

## Wadenstecher
*Stomoxys calcitrans*

MERKMALE: 0,5-0,8 cm groß. Sehr ähnlich wie Große und Kleine Stubenfliege. Bei genauem Hinsehen erkennt man jedoch den eingeklappten oder beim ruhenden Tier den nach vorn gestreckten dünnen Stechrüssel. Im Sitzen heben sie im Gegensatz zu den Stubenfliegen ihre Vorderkörper nach oben an. LEBENSRAUM: Am häufigsten in der Nähe landwirtschaftlicher Anwesen. Auch in Städten. VERBREITUNG: Weltweit. FORTPFLANZUNG: Schon 4 Tage nach dem Schlüpfen verpaaren sich ♂ und ♀. Eiablage an Pferde- oder Rindermist. Das ♀ legt bis zu 600 Eier, wobei die Anwesenheit von ♂ und hohe Temperaturen die Gelegegröße stark beeinflussen. Gesamtdauer der Entwicklung vom Ei bis zur Fliege nur 14 Tage. NAHRUNG: Verwesende organische Stoffe und Säugetierblut. ALLGEMEINES: Beim Stechen können gefährliche Krankheitserreger übertragen werden, wie Bakterien, Nematoden und Protozoen.

## Graue Fleischfliege
*Sarcophaga carnaria*

MERKMALE: Etwa 1,5 cm groß. Stattlich, dunkel bis schwarz gefärbte Fleischfliege aus der Familie der Aasfliegen *(Calliphoridae)*, die in einigen hundert Arten in Europa vertreten ist. LEBENSRAUM: Häufig in menschlichen Siedlungen, wo man sie oft auf Misthaufen sitzen sieht. In freier Natur halten sie sich auf stark duftenden Blüten auf. VERBREITUNG: Großteil Europas und Afrikas. FORTPFLANZUNG: Wie der Name besagt, leben Fleischfliegen auf altem Fleisch. Dort legen sie innerhalb weniger Tage Hunderte von Eiern ab, aus denen bei hohen Außentemperaturen schon wenige Stunden später Larven schlüpfen, die sich von verwesendem Fleisch ernähren und nach einer Woche verpuppen. Pro Jahr mehrere Generationen. ALLGEMEINES: Solcherart verdorbenes Fleisch darf auf keinen Fall gegessen werden, da man sich eine lebensgefährliche Fleischvergiftung zuziehen kann.

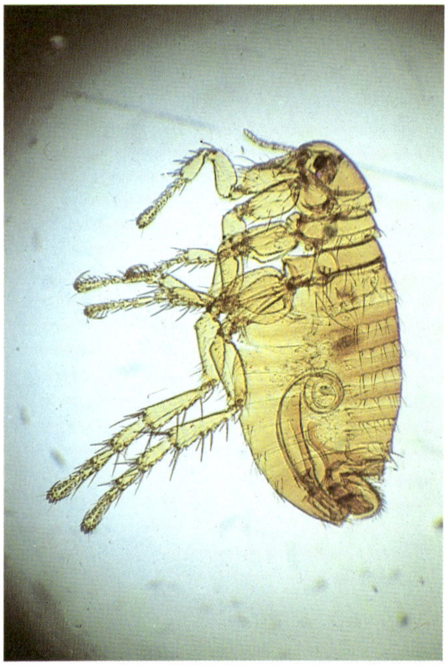

## Menschenfloh
*Pulex irritans*

MERKMALE: 0,2-0,3 cm groß. Flügellos, Körper seitlich stark abgeflacht, blutsaugende, stechende Mundwerkzeuge, auffallend kräftige Hinterbeine, mit denen Menschenflöhe 35 cm weit und 20 cm hoch springen können; rund 100mal weiter als ihre Körpergröße. Umgerechnet müßte ein 1,65 m großer Mensch 165 m weit springen! LEBENSRAUM: Siedlungen des Menschen. VERBREITUNG: Weltweit. HÄUFIGKEIT: Dank moderner Hygiene gilt der Menschenfloh in zivilisierten Ländern als Rarität. Doch in den warmen Ländern tritt er stellenweise noch sehr häufig auf. FORTPFLANZUNG: Das ♀ legt bis zu 400 Eier. Larven klein, madenartig, beinlos; wachsen in Spalten, Bodenritzen, unter Tapeten und ähnlichen Nischen heran. Unter günstigen Bedingungen (warm und trocken) rasche Entwicklung mit mehreren Generationen im Jahr. NAHRUNG: Larven leben von abgestorbenem organischen Material. Flöhe saugen Blut.

## Kleine Stubenfliege, Blumenfliege
*Fannia canicularis*

MERKMALE: Mit 0,5-0,7 cm Größe so groß wie der Wadenstecher, jedoch ohne Stechrüssel. Arttypischer horizontaler Zickzackflug; in Zimmern häufig Lichtquellen umkreisend. LEBENSRAUM: In menschlichen Behausungen von März bis Oktober. Auch in freier Natur. VERBREITUNG: Weltweit. FORTPFLANZUNG: ♀ legen die Eier in feuchte Stellen, so in Jauchegruben, auf Misthaufen oder in verfaulendes tierisches oder pflanzliches Material. In seltenen Fällen fand man Larven im Enddarm und in der Harnblase von Menschen. Zur Verpuppung und Überwinterung graben sie sich in die obersten lockeren Bodenschichten ein. Pro Jahr mehrere Generationen. Die Larven haben eine bizarre Form: Sie sind rundum mit Dornen und Haaren besetzt. Sie ernähren sich von verwesendem tierischen und pflanzlichen Material.

## Mehlmotte
*Ephestia kuehniella*

MERKMALE: Gut 1,0 cm lange Vorderflügel; schmal, spitz auslaufend mit undeutlicher, unregelmäßiger Zeichnung aus Querlinien und -bändern. Hinterflügel breiter, gerundet und mit hellem Saum. Körper schlank. LEBENSRAUM: Mühlen, Bäckereien, Vorratskammern. VERBREITUNG: Weltweit in Siedlungen. HÄUFIGKEIT: Je nach Lagerungsbedingungen von stärkehaltigen Nahrungsmitteln sehr häufig bis selten. FLUGZEIT: Unterschiedlich. RAUPENZEIT: Unterschiedlich. NAHRUNG DER RAUPEN: Mehl/Stärke. Raupen können Schäden in Vorräten verursachen.

## Wanderfalke
*Falco peregrinus*

MERKMALE: Lange Flügel und kurzer Schwanz. Aus der Nähe ist auch im Flug der schwarze Backenstreif auf heller Kehle zu erkennen. Flug mit schnellen, flachen Schlägen, oft durch kurze Gleitstrecken unterbrochen. In der Färbung je nach Rasse sehr variabel. Altvögel mit gesperberter Brust, Jungvögel bräunlich mit längsgestreiftem Brustgefieder. VERBREITUNG: Als Luftjäger ist der Wanderfalke kaum an einen besonderen Lebensraum gebunden. Er kommt in allen Erdteilen vor, meidet aber Großwaldungen und strukturlose Ebenen. Er bevorzugt Gebiete mit reichem Vogelleben, etwa Flußtäler in der Steppe, die Nähe von Vogelkolonien und brütet auch auf Kirchtürmen über Großstädten mit verwilderten Tauben. FORTPFLANZUNG: Die mitteleuropäischen Wanderfalken halten lebenslang am einmal erwählten Brutrevier fest, können darin aber mehrere Brutplätze besetzen.

## Mauersegler
*Apus apus*

MERKMALE: Größer als Schwalben und mit langen, sichelförmigen Flügeln. Wirkt einförmig schwarz, aus der Nähe erkennt man aber die hellere Kehle und einen rußbraunen Grundton im Gefieder. Flug reißend, teils segelnd, teils mit schnellen Schlägen, meist hoch im Luftraum. LEBENSRAUM: Luftbewohner, fliegt meist hoch und überall, wo Insekten aufsteigen, vorzugsweise über Städten. Brut in Mauerspalten, selten in Nistkästen und hohlen Bäumen. FORTPFLANZUNG: Die Paarung soll im Fluge möglich sein. Die Partner bauen ein Nest aus fliegend aufgeschnappten Federn und Halmen, die sie mit Speichel zu einer flachen Schale verleimen. Erst Ende Mai liegen die zwei oder drei weißen Eier in der Nestmulde. Nach 18 bis 19 Tagen schlüpfen nackte Junge, denen bald blaugraue Dunen wachsen. Beim Betteln sperren sie nicht die Schnäbel auf, sondern zupfen am Halsgefieder ihrer Eltern.

## Türkentaube
*Streptopelia decaocto*

MERKMALE: Etwas kleiner als die Straßentaube, pastellfarben grau mit bräunlich-rotem Hauch. Jungvögeln fehlt das schwarze, weiß eingefaßte Nackenband. LEBENSRAUM: In allen menschlichen Siedlungen, wie Dörfern und auch Großstädten. Die Türkentaube war vor 100 Jahren und früher von Südosteuropa über die Türkei bis nach Indien heimisch und hatte sich überall an den Menschen angeschlossen. Dann begann sie, erst langsam, schließlich invasionsartig, ihr Verbreitungsgebiet nach Nordwesten auszudehnen, in den vierziger Jahren erreichte sie Deutschland und ist heute nicht nur dort, sondern auch in ganz England und Südskandinavien heimisch. FORTPFLANZUNG: Brutzeit von März bis Oktober, stets zwei Eier, Brutzeit 14 bis 16 Tage, Nestlingszeit 18 bis 22 Tage. Die Jungtauben ziehen bald fort und lassen sich irgendwo nieder. Das Nest wird vorzugsweise auf Mauervorsprüngen etc. gebaut. NAHRUNG: Sämereien.

## Straßentaube, Felsentaube
*Columba livia*

MERKMALE: Die Felsentaube ist die Stammform aller Haustaubenrassen. Sie lebt wild im Mittelmeerraum, in England und in Südasien, immer aber menschenfern. Die südeuropäische Art unterscheidet sich von der ähnlichen Hohltaube durch einen weißen Bürzel, aber in der Türkei versagt dieses Merkmal. LEBENSRAUM: Felsentauben brüten in Felsen und Ruinen, nie aber in hohlen Bäumen, wie etwa die Wälder bewohnenden Hohltauben. Straßentauben sind verwilderte Haustauben, die mit der Zeit mehr oder weniger in die alte Stammform zurückschlagen. Sie bevölkern heute alle Großstädte. FORTPFLANZUNG: In Stimme und Verhalten sind sich Felsen- und Straßentauben fast völlig gleich. Zur Taubenbalz gehört ein Segelflug mit schräg hochgehaltenen Flügeln und eine prahlerische Bodenbalz mit geblähter schillernder Brust, Verbeugungen vor der Taube und viel »Ruggediguhh«. Die Taube baut danach ein liederliches Nest in Mauernischen, und beide Partner brüten, der Tauber regelmäßig über die Mittagsstunden. Nach etwa 17 Tagen schlüpfen die sehr unfertigen Küken aus den stets zwei Eiern und werden je nach Wetter noch ein bis zwei Wochen gehudert. Beide Eltern füttern in der ersten Woche mit Kropfmilch, dann auch mit eingeweichtem Samen.

## Star
*Sturnus vulgaris*

MERKMALE: Gedrungener als eine Amsel, Länge 22 cm, Gewicht 80 Gramm. Im Winter und Vorfrühling prachtvoll grau geperlt auf schwarzem, grünlich schillerndem Grund. Über Sommer verschließen die grauen Federenden und das Gefieder wird langsam schwarz. Die Jungvögel sind nach dem Ausfliegen graubraun. Im Herbst erscheinen dann zunächst an den Flanken, zuletzt an Hals und Kopf die schwarzen Federn mit den grauen Spitzen. Am Boden bewegt sich der Star hurtig schreitend, in der Luft mit etwas schnurrendem Flug und dreieckigem Flügelumriß. Sehr gesellig. LEBENSRAUM: Der Star ist ein Erfolgsvogel der Kulturlandschaft. Er bewohnt vor allem den Grüngürtel der Städte, Gärten, Grünanlagen, aber auch Feldgehölze weitab vom Menschen. Solange sich die Stare im Brutgebiet aufhalten, versammeln sie sich allabendlich an traditionellen Schlafplätzen.

## Rauchschwalbe
*Hirundo rustica*

MERKMALE: Sehr tief gegabelter Schwanz, Stirn und Kehle rostbraun. Flug schnell und ständig von plötzlichen oder allmählichen Richtungsänderungen geprägt. Gesang schnurrend und schwätzend, im Sitzen wie im Fliegen vorgetragen. LEBENSRAUM: Im Süden ihres großen Verbreitungsgebietes gibt es noch Rauchschwalben, die in öden Felstälern leben; sonst aber haben sie sich überall in Mitteleuropa eng an den Menschen angeschlossen: sie brüten in Höfen und Dörfern, weniger schon in Kleinstädten, und in Großstädten gar nicht. Überhaupt ist die Rauchschwalbe wahrscheinlich erst im Gefolge von »Haus und Hof« aus ihrer subtropischen Heimat nach Norden vorgedrungen und kann in den gemäßigten Zonen wohl nicht ohne den Menschen überleben. FORTPFLANZUNG: Die Schwalben kehren in der ersten Aprilhälfte aus ihren Überwinterungsgebieten zurück.

## Rabenkrähe
*Corvus corone corone*

MERKMALE: Mit dem Namen Rabenkrähe bezeichnet man nicht eine Vogelart, sondern nur die westliche Rasse einer Art, während die östliche Rasse Nebelkrähe genannt wird. Die Art, der beide angehören, hat keinen gebräuchlichen deutschen Namen, obwohl dafür der Name Aaskrähe vorgeschlagen wurde. LEBENSRAUM: Feldgehölze, lichte Wälder, Parkanlagen, im Winter gern auf Müllkippen. Die Krähen erwiesen sich als lebenskräftig und anpassungsfähig gerade in stark vom Menschen geformten Landschaften. Sie können bis 70 Jahre alt werden. VERBREITUNG: Die Rabenkrähe beschränkt ihre Verbreitung auf Westeuropa etwa bis zur Elbe. Sie ist etwas kleiner als die Nebelkrähe - Spannweite um 95 cm. Ihrem tiefschwarzen Federkleid fehlt der Metallschimmer der Saatkrähen. Ihr Schnabel ist kräftiger als der Schnabel der Saatkrähe, aber nicht so wuchtig wie der Kolkrabenschnabel. NAHRUNG: Rabenkrähen sind Allesfresser.

## Grünfink
*Carduelis chloris*

MERKMALE: Plump, Länge 14,5 cm, Weibchen grau mit grünlichem Hauch, Männchen mit gelbgrüner Brust. Jungvögel bräunlich mit dunkler Längsstreifung. In allen Kleidern mit gelber Schwanzwurzel, im Alterskleid auch mit gelbem Flügelspiegel. Kräftiger Schnabel. LEBENSRAUM: Wälder, Kulturland mit Bäumen, Parklandschaften, Gärten. In manchen Städten der häufigste Vogel vor dem Haussperling. Brutvogel in Blumenkästen auf Veranden. Im Süden auch in Olivenhainen. FORTPFLANZUNG: Im Februar ist der Grünfink einer der ersten Sänger, der auf einer Zweigspitze sein Liedchen vorträgt und oft zu einem Balzflug startet. Die Brutzeit beginnt im April.

## Haussperling
*Passer domesticus*

MERKMALE: Sehr gesellig, Männchen mit grauem Scheitel - in Italien mit braunem Scheitel - und schwarzem Brustlatz, der aber im Winter von grauen Federsäumen verdeckt wird. Stimme: das bekannte Schilpen. Meist Bodenvogel, aber eine am Boden pickende Spatzenschar fliegt immer wieder schlagartig in einen Busch, danach kommen die Vögel einzeln zurück. LEBENSRAUM: Fast weltweit verbreitet, vom Nordkap bis an den Rand der Wüsten, überall aber an den Menschen angeschlossen. Meidet Großwaldungen und fehlt auch in Walddörfern. FORTPFLANZUNG: Die Männchen balzen am Boden vor den Weibchen mit hängenden Flügeln, hochgerecktem Schwanz und lautem Schilpen.

## Hausspitzmaus
*Crocidura russula*

MERKMALE: Kopf-Rumpf 6,2-9,5 cm, Schwanz 3,3-4,6 cm, Höhe 1,1-1,4 cm, Gewicht 6-14 g. Die Ohrmuschel ist ähnlich wie bei der Feldspitzmaus, aber die Schnauze ist schmäler. Auch die Oberseite ist mehr rötlich und heller. Insgesamt größer und langschwänziger als die Feldspitzmaus. LEBENSRAUM: Waldränder, Gärten, offenes Gelände, bis 1600 m. Lebt häufig das ganze Jahr über in alten Häusern. VERBREITUNG: Von der Iberischen Halbinsel ostwärts bis Griechenland. LEBENSWEISE: Dämmerungs- und nachtaktiv. FORTPFLANZUNG: Ähnlich Feldspitzmaus. NAHRUNG: Insekten, andere kleine Wirbellose. FEINDE: Schleiereule, Waldkauz, Wiesel.

## Zwergfledermaus
*Pipistrellus pipistrellus*

MERKMALE: Kopf-Rumpf 3,3-5,2 cm, Schwanz 2,6-3,3 cm, Höhe 0,4-0,7 cm, Unterarm 2,7-3,2 cm, Gewicht 3-8 g. Kleinste aller europäischen Fledermäuse. Fell dunkelbräunlich. Von der Bartfledermaus an den kürzeren Ohren unterschieden. Bestes Merkmal ist die geringe Größe. LEBENSRAUM: Eine der häufigsten Fledermäuse Europas und gern im Siedlungsbereich. Die Sommerquartiere befinden sich in Baumhöhlen und Felsspalten, wo die Tiere frei von der Decke hängend auch überwintern. LEBENSWEISE, FORTPFLANZUNG und NAHRUNG: Ähnlich anderen Fledermäusen. In Rumänien wurde 1962 eine Höhle mit 80 000 - 100 000 Zwergfledermäusen gefunden.

## Feldspitzmaus
*Crocidura leucodon*

MERKMALE: Knapp hausmausgroß. Kopf bis Rumpf 6,4-8,7 cm, Schwanz 2,8-3,9 cm, Höhe 1,2-1,3 cm, Gewicht 6-15 g. Ohrmuschel klein, aber deutlich aus dem Fell herausragend. Gesicht in Ohrhöhe breit, zur Schnauze verschmälert. Der Rüssel ist relativ kurz und an der Basis geschwollen, zum Ende spitzt er sich plötzlich zu. Zähne weiß. Schwanz mit silberweißen, einzeln stehenden Wimperhaaren. Die Füße sind weiß; die Weibchen besitzen 3 Paar Zitzen. LEBENSRAUM: Wiesen, Ackerränder, Gärten, Waldränder, Gebüsch, im Unterholz. Im Winter sucht sie gern Gebäude auf. Im Gebirge bis 1200 m. Die Feldspitzmaus meidet feuchtes Gelände. VERBREITUNG: Von Nordwest-Frankreich durch Zentral- und Südosteuropa sowie Süd-Rußland bis zur Wolga und zum Kaukasus verbreitet. Möglicherweise kommt die Feldspitzmaus sogar in Teilen Vorderasiens vor. FORTPFLANZUNG: Von April bis September werden nach einer Tragzeit von etwa 30 Tagen drei bis neun Junge geworfen. Nach etwa zwei Wochen öffnen diese die Augen, werden ca. drei Wochen lang gesäugt und sind dann ausgewachsen. Sie erreichen im selben Jahr noch die Geschlechtsreife. 2-4 Würfe je Jahr sind möglich. Bei Gefahr beißen sich die Jungen in der Schwanzwurzel von Mutter und Geschwister fest und bilden so eine »Karawane«. Dieses Verhalten kann man auch bei anderen Spitzmäusen beobachten. NAHRUNG: Wie andere Spitzmäuse Insekten und deren Entwicklungsstadien sowie Würmer, Schnecken, sogar kleine Wirbeltiere, Aas und manchmal reifes Obst.

## Bartfledermaus
*Myotis mystanicus*

MERKMALE: Kopf-Rumpf 3,8-5 cm, Schwanz 3-4 cm, Höhe 0,7-0,8 cm, Unterarm 3,2-3,7 cm, Gewicht 3,5-6,5 g. Klein. Körperfarbe dunkel, oben bräunlicher, unten grau, Ohren und Flughäute schwärzlich. Ohrdeckel lang und spitz, er ragt weit übers Ohr hinaus. Beiderseits des Mundes sitzen bartähnliche Haarbüschel. Daher rührt der Artname. LEBENSRAUM: Offenes Gelände mit eingestreuten Bäumen. Schläft im Sommer in Baumhöhlen und -spalten, manchmal in Nistkästen oder hinter Fensterläden. Im Winter in Stollen und Höhlen.

## Maulwurf
*Talpa europaea*

MERKMALE: Kopf bis Rumpf 11,3-16 cm, Schwanz 2,2-3,8 cm, Höhe 1,7-1,95 cm, Gewicht 53-130 g. Zylinder- bis walzenförmiger Körper mit samtschwarzem Fell ohne Strich und zu Grabschaufeln umgewandelten Vorderbeinen. Augen sehr klein und im Fell verborgen. LEBENSRAUM: Kulturland, auf Äckern und Wiesen, in Gärten, auch in Wäldern. Maulwürfe meiden zu flache, zu steinige, wassergetränkte und zu saure Böden. Sie sind tag- und nachtaktiv und graben ausgedehnte unterirdische Gänge.

## Steinmarder
*Martes foina*

MERKMALE: Kopf-Rumpf 42-48 cm, Schwanz 22-26 cm, Gewicht 1,2- gut 2 kg. In Körpergestalt und Bewegungsweise dem Baummarder recht ähnlich, den er nicht an Länge, wohl aber an Gewicht etwas übertrifft. Der wichtigste äußere Unterschied ist der weiße Kehlfleck, der sich auf die Ansätze der Vorderbeine fortsetzt und daher im Fell »gegabelt« aussieht. LEBENSRAUM: In Dörfern, am Rande von Gewässern oder in der offenen Heckenlandschaft mit Steinmauern.

## Hausratte
*Rattus rattus*

MERKMALE: Kopf-Rumpf 15-23 cm, Schwanz 17-25 cm, stets etwas länger als der Körper. Gewicht 140 bis über 200 g. Ohren im Vergleich zur Wanderratte größer, sehr dünnhäutig und fast unbehaart. Fellfärbung schwarzgrau bis graubraun. LEBENSRAUM: Die Hausratte gelangte wohl erst in frühgeschichtlicher Zeit aus Indien nach Europa, möglicherweise über Afrika. Sie breitete sich stark aus und besiedelte in enger Anlehnung an den Menschen nach und nach den ganzen süd- und mitteleuropäischen Raum.

## Hausmaus
*Mus musculus*

MERKMALE: Körpergröße und Schwanzlänge jeweils 7-10 cm, Gewicht 12-33 g. Man unterscheidet 2 Typen: die bräunlichgraue, graubraune bzw. sandfarbene Wildform oder freilebende Hausmaus und die an die Häuser gebundene, typisch »mausgraue« Hausform. LEBENSRAUM: Die Hausmäuse stammen ursprünglich aus den Steppen- und Halbwüstengebieten Nordwest-Afrikas, Spaniens und Ostasiens. Wohl schon in vorgeschichtlicher Zeit schlossen sie sich dem Menschen an.

## Feldhase
*Lepus europaeus*

MERKMALE: Kopf-Rumpf 48,5-67,5 cm, Schwanz 7-11 cm, Höhe 11,5-15 cm, Gewicht 2,5-6,5 kg. Die Kopfform des Hasen ist schlanker als beim Kaninchen. Die Jungen werden mit einem dünnen Fell und offenen Augen geboren - sie sind im Gegensatz zu Kaninchen also viel weiter entwickelt. LEBENSRAUM: Fast weltweit verbreitet. Das natürliche Verbreitungsgebiet erstreckt sich über die offenen Savannen, Steppen und Halbwüsten Afrikas, über ganz Europa, hinauf bis zur Baumgrenze. NAHRUNG: Wildgräser, Getreide, Kräuter.

## Wanderratte
*Rattus norvegicus*

MERKMALE: Kopf-Rumpf 20-28 cm, Schwanz 17-23 cm, Gewicht 250-580 g. Deutlich größer und kräftiger als die Hausratte, die gegenüber der Wanderratte eher zierlich wirkt. Fellfarbe braungrau bis rötlichbraun mit schmutzigweißer Unterseite. Auch fast schwarze Exemplare und fahlfarbene kommen vor. Der Schwanz der Wanderratte ist verhältnismäßig kürzer. LEBENSRAUM: Auch die Wanderratte war ursprünglich nicht in Europa heimisch. Wie sie hierher kam, ist nicht geklärt. Jedenfalls gibt es freilebende, vom Menschen unabhängige Wanderrattenvorkommen in Ostasien (z. B. China) und im klimatisch gemäßigten Sibirien. In Europa lebt sie vorwiegend nördlich der Alpen.

## Wildkaninchen
*Oryctolagus cuniculus*

MERKMALE: Kopf-Rumpf 34-45,5 cm, Schwanz 4-8 cm, Höhe 7,5-9,5 cm, Gewicht 1,3-2,2 kg. Unterscheidungsmerkmale von Hasen und Kaninchen: Den auffallendsten Unterschied zum Hasen bilden beim Kaninchen neben der geringeren Größe die gerundeten, viel kürzeren Ohren, die, nach vorn gelegt, die Schnauzenspitze nicht erreichen würden. Der Kaninchenkopf ist rundlicher. LEBENSRAUM: Kurzrasige, trockene Heideflächen, Viehweiden mit Büschen, sandige, warme Böden, in günstigen Lagen auch am Rand von Nadelwäldern. Lokkere Erde ist Voraussetzung für eine erfolgreiche Besiedlung, da Kaninchen in Bauen wohnen, die sie selbst graben. Sie sind ausgesprochen anpassungsfähig.

## Hermelin
*Mustela erminea*

MERKMALE: Kopf-Rumpf 24-31 cm, Schwanz 9,5-14 cm, Gewicht 140-440 g, Weibchen erheblich kleiner und leichter (durchschnittlich 213 g, Männchen 321 g). Körperbau sehr schlank und langgezogen. An der schwarzen Spitze des verhältnismäßig langen Schwanzes stets vom beträchtlich kleineren Mauswiesel zu unterscheiden. Die anderen Arten der Gattung sind größer und in Aussehen und Verhalten kaum mit dem Hermelin zu verwechseln. Im Sommerhalbjahr (und südlich der Alpen) trägt das Hermelin einen kurzhaarigen Pelz mit brauner bis rötlichbrauner Oberseite und deutlich davon abgesetzter, gelblichweißer Unterseite. Zu Beginn des Winters färbt es auf das rein weiße Kleid um, aber die Schwanzspitze bleibt schwarz. Diese Haarung verläuft ziemlich schnell. Im Frühjahr geht der Haarwechsel langsamer vor sich und nicht selten sind dann braun-weiß-fleckige Hermeline zu beobachten. In Gebieten, in denen es nicht zur Ausbildung des weißen Winterkleides kommt, werden die Tiere dennoch in der Regel etwas heller. Hermeline laufen schnell in typischen, langgezogenen Sprüngen. Dazwischen richten sie sich häufig auf und sichern (»machen Männchen«). LEBENSRAUM: Das Verbreitungsgebiet des Hermelins erstreckt sich über den gesamten gemäßigten und kalten Bereich Eurasiens und Nordamerikas. Es reicht von den Eismeerküsten bis zu den Pyrenäen, etwas über die Alpen, bis nach Kaschmir und Japan, und in Nordamerika südwärts bis Kalifornien und Virginia. In Neuseeland wurde das Hermelin eingebürgert. Dagegen fehlt es im Mittelmeerraum in den tieferen Lagen. Innerhalb des Areals meidet es nur dichte Wälder weitgehend, kommt sonst aber fast überall vor. LEBENSWEISE: Hermeline jagen zu allen Tageszeiten. Längere Hungerperioden werden nicht ertragen. Hermeline können auch keine Winterruhe halten. Man sieht sie fast nur auf der Jagd nach Nahrung, wobei sie einzeln jagen.

## Erdmaus
*Microtus agrestis*

MERKMALE: Kopf-Rumpf 9,5-13 cm, Schwanz 2,7-3,5 cm, Gewicht 20-45 g. Fell dunkler und langhaariger als bei der Feldmaus, der sie sonst sehr ähnlich sieht. Die Ohrmuscheln sind nur im oberen Abschnitt mit verhältnismäßig langen, locker stehenden Haaren besetzt (vergleiche auch Feldmaus), nach innen und unten zu aber unbehaart. LEBENSRAUM: Nahezu alle Lebensräume werden über fast ganz Europa hinweg (und bis weit nach Asien hinein) von der Erdmaus besiedelt. Am häufigsten kommt sie in Gärten, Feldfluren und Parklandschaften, unter dichten Hecken, aber auch in feuchtem Gelände in Gewässernähe vor. LEBENSWEISE: Wie die Feldmaus gräbt die Erdmaus flache unterirdische Gangsysteme, meist im Schutz dichter Vegetation. Hier ist sie je nach Nahrungsangebot und Temperaturverhältnissen tag- und nachtaktiv. Die Gänge münden in Wohnkessel und Vorratskammern.

## Feldmaus
*Microtus arvalis*

MERKMALE: Kopf-Rumpf 9-12,5 cm, Schwanz 3- 4,5 cm, Gewicht 14-50 g, meist um 20 g. Fell graubraun bis sandbraun, Ohrmuscheln auf der Innenseite mit kurzen, dichten Haaren besetzt. Typische Wühlmaus und häufigster Vertreter dieser Gruppe in Europa. Genaue Unterscheidung der ähnlichen Arten ist nur anhand besonderer Merkmale, wie der Zahnschlingen, möglich. LEBENSRAUM: Offenes Gelände, Felder und Wiesen; über weite Bereiche Europas; im Gebirge bis in 2000 m Höhe. LEBENSWEISE: Feldmäuse sind sehr agile, bewegungsfreudige Kleinsäuger mit vorwiegend nächtlicher Aktivität, die man aber auch tagsüber an der Bodenoberfläche findet. Die Gänge liegen meist dicht unter der Erdoberfläche und treten nach der Schneeschmelze wie ein Gerippe hervor. Sehr rasche Vermehrung! Weibchen werfen bis zu siebenmal im Jahr 4-12 Junge. NAHRUNG: Pflanzentriebe und Wurzeln, Samen, Knollen von Kulturpflanzen und Getreidekörner.

# Lebensraum **GEBIRGE**

Gebirge sind in der Regel geographisch gut begrenzte Regionen, die durch ganz charakteristische Höhenstufen geprägt sind. Im Prinzip durchläuft man bei einer Bergwanderung vom Tal bis zum Gipfel dieselben Lebensräume, die es auch im »Flachland« gibt. Wälder, Feuchtgebiete und Wiesen folgen aufeinander, und zum Teil begegnet man auch den gleichen Pflanzen- und Tierarten. Betrachtet man die Tierwelt noch genauer, so kommt man zu der Feststellung, daß es eigentliche Gebirgstiere – die also ausschließlich in alpinen Hochlagen vorkommen – bis auf wenige Ausnahmen gar nicht gibt. Allerdings weist das Gebirge Arten oder besser Artengemeinschaften auf, die ganz typisch für bestimmte Höhenstufen sind und die vielfältigste Anpassungen an die extremen Umweltbedingen entwickelt haben. Die Pflanzengesellschaften der Gebirgsregionen werden in ihrer Artenzusammensetzung vor allem vom Gesteinsgrund und der Höhenlage beeinflußt. Erschließungsmaßnahmen (Seilbahnen, Bergstraßen, Hotels), Zersiedelung, mangelnde Pflegemaßnahmen (Mahd), Abholzung und Wildüberbesatz sind die Hauptgefährdungsursachen des empfindlichen Ökosystems Gebirge.

## Latsche, Bergkiefer, Legföhre
*Pinus mugo*

MERKMALE: Immergrüner, nadeltragender, vom Boden an verzweigter, breitwachsender 1-5 m hoher Strauch mit mehreren dicken, niederliegenden bis aufsteigenden oder auch aufrechten Stämmchen und breit kegelförmiger Krone. Untere Äste häufig knieförmig gebogen. LEBENSRAUM: In Hochmooren, auf steinigen Matten und an felsigen Hängen. Von der Talsohle bis in die alpine Region (2400 m) steigend. Sowohl auf Kalk- als auch auf Moorböden. VERBREITUNG: Gebirge Mitteleuropas und der Balkanhalbinsel. Von den Pyrenäen entlang des Alpenkammes bis zu den Karpaten, südlich bis zu den Abruzzen, nördlich bis zum Fichtelgebirge, Erz- und Riesengebirge beheimatet.

## Seiden-Weide, Alpen-Grauweide
*Salix glaucosericea*

MERKMALE: Kleiner, kaum 1 m hoher Strauch mit starken, gelben Ästen; jüngste Zweige etwa 2 mm dick, dicht filzig behaart, einjährige Zweige bis 4 mm stark, fahlgelb, kahl. Blätter 3-7 cm lang und 1,5-2,5 cm breit, 2,5-4mal so lang wie breit, breit-lanzettlich, in oder oberhalb der Mitte am breitesten, auf beiden Seiten seidig-glänzend behaart, oberseits bleichgrün, unterseits blaugrün, fast durchscheinend, junge Blätter oft zottig behaart; Blattrand glatt, ohne Zähne und Drüsen; Blattstiel bis 1 cm lang. LEBENSRAUM: Gebirgspflanze (bis 2500 m). Meist an schattigen, lange, vom Schnee bedeckten Hängen, im kalkfreien Blockschutt, auf Gletschermoränen und in feuchten Hochstaudengebüschen.

## Zirbel-Kiefer, Arve
*Pinus cembra*

MERKMALE: Stattlicher Nadelbaum mit Wuchshöhen bis über 20 m, seltener auch noch höher (35 m). Krone säulenförmig, mit stumpfer Spitze, bei älteren Bäumen (besonders im Freistand) etwas unregelmäßig erscheinend. Äste verhältnismäßig kurz, aber sehr gedrungen, überwiegend waagerecht abstehend. Jüngere Zweige an den Astenden steil aufsteigend. Rinde anfangs glatt, grünlich-grau, später zunehmend rauh und schuppig, stellenweise mit Harzblasen, im Alter bräunlich, mit breiten, rötlichen Furchen zwischen den Feldern. Triebe grünlich, mit dichter Behaarung besetzt. LEBENSRAUM: Bevorzugt sauer-humöse Steinböden in kalt-kontinentalen Klimalagen. Lichtholz. VERBREITUNG: Ursprünglich nur in den Zentralalpen und in den Karpaten beheimatet, steigt von Natur aus selten unter 1700 m herab, kommt aber noch bis 3000 m an der Waldgrenze vor.

## Alpen-Weide, Myrten-Weide
*Salix alpina*

MERKMALE: Niederes Sträuchlein mit bis 1 cm dicken, schwarzbraunen Ästen und bogig aufwärts gerichteten Zweigen, 0,5-1,5 m hoch. Junge Zweige dünn behaart oder fast kahl, einjährige Zweige etwa 1,55 mm stark. Blätter 1-3 cm lang und 0,5-1 cm breit, eiförmig oder breit-lanzettlich, beiderseits glänzend, lebhaft grün, anfangs dicht und lang behaart, später verkahlend, ganzrandig; Blattstiel 1-3 mm lang; Nebenblätter selten, bis 5 mm lang. Die Blütenstände erscheinen gleichzeitig mit den Blättern. LEBENSRAUM: Wächst in der Gebirgsstufe von 1400-2000 m an Felshängen, auf Geröllhalden und in meist trockenen Rasen. Kommt nur auf kalkhaltigem Untergrund vor. VERBREITUNG: Ostalpin-karpatische Pflanze: Von den Ötztaler Alpen ostwärts bis zu den Julischen Alpen und zum Wiener Schneeberg, in der Tatra und in den Karpaten. BLÜTEZEIT: Juni bis Juli.

## Spieß-Weide, Spießblättrige Weide
*Salix hastata*

MERKMALE: Niederliegender, selten aufrechter, kaum über 1 m hoher Strauch mit bogig aufwärts gerichteten, dichtstehenden Zweigen. Jüngste Triebe zerstreut behaart oder kahl. Zweige braun, meist matt, kahl. Blättchen bis 8 cm lang und 5 cm breit, 2-3mal so lang wie breit, lanzettlich bis eiförmig, in der Mitte oder oberhalb der Mitte am breitesten, ausgewachsen auf beiden Seiten kahl und glanzlos, oberseits mattgrün, unterseits graugrün bis weißlich; Blattrand dicht und fein gezähnt; Blattstiel bis 5 mm lang, ohne Drüsen; Nebenblätter bisweilen fehlend, eiförmig, gezähnt. Die Blütenstände erscheinen gleichzeitig mit den Blättern. Männliche Kätzchen aufrecht, bis 5 cm lang und 1 cm breit, Tragblätter lanzettlich. LEBENSRAUM: Von der Bergstufe bis ins Hochgebirge (bis 2400 m) auf feuchten Böden in Hochstaudengebüschen, in Grünerlenbeständen sowie in Schutthalden. VERBREITUNG: Eurosibirische Pflanze. BLÜTEZEIT: Mai bis August.

## Behaarte Alpenrose
*Rhododendron hirsutum*

MERKMALE: Immergrüner, bis 1 m hoher, aufrechter oder aufsteigender, buschiger Strauch, kurz reichverzweigt und dicht, gleichmäßig beblättert. Zweige grauberindet, die jungen Triebe behaart. Die kurzgestielten, lorbeerartigen, derb ledrigen Blätter sind wechselständig angeordnet, elliptisch, bis 3 cm lang, oberseits hellgrün glänzend. Die leuchtend hellroten Blüten stehen zu 3-10 in kurzen, endständigen Doldentrauben. LEBENSRAUM: Kalkliebend, in offenen, lichten Wäldern und Gebüschen, Geröllhalden, an felsigen Abhängen, in trockenen Lagen und Kalkverwitterungsböden, meist oberhalb der Baumgrenze, in den Alpen von etwa 600-2500 m. In den oberen Lagen bevorzugt windgeschützt. VERBREITUNG: Zentral- und Ostalpen und Gebirge Nordwest-Jugoslawiens; im Jura und den Westkarpaten angepflanzt, doch selten eingebürgert. BLÜTEZEIT: Mai bis Juli, auch noch bis September.

## Alpen-Heckenrose
*Rosa pendulina*

MERKMALE: Gedrungener bis schlaffer und fast stachelloser Strauch von 0,5 bis 3 m Wuchshöhe. Triebe meist rötlich oder grün, nur spärlich, meist nur im unteren Teil mit Stacheln besetzt, diese gerade, 2-6 mm lang mit schmaler Ansatzfläche. An älteren Ästen nur an den unteren Teilen vorhanden und mit Borsten untermischt. Rinde grün, gelbgrün, selten rötlich. Laubblätter 7-11zählig gefiedert; Blättchen im Umriß meist länglich-elliptisch, 1-4 cm lang und 0,5-2,5 cm breit, mit scharfem, doppelt gesägtem, Blattrand, dünn, auf der Oberseite matt dunkelgrün, auf der Unterseite hellgrün und nur leicht behaart. Blüten fast immer einzeln, seltener in 2-5blütigen Dolden, leuchtend rot oder rosa bis purpurrot, 4-5 cm im Durchmesser. Blütenstiel 1,5 bis 2,5 cm lang, meist mit Stieldrüsen und Stachelborsten besetzt, nach der Blüte bogig gekrümmt. Kelchblätter flaschenförmig, verlängert nur mit wenigen Stieldrüsen. Kelchblätter alle ungefiedert, mit lanzettlichem Anhängsel, richten sich nach der Blüte auf und bleiben. Kronblätter 2-2,5 cm lang. Griffel mit wolligem Narbenköpfchen. Hagebutte kugelig oder flaschenförmig, hellrot, meist nickend, kahl oder weichstachelig und nur wenig fleischig. LEBENSRAUM: In den Laub- und Nadelgehölzen der Gebirge, in Hochstaudenfluren und in alpinen Grasmatten. Teilweise auch im Krummholz, in Bachschluchten und Zwergstrauchheiden. Sehr häufig im Bereich der Baumgrenze. Bis über 2000 m aufsteigend. VERBREITUNG: Gebirge Süd- und Mitteleuropas. Von Mittelspanien bis zum Jura und den Vogesen im Norden, im ganzen Alpenraum, im Apennin und den Bergen der Balkanhalbinsel. BLÜTEZEIT: Mai bis Juli, selten bis August. ALLGEMEINES: Die Alpen-Heckenrose ist nicht zu verwechseln mit der Alpenrose (*Rhododendron*). Verwandte Rosengewächse der Gattung *Rosa*, die ebenfalls in höheren Lagen der Gebirge vorkommen, sind Rotblättrige Rose, Bibernell-Rose und Kleinblütige Rose.

## Echte Felsenbirne
*Amelanchier ovalis*

MERKMALE: Etwa 1,5-2 m hoher, dornenloser Strauch. Die Zweige sind schlank, straff aufrecht und haben eine rotbraune Rinde. Laubblätter eiförmig bis oval, 2,5-4,5 cm lang und etwa 3 cm breit, derb, mit 1,5 cm langem Blattstiel. Der Blattrand ist scharf gezähnt, an der Spitze mit aufgesetztem Stachelspitzchen. Blattgrund herzförmig bis gestutzt. Die Blätter sind in der Jugend oberseits dunkelgrün, unterseits hellgelb und dicht filzig behaart, später verkahlen sie. Blüten bereits vor dem Laubaustrieb vorhanden, schneeweiß, zu 3-8 in filzigen aufrechten Trauben. Die fünf Kelchblätter sind schmal länglich-eiförmig, bis 15 mm lang und an der Spitze rötlich überlaufen. Etwa 20 Staubblätter und fünf Griffel, die nicht miteinander verwachsen sind. Die Früchte sind schwarz, bläulich bereift, kugelig, bis 10 mm lang, süß und eßbar. Kelchblätter lange Zeit an der Frucht verbleibend. Samen sichelförmig. LEBENSRAUM: Häufig an steinigen Hängen, auf Felsschutt, in Felsspalten, in lichten Eichen- und Kiefernwäldern sowie in felsabhängigen, warmen Gebüschen. Vorwiegend in Südlagen, auf mageren und kalkreichen, steinigen und flachgründigen Böden. Von der Ebene bis in Höhen von 2000 m (Seealpen, Wallis) zu finden. VERBREITUNG: In den Gebirgen Mittel- und Südeuropas, Vorderasiens und Nordafrikas verbreitet. Nordwärts bis Belgien und Mitteldeutschland, ostwärts bis Polen und Rumänien. Diese wärmeliebende Art ist allerdings recht selten. BLÜTEZEIT: Von April bis Juni. Fruchtreife im August. ALLGEMEINES: Die Art wird seit dem 16. Jahrhundert wegen ihres Blütenreichtums häufig als Zierstrauch angepflanzt. Weitere gebräuchliche Namen sind Felsenmispel oder Edelweißstrauch. Einige nahe verwandte Arten aus Nordamerika sind in Europa eingebürgert. So findet man in Gärten und Parks gelegentlich die Besen-Felsenbirne oder die Kupfer-Felsenbirne mit rötlich überlaufenen, seidenhaarigen Blättern. Die Echte Felsenbirne gehört wie die Alpen-Heckenrose zur artreichen Familie der Rosengewächse.

## Schnee-Heide
*Erica herbacea*

MERKMALE: Immergrüner, kriechender, reich verzweigter Zwergstrauch, nicht höher als 25 cm. Zweige dünn und hellbraun berindet, niederliegend, die blütentragenden Zweige steigen auf; die jungen Zweige sind meist kahl, mit deutlichen Rippen. Blätter meist zu vieren in Scheinquirlen angeordnet, kurzgestielt, kahl und glänzend, bis 8 mm lang, linealisch, mehr oder weniger abstehend, zugespitzt oder in einem Stachel endend, am Rand ganz fein gezähnt. Blüten nickend, rosa, fleischfarben oder hellkarmin, selten weiß. LEBENSRAUM: Lichte Kiefernwälder und felsige Orte, meist auf Kalk, sonnige Lagen bevorzugend; tritt oft in Massen auf und reicht vom Alpenvorland bis über die Baumgrenze. VERBREITUNG: Alpen und südliches Mitteleuropa, im Norden bis ins östliche Mitteldeutschland, im Osten bis ins östliche Österreich, zerstreut bis Mittelitalien und Mazedonien.

## Silberwurz
*Dryas octopetala*

MERKMALE: Immergrüner, kriechender Spalierstrauch mit rasig-mattenförmigem Wuchs und reich verzweigtem Stämmchen; Zweige erheben sich nur 5 bis 10 cm über den Boden, niederliegende Teile meist zweizeilig, aufrechte Triebe allseitig beblättert. Laubblätter mit kurzem Stiel, von länglich-elliptischer Form, 0,5-1,5 cm lang und 0,3-1,0 cm breit, am Grund herzförmig, an beiden Enden stumpf, oberseits sattgrün, unterseits silberweiß filzig behaart. LEBENSRAUM: Meist auf trockenen bis frischen Kalk-Schutthalden, auf Fels, Moränen, steinigen Matten, in lichten Kiefernwäldern und oft herabgeschwemmt im Flußkies. Am häufigsten in Höhen zwischen 1200 und 2500 m anzutreffen. VERBREITUNG: In den Alpen, Pyrenäen, Karpaten, im Apennin sowie in den Gebirgen der Balkanhalbinsel verbreitet, auch in Hochgebirgslagen der nördlichen Halbkugel. BLÜTEZEIT: Von Mai bis August.

## Weißer Germer
*Veratrum album*

MERKMALE: Ausdauernd, 50-175 cm hoch. Wurzelstock fleischig, oben von Blattresten bedeckt. Stengel aufrecht, einfach beblättert. Blätter wechselständig, tief längsgefaltet, mit weiter Scheide überlappend; oberseits kahl oder fast kahl, unterseits, besonders an den Nerven, kurz behaart. Blüten bis 2,5 cm im Durchmesser, in reich verzweigter Rispe. Blütenstiele viel kürzer als die Tragblätter. Blütenhüllblätter bleibend, außen weiß und innen grünlich bis beiderseits weißgrünlich oder gelblich. Kapsel spärlich behaart. Die Pflanze ist giftig! BLÜTEZEIT: Juni bis August. LEBENSRAUM: Bis 2700 m; feuchte Wiesen, Flachmoore, stickstoff- und etwas kalkliebend; häufig. VERBREITUNG: Alpen, Apennin bis Osteuropa. Die nichtblühende Pflanze ist dem Gelben Enzian ähnlich, dieser hat aber gegenständige Blätter. ALLGEMEINES: Enthält die Alkaloide Germarin und Protoveratrin, beides Nervengifte, die auch für Insekten giftig sind.

## Gemsheide
*Loiseleuria procumbens*

MERKMALE: Immergrüner, ausgedehnte Matten bildender Zwergstrauch; die niederliegenden Stämmchen sind bis 50 cm lang, oft wurzelnd, üppig verzweigt, die Zweige sehr dünn und dicht beblättert. Die derben Blätter sind sehr kurz gestielt, meist gegenständig angeordnet, bis zu 7 cm lang und 2 mm breit, länglich mit abgerundeter Spitze und deutlich eingerolltem Rand, unterseits bläulich-weiß mit hervortretender Mittelrippe. Die kleinen, 2-5 rosa Blüten stehen in endständigen Dolden auf vorjährigen Trieben. Die Blütenstiele sind bis 8 mm lang, die Tragblätter lederig, ausdauernd, den Blättern gleich, nur etwas kleiner und spitzer. Die 5 Kelchblätter sind nicht verwachsen, lanzettlich und rot gefärbt. Blütenkrone breit glockenförmig und tief 5spaltig, etwa 4 mm lang und 6 mm breit, abfallend. Die 5 Staubblätter sind kürzer als die Blütenkrone und stehen zwischen den Kronzipfeln. Ihre Staubbeutel besitzen keine Anhängsel und öffnen sich durch Längsschlitze in ihrer ganzen Länge. Der Fruchtknoten ist oberständig. Die Frucht ist eine 2-3fächerige, kugelige und rötliche, bis 4 mm breite, flachspaltige Kapsel; Samen zahlreich. LEBENSRAUM: Kalkfliehende Gebirgspflanze, auf Silikat oder Rohhumus wachsend, auf trockenem Geröll und felsigen Böden oder Torfmooren, oft an sehr exponierten Stellen zu finden, in den Alpen von etwa 1500-3000 m. VERBREITUNG: In Nordeuropa, Skandinavien und Schottland sowie in Hochgebirgslagen Frankreichs, den Pyrenäen, Alpen und Karpaten, auch in Nordamerika und Kleinasien. BLÜTEZEIT: Juni, Juli. ALLGEMEINES: Weitere volkstümliche Namen der Gemsheide sind u.a.: Niederliegende Azalee, Zwerg-Porst, Alpenheide oder Felsenröschen. Der bodennahe Wuchs des Spalierstrauches ermöglicht der Pflanze das Überleben in exponierten Lagen. Hohe Windstärken und Temperaturen von -30 °C werden ohne Schädigung der Pflanze ertragen. Kann oft ein sehr hohes Alter erreichen; allerdings weist ein über 50jähriges Stämmchen nur 7,5 mm Durchmesser auf.

**Männliches Knabenkraut**
*Orchis mascula*

MERKMALE: Der Stengel ist schlank, 20-40 (60) cm hoch, manchmal oben rötlich. Die unteren Blätter sind lanzettlich, nicht immer purpurrot gezeichnet, die oberen sind stengelumfassend. Der Blütenstand ist bis 15 cm lang und vielblütig. Die Tragblätter sind häutig, purpurrot und so lang wie der Fruchtknoten. Blüten rosa bis dunkelviolett, nach Katzenurin riechend. Blütenhüllblätter spitz, drei größere aufrecht bis zurückgeschlagen, zwei innere, kleiner, zusammengeneigt, diese selten auch weiß. Die Lippe ist oft heller gefärbt mit dunklen Flecken, tief dreilappig, gefranst. Der Sporn ist kräftig, meist aufwärts und so lang wie der Fruchtknoten. LEBENSRAUM: Bis etwa 2600 m; feuchte Böden, nicht oder wenig gedüngte Weiden, Bergwiesen, lichte Laubwälder, häufig. VERBREITUNG: Das Männliche Knabenkraut findet man in Nord-, Mittel- und Westeuropa. BLÜTEZEIT: April bis Juli.

**Alpenampfer**
*Rumex alpinus*

MERKMALE: Ausdauernde, kräftige, bis 2 m hohe Pflanze mit kriechendem Wurzelstock. Stengel aufrecht, in der oberen Hälfte verzweigt. Grundblätter bis 50 cm lang, stumpf, herzförmig, am Rand oft wellig, Blattstiele lang, oberseits rinnig. Stengelblätter lanzettlich. Blüten in dichten Quirlen stehend, Blütenstand stark verzweigt, mit aufrechten Seitenästen. Blüten zwittrig, Hülle 6blättrig, grünlich. Zur Fruchtzeit innere Hüllblätter zu Fruchtklappen vergrößert, bis 5 mm lang, rotbraun, ganzrandig; äußere Hüllblätter den inneren angedrückt. Frucht glänzend gelbbraun. LEBENSRAUM: 1200-2600 m; feuchte, nitratreiche Böden, Almhütten und Viehlager, selten in Hochstaudenfluren; häufig und meist in dichten Beständen. Liebt feuchten, humusreichen und tiefgründigen Boden; Stickstoffanzeiger. VERBREITUNG: Gebirge Mittel- und Südeuropas. BLÜTEZEIT: Juni bis August.

**Gletschernelke**
*Dianthus glacialis*

MERKMALE: Ausdauernde, 2-8 cm hohe, kahle, rasenförmig wachsende Pflanze mit einfachen, aufrechten Stengeln und zahlreichen, nichtblühenden Blattrosetten. Blätter linealisch, oft stumpf, bis 5 cm lang und 2 cm breit, dicklich; Grundblätter meist länger als der Stengel. Blüten einzeln am Stengelende, 15-20 mm breit, purpurrosa; Platte der Kronblätter ungeteilt, vorne gezähnt, gegen den Schlund mit dunkleren Strichen oder Punkten und einzelnen Haaren; Kelch röhrenförmig, 12-16 mm lang, kahl; Kelchschuppen etwa so lang wie der Kelch; eiförmig, allmählich in eine lange Spitze verschmälert; 2 Griffel; Kapsel 4zähnig. LEBENSRAUM: Die Gletschernelke wächst dichtrasig in den höheren Zentralalpen zwischen 1900 und 2900 m, wobei sie windexponierte Hänge und Grate, im Winter auch schneefrei geblasene Standorte und lückige Grasfluren bevorzugt. Ansonsten liebt sie steinige, kalkhaltige oder saure Böden sowie kurze Rasen. VERBREITUNG: Östliche Zentralalpen, Karpaten. BLÜTEZEIT: Juli bis August. ALLGEMEINES: Nahe verwandte Arten sind die Alpen-Nelke *(Dianthus alpinus)*, die Stein-Nelke *(D. sylvestris)*, Übersehene Nelke *(D. pavonius)*, Seguiers Nelke *(D. seguieri)*, Bart-Nelke *(D. barbatus)*, Pracht-Nelke *(D. superbus)* und die Fransen-Nelke *(D. monspessulanus)*. Die Alpen-Nelke wird größer (bis zu 20 cm), die Blüten sind auffallend groß und duftlos, die Kronblätter sind leuchtend fleischfarbig und am Grunde tief purpurn gesprenkelt. Sie bevorzugt steinige, lockere Rasen von 1000 bis 2300 m Höhe. Im Volksmund werden beide Arten so gut wie nicht unterschieden und mit einer Reihe derselben Volksnamen bedacht: Miesveigerl, Miesnagerl, Kuhdrecknagerl und Almnagerl. Alle Nelken haben röhrige, vielnervige Kelche, an deren Grund sich jeweils schuppenartige Blätter befinden. Nelkengewächse sind ausgesprochen lichtliebend und verkörpern mit ihren kurzen Stengeln, den unverhältnismäßig großen Blüten und der leuchtenden Blütenfarbe den echten Typus einer Alpenpflanze.

**Trichterlilie**
*Paradisea liliastrum*

MERKMALE: Ausdauernd, 30-50 cm hoch, Stengel schlank, aufrecht, leicht verzweigt, blattlos. Blätter alle grundständig, grasartig, linealisch, flach, am Grund scheidig verbreitert und stengelumfassend. Blüten glockig-trichterförmig, schneeweiß, duftend, in einer lockeren, meist 4- bis 10blütigen, einseitswendigen Traube. Tragblätter stengelumfassend, spitz, länger als die Blütenstiele. Blütenhüllblätter bis 5 cm lang, deutlich benagelt, spitz, 3nervig, am Grund aufrecht, dann abstehend. 6 Staubblätter, kürzer als die Blütenhülle. Kapsel eiförmig, dreieckig, Samen dreieckig, schwarz. LEBENSRAUM: Bis 2500 m; sonnige Lagen auf tiefgründigen, etwas lehmigen Böden. VERBREITUNG: Pyrenäen, Südalpen, Jura, Apennin, bis Jugoslawien. BLÜTEZEIT: Mai bis Juli. ALLGEMEINES: Duften besonders nachts; die weit aus der Blüte heraushängenden Staubblätter dienen Nachtfaltern als Anflugstangen.

## Alpen-Hahnenfuß
*Ranunculus alpestris*

MERKMALE: Ausdauernde, 5-15 cm hohe Pflanze mit aufrechtem, kahlem, meist 1blütigem Stengel. Grundständige Blätter rundlich bis nierenförmig, lang gestielt, glänzend, mit 3-5 grob und stumpf gezähnten Lappen; Stengelblätter einfach oder 3teilig, mit linealischen Abschnitten. Blüten 20-25 mm, mit 5 weißen, ausgerandeten, herzförmigen Kronblättern; Kelchblätter grünlich, kahl, kürzer als die Kronblätter, wie diese beim Verblühen abfallend; Blütenboden kahl. LEBENSRAUM: In 1300-3000 m, kalkhaltige Rohböden mit langer Schneebedeckung. Häufig und verbreitet in offenen Rasen, gerne auf feuchten Stellen. VERBREITUNG: Pyrenäen, Alpen, Apennin, Karpaten. In den SO-Alpen wächst der Traunfell-Hahnenfuß; dessen Grundblätter sind nicht glänzend; sie sind bis zum Grund 3lappig und die seitlichen Abschnitte sind tief eingeschnitten. BLÜTEZEIT: Juni bis September.

## Glanz-Gänsekresse
*Arabis soyeri ssp. jacquinii*

MERKMALE: Ausdauernde, 10-30 cm hohe, meist kahle Pflanze mit mehreren aufrechten, einfachen Stengeln und glänzenden Blättern. Grundblätter in Rosetten, kurzgestielt, eiförmig, ganzrandig oder schwach gezähnt; Stengelblätter zahlreich (5-12), eiförmig, mit verschmälertem Grund sitzend, teilweise undeutlich gezähnt. Blüten weiß, auf 3-5 mm langen Stielen in dichtem, doldenartigem Blütenstand. 4 Kronblätter, 6-7 mm lang, schmal-spatelig; 4 Kelchblätter, 3-4 mm lang, aufrecht, eiförmig, an der Spitze violett überlaufen; Schoten bis 50 mm lang und 2,5 mm breit, gestielt, in verlängertem Fruchtstand. LEBENSRAUM: Subalpin und alpin, bis 2800 m; Bachufer, Quellfluren, Schutt; auf Kalk. VERBREITUNG: Alpen, Pyrenäen, Karpaten. BLÜTEZEIT: Juni bis September. ÄHNLICHE ARTEN: Alpen-, Zwerg- und Blaue Gänsekresse. Die Gänsekressen gehören zu den Schuttüberkriechern.

## Frühlings-Küchenschelle
*Pulsatilla vernalis*

MERKMALE: Ausdauernde, 5-15 cm hohe Pflanze mit zottig behaartem Stengel. Grundblätter überwintern, neue erscheinen erst nach der Blüte (nur bei dieser Art so!), lederig derb, gestielt, gefiedert, mit 3-5 tief eingeschnittenen Teilblättern; Hochblätter am Grund verwachsen, in linealische, zottig behaarte Zipfel zerschlitzt. Blüten einzeln, endständig, aufrecht oder nickend, erst glockig, dann ausgebreitet, meist mit 6 Blütenblättern, innen weiß, außen bläulich, rosa oder blaßviolett, dicht goldbräunlich behaart. Fruchtstand wie bei Alpen-Küchenschelle, Früchtchen behaart. LEBENSRAUM: Montan bis alpin, 1300-3600 m; saure, trockene Böden, Halbtrockenrasen, lichte Kiefernwälder, Zwergstrauchbestände, alpine Matten. VERBREITUNG: In den Alpen verbreitet, aber nicht sehr häufig; mittel- und südeuropäische Gebirge, Nordeuropa. BLÜTEZEIT: April bis Juni. ALLGEMEINES: Ursprünglich war der deutsche Name wohl »Kuhschelle«.

## Gletscher-Hahnenfuß
*Ranunculus glacialis*

MERKMALE: Ausdauernde, 5-20 cm hohe, meist kahle Pflanze mit aufsteigendem bis aufrechtem, 1- bis mehrblütigem Stengel. Grundblätter dicklich, fleischig, dunkelgrün, bis zum Grund 3teilig, mit mehrfach geteilten Blattabschnitten und meist zugespitzten Zipfeln; Stengelblätter sitzend, unregelmäßig handförmig geteilt, mit lanzettlichen Zipfeln. Blüten aufrecht, 15-20 mm breit, mit 5 weißen, rosa- bis dunkelroten Kronblättern. LEBENSRAUM: Alpin, 2300 bis fast 4300 m, höchststeigende Blütenpflanze der Alpen; kalkarmer Schutt, Moränen, Geröll, Fels. Häufig. VERBREITUNG: Alpen, Pyrenäen, Karpaten, Skandinavien, arktische Region. BLÜTEZEIT: Juli bis September.

## Alpen-Mauerpfeffer
*Sedum alpestre*

MERKMALE: Ausdauernde, 2-8 cm hohe, kahle Pflanze, lockere Rasen bildend, mit bogig aufsteigenden Stengeln und nichtblühenden, jedoch dicht beblätterten Trieben. Blätter keulig-zylindrisch, fleischig, 3-6 mm lang, 2 mm dick, manchmal rotbräunlich überlaufen, ohne Sporn am Stengel sitzend, wechselständig. Blütenstand wenigblütig, mit kurzgestielten, 5-8 mm breiten, 5zähligen Blüten; Kronblätter eiförmig, stumpf, gelb, bis doppelt so lang wie die Kelchblätter; 10 gelbe Staubblätter; Balgfrüchte mit kurzer Spitze. LEBENSRAUM: Subalpin und alpin, 1000-3000 m; Schneetälchen, Moränen; über Silikat. VERBREITUNG: Pyrenäen, Alpen, Vogesen, Karpaten, Apennin, Korsika.

**Berg-Hauswurz**
*Sempervivum montanum*

MERKMALE: 5-20 cm hohe Staude mit erst kugeligen, dann ausgebreiteten, 1-5 cm breiten Rosetten. Rosettenblätter lanzettlich, grün, oft mit rötlicher, stumpfer Spitze, am Rand und auf den Flächen dicht drüsig behaart, keine Randwimpern; können Wasser speichern. Stengel wie Stengelblätter drüsig-zottig, oft rot überlaufen, mit 3-10 ausgebreiteten Blüten, je 20-30 mm breit. Kronblätter meist 12, weinrot, am Rande drüsig, 2-4mal so lang wie die Kelchblätter, schmal lanzettlich; Staubfäden rotviolett. LEBENSRAUM: 1500-3200 m; auf meist sauren Böden, Felsen, Schutt, Rasen; häufig. VERBREITUNG: Pyrenäen, Alpen, Karpaten, Apennin, Korsika. Ähnlich ist die Dolomiten-Hauswurz *(S. dolomiticum)*, Blätter schwach drüsig, am Rand bewimpert (Dolomiten) und die Spinnwebenhauswurz *(S. arachnoideum)*, deren Blätter spinnwebartig überzogen sind. BLÜTEZEIT: Juli bis September.

**Alpenklee**
*Trifolium alpinum*

MERKMALE: Ausdauernde, 5-20 cm hohe, kahle Pflanze, ohne Stengel, mit kräftiger, bis 1 m langer, faserumhüllter Wurzel. Blätter alle grundständig, Blattstiel bis 5 cm lang, mit 3 linealisch-lanzettlichen, bis 10 cm langen Teilblättern, ganzrandig. Blütenstand kopfig. 3-5 cm Durchmesser, lang gestielt, mit 3-12 großen, gestielten Blüten; Blütenstiele kürzer als die 10nervige, kahle Kelchröhre; Kelchzähne linealisch, zugespitzt, die oberen kürzer als die unteren. Krone 18-25 mm lang, fleischrosa bis purpurrot, angenehm duftend, bis 8mal so lang wie die Kelchröhre; die Fahne überragt Schiffchen und Flügel. LEBENSRAUM: 1400-3100 m; Borstgras-und Krummseggenrasen, kalkarme Böden; häufig. VERBREITUNG: Zentral- und Südalpen, von Nordspanien bis Siebenbürgen. BLÜTEZEIT: Juni bis August. ALLGEMEINES: Nährstoffreiche Futterpflanze, die das Abweiden gut verträgt.

**Alpen-Wundklee**
*Anthyllis vulneraria ssp. alpestris*

MERKMALE: Ausdauernde, 5-20 cm hohe Pflanze mit einfachem, anliegend behaartem, niederliegendem bis bogig aufsteigendem Stengel und kräftiger Pfahlwurzel. Grundblätter elliptisch-lanzettlich, gestielt, ungeteilt, kahl; Stengelblätter gefiedert, meist in der unteren Stengelhälfte, oft fehlend; Hochblätter unter Blütenstand fingerartig bis über die Mitte eingeschnitten, meist kürzer als der aufgeblasene, häutige, weißzottig behaarte, 12-19 mm lange Kelch; dieser mit rötlicher Spitze. Krone goldgelb, Schiffchenspitze gleichfarbig, 15-20 mm lang. Hülse vom Kelch eingeschlossen, mit nur einem, 4-6 mm langem Samen. LEBENSRAUM: Montan bis alpin, 1000-2900 m. Der Alpen-Wundklee liebt trockene, steinige und besonders kalkreiche Böden; häufig findet er sich auf trockenen bis frischen Bergwiesen, aber auch auf Geröll und Felsen. Wichtiger Rohbodenfestiger. VERBREITUNG: Kantabrische Gebirge, Alpen, Jura, Karpaten, Balkan bis Montenegro. ALLGEMEINES: Der Alpen-Wundklee gehört mit zu den wichtigsten Rohbodenfestigern, welche als Pionierpflanzen auf Lawinen- und Erdabrissen sowie an Straßenböschungen vielfach angepflanzt werden. Die Tieflandform ist auch eine gute Futterpflanze, welche vielfach als Zwischenfrucht in Getreide eingesät wird. Auch als Heilpflanze ist der Alpen-Wundklee beliebt, wo er vor allem - wie der Name schon andeutet - als Wundkraut Verwendung findet. Die Blüten, die Saponine, Gerb- und Farbstoffe enthalten, werden ausgekocht, der frische Absud dient zum Reinigen von Wunden und schlecht heilenden Geschwüren bei Mensch und Haustieren. Wird er als Tee getrunken, so ist er leicht abführend, blutreinigend und magenstärkend. Bei der honiglosen Pollenblume des Alpen-Wundklees sind Schiffchen und Flügel so miteinander durch Falten verbunden, daß ein heranfliegendes Insekt durch das Eigengewicht diese gemeinsam herunterdrückt. Der klebrige Pollen und die lange Narbe treten dabei heraus und bleiben so an Hummeln und Faltern haften.

**Mannsschild-Steinbrech**
*Saxifraga androsacea*

MERKMALE: Ausdauernde, 2-10 cm hohe, einzeln oder in kleinen Gruppen wachsende Pflanze mit nichtblühenden Trieben. Blätter fast alle am Grund, rosettenartig gedrängt, lanzettlich bis spatelförmig, 5-25 mm lang, 2-5 mm breit, ganzrandig, seltener an der Spitze mit 1-3 kurzen Zähnen, am Rand abstehend drüsenhaarig. Stengel aufrecht, ebenfalls drüsig behaart, mit 0-3 wechselständigen Blättern und 1-3 Blüten. Kronblätter weiß, 5-7 mm lang, verkehrt-eiförmig, abgerundet bis ausgerandet, 3nervig, doppelt so lang und breiter als die eiförmigen Kelchblätter. LEBENSRAUM: Subalpin und alpin, 1400-3400 m; Schneetälchen, feuchter Kalkschutt; häufig. VERBREITUNG: Durch die Alpen verbreitet; Pyrenäen, Karpaten, Balkan, ostasiatische Gebirge. BLÜTEZEIT: Mai bis August. ALLGEMEINES: Ausgesprochen artenreiche Gattung, mit vielen Nivalarten (d. h. oberhalb der Schneegrenze).

## Gelber Enzian
*Gentiana lutea*

MERKMALE: Ausdauernde, 50-140 cm hohe, stattliche, kahle, graugrüne Pflanze mit aufrechtem, einfachem, hohlem, stielrundem Stengel. Die armdicke Pfahlwurzel ist wenig verzweigt. Die Blätter sind kreuzgegenständig (Unterschied zum Weißen Germer), bis 15 cm breit und 30 cm lang, breit-lanzettlich, mit fünf bis sieben kräftigen Längsnerven. Die Blätter sitzen sehr weit oben und sind unten kurz gestielt. Die Blüten sind langgestielt, in 3 bis 10blütigen Büscheln (Trugdolde) am Stengelende und in den Achseln der oberen, schalenförmigen Blattpaare. Der Kelch ist häutig, auf einer Seite bis zum Grund geschlitzt, 2-6zähnig und blaßgelb. Die Krone ist weit-trichterförmig, bis fast zum Grund 5 bis 6teilig, mit schmalen, spitzen Zipfeln, 25-35 mm lang und goldgelb. Die Staubblätter sind frei, die Narbe nach dem Aufblühen zurückgerollt. LEBENSRAUM: Vom Tal bis 2500 m aufsteigend; Kalkhaltige Böden, Wiesen, ungedüngte Mähwiesen, Karfluren, Hochstaudenfluren, Schutthalden. VERBREITUNG: Gebirge Mittel- und Südeuropas. Besonders in den West- und Zentralalpen; fehlt östlich des Inn in den Ostalpen. Im Süden auf Sardinien, Korsika, Illyrien, den Karpaten, auf dem Balkan und in Kleinasien. BLÜTEZEIT: Juni bis August. ALLGEMEINES: Der Gelbe Enzian war früher ausgesprochen häufig und ist heute an vielen Stellen schon ausgerottet worden. Der Grund dafür war die Herstellung des berühmten Enzianschnapses, der aus den vergorenen Wurzeln gebrannt wird. Dazu wurden massenhaft Wurzeln ausgegraben und verarbeitet. Ein weiteres trägt die Tatsache bei, daß der Gelbe Enzian nur sehr langsam wächst und erst im Alter von etwa 10 Jahren zu blühen beginnt. Am nicht beeinträchtigten Standort kann er so 40-60 Jahre alt werden. Auch als Heilpflanze wird der Gelbe Enzian geschätzt: seine Wurzeln enthalten Bitterstoffe in sehr hoher Konzentration und finden vor allem als Magenmittel Verwendung.

## Schwalbenwurz Enzian
*Gentiana asclepiadea*

MERKMALE: 30-90 cm hohe Staude mit mehreren einfachen, dicht beblätterten und vielblütigen, aufrechten bis überhängenden Stengeln. Blätter allseitswendig oder in 2 Zeilen angeordnet, bis 8 cm lang, lanzettlich, lang zugespitzt, nach oben kleiner werdend, 3- bis 5nervig, ganzrandig. Blüten kurzgestielt zu 1-3 in den Achseln der oberen Blätter; Krone 30-50 mm lang, dunkelblau, innen rotviolett punktiert und mit hellen Längsstreifen, selten hellblau oder weiß, eng-glockenförmig, mit 5 dreieckigen Zipfeln, dazwischen mit stumpfem Zahn; Kelch röhrig, häutig, mit 5 sehr kurzen, schmalen Zipfeln. LEBENSRAUM: Vom Tal bis 2200 m aufsteigend. Der Schwalbenwurz-Enzian liebt kalkhaltige Böden, feuchte Wiesen, Moore, Wälder. VERBREITUNG: Mittel- und Südeuropa. Im Südosten bis in die Kaukasusländer, nördlich bis zum Riesengebirge. BLÜTEZEIT: August bis Oktober.

## Alpen-Mannsschild
*Androsace alpina*

MERKMALE: Ausdauernde, niedrige, in lockeren Rasen oder flachen Polstern wachsende Pflanze, mit 2- bis 8strahligen Haaren bedeckt. Blätter in Rosetten, 3-6 mm lang, lanzettlich, stumpflich, nur an Spitze, Rändern und Unterseite behaart. Blüten einzeln, kaum oder nur wenig Blätter überragend; Blütenstiele 4-8 mm, höchstens doppelt so lang wie die Blätter; Kelch 2,5-3,5 mm lang, bis zur Mitte geteilt, mit schmal-lanzettlichen Zipfeln; Krone 7-9 mm breit, rosa oder weiß, mit gelbem Schlund und meist abgerundeten Lappen, Kronröhre kürzer als die Kelchzipfel. LEBENSRAUM: Alpin und nival, bis über 4000 m; feuchte, kalkarme, lange schneebedeckte Böden, ruhender Schutt, seltener Fels; häufig. VERBREITUNG: Vor allem in den Zentralalpen, seltener in den Nord- und Südalpen. Fehlt in Bayern. BLÜTEZEIT: Juni bis August. ALLGEMEINES: Ist eine der höchststeigenden Blütenpflanzen.

## Edelweiß
*Leontopodium alpinum*

MERKMALE: Ausdauernd, einhäusig, 5-15 cm hoch, ohne Ausläufer. Stengel einfach, wollig-filzig behaart. Blätter länglich-lanzettlich, ganzrandig, besonders unterseits dicht weißfilzig behaart; grundständige Blätter rosettig. 1-10 Köpfchen, in doldenartig gehäuftem Blütenstand zusammenstehend und von 5-15 großen, weißfilzigen, sternförmig angeordneten Blättern umgeben, eine Scheinblüte bildend. Hüllschuppen dachig, außen spinnwebig-wollig, braunrandig. Blüten gelblich-weiß, alle röhrenförmig, randständige fädlich, weiblich, innere zwittrig, oder einzelne Köpfchen nur weiblich oder nur zwittrig. LEBENSRAUM: Über 1500-3400 m; sonnige, steinige, meist kalkreiche Böden, magere Wiesen, meist Südlagen. VERBREITUNG: Mittel- und südeuropäische Gebirge, Pyrenäen, Alpen, Karpaten, Illyrische Gebirge, Balkan. BLÜTEZEIT: Juli bis September. ALLGEMEINES: Das »Symbol« der Alpen ist ein Zuwanderer aus Sibirien.

## Veilchen-Scheckenfalter
*Euphydryas cynthia*

MERKMALE: Vorderflügellänge 16-21 mm; die Grundfarbe der Oberseite ist weiß, mit einer rotbraunen hinteren Randbinde und rotbraunen Flecken in der Zelle. In der rotbraunen hinteren Randbinde der Hinterflügel befinden sich schwarze Punkte. Die Unterseite ist gelblich mit rotbraunen Binden und Flecken. Beim Weibchen ist die Oberseite einförmig rotbraun mit dunkler Zeichnung. LEBENSRAUM: Von 600 bis über 2000 m, auf Bergwiesen und in Latschenbeständen. Die Falter der höchsten Lagen sind in der Regel kleiner. VERBREITUNG: Nördliche Kalkalpen. Die Unterart *E. cynthia alpicola* ist oberseits kräftiger dunkel bestäubt und fliegt von den Seealpen und Savoyischen Alpen durch die West- und Zentralalpen, allerdings nur oberhalb der Baumgrenze zwischen 2000 und 3000 m. FLUGZEIT: Mai bis Juli; *alpicola* bis August. HÄUFIGKEIT: Eine häufige Art in den Alpen und Voralpen; nicht gefährdet.

## Apollofalter
*Parnassius apollo*

MERKMALE: Die Vorderflügel werden 3 cm lang. Die charakteristische Verteilung von Punkten und Ringen, die rot oder gelb gefüllt sind, schwankt außerordentlich stark. Man erkennt zwar den Apollo ohne Schwierigkeiten, aber kein Individuum scheint dem anderen genau zu gleichen. LEBENSRAUM: Tallagen bis 2000 m Höhe, auch in Mittelgebirgen, doch stets nur örtlich verbreitet; besonders auf Kalkböden. VERBREITUNG: Mittel- und Hochgebirge in Norwegen, Schweden, Finnland, Westrußland und besonders in Mähren; in den Alpen, auf dem Apennin, in Dalmatien, Südfrankreich, den Pyrenäen, in Zentralspanien, Andalusien, auf Sizilien, den Karpaten und in Nordgriechenland. FLUGZEIT: Die Apollos fliegen verhältnismäßig lang von Juni bis August. RAUPENZEIT: April bis Juni. Die Jungraupe überwintert im Ei. FUTTERPFLANZEN: Vor allem die Weiße Fetthenne *(Sedum album)*.

## Hochalpen-Perlmutterfalter
*Boloria pales*

MERKMALE: Vorderflügellänge 16-20 mm; die Grundfarbe der Oberseite ist leuchtend rotbraun, die Diskalflecke der Vorderflügel sind groß und breit; die schwarzen Flecke der Unterseite sind nur schwach und schattenhaft. Hinterflügel unterseits bunt. Die gelbliche Randbinde sticht nicht besonders hervor. LEBENSRAUM: Der Hochalpen-Perlmutterfalter fliegt auf Alpenmatten, von der Baumgrenze bis etwa 3000 m. VERBREITUNG: Ostalpen bis Bayerische Alpen, Nordtirol, Dolomiten, Karpaten und Tatra. FLUGZEIT: Ende Juni bis August in einer Generation. RAUPENZEIT: Mai, Juni; die Raupe ist samtschwarz, die Rückenlinie weißlich, daneben befinden sich gelbe Flecken; auch die Dornen sind gelblich. Sie lebt an Veilchenarten. ÄHNLICHE ART: *Boloria napaea*, die Grundfarbe der Oberseite ist etwas fahler und die dunklen Flecke der Vorderflügel sind strichförmig.

## Grünlicher Heufalter
*Colias phicomone*

MERKMALE: Vorderflügellänge 20-25 mm; die Grundfarbe der Oberseite ist blaß gelbgrün und mehr oder weniger stark dunkelgrau bestäubt. In der braunen Außenzone der Vorder- und Hinterflügel liegen gelbliche Randflecke. Das Weibchen ist mehr grünlichweiß und kaum dunkelgrau bestäubt. LEBENSRAUM: Der Grünliche Heufalter fliegt auf Almwiesen von 900 bis etwa gegen 3000 m. VERBREITUNG: Alpen, Nordkarpaten, Pyrenäen und Kantabrische Berge. FLUGZEIT: In einer Generation von Ende Juni bis August; eine zweite, unvollständige Generation kommt bisweilen im August und September vor. RAUPENZEIT: Mai und Juni; die Raupe ist dunkelgrün, mit einem gelbgefleckten, weißem Seitenstreif. FUTTERPFLANZEN: Die Raupe kommt an verschiedenen Schmetterlingsblütlern, vor allem Wickenarten, vor. ÄHNLICHE ART: *Colias nastes*, nur in Nordwestskandinavien.

## Kleiner Mohrenfalter
*Erebia gorge*

MERKMALE: 1,7-2 cm lange Vorderflügel. In der breiten rotbraunen Binde der Vorderflügel befinden sich zwei weißgekernte Augenflecken in den Zellen 4 und 5. Auf den Hinterflügeln ist die Binde schmäler und nur z. T. mit kleinen Augenflecken besetzt. Die Unterseite der Vorderflügel ist hell rotbraun, die Randbinde dunkel graubraun. Die Hinterflügel-Unterseiten sind variabel, meist heller und dunkler braungrau marmoriert. Die Weibchen sind sowohl auf der Ober- als auch auf der Unterseite heller, die Randbinde der Hinterflügel-Unterseite ist deutlich dunkler. Einer der zahlreichen Augenfalter, die schwer bestimmbar sind. Oft gelingt es nur durch eine Genitalpräparation. LEBENSRAUM: Trockenes Gelände zwischen 1600 und 3000 m Höhe. Gern auf Geröllhalden und anderen vegetationsarmen Flächen. VERBREITUNG: Dieser Augenfalter kommt wie die meisten dieser Gruppe nur auf eng begrenzten Räumen vor: in den Pyrenäen, Alpen, Karpaten, auf dem Apennin und in anderen Gebirgen. HÄUFIGKEIT: In den Verbreitungsinseln nicht selten, doch außerhalb fehlend. FLUGZEIT: Juni bis August. RAUPENZEIT: August bis Mai, Raupe überwintert. FUTTERPFLANZEN: An verschiedenen Gräsern des Hochgebirges. ALLGEMEINES: Die Gattung der Mohrenfalter *(Erebia)* umfaßt in Europa etwa 45 Arten; zahlreiche Unterarten bereichern dieses Spektrum. So sind auch vom Kleinen Mohrenfalter neben der typischen Unterart aus der Schweiz und Tirol, noch drei weitere Unterarten bekannt: *E. g. ramondi* fliegt in den Pyrenäen und kommt ostwärts bis Andorra vor; *E. g. triopes* kommt vor allem in den Ostalpen (Typenfundort Bernina-Paß), seltener in den Westalpen vor; *E. g. erynis* ist in den Abruzzen, Montes Sibillini, Basses Alpes und Alpes maritimes verbreitet. Die dunkle Farbe der Flügel dient dem stärkeren Aufwärmen, die Sonnenenergie kann so besser gespeichert werden. Bei schlechtem Wetter sitzen die im Gebirge lebenden Mohrenfalter mit zusammengeklappten Flügeln in der Grasschicht der Alpenmatten. Kommt die Sonne zum Vorschein, breiten sie die Flügel aus, »saugen« die Wärme buchstäblich auf und fliegen, bis die Sonne wieder verschwindet. Die Entwicklung der in den Hochlagen lebenden Arten dauert nicht selten zwei Jahre. Die Raupen fressen meist nachts; manche Arten sind auf bestimmte Gräser spezialisiert.

## Gletscherfalter
*Oeneis glacialis*

MERKMALE: Heller, beigefarbener Falter mit Binden und Augenflecken. Vorderflügel knapp 3 cm lang. Die Fransen sind deutlich gescheckt. Die Oberseite ist graubraun, die Postdiskalbinde gelblich. Auf den Hinterflügeln befinden sich in den Zellen 2 und 5 weißgekernte Augenflecken. LEBENSRAUM: Als alpine Form trifft man ihn in 2000-3000 m Höhe an felsigen Steilhängen. VERBREITUNG: Auf die Hochlagen der gesamten Alpenkette beschränkt. FLUGZEIT: Juni bis August in einer Generation. RAUPENZEIT: August bis Juli. Raupe überwintert gut versteckt im Boden. FUTTERPFLANZEN: Verschiedene Gräser, besonders aber die für die Hochgebirgsregionen typischen Formen der Schafschwingel *(Festuca ovina)*.

## Lycastes exulans
*Lycastes exulans*

MERKMALE: 1,3-1,5 cm lange Vorderflügel, überwiegend schwarz mit 3 großen roten Punkten und 1 rotem Wurzelfleck. Hinterflügel rot. Kann leicht mit einer Reihe ähnlicher Arten verwechselt werden. LEBENSRAUM: Hochalpine Art, die man zwischen 1800 und 3000 m Höhe antrifft. Fliegt über Blumenwiesen. VERBREITUNG: Pyrenäen, Alpen. HÄUFIGKEIT: Regional nicht selten, doch aufgrund des kleinräumigen Vorkommens bedroht. FLUGZEIT: Juli bis August. RAUPENZEIT: August bis Mai. Raupen leben und überwintern gesellig, meist 2mal, ehe sie sich verpuppen. Den dünnhäutigen Kokon findet man an Felswänden. FUTTERPFLANZEN: An verschiedenen Schmetterlingsblütlern.

## Rhyacia helvetina
*Rhyacia helvetina*

MERKMALE: Knapp 2 cm lange Vorderflügel. Mittelfeld etwas dunkler. Unterseite der Hinterflügel grau mit undeutlichem Mittelschatten. In manchen Fällen wird aber nur eine Genitalpräparation eindeutigen Aufschluß geben können, da die Zeichnung oft undeutlich ausfällt. LEBENSRAUM: Auf den Alpenraum beschränkt. Im Tal und in den höchsten Regionen. Bewohnt Matten, Weideflächen und Magerrasen. VERBREITUNG: Nur Alpen. HÄUFIGKEIT: Im Kern des Verbreitungsgebietes häufig. FLUGZEIT: Von Juli bis August stets nur in einer Generation. RAUPENZEIT: August bis Juni. Raupe überwintert. Raupe wie Falter nachtaktiv, tagsüber in der Erde versteckt.

## Fetthennenbläuling
*Scolitantides orion*

MERKMALE: 1,3-1,5 cm lange Vorderflügel. Leicht bestimmbar. LEBENSRAUM: Steiniges Gelände, Geröllhalden, heiße trockene Hänge. VERBREITUNG: Wärmeliebende Art, vor allem in Südtälern der Alpen bis etwa 1300 m; auch auf der Balkanhalbinsel weit verbreitet. Isoliertes Vorkommen in Südskandinavien und Südfinnland. HÄUFIGKEIT: Inselartig verbreitet, daher meist selten. FLUGZEIT: Zwei Generationen: I.Mai bis Mitte Juni, II.Mitte Juli bis August. RAUPENZEIT: I. August bis September, II. Juni bis Juli. Puppe überwintert. FUTTERPFLANZEN: Nur an verschiedenen Fetthennen-Arten. ALLGEMEINES: Falter in Skandinavien intensiver blau.

**Gebirgsschrecke**
*Miramella alpina*

MERKMALE: 1,5-3 cm lang. Eine der zahlreichen Kurzfühlerschrecken, die nicht weiter auffallen würden, hätte sie nicht eine Besonderheit: sie lebt bevorzugt auf den Gipfeln unserer Berge, wo fast unentwegt der Wind bläst. Fliegende Heuschrecken würden bald weggetragen. Daher müssen diese Tiere aufs Fliegen verzichten, weshalb die Flügel überflüssig sind. Tatsächlich weisen Gebirgsschrecken nur noch Flügelstummel auf, mit denen die Männchen zirpen. Doch nicht alle Gebirgsschrecken haben Stummelflügel. Formen, die in weniger windexponierten Biotopen leben, entwickeln normale Flügel. LEBENSRAUM: Wiesen und Matten der Gebirge und Hochgebirge, bevorzugt feuchte Orte, vor allem Pestwurzbestände. VERBREITUNG: Die europäischen Gebirge. HÄUFIGKEIT: Nicht selten, doch inselartige Verbreitung. Manche Formen der Gebirgsschrecke sind selten. NAHRUNG: Verschiedene Wildgräser.

**Alpenbock**
*Rosalia alpina*

MERKMALE: 1,5-3,8 cm groß. Einer der schönsten Käfer Europas. Unverwechselbar aufgrund der hellblauen Behaarung und der blauschwarzen Zeichnung von Flügeldecken und Halsschild. Die Fühler des ♂ sind länger als der Körper, beim ♀ etwa körperlang. LEBENSRAUM: Alte Laubmischwälder. In Mitteleuropa auf Buchen, im Süden auch auf Esche, Walnuß und Hainbuche. VERBREITUNG: In Mitteleuropa vielerorts ausgestorben. Fundorte liegen in Oberbayern, Österreich und der Schweiz. Regelmäßig im Osten der CSFR und in Südeuropa. Ab 1500 m. HÄUFIGKEIT: Selten. Steht unter Naturschutz! Der Alpenbock braucht alte Bäume! FORTPFLANZUNG: ♀ legen unter der lockeren Rinde alter Buchen ihre Eier ab. Nach mehreren Jahren im Altholz oder in morschen Buchenstubben verpuppen sie sich nur wenige Zentimeter tief im Boden. Käfer von Juni bis September aktiv.

**Langhornbock**
*Monochamus sutor*

MERKMALE: 1,5-2,5 cm groß. Einfarbig schwarz gekörnt, mit außerordentlich langen Fühlern, die der Gattung *Monochamus* den Namen gegeben hat. In Mitteleuropa leben 4 verschiedene Arten Langhornböcke, von denen *M. sutor* der häufigste ist. LEBENSRAUM: Geschlossene Nadelwälder in höheren Lagen. Der Langhornbock, auch Schusterbock genannt, meidet Flachland. VERBREITUNG: Mittelgebirge und Alpen. HÄUFIGKEIT: Verbreitet, war früher häufiger. FORTPFLANZUNG: In der Rinde von Kiefern und Fichten nagt das ♀ einen Eitrichter, in den es jeweils ein Ei hineinlegt. Die Larve bohrt sich unter die Rinde und später ins Holz, wo die breiten, unregelmäßig angelegten Gänge das Holz für den Forstmann entwerten. Im ersten Jahr überwintert die Larve im Holz; im zweiten Jahr baut sie eine Puppenwiege, in der sie den Winter über ruht, um sich im Frühjahr zu verpuppen.

**Winterhaft, Schneefloh**
*Boreus westwoodi*

MERKMALE: 0,3-0,4 cm groß. Erinnert in der Gestalt an eine Grille. Die Flügellosigkeit ist eine Anpassung an den Lebensraum. Man findet Winterhafte im ewigen Schnee, auf Gletschern und im Tiefland im Winter auf Eis und Schnee. Erst bei Temperaturen von -5°C werden sie aktiv. Ihre verwandtschaftliche Zugehörigkeit erkennt man an dem »Schnabel«, der ungewöhnlichen langen Ausbildung des Vorderkopfes, den auch die Skorpionsfliegen besitzen. Die langen Hinterbeine dienen der springenden und hüpfenden Fortbewegungsweise; daher der Name Schneefloh. ♀ erkenntlich am langen Legerohr. LEBENSRAUM: Im Winter in freien Fluren, Mischwäldern, Gärten und Parks. VERBREITUNG: Ganz Europa. NAHRUNG: Schneeflöhe suchen auf Eis und Schnee nach toten Kleininsekten, nehmen aber auch Moos und andere Pflanzen. Verdauung vor dem Mund: Sie geben Speichel auf die Nahrung, der sie in kurzer Zeit auflöst.

## Alpensalamander
*Salamandra atra*

MERKMALE: Einfarbig schwarz glänzender Salamander, dessen Körper beiderseits je eine Reihe deutlicher Warzen trägt, die durch charakteristische Querfalten voneinander getrennt sind. Haut ansonsten glatt, Kopf mit deutlich hervortretenden Ohrdrüsen. Neben schwarz gefärbten Alpensalamandern kommen vereinzelt dunkelbraune Tiere vor. Jungtiere gleichen den Erwachsenen. Gesamtlänge bis 16 cm, meist aber nur 10-13 cm. LEBENSRAUM: Bereits ab 400 m Höhe, doch liegt sein eigentlicher Lebensraum zwischen 800 und 3000 m; am häufigsten in Lagen zwischen 800 und 2000 m. Als Aufenthaltsorte werden feuchte schattige Stellen bevorzugt, wie mit Büschen und Gestein durchsetzte Matten und vegetationsreiche Schluchten. VERBREITUNG: Auf den Alpenraum und die angrenzenden Gebirgszüge im Westen Jugoslawiens bis nach Albanien beschränkt. NAHRUNG: Käfer, Nacktschnecken, Würmer.

## Bergmolch, Alpenmolch
*Triturus alpestris*

MERKMALE: Mittelgroßer, flach- und breitköpfiger, schwärzlicher Molch mit kräftigem Körper, kurzen Gliedmaßen, seitlich abgeflachtem Schwanz und während des Landlebens trockener, samtartiger, oft leicht körniger Haut. Gesamtlänge: Männchen etwa 80, Weibchen bis 110 mm. Das Bergmolchweibchen kann mit dem Kammolch verwechselt werden, hat aber stets einen fleckenlosen Bauch. Der Kammolch dagegen zeigt eine auffällige, aus schwarzen Flecken bestehende Bauchzeichnung. LEBENSRAUM: Kommt zwar auch im Tiefland vor, besiedelt aber vor allem das Hügel- und Bergland. Steigt im Gebirge bis 3000 m empor. Bewohnt gern gewässernahe Biotope wie vegetationsreiche Bachtäler, lichte Laubwälder und parkähnliches Gelände. VERBREITUNG: Vom südlichen Dänemark im Nordwesten bis Rumänien/Bulgarien im Südosten und von Mittelfrankreich bis Griechenland.

## Aspisviper
*Vipera aspis*

MERKMALE: Mittelgroße Viper mit deutlich vom Hals abgesetztem, dreieckig wirkenden Kopf, gelben bis bräunlichen Augen mit senkrecht geschlitzten Pupillen, leicht aufgebogener Schnauze, gekielten Schuppen und kurzem Schwanz. Die Grundfärbung kann hellgrau, graubraun, gelblich, braun oder ziegelrot sein. Die Zeichnung besteht meist aus dunklen, versetzt stehenden Querflecken. Sie bildet jedoch mitunter auch ein Zacken- oder Wellenband, das mehrfach unterbrochen oder zu Einzelflecken aufgelöst sein kann. Gesamtlänge 65-70 cm. LEBENSRAUM: Vor allem trockene, sonnige Biotope; oft an mit Sträuchern bewachsenen Böschungen und an steinigen Hängen. Im Gebirge stellenweise bis 3000 m. VERBREITUNG: Nordöstliches Spanien, Frankreich (außer Nordwesten), Italien, Sizilien, Elba, Montecristo, Schweiz und Südschwarzwald. NAHRUNG: Erbeutet werden vor allem kleine Säugetiere, besonders Feld- und Erdmäuse.

## Steinadler
*Aquila chrysaetos*

MERKMALE: Wo er vorkommt, ist er meist der einzige Adler. Spannweite um 2,2 m; ziemlich einfarbig heller oder dunkler braun; die Jungvögel haben eine weiße Schwanzwurzel und auch etwas Weiß im Flügel. Kreist oft und bis in große Höhen. LEBENSRAUM: Der Steinadler ist recht anpassungsfähig und war früher in der gesamten gemäßigten Zone der Nordhalbkugel heimisch. In den Alpen konnte sich ein Restbestand erhalten (heute etwa 200 Brutpaare). Die Horste liegen meist in Felsnischen, nicht allzu hoch im Gebirge.

## Alpenschneehuhn
*Lagopus mutus*

MERKMALE: In den Alpen das einzige Waldhuhn mit stets weißen Flügeln; im Winter sind beide Geschlechter schneeweiß bis auf die Schwanzseiten, der Hahn trägt einen schwarzen Streifen um das Auge. In Skandinavien mit dem Moorschneehuhn zu verwechseln, aber meistens durch den Lebensraum getrennt. LEBENSRAUM: Das nordische Alpenschneehuhn lebt auf den steinigen Hochflächen Skandinaviens, das alpine in den Alpen vom Latschengürtel aufwärts bis zur Schneegrenze. FORTPFLANZUNG: Das Paar hält während des Sommers zusammen. Die Schneehenne brütet 20 bis 22 Tage und läßt dabei den Menschen im Vertrauen auf ihre Verbergetracht bis auf wenige Schritte herankommen. Im Herbst, wenn die Jungen herangewachsen sind, können sich mehrere »Völker« zusammentun. NAHRUNG: Knospen, Triebe, Samen, Insekten.

## Alpenbraunelle
*Prunella collaris*

MERKMALE: Die Flanken erscheinen von weitem rötlich, aus der Nähe erweisen sie sich als rostrot. Kehle auf weißem Grund dicht schwarzgefleckt. Schwanz am Ende mit weißen Spitzen. Gestalt kräftig, Größe wie eine Feldlerche, Körperlänge 18 cm. LEBENSRAUM: Die Alpenbraunelle ist in vielen Verbreitungsinseln in allen Hochgebirgen Eurasiens bis nach Japan heimisch, doch liegt ihr Verbreitungsschwerpunkt in Ostasien. In den Alpen lebt sie über der Baumgrenze in alpinen Matten, die mit grobem Felsgeröll bedeckt sind.

## Alpenkrähe
*Pyrrhocorax pyrrhocorax*

MERKMALE: Langer, leicht abwärts gebogener Schnabel und rote Füße, Schillerfarben im Gefieder, etwas größer als die Alpendohle. Jungvögel mit gelbem Schnabel und Füßen, Gefieder mattschwarz. LEBENSRAUM: Zerklüftete Felswände in trockenen, waldarmen Gegenden, von der Meeresküste bis ins Hochgebirge. LEBENSWEISE: Die Alpenkrähen wohnen in zum Teil uralten Brutkolonien, wo sie sich im Luftraum der Felswände in den heftigen Fall- und Steigwinden und Luftwirbeln spielerisch tummeln. Nester aus Zweigen erbaut.

## Alpendohle
*Pyrrhocorax graculus*

MERKMALE: Deutlich größer als eine Dohle, Länge um 38 cm, Spannweite im Mittel 77 cm. In Erscheinung und Lebensweise der Alpenkrähe ähnlich, aber mit kürzerem, gelben Schnabel, Füße rot. Ruflustig; die Stimmen einer Alpendohlenschar hören sich von ferne wie helles Glockengläute an. LEBENSRAUM: Ähnlich der Alpenkrähe, aber höher im Gebirge, Brutkolonien kaum unter 2000 Meter und bis über 3000 Meter. In den Alpen ist die Alpendohle der Charaktervogel von der Krummholzzone bis zum ewigen Schnee.

## Schneefink
*Montifringilla nivalis*

MERKMALE: Groß, Länge 18 cm. Schwarzer, im Winter grauer Kehlfleck, schwarzweiße Flügel; der Kopf ist grau, der Rücken graubraun. Der Schneefink gehört zu den Sperlingen. LEBENSRAUM: Hochgebirge, oberhalb der Baumgrenze, oft in der Nähe von Berghütten. FORTPFLANZUNG: Der Schneefink brütet in Felsritzen und oft auch in Mauerlöchern an Berghütten. Das Nest ist ein tiefer, dickwandiger Napf. Beide Eltern brüten. Die Jungen sind in dichten weißen Flaum gehüllt. Der Gesang ist ein hartes Zwitschern.

## Alpenspitzmaus
*Sorex alpinus*

MERKMALE: Kopf-Rumpf 6,2-7,7 cm, Schwanz 6,3-7,5 cm, Höhe 1,3-1,6 cm, Gewicht 6-9 g. Ohrmuschel ganz oder überwiegend im Fell versteckt. Schnauze läuft vorn spitz aus. Zahnspitzen dunkelrot. Mittelgroße Art mit relativ langem Schwanz und großen Hinterfüßen. Oberseits dunkelgrau gefärbt, unterseits dunkelgraubraun. Schwanz kurz behaart, zweifarbig und wenigstens so lang wie Kopf und Rumpf. Jungtiere heller. LEBENSRAUM: Dichte Gras- und Mattenvegetation, Wälder, aber auch Hochgebirge über der Baumgrenze; feuchtes Gelände, gern Nadelwälder; zwischen 200 und 2500 m. Die Alpenspitzmaus ersetzt die Waldspitzmaus weitgehend im Gebirge.

## Alpenfledermaus
*Pipistrellus savii*

MERKMALE: Kopf-Rumpf 4,3-4,8 cm, Schwanz 3,4-3,9 cm, Höhe 0,6-0,7 cm, Unterarm 3,1-3,8 cm, Gewicht 8 g. Kurze, breite Ohren und Ohrdeckel. Letzter Schwanzwirbel und Teile des vorletzten schauen aus der Flughaut heraus. Am Kinn stehen auffallend helle Haare, die einen Gegensatz zum übrigen, sehr dunklen Fell und dem fast schwarzen Gesicht bilden. LEBENSRAUM: Im Hochgebirge bis 2600 m und in mediterranen Mittelgebirgen. Doch meidet sie Ebenen. Bevorzugt Waldränder und bezieht kleine Baumhöhlen, alte Hütten oder Felsnischen. LEBENSWEISE: Im Sommer in kleinen Kolonien, im Winter nur einzeln. Nirgends häufig.

## Schneehase
*Lepus timidus*

MERKMALE: Im Winter trägt der Schneehase ein rein weißes Fell, nicht selten kommen gescheckte Tiere vor. Der Schneehase wechselt dreimal im Jahr sein Haarkleid. Neben den kürzeren Ohren und dem Fehlen von Schwarz auf der Schwanzoberseite kennzeichnet die Behaarung der Pfoten den Schneehasen besonders; eine Anpassung an das rauhe Klima, das sie zusätzlich vor Kälte schützt und das Laufen auf Schnee erleichtert. LEBENSRAUM: Das Verbreitungsgebiet des Schneehasen reicht von der Tundra und der kalten Zone Europas und Nordasiens bis zur Tundra Nordamerikas (*L.t. arcticus*) und Grönlands (*L.t. groenlandicus*). NAHRUNG: Gräser und Kräuter aller Art.

## Murmeltier
*Marmota marmota*

MERKMALE: Kopf-Rumpf gut 50 cm, Schwanz 15 cm, Gewicht 8 kg. Mit seiner kegelförmigen Gestalt ist das Murmeltier unverkennbar. Nagezähne an der Vorderseite braun bis braungelb; bei Jungen weißlich. LEBENSRAUM: Almen und Matten der Alpen, in kleinen Vorkommen auch in den Pyrenäen und in den Karpaten; sonnige, kurzrasige Triften mit genügend tiefgründigen Böden, in denen die Tiere ihre Baue anlegen können. LEBENSWEISE: Murmeltiere leben kolonieweise in selbstgegrabenen Bauen, die metertief in die Hänge reichen und neben dem Hauptbau auch in einiger Entfernung davon blind endende Gänge als »Toiletten« enthalten. Der Schlafkessel, in dem sich das Tier zum 6-7 Monate dauernden Winterschlaf zusammenrollt, wird im Herbst mit weichen Grashalmen gut ausgepolstert, aber nicht mit einem Nahrungsvorrat versehen. Denn das Murmeltier nimmt während des Winterschlafs keine Nahrung zu sich, obwohl es mehrmals, meist im Abstand von 3-4 Wochen, aufwacht und Harn bzw. Kot abgibt. Es zehrt vom Fettvorrat, den es sich während des Sommers bis zum Herbst angefüttert hat. Dabei wird es zusehends dünner und kommt beim Aufwachen im Frühjahr ganz »schlottrig« und abgemagert aus dem Bau. Im Kessel schläft es meist nicht allein, sondern die Mitglieder einer Murmeltierfamilie schmiegen sich dicht aneinander. Über 10 Tiere können in einem Großkessel gefunden werden. Murmeltiere einer Siedlung halten sehr engen Kontakt zueinander.

## Steinbock
*Capra ibex*

MERKMALE: Körperlänge 105-150 cm, Schwanz 12-15 cm, Schulterhöhe 70-90 m, Gewicht 40-120 kg. Böcke stets größer als das gleichalte Weibchen und mit erheblich mächtigeren Hörnern. Sie kennzeichnen den Steinbock in besonderem Maße und lassen selbst auf größere Entfernung kaum Verwechslungen mit den bisweilen im gleichen Lebensraum vorkommenden Gemsen zu. Die Hörner wachsen bei den Böcken weit ausladend im Halbkreis nach hinten. Sie erreichen Längen von 70-140 cm. Die Weibchen bringen es auf kaum 40 cm, und ihre Hörner bleiben zudem schmaler und schwächer. Die knopfartigen Verdickungen an der Vorderseite ermöglichen bei genauer Untersuchung eine altersmäßige Einstufung, da sie meist deutliche abgegliederte Jahreswachstumszonen zeigen. LEBENSRAUM: Der Alpensteinbock bewohnt in den Alpen Matten- und Felsregionen oberhalb der Baumgrenze, wo er sich sehr trittsicher selbst in steilen Hängen und auf Geröllhalden fortbewegt. Im April/Mai zieht er etwas tiefer in die oberste Zone des Bergwaldes und in den Krummholzgürtel, aber mit fortschreitender Jahreszeit wechselt er wieder in die Hochlagen zurück. Die Wiedereinbürgerung des Steinbocks gelang in einigen Alpengebieten.

## Gemse
*Rupicapra rupicapra*

MERKMALE: Körperlänge 110-130 cm, Schwanz 3-4 cm, Schulterhöhe 75-85 cm, Gewicht 30-55 kg. Weibchen stets kleiner und leichter als Böcke. Ziegenähnlich im Körperbau. Gekennzeichnet durch die in beiden Geschlechtern ausgebildeten nach hinten gebogenen Hörner; sie sind im Vergleich zu anderen Hornträgern dünn, stehen aufrecht, bilden einen mehr oder weniger starken Haken und erreichen kaum die doppelte Länge der ziemlich spitzen Ohren. Bei den Geißen sind sie kleiner und weniger stark gebogen. Im Sommer tragen die Gemsen ein rötlich graubraunes Fell mit schwarzem Aalstrich vom Nacken bis zum Schwanz. Das Winterfell wird dunkler, mitunter fast schwarz. LEBENSRAUM: Die Gemse stellt eine der wenigen echt europäischen Säugetierarten dar: sie bewohnt alle höheren Bereiche der Alpen, den Apennin, die Pyrenäen und höhere Gebirge Nordwestspaniens, die Karpaten und die Hochlagen auf dem Balkan. Auf der Schwäbischen Alb, im südlichen Schwarzwald und im Elbsandsteingebirge wurde sie eingebürgert. Die Krummholzzone bildet in der Regel ihren Kernlebensraum. Von hier aus ziehen die Gemsen im Sommer in die steilen Wände und auf die hohen Matten zum Äsen; im Winter wandern sie talwärts in die obere Bergwaldzone.

## Schneemaus
*Microtus nivalis*

MERKMALE: Kopf-Rumpf 12-14 cm, Schwanz 5-7,5 cm, Gewicht 38-60 g. Fell hellgrau mit weißlichem, ziemlich langem Schwanz. LEBENSRAUM: Nur oberhalb der Baumgrenze in den Alpen und anderen europäischen Hochgebirgen bis in 4700 m Höhe. Hier bewohnt sie Geröllhalden mit spärlicher Vegetation und spaltenreiches Felsgelände. LEBENSWEISE: Tagaktiv; bei gutem Wetter nicht selten in der Nähe von Almhütten zu beobachten, da Schneemäuse nicht besonders scheu sind. Der Schwanz wird beim Laufen angehoben. Bei schlechtem Wetter verziehen sich die Schneemäuse in ihre Baue. Dies verhindert zu große Wärmeverluste. Denn im hochalpinen Lebensraum wird die Energiebilanz oftmals zur kritischen Größe für das Überleben. Schneemäuse sonnen sich daher auch verhältnismäßig oft. Vielleicht hängt auch ihre geringe Scheu damit zusammen; die Schneemaus vermeidet unnötige Flucht.

# Lebensraum
# KÜSTE

Wind und Wellen sind die Kräfte, die die ökologischen Verhältnisse der Küstenregion vornehmlich beeinflussen. Die Kraft der Brandung wird an der Felsküste gebrochen, deren oberster Teil – die Spritzwasserzone – nur bei Flut und starkem Wellengang überspült wird. Daran schließt sich die Gezeitenzone an – ein Extrembiotop, der durch den Wechsel von Ebbe und Flut geprägt ist. Durch den periodischen Wechsel von Trockenfallen und Überflutung werden günstige Lebensbedingungen für eine ungeheure Menge an Organismen geschaffen. Diese Wattflächen gibt es in unterschiedlichster Ausprägung, sei es als Felswatt, Sand-, Schlick- oder Mischwatt.

Auf Dauer hält die Felsküste dem Anprall des Wassers nicht Stand: Grobe Blöcke werden abgespalten, zunächst zu Geröll und Kies und schließlich bis zu feinem Sand zerkleinert. Sandküsten bestimmen deshalb vielerorts das Bild der Küstenlandschaften an Nord- und Ostsee. Besondere Lebensbedingungen herrschen im Bereich des Brackwassers, dort also, wo Flüsse ins Meer münden, feinstes Sediment anspülen und der Salzgehalt verringern. Aber auch Nähr- und Schadstoffe gelangen über die Flüsse ins Meer. Diese Stoffe belasten den größten zusammenhängenden Lebensraum der Erde, der bereits durch vielfältige Gefährdungen wie Verklappung und Tankerunfälle beeinträchtigt ist, zusätzlich.

**Roter Horntang**
*Ceramium rubrum*

MERKMALE: Zarte, büschelig verzweigte, gelbrote bis dunkelrote, 5-25 cm hohe Alge. Die einzelnen Sproßfäden sind regelmäßig in dunkle, dichtzellige Knotenringe und hellere Zwischenstücke gegliedert. Dieses Muster ist schon mit dem bloßen Auge zu erkennen. Sproßspitzen teilen sich gabelig, und die einzelnen Fortsätze krümmen sich zangenartig nach innen ein. Verzweigung an den Knoten. LEBENSRAUM: Meist auf größeren Algen, auf Felsen, in der Gezeitenzone bis ins Flachwasser. VERBREITUNG: An allen europäischen Küsten. ALLGEMEINES: Der rote Horntang ist ziemlich vielgestaltig. Er wird zur Herstellung von Algengelen (Agar Agar) gesammelt.

**Sackwurzeltang**
*Saccorhiza polyschides*

MERKMALE: In Fuß, Stiel und blattähnlichen Vegetationskörper gegliedert, gelb- bis dunkelbrauner, großer 1,5-4,5 m langer Tang. Fuß dick wulstig-knorpelig, auf der Oberseite mit einer noppigen Struktur, unten mit wurzelähnlichen Haftorganen. Stiel breit bandförmig, zäh lederig, am Grund gedreht und mit gewellten Rändern. »Blatt« deutlich vom Stiel abgesetzt, fast so breit wie lang, sich handförmig fächerig in zahlreiche bandförmige Abschnitte aufteilend. Auf der Oberfläche viele winzige, mit Haaren besetzte Gruben. Der Sackwurzeltang ist einjährig. LEBENSRAUM: Felsen der untersten Gezeitenzone. VERBREITUNG: Atlantik, Ärmelkanal, Nordsee.

**Schirmchenalge**
*Acetabularia acetabulum*

MERKMALE: In Kolonien wachsende, bis etwa 8 cm hohe, mehrjährige, gestielte Schirmchen von grünlich weißer, im Trocknen weißer Farbe, hervorgerufen durch Kalkinkrustierungen. Der Stiel ist lange Zeit nur eine einzige große schlauchförmige Zelle mit nur einem Zellkern. Der Schirm besteht aus zahlreichen radial angeordneten Fächern. Zuvor trägt der Stiel nur keulige und haarartige Fortsätze. Die Kammern des Schirms entlassen bei Reife zahlreiche und zylindrische Zysten, die platzen und die Fortpflanzungszellen entlassen. LEBENSRAUM: Geschützte Felsen und Steine im Flachwasserbereich, auch auf Muschelschalen in Lagunen. VERBREITUNG: Nur im Mittelmeer.

**Fingertang**
*Laminaria digitata*

MERKMALE: Mehrjähriger, in Fuß, Stiel und »Blatt« gegliederter, bis 1,5 m langer, bisweilen auch noch größerer, olivbrauner bis gelbbrauner Tang. Der Fuß besteht aus wurzelartigen, verzweigten Haftorganen. Der Stiel ist kräftig, biegsam, bis 4 cm im Durchmesser und rund. Nach oben flacht er sich in das blattartige Vegetationsorgan ab. Dieses teilt sich bald in mehr oder weniger zahlreiche bandartige Abschnitte auf, die fächerartig angeordnet sind. Ihre Anzahl wechselt je nach Standort. LEBENSRAUM: An Felsen im unteren Bereich der Gezeitenzone bis zu 6 m, oberhalb des Palmentangs. VERBREITUNG: Atlantik, Nordsee, häufig um Helgoland, westliche Ostsee; wird häufig angeschwemmt.

**Trichtertang**
*Padina pavonia*

MERKMALE: Gesellig wachsende, fächerartig gestaltete, meist trichterig eingerollte, bis zu 10 cm hohe Alge. »Blatt« in Form eines spitzen Kreissegments mit konzentrischen Zuwachszonen, an der Basis schmal eingerollt; größere »Blätter« durch Längsrisse aufgeteilt, dünn. Die Farbe ist außen blaßbraun bis fahlgrün, innen kalkig weiß. Der Rand ist mit zarten braunen Haaren besetzt. Die Vermehrungszellen entstehen wie auch die Fortpflanzungszellen an den Kanten der konzentrischen Zuwachsringe. LEBENSRAUM: Auf Steinen und Felsen im sonnenerwärmten Flachwasser, nie an exponierten Standorten, gern in wärmeren Meeresströmen. VERBREITUNG: Mittelmeer und Atlantik. ALLGEMEINES: Gehört zu den selteneren Braunalgen.

**Meersalat**
*Ulva lactuca*

MERKMALE: 15-50 cm hohe, bisweilen auch noch größere, lappige, mit schmalem Stiel und kleiner Haftscheibe festsitzende Alge. Der Vegetationskörper ist zwei Zellschichten stark, am Rand unregelmäßig, oft eingerissen. Die Randzonen sind häufig farblos durch abgestorbene Zellen, während der Rest leuchtend grün gefärbt ist. In den leeren Randzellen werden meist die Fortpflanzungszellen gebildet. LEBENSRAUM: Häufig an Felsen, Dämmen, Hafenbefestigungen, von der obersten Gezeitenzone bis in 10 m Tiefe, auch im Brackwasser. Losgerissene Pflanzen können weiterwachsen und treiben häufig im Wattenmeer, bis sie schließlich angeschwemmt werden. VERBREITUNG: An allen europäischen Küsten.

## Echtes Seegras
*Zostera marina*

MERKMALE: Ausdauernde, im Salzwasser lebende Pflanze mit bewurzelter, kriechender Grundachse, oft ausgedehnte submarine Wiesen bildend. Laubsproß kurz, unverzweigt, abwechselnd 2zeilig beblättert. Blätter 20-50 cm lang oder länger, 3-12 mm breit, linealisch, an der Spitze abgerundet, dunkelgrün, flutend, mit geschlossener Blattscheide. BLÜTEZEIT: Juni bis Oktober, im Mittelmeergebiet bereits ab Februar, besonders ab April. LEBENSRAUM: Häufig an den Meeresküsten auf sandigem oder schlammigem Boden, bis zu einer Tiefe von 11 m, oft auch in die Brackwasserregion der Flüsse eindringend. VERBREITUNG: Ganz Europa, außer Korsika, Sardinien und Kreta.

## Sand-Segge
*Carex arenaria*

MERKMALE: Ausdauernde, 15-50 cm hohe, krautige Pflanze mit weitkriechender, verzweigter Achse. Der Stengel ist im Querschnitt 3kantig, oben scharfrauh und zur Blüte so lang wie die Blätter. Die Blätter mit schmalen grasartigen Blattflächen, die rinnig gefaltet, starr und bis zu 4 mm breit sind. Blütenstand aus 6-16 dicht stehenden Ähren zusammengesetzt, etwas überhängend. Die unteren Ähren sind weiblich, die mittleren unten weiblich und oben männlich, die oberen ganz männlich. BLÜTEZEIT: Mai bis Oktober. LEBENSRAUM: Verbreitet an sandigen Stellen, besonders auf Dünen; auch auf Heiden und in sandigen Kiefernwäldern anzutreffen. VERBREITUNG: Fast alle Küstengebiete Europas.

## Meeres-Simse
*Scirpus maritimus*

MERKMALE: Ausdauernde, 30-120 cm hohe Pflanze mit kriechendem Wurzelstock. Stengel büschelig stehend, starr aufrecht bis übergebogen, scharf dreikantig, beblättert. Die Blätter sind flach, bis zu 8 mm breit, an Rand und Kiel rauh, die unteren Blattscheiden sind braunschwarz. Der Blütenstand ist endständig, kopfig oder spirrig und wird von den Hüllblättern weit überragt. Ährchen 3-5kopfig gehäuft, rötlich bis schwärzlich, ziemlich groß, länglich, vielblütig. Die Tragblätter sind braun, eiförmig, ausgerandet und in der Mitte begrannt, die Seitenläppchen sind spitz. Die Blütenhülle ist länger als die Frucht, meist aus sechs am Rücken rauhen Borsten bestehend. Drei Staubblätter. Frucht glänzend braun. BLÜTEZEIT: Juni bis August, vereinzelt sogar noch bis Oktober. LEBENSRAUM: Die Meeres-Simse bevorzugt salzhaltige Stellen in Küstennähe, an Flüssen, Seen, Gräben. VERBREITUNG: Weltweit.

## Strandhafer
*Ammophila arenaria*

MERKMALE: Ausdauernde, kräftige, 60-120 cm hohe, weißliche bis graugrüne, in dichten Rasen wachsende Pflanze. Der weit im Sand kriechende Wurzelstock treibt aufrechte Sprosse, die unterschiedlich stark im Sand vergraben sind. Diese verzweigen sich an den Knoten und treiben neue Wurzeln in den Sand. Auf diese Weise entstehen dichte, buschige Horste mit zahlreichen sterilen Sprossen. Die blühenden oberirdischen Sprosse sind meist 3blättrig, dicht von den rötlichen, gerippten Blattscheiden umgeben; diese sind in bis zu 3 cm lange 2spaltige Blatthäutchen verlängert. Blattfläche bis zu 50 cm lang und etwa 5 cm breit, gelblich grün, steif, schräg nach oben stehend. BLÜTEZEIT: Juni und Juli. LEBENSRAUM: Sanddünen und Sandstrände der Küste; wird dort auch vom Menschen zur Befestigung angepflanzt. VERBREITUNG: Küsten Europas, bis zum 62. Breitengrad in Norwegen.

## Strandmelde
*Atriplex littoralis*

MERKMALE: Einjährige, 30-80 cm hohe, erst grauschuppige, dann verkahlende Pflanze. Sproß aufrecht, reich verzweigt, leicht kantig, mit dunklen oder auch rötlichen Streifen. Blätter fast alle wechselständig, nur die untersten gegenständig, bis zu 10 cm lang und 1,5 cm breit, lanzettlich bis linealisch, undeutlich gestielt, fleischig, ganzrandig bis schwach weit gezähnt. Blüten klein, getrennt geschlechtig, in dichten, bis 1 cm breiten Knäueln an dem Hauptsproß und den Seitenzweigen sitzend. Blüten nackt, ein oberständiger 2griffliger Fruchtknoten. Frucht einsamig, nierenförmig, -1 mm. BLÜTEZEIT: Juli bis September. LEBENSRAUM: Auf nährstoffreichen, salzhaltigen Schlickböden. VERBREITUNG: Mittlere Ostseeküste, Südskandinavien, Nordsee- und Atlantikküste bis Spanien. Am Mittelmeer nur um die Rhonemündung und auf Korsika und Sardinien. Ein großes binnenländisches Verbreitungsgebiet im südlichen Mittelasien.

## Salzaster
*Aster tripolium*

MERKMALE: Ein- bis zweijährige, etwas fleischige, kahle, 10-70 cm hohe Pflanze. Stengel aufrecht, dick, gerieft, rötlich überlaufen, beblättert, im oberen Teil verzweigt, mit seitlichen, büschelförmig beblätterten Kurztrieben. Blätter linear-lanzettlich, ganzrandig, untere langgestielt, obere sitzend. Köpfchen groß, zahlreich, in lockeren Doldentrauben. Hülle mehrreihig, dachig; Hüllschuppen eiförmig, stumpf, bis zu 3 mm breit. Zungenblüten blaulila, weiblich, randständig, länger als die Hülle. Röhrenblüten intensiv gelb, zwittrig. Köpfchenboden grubig. Früchtchen zusammengedrückt, Haarkrone mehrreihig borstig. BLÜTEZEIT: Juni bis Oktober. LEBENSRAUM: Sandige, feuchte, salzige Stellen, Strandwiesen, Salzstellen. VERBREITUNG: Fast in ganz Europa und im gemäßigten Asien, Nordafrika. ALLGEMEINES: Die Gattung *Aster* ist besonders in Nordamerika ausgesprochen artenreich.

## Gemeiner Strandflieder
*Limonium vulgare*

MERKMALE: Ausdauernde, kahle, 15-70 cm hohe, tiefwurzelnde und am Grund verholzte Rosettenstaude. Stengel nicht beblättert, zylindrisch, gerieft, ohne nicht blühende Zweige, manchmal mit sterilen Ästen. Rosette wenigblättrig. Blätter lederartig, immergrün, meist aufrecht stehend, bis zu 15 cm lang, spatelförmig, fiedernervig, meist stachelspitzig; Stiel 2 mm breit, kann so lang wie die Blattfläche werden. Blütenstand ebensträußig rispig mit endständigen, dicht und einseitswendigen Ähren. Ährchen 2blütig, Blüten sitzend, 6-8 mm groß. Tragblätter krautig. Kelch trichterförmig und wie die Vorblätter, häutig. Kronblätter rötlich violett, nur am Grund verwachsen. BLÜTEZEIT: August und September. LEBENSRAUM: Salzige Standorte, Wattwiesen. VERBREITUNG: Süd- und Westeuropa. Im Mittelmeergebiet und auf den Kanaren kommt der Geflügelte Strandflieder *(Limonium sinuatum)* vor.

## Meeres-Schneckenklee
*Medicago marina*

MERKMALE: Ausdauernde, bis 50 cm große, niederliegende und kriechende, an den Enden aufsteigende, überall dicht weißfilzige Pflanze. Blätter wechselständig, 3zählig gefingert, mit breit-keilförmigen, oben kurz bespitzten, leicht gefalteten, bis 1 cm langen Fiedern. Zwei breitsichelförmige, seicht gezähnte Nebenblätter an der Basis des Blattstiels. Blüten zu 5-10 gehäuft in kopfiger Traube, diese 1 cm gestielt. Schmetterlingsblüte schwefelgelb, bis 8 mm lang, mit langhaarigem Kelch. Frucht zu einer schraubig gewundenen Hülse ausgewachsen, diese wollig behaart, 7 mm im Durchmesser und an den Kanten bis 2 mm lang kräftig bestachelt. BLÜTEZEIT: April bis August. LEBENSRAUM: Sandflächen und Dünen. VERBREITUNG: Mediterrangebiet, Schwarzmeerküste, am Atlantik bis zur Bretagne; auch auf den Kanarischen Inseln. ALLGEMEINES: Die wollige Behaarung und Bestachelung der Früchte stellen Kletteinrichtungen dar und dienen der Verbreitung durch Tiere. Durch die silbrig-weiße, filzige Behaarung schützt sich der Meeres- oder Strand-Schneckenklee vor übermäßiger Verdunstung. Eine solche Anpassung kann man auch bei anderen Pflanzen der Sandküsten wie z. B. bei der Strand-Levkoje finden.

## Stranddistel
*Eryngium maritimum*

MERKMALE: Zweijährige bis ausdauernde, distelartige, kahle, oft halbkugelig wachsende, graugrüne bis amethystblaue Pflanze, 15-60 cm hoch. Wurzeln knotig, kaum faserig. Stengel aufrecht, starr, im oberen Teil sparrig verzweigt. Junge Blätter derb, später starr, dicklederig, stark netzaderig, oft weiß bereift, gewellt mit knorpeligem Rand; Spreite rundlich-nierenförmig, am Grund gestutzt oder herzförmig, im oberen Teil 3 bis 5lappig, grob buchtig-dornig gezähnt; grundständig rosettig, langgestielt, Blattstiel nicht geflügelt, Stengelblätter mit keilförmigem Grund, kurz gestielt, Hochblätter sitzend, stengelumfassend oder weniger gestielt. BLÜTEZEIT: Juni bis Oktober. LEBENSRAUM: Küstensand, grasige Dünenhänge, außerhalb des Wellenbereichs; fehlt im Binnenland. VERBREITUNG: Mittelmeergebiet bis Kleinasien und Nordafrika, Schwarzes Meer; Atlantikküste bis Westengland, Irland, Südskandinavien.

## Zylinderschwamm, Goldschwamm
*Verongia aerophoba*

MERKMALE: Er gehört zu den Hornschwämmen im engeren Sinn, zu denen auch unser Badeschwamm zu zählen ist; sein aus großen Sponginfasern (einer hornartigen, elastischen Eiweißsubstanz) bestehendes, netzartiges Skelett besitzt keine Nadeln oder anderen Einschlüsse. Die goldgelben, bis zu 8 cm langen und 1-2 cm dicken, zylindrischen Schlote weisen eine hökkerige Oberfläche auf. Die Ausstromöffnungen liegen in der Mitte der abgeflachten Kuppe. An der Luft oder im Süßwasser verliert der Schwamm seine schöne Farbe und wird innerhalb kurzer Zeit schwarzgrün. LEBENSRAUM: Man findet ihn häufig im Mittelmeer und im Atlantik bis zur Biscaya, in Tiefen von 2-10 m, wo er in größeren Gruppen in ruhigen Buchten auf steinigem Grund oder zwischen Seegras (Zosterawiesen) oft in Massen vorkommt. LEBENSWEISE: Auch dieser Schwamm filtert seine Nahrung aus dem eingestrudelten Wasserstrom.

## Wachsrose
*Anemonia sulcata*

MERKMALE: Die Wachsrose zeichnet sich durch etwa 200 sehr lange, dünne Tentakel aus, die leicht abreißen und ein stark nesselndes Gift besitzen. Die 12 cm Durchmesser erreichenden, gelblichbraunen bis grau gefärbten Tiere sind an tieferen, weniger belichteten Stellen weiß, es fehlen ihnen die im Unterhautgewebe lebenden, symbiontischen Algen, welche die Färbung hervorrufen. Die etwas helleren Tentakel haben oft violette Spitzen. LEBENSRAUM: Sie ist vom Englischen Kanal bis ins Mittelmeer verbreitet und kommt von der Ebbelinie bis in 6 m Tiefe, auf flachen, besonnten Felsplatten und Steinen vor. An ruhigen Stellen kann man sie häufig in großen Mengen finden. LEBENSWEISE: Mit Hilfe ihrer reich mit Nesselkapseln besetzten Tentakel fängt sie auch größere Beutetiere, Fische und Krabben, erwehrt sich auch damit ihrer Feinde. FORTPFLANZUNG: Geschieht durch Eier und Samen, auch Längsteilung.

## Edelkoralle
*Corallium rubrum*

MERKMALE: Diese Hornkoralle ist die bekannteste Korallenart. Ihr rotgefärbtes, in selteneren Fällen weißes oder gar schwarzes Skelett besteht aus einzelnen Kalknadeln, die durch eine Kalkmasse zu einer kompakten Substanz verschmolzen sind. Durch diesen Aufbau lassen sich echte Korallen unter dem Mikroskop gut von künstlichen Nachbildungen unterscheiden. Auf dem wenig verzweigten Skelett sitzen die filigranartigen, weißen Polypen, die durch Ausläufer untereinander verbunden sind und aus dem roten Weichkörper aufragen. Ein Korallenstock kann eine Höhe von 40 cm, in seltenen Fällen von 1 m und einen Stammdurchmesser von 4 cm erreichen. LEBENSRAUM: Edelkorallen bevorzugen wärmeres Wasser, kommen in Europa nur im Mittelmeer vor. Man findet sie an lichtarmen Stellen, unter Überhängen und in Höhlen, in ruhigem Wasser ab 20 m Meerestiefe. NAHRUNG: Die Nährpolypen fischen Geschwebe aus der Strömung.

## Zylinderrose
*Cerianthus membranaceus*

MERKMALE: Die den Aktinien ähnlich sehenden Zylinderrosen gehören zu den Korallentieren, bilden allerdings kein Skelett. Ihr 35 cm hoher, langgestreckter Körper trägt eine Krone aus kurzen Mundarmen und langen, dünnen Randtentakeln. Er steckt in einer Wohnröhre, aus mit Schleim verbackenen Sandkörnchen, die bis zu 1 m tief in den Boden reichen kann. Farbe weißlich oder hellgrün bis braun und dunkelviolett, einfarbig oder geringelt. LEBENSRAUM: Im Mittelmeer und an der Atlantikküste findet man sie auf Schlick- und Sandgrund.

## Badeschwamm
*Euspongia officinalis*

MERKMALE: Der lebende Schwamm hat wenig Ähnlichkeit mit dem Handelsprodukt; das Faserskelett ist von dem schwarzen, seltener schmutzigbraunen oder grauen Weichkörper umgeben. Die Form ist klumpig, mit einem Durchmesser bis zu 60 cm. Deutlich sind die über die Oberfläche verteilten, leicht erhöhten Ausstromöffnungen zu erkennen. Das dichte Skelett dieses Hornschwammes besteht aus kräftigeren und feineren Sponginfasern ohne Kieselnadeln und ohne eingelagerte Sandkörnchen. LEBENSRAUM: Er ist weltweit verbreitet.

## Köderwurm, Pierwurm
*Arenicola marina*

MERKMALE: Jeder Wattwanderer kennt die aufgetürmten Erdhäufchen, die das Vorhandensein dieser Würmer anzeigen. Der 25 cm lange, grünlichgelbe bis bräunliche Körper ist drehrund, an seinem mittleren Abschnitt sitzen an 13 Paar Stummelfüßen (Parapodien) leuchtend rote, baumartig verzweigte Kiemenbüschel. Der Schwanzteil weist weder Parapodien noch Kiemen auf, die vordersten Segmente tragen nur je 2 Borstenbüschel. LEBENSRAUM: Er ist ein häufiger Bewohner der Sand- und Schlickböden der Gezeitenzone im Mittelmeer, Atlantik und in der Nord- und Ostsee. LEBENSWEISE: Die Würmer legen unterirdisch U-förmige Röhren an. Ein Schenkel und der waagerechte Teil, der eigentliche Wohnbereich, werden mit Schleim ausgekleidet, was den Gang vor dem Einsturz bewahrt. In dem anderen Schenkel rieselt von der Oberfläche her ständig neues Bodenmaterial nach, es entsteht ein Einsturztrichter.

## Glatter Kalkröhrenwurm
*Protula tubulana*

MERKMALE: Mit seinen gelben bis rotbraunen oder orangeroten, weiß geringelten Tentakeln sieht er der vorhergehenden Art sehr ähnlich, ihm fehlt aber der zu einem pfropfenförmigen Deckel umgeformte Tentakelstrahl, er kann also seine Röhre nicht verschließen. Der 5 cm lange Körper sitzt in einer 8-13 cm langen, weißen Kalkröhre von rundem Querschnitt. LEBENSRAUM: Man findet die weißen Röhren mit dem hinteren Ende an Felsen, Steinen und auf Muschelschalen festgeheftet. Der Kalkröhrenwurm besiedelt den Seichtwasserbereich der Mittelmeer- und Atlantikküsten sowie des Indischen Ozeans. Lebensweise und Fortpflanzung sind dieselbe wie bei *Serpula vermicularis*; die Tiere ernähren sich als Filtrierer und geben ihre Geschlechtsprodukte ins Wasser ab. Die Eier werden im Wasser befruchtet, aus der freischwimmenden Larve entwickelt sich der neue Wurm.

## Pfauenfederwurm
*Sabella pavonina*

MERKMALE: Sein 60 cm langes, dunkelgraues Gehäuse, das den etwa 25 cm großen, aus bis zu 600 Segmenten bestehenden Körper birgt, ist von pergamentartiger Konsistenz, aus hornartigen Sekreten erstarrt, die mit feinem Sand und Schlamm vermengt sind. Die bunte braune, rote oder violette, mit hellerer Bänderung versehene Tentakelkrone steht auf 2 halbkreisförmigen Tentakelträgern. LEBENSRAUM: Er steckt senkrecht im Schlammgrund eingegraben, nur das Ende der Röhre ragt wie ein Schornstein hervor. Seine Verbreitung reicht vom Mittelmeer über den Atlantik bis in die Nordsee. LEBENSWEISE: Das von den Tentakeln eingebrachte Geschwebe wird, nach Größe sortiert, in 3 Wimperrinnen zur Mundregion befördert. Die gröbsten Partikel werden mit dem abströmenden Wasser weggespült, die feineren als Baumaterial gespeichert und die Mikroorganismen dem Verdauungstrakt zugeführt.

## Gemeine Seepocke
*Balanus balanoides*

MERKMALE: 5-15 mm Durchmesser erreicht die flache oder steil kegelförmige Schale, die aus 6 gekerbten, weißlichen Platten zusammengesetzt ist. Eine gleichfarbige Verschlußplatte schließt die 6eckige Öffnung. Die Panzerplatten sind doppelwandig und durch Kalklamellen verstrebt, eine Bauweise, die für große Stabilität sorgt. Die Ränder sind messerscharf, man kann sich leicht daran verletzen. LEBENSRAUM: Als Unterlage dienen dieser Seepocke alle nur erdenklichen Gegenstände: Felsen in der Brandungszone, Steine und Pfähle, Schiffsrümpfe, Bojen, aber auch Molluskenschalen, Krebspanzer, Schwämme, Seeschildkröten und sogar die wuchtigen Körper der Wale. Diese Art kommt im Atlantik, in der Nordsee und westlichen Ostsee vor. Sie siedelt oft in kilometerlangen, dichten Streifen: 20 cm unter der Ebbelinie hat man zum Beispiel an der englischen Küste auf $1\,m^2$ 40400 Exemplare gezählt. LEBENSWEISE: Die Tiere können extremes Trockenliegen ertragen. In der Spritzwasserzone, wo die Besiedlungsdichte immer noch erheblich ist, kommen sie mit ein paar Wassertropfen am Tag aus, zudem sind sie dort beträchtlichen Temperaturschwankungen ausgesetzt. Während dieser Zeit vermögen sie Sauerstoff aus der Luft aufzunehmen. Zum Nahrungserwerb werden die gefiederten Fangarme ausgestreckt. Sie bilden einen kegelförmigen Trichter, in dem das herbeigestrudelte, nahrhafte Geschwebe hängenbleibt. FORTPFLANZUNG: Aus den befruchteten Eiern entwickeln sich Larven und erst diese werden aus der Mantelhöhle ausgestoßen. ALLGEMEINES: Da sich die Seepocken auch in großen Mengen auf Schiffen festsetzen und durch ihr rasches Wachstum bald eine ausgedehnte Fläche des Schiffsrumpfes bedecken, verursachen sie einen großen wirtschaftlichen Schaden. Die Schiffe müssen laufend von dem unerwünschten Aufwuchs gereinigt werden. ÄHNLICHE ARTEN: Im Mittelmeer kommen drei weitere Arten, die Durchlöcherte Seepocke *(B. perforatus)*, die Brachwasser-Seepocke *(B. improvisus)* und *B. eburneus* vor.

## Rändel-Käferschnecke
*Lepidochitona cinerea*

MERKMALE: Bei den Käferschnecken ist die Schale in 8 Rückenplatten gegliedert, die beweglich verbunden und vom Gürtel, einer rundumlaufenden, muskulösen, beschuppten und bestachelten Hautfalte, umgeben sind. Die etwa 2 cm lange, meist graugrüne oder schmutziggraue, seltener bräunliche, oft variabel gefleckte Rändel-Käferschnecke hat einen deutlich abgesetzten Gürtel. Auf den Rückenplatten kann man dunklere Punkte erkennen, an denen sensible Hautfortsätze enden, die als Sinnesorgane für Lichtreize dienen. LEBENSRAUM: Überall im europäischen Küstenbereich, an Steinen, Felsen und Holzpfählen. LEBENSWEISE: Die Tiere sind hervorragend für das Leben in der Brandungszone ausgerüstet; der breite Fuß haftet fest auf der Unterlage, die flache Schale setzt dem Wellengang wenig Widerstand entgegen. Die Käferschnecke ernährt sich vom Algenbewuchs.

## Gemeine Napfschnecke
*Patella vulgata*

MERKMALE: Die 5,5 cm großen, dickwandigen, schmutzig-grauen oder grünlich-braunen bis blauschwarzen, napfförmigen Schalen haben einen ovalen Grundriß. Die stumpfe Spitze *(Apex)* liegt fast in der Mitte, von ihr ziehen strahlenförmig grobe Rippen zum Schalenrand. Der Randbereich ist durchscheinend dünn. Die Gehäuse variieren außerordentlich in Farbe und Form: In der Regel sind die höher im Uferbereich sitzenden und bei Ebbe länger trockenliegenden Exemplare hochkegelförmig, während die flacheren Schalen Tieren gehören, die sich tiefer im Wasser befinden. LEBENSRAUM ist das ganze boreale Gebiet von den Lofoten über England bis Nordspanien. Dort sitzt die Schnecke an die Felsen in der Gezeitenzone gepreßt, von denen sie sich nur mit Gewalt entfernen läßt. LEBENSWEISE: Die Napfschnecken sind sehr gefräßig, sie weiden, wo sie ihn erreichen können, den Algenbewuchs ab.

## Bunter Kreisel
*Calliostoma zizyphinum*

MERKMALE: Diese bunte Kreiselschnecke *(Trochidae)* variiert in ihrer Färbung von weißlichrotbraun geflammt, rosa bis orangerot und violett. Das spitzkegelige Gehäuse mit den 9-11 flachen Windungen, die Spiralreifen tragen, wird bis zu 3 cm groß; es besitzt keinen Nabel (Vertiefung auf der Schalenbasis). Schaleninneres mit Perlmuttschicht. LEBENSRAUM: Sie lebt an Felsen,unter Steinen und an Seetang im Flachwasser wie in größeren Tiefen und ist von den Orkney Inseln und Norwegen bis Madeira, bei den Azoren, Kanaren und im Mittelmeer zu finden. Im Atlantik und in der Nordsee kommt eine Form *C. zizyphinum conuloide* vor, deren niedrigere Gehäuse sich durch vorspringende Reifen auszeichnen. Bis zum Mittelmeer gibt es dabei alle Übergänge. Eine Aberration ist fast ganz weiß. LEBENSWEISE: Die Kreiselschnecken ernähren sich von Algen und Detritus (organische Sinkstoffe).

## Felsenstrandschnecke, Rauhe Strandschnecke
*Littorina saxatalis*

MERKMALE: Eine kleinere, bis zu 1 cm hohe Schnecke mit kurzkegeligem, spitzem Gehäuse und großer Endwindung. Das Gehäuse weist 6-9 durch tiefe Nähte abgesetzte Umgänge auf, jede Windung verfügt über Rippen und Furchen, wodurch die Schalenoberfläche rauh erscheint (feine Spirallinien). Der Mündungsrand oben steht unter fast rechtem Winkel ab. Die Färbung ist variabel, meist gelblichgrau bis dunkelbraun mit dunklerer Bänderung; die Spitze ist manchmal grün. Die runde Mündung ist verdickt. LEBENSRAUM: Zu beiden Seiten des Atlantiks, im Ärmelkanal, in Nord- und Ostsee trifft man diese Strandschnecke an Steinen, Rissen und in Felsspalten bis zu 2 m über dem Wasserspiegel an (Supra- und oberes Eulitoral). LEBENSWEISE: Die Felsenstrandschnecke ernährt sich von Algen und anderen Pflanzen. Bei ihren Weidegängen entfernt sie sich von ihrem Standort, kehrt aber stets wieder dorthin zurück. Man nimmt an, daß sie sich, wie alle Strandschnecken, nach einem »Lichtkompaß« orientiert, denn die Kriechspuren führen in Richtung Sonne und wieder zum Ausgangspunkt zurück. FORTPFLANZUNG: Die Felsenstrandschnecke ist lebendgebärend, die Eier bleiben bis zum Schlüpfen der kriechfähigen Jungen, die dann ins Wasser entlassen werden, im Muttertier. ALLGEMEINES: Bei dieser Art ist die Mantelhöhle zu einer Lunge umgestaltet, welche der Felsenstrandschnecke die Luftatmung ermöglicht. Aber nicht nur durch die Atmung und Art der Fortpflanzung sind die Strandschnecken der Gattung *Littorina* sehr gut an ihren extremen Lebensraum angepaßt, sie können auch das Trockenliegen an der Luft und einen absinkenden Salinitätsgehalt (Salzgehalt) problemlos ertragen. Insgesamt ist die Gattung durch eine festwandige, ungenabelte Schale mit glattem Spindelrand charakterisiert. Der Fuß der Schnecken trägt einen hornigen Deckel. In Nord- und Ostsee sind mehrere verwandte Arten der Felsenstrandschnecke zu finden: Flache, Kleine und Eßbare Strandschnecke.

## Brandhorn
*Murex brandaris*

MERKMALE: Die 6-7 Umgänge der bis zu 9 cm langen, festwandigen Schale tragen kräftige, mit robusten Stacheln versehene Radialwülste. Auf der bauchig gewölbten Endwindung zählt man je 2 Stacheln pro Wulst. Die Windungen sind außerdem von Spirallinien umlaufen. Die Mündung ist oval, der Siphonalkanal sehr lang und gerade. Farbe der Schale ist gelblichweiß, die Mündung orange. LEBENSRAUM: Die Schnecke lebt im Mittelmeer und im angrenzenden Atlantik, südlich bis Westafrika, auf verschlammtem Felsgrund und Seegras in 5-80 m Tiefe. LEBENSWEISE und FORTPFLANZUNG: Muriciden ernähren sich räuberisch oder sind Aasfresser. Meist fallen ihnen andere Weichtiere zum Opfer, die überwältigt, mit einem Knackzahn geöffnet und dann ausgefressen werden. Die Fortpflanzung erfolgt über Schwimmlarven. ALLGEMEINES: Lieferte früher den begehrten und teuren Purpur.

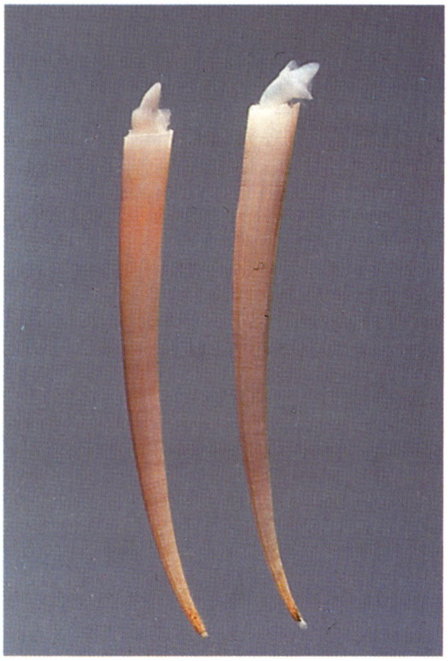

## Elefantenzahn
*Dentalium dentalis*

MERKMALE: Er gehört zu den Grabfüßern *(Scaphopoda)*. Die elefantenzahnähnliche Schale ist an beiden Enden offen. Am Kopf des Tieres entspringen auf beiden Seiten Fangfäden, dünne Fortsätze, die am Ende keulenartig verbreitert sind. Der zu einem Grabwerkzeug umgestaltete Fuß, der auf dem Bild aus dem vorderen Schalenende hervorragt, hat seitlich zwei schwellbare Auslappungen. Die glatte, 5 cm lange Schale ist rötlichgrau gebändert. LEBENSRAUM: Der Sand- und Schlammgrund in Atlantik und Nordsee. LEBENSWEISE: Die Tiere sitzen, das Vorderende mit dem lappigen Fuß fest im Boden verankert, im Sediment. Über das herausragende Hinterende wird Wasser aufgenommen. Mit den beweglichen Fangfäden spürt das Tier kleine Bodenorganismen zwischen den Sandkörnern auf, sie bleiben an den klebrigen Enden hängen und werden zum Mund geführt. FORTPFLANZUNG: Durch Schwimmlarven.

## Gemeine Turmschnecke
*Turritella communis*

MERKMALE: Bis zu 19 auffällige Umgänge zählt man bei den schlanken, hochgetürmten Gehäusen der Gemeinen Turmschnecke. Für die Gehäusehöhe - die Schnecke erreicht eine Länge von 4-6 cm - ist die Gemeine Turmschnecke relativ schmal. Über die nur schwach gewölbten Windungen verlaufen sieben bis zehn Spiralleisten unterschiedlicher Stärke. Die Naht zwischen zwei Umgängen ist deutlich und tief. Die ovale Mündung wird von einem außen beborsteten Deckel verschlossen und ist verhältnismäßig klein. Die Färbung ist variabel, von rötlich oder gelbbraun bis braun, geflammt. LEBENSRAUM: An der Nordsee, im Ärmelkanal, an den europäischen Atlantikküsten und im Mittelmeer lebt diese Turmschnecke in hoher Individuenzahl - teils eingegraben - gesellig auf Sand und Schlamm in tieferem Wasser (regelmäßig bis 80 m Tiefe). 70 Tiere pro 0,1 $m^2$ sind dabei keine Seltenheit. Auf dem Bild wurden angespülte leere Gehäuse am Strand zusammengetragen. LEBENSWEISE: Sie sitzt im Schlamm oft bis über die Gehäusespitze eingegraben und ernährt sich von eingestrudelten Detrituspartikeln. Die Entwicklung erfolgt über Schwimmlarven, die nach einer planktischen Phase absinken und zum Jungtier heranwachsen. ÄHNLICHE ART: *Turitella triplicata*.

## Wellhornschnecke
*Buccinum undatum*

MERKMALE: Die Schalenstärke dieser Schneckengehäuse ist ganz unterschiedlich: dünnwandig bei Bewohnern des Wattenmeeres, dick bei Tieren, die in der Brandungszone leben. Die rauhe Oberfläche wird von flachen Axialwellen und feinen Spiralrillen gestaltet. Die Schalenlänge beträgt 5-1 cm. Die Schale ist teilweise, wie man auf dem Bild sehen kann, von den Resten einer derben Schalenhaut (Periostrakum) bedeckt, unter der die weißlichgraue, gelbe oder braune Farbe des Gehäuses hervorschaut. Auf dem Foto ist der weiße, am Rand schwarz gesprenkelte Fuß zu erkennen, dem ein ovaler, horniger Deckel aufsitzt. LEBENSRAUM: Die in unseren Gewässern häufigste Schneckenart besiedelt die Sand-, Schlamm- und Felsböden der Küstengebiete vom nördlichen Eismeer bis zur Biskaya und ist bis in die Nord- und westliche Ostsee vorgedrungen. Kommt auch an der amerikanischen Ostküste vor. Man findet sie von der Ebbelinie bis in größere Tiefen, auch im Brackwasser. LEBENSWEISE: Die Wellhornschnecke ist ein Fleischfresser, vor allem aber ernährt sie sich von Aas, durch dessen Vertilgung sie zur Säuberung des Meeres beiträgt. Dementsprechend hat sie einen gut entwickelten Geruchssinn, der sie zu ihrer Nahrungsquelle leitet. Ihr Riechbereich wird durch einen langen Atemsipho, den sie in die Strömung hält, noch erweitert. Die leeren Schalen sind oft von Einsiedlerkrebsen bewohnt. FORTPFLANZUNG: Die *Buccinum*-Arten legen ihre Eier in gelblichen Kapseln ab. In jeder Kapsel befinden sich etwa 1000 Eier, von denen sich aber meist nur ein kleiner Teil entwickelt. Am Strand gefundene Eikapseln sind fast immer leer. ALLGEMEINES: Die leeren Eigelege findet man häufig am Strand angespült; Fischer benutzen sie als »Seeseife« zum Reinigen der Hände. Zerrieben ergeben sie ein wirksames Juckpulver. Die Schnecke gilt als vorzüglicher Fischköder, wird aber in den Küstengebieten gern gegessen.

## Miesmuschel
*Mytilus edulis*

MERKMALE: Jeder kennt die blauschwarzen bis violetten Muscheln, die in den vielen italienischen Lokalen wohlschmeckend angeboten werden. Bei der 6-8 cm langen, am Rücken gewinkelten Schale sitzt der spitze Wirbel endständig vorn. Der Hinterrand ist bogig gerundet. Oft ist die aus konzentrischen Wachstumsringen und Querrillen geprägte Oberfläche verwittert. Die Innenseite ist perlmuttrig-weiß, Rand und Haftmuskeleindrücke sind bläulich. Schloßzähne fehlen. LEBENSRAUM: Sie ist ein Kosmopolit, kommt vom Nordpolarmeer bis zur portugiesischen Atlantikküste und an den deutschen Küsten vor. Man findet sie zu beiden Seiten des Nordamerikanischen Kontinents und im Pazifik in den japanischen Gewässern. Im Mittelmeer wird sie durch *Mytilus galloprovincialis* vertreten. Ihr natürlicher Lebensraum sind Felsen und jeder andere feste Untergrund in der Gezeitenzone und im Flachwasser.

## Edle Steckmuschel
*Pinna nobilis*

MERKMALE: Die rötlichbraunen, an der Spitze weißen, 40-60 cm hohen Schalen haben die Form eines teilweise geöffneten Fächers, oben abgerundet, nach unten spitz zulaufend. Die Oberfläche ist mit dicht stehenden Hohlstacheln oder Schuppen besetzt, die bei alten, großen Tieren fehlen können. Die Innenseite ist rötlichglänzend. LEBENSRAUM der Steckmuschel ist das Mittelmeer. Sie lebt dort auf Sandböden ruhiger Buchten vom Flachwasser bis in 50 m Tiefe. Die an sich häufig vorkommenden Tiere wurden so übersammelt oder durch die starke Wasserverschmutzung zurückgedrängt, daß sie heute selten geworden sind. LEBENSWEISE und FORTPFLANZUNG: Sie steckt mit ihrem spitzen Ende oft bis zur Hälfte im sandigen Boden, mit zahlreichen Byssusfäden verankert und filtert ihre Nahrung aus dem Wasser. Die Fortpflanzung ist dieselbe wie bei anderen Meeresmuscheln.

## Gebogene Schwertmuschel
*Ensis ensis*

MERKMALE: Sie weicht in der Gestalt von den übrigen Muscheln ab. Die 16 cm langen, messerscheidenförmigen Schalen sind gebogen und hinten wie vorn leicht abgerundet. Die Wirbel sitzen direkt am Vorderende. Sie ist cremeweiß mit rötlichbraunen Streifen, die im hinteren Schalenbereich senkrecht stehen, im vorderen waagerecht zum Schalenrand verlaufen; meist von einem gelbgrünen Periostrakum verdeckt. LEBENSRAUM: *Ensis ensis* lebt im Feinsand des Flachwasserbereichs eingegraben im Atlantik von Norwegen bis zur marokkanischen Küste, im Mittelmeer und in der Nordsee. LEBENSWEISE: Sie gräbt sich knapp unter die Oberfläche, manchmal aber auch bis 1 m tief in den weichen Grund. Dazu benutzt sie den Fuß; erst wird er stark verlängert und in den Boden vorgeschoben, dann schwillt das Vorderende an, der Fuß verkürzt sich und zieht die Schale nach, mit ein paar Zügen ist die Muschel im Boden verschwunden.

## Auster
*Ostrea edulis*

MERKMALE: Die 10-15 cm großen, ziemlich unansehnlichen Schalen sind mit konzentrischen, blättrigen, sich überlappenden Lamellen und unregelmäßigen Radiärrippen bedeckt. Von den dickwandigen ungleichen Klappen ist hier die linke, stärker gewölbte am Untergrund festgekittet, die rechte, flache liegt ihr als Deckel auf. Das Schloß besitzt keine Zähne. Die Farbe ist schmutzigweiß oder graubraun, die linke Klappe weist oft rötliche Flecken auf. LEBENSRAUM: Die europäische Auster kommt an allen europäischen Küsten vor, an denen die Wassertemperatur während der Sommermonate 15 °C nicht unterschreitet und der Salzgehalt mindestens 19‰ beträgt; sie fehlt also nur in den kalten nördlichen Zonen, in der Ostsee und im Schwarzen Meer. Sie sitzt auf Hartsubstrat, an Felsen in der Brandungszone, bildet aber auch auf Schillgrund ganze Bänke. LEBENSWEISE: Austern vermögen Stellen zu besiedeln, die immer wieder trockenfallen; die Ränder der Schalenklappen sind nämlich weich und elastisch und können durch Zusammenpressen das Gehäuse hermetisch verschließen. Das Festsetzen geht folgendermaßen vor sich: Die frisch geschlüpfte Auster befestigt sich zunächst mit Haftfäden, hochkant stehend, am Untergrund. Nun wird aus der Byssusdrüse eine Kittsubstanz abgesondert, in die sich die Auster mit der linken Klappe fallen läßt. Die Substanz erhärtet, und das Tier ist zeitlebens an den einmal gewählten Platz gebunden. Fuß und Byssusdrüse werden nun bis auf verkümmerte Reste zurückgebildet. FORTPFLANZUNG: Die Tiere sind Zwitter, die abwechselnd als Weibchen oder Männchen fungieren. Die Eier werden noch im Muttertier befruchtet und erst die Larven ins Wasser entlassen. ALLGEMEINES: Natürliche Austernbänke kommen heute nur noch vereinzelt vor. Um den Bedarf an dieser hochgeschätzten Delikatesse zu decken, werden sie in künstlich angelegten Austernparks gezüchtet. Solche Kulturen wurden schon von den Römern angelegt.

## Languste
*Palinurus vulgaris*

MERKMALE: Das erste Laufbeinpaar hat, im Gegensatz zum Hummer, keine Scheren, sondern nur einen Greifhaken. Der Krebs wird bis 45 cm lang und weist einen stark bedornten Rückenschild auf. Die Farbe ist rötlichbraun bis braunviolett mit weißen Flecken, besonders am Hinterleib. Die über körperlangen 2. Fühler, mit denen ein knarrendes Geräusch hervorgerufen werden kann, sind rotbraun und gelb beringelt. Der Hinterleib endet in einem breiten Schwanzfächer. LEBENSRAUM: Die Languste lebt auf felsigem, pflanzenbestandenem Grund ab 12-15 m, meist aber erst ab 40 m Tiefe. Sie ist im Mittelmeer und Atlantik mit der niederländischen Küste als nördlichster Grenze beheimatet. LEBENSWEISE und FORTPFLANZUNG sind ähnlich der des Hummers. Sie ernährt sich von Muscheln, Schnecken und Aas und wird wie jener in Reusen als Speisekrebs gefangen. Die Eier werden ins Wasser abgelegt.

## Steingarnele
*Leander squilla*

MERKMALE: Die 5 cm große Garnele ist durchsichtig grau oder grünlichbraun mit dunklen Streifen, Beine mit gelben Flecken. Das lange Rostrum (vom Rückenschild nach vorne ragender Fortsatz) ist leicht gebogen und 1spitzig. Das 1. Laufbeinpaar trägt winzige, das 2. größere Scheren. LEBENSRAUM: Im Flachwasserbereich auf pflanzenbestandenem Felsgrund, aber auch in Ebbetümpeln trifft man auf diesen kleinen Krebs. Er ist sowohl im Mittelmeer und Atlantik wie auch in der Nord- und westlichen Ostsee verbreitet und eine der häufigsten auf Märkten angebotenen Garnelen. LEBENSWEISE: Obwohl sie nicht sehr scheu ist und Badende auf der Suche nach Nahrung oft an den Beinen zupft, läßt sie sich schwer mit der Hand fangen. Sie kann durch Einschlagen des breiten Schwanzfächers plötzlich nach rückwärts davonschießen. FORTPFLANZUNG: Die Weibchen tragen ihre Eier an den Hinterleibsbeinen.

## Europäischer Hummer
*Homarus gammarus*

MERKMALE: Der im Leben blaugraue Hummer ist aus Delikatessenläden bekannt, meist jedoch in der in gekochtem Zustand roten Farbe. Er erreicht eine Länge von 50 cm und zeichnet sich vor allem durch seine ungleich großen, kräftigen Scheren des 1. Laufbeinpaares aus. Das 2. und 3. Laufbeinpaar besitzt kleine Scheren. Ein spitzes Rostrum ist ausgebildet, das 2. Fühlerpaar weist etwa Körperlänge auf. Am Hinterleibsende sitzt ein breiter Schwanzfächer. LEBENSRAUM: Ab 25 m Tiefe findet man ihn auf Felsgrund und zwischen Steinen, in Höhlen und Spalten, die er ausbaut und in denen er sich tagsüber oder während der Häutungszeit verbirgt. Zur Überwinterung begeben sich die Tiere in größere Tiefen. Seine Verbreitung reicht vom Mittelmeer über den Atlantik bis in die Nordsee. LEBENSWEISE: In seinen großen Scheren stecken gewaltige Kräfte, er kann damit einen Finger durchtrennen. Frißt Muschel, Würmer, kleine Krebse.

## Einsiedlerkrebs
*Dardanus arrosor*

MERKMALE: 10 cm groß. Gelb bis gelborange, mit außen roten, bauchseits gelben Scheren mit schwarzbraunen Spitzen. Linke Schere stärker entwickelt. Das 2. und 3. Laufbeinpaar ist länger als die Scheren, das 4. und 5. Paar sehr klein. Die Beine des Hinterleibs sind auf einer Seite zu Greifhaken umgebildet. LEBENSRAUM: Dieser Krebs lebt ausschließlich im Mittelmeer auf Sand- und Steingrund. LEBENSWEISE: Mit den Greifhaken seines weichhäutigen Hinterleibs sitzt der Krebs in einem leeren Schneckenhaus verankert, aus dem er, seinem Wachstum entsprechend, in ein jeweils größeres umzieht. Oft siedeln auf dem Schneckenhaus Seerosen (Bild), die dem Krebs zusätzlichen Schutz gewähren und die er beim Umzug meist mitnimmt. FORTPFLANZUNG: Die Eier werden an den auf der einen Seite noch bestehenden Hinterleibsbeinen angeheftet, erst die Larven werden ins Wasser entlassen.

## Samtkrabbe
*Portunus puber*

MERKMALE: *Portunus* gehört zu den Schwimmkrabben, bei denen das Endglied des letzten Brustbeinpaares paddelartig verbreitert ist und als Ruder beim Schwimmen dient. Die vorn breit gerundete 7 cm lange Brust ist am Vorderrand gezähnt. Die Scherenbeine sind kräftig entwickelt und gekielt. Bräunlich bis graubraun, samtig behaarter Rückenschild; die Beine sind an den unbehaarten Gelenken rot gezeichnet. LEBENSRAUM: An Felsküsten zwischen Steinen auf Sandgrund findet man sie vom Flachwasser an. Sie kommt im Mittelmeer, im Atlantik und in der Nordsee vor. LEBENSWEISE: In Ruhestellung liegt sie bis zum Kopfrand und zu den Augen im Sand; beim Eingraben benutzt sie ihre Ruder als Schaufeln. Zum Nahrungsfang kommt sie aus dem Sand hervor und erhascht im Schwimmstart Garnelen und kleine Fische, die sie dann auf den Grund schleppt und dort verzehrt.

## Steinkrabbe
*Xantho poressa*

MERKMALE: Kennzeichnend sind die kleinen, behaarten Laufbeine und die kräftigen, gekielten Scherenbeine, von denen das rechte stärker entwickelt ist. Die Scherenfinger sind schwarz gefärbt, der übrige Körper ist gelblichbraun bis grünlichgrau, oft mit dunkleren Punkten und helleren runden Flecken gezeichnet. Stirnrand in der Mitte eingekerbt, schwach gezähnte Vorderseitenränder. Die Länge der Kopfbrust beträgt 4 cm. LEBENRAUM: Kies-, Geröll- und Sandgrund des Mittelmeeres und des angrenzenden Atlantiks. Man trifft sie dort vom Seichtwasserbereich an. LEBENSWEISE: Sie ist in ihrer Färbung kaum vom Untergrund zu unterscheiden. Die lichtscheuen Tiere graben sich meist ein und verbergen sich unter Steinen und lauern auf vorbeikommende Beutetiere. FORTPFLANZUNG: Sie erfolgt wie bei den meisten anderen Krabben, aus den Eiern entwickeln sich die Jungkrabben, nachdem sie ein Schwimmlarvenstadium durchlaufen haben.

## Taschenkrebs
*Cancer pagurus*

MERKMALE: Die Kopfbrust dieser großen Krabbe mit dem fein gekörnten Rückenschild kann eine Breite von 30 cm erreichen und hat einen lappig gekerbten Rand. Die Farbe ist gelblichbraun, manchmal violett getönt, die kräftigen Scheren sind schwarz. Wie bei allen Krabben wird der rückgebildete Hinterleib unter die Kopfbrust eingeschlagen. LEBENSRAUM: Sandiger und felsiger Untergrund im Flachwasserbereich des Mittelmeeres, des Atlantiks und der Nordsee. LEBENSWEISE: Mit den außergewöhnlich kräftigen Scheren vermag der Taschenkrebs fingerdicke Holzstücke zu durchschneiden und die harten Panzer seiner Beutetiere, Muscheln, Krebse und Stachelhäuter, zu knacken. Er wird als Speisekrebs verkauft. FORTPFLANZUNG: Das Weibchen legt seine Eier erst 12-14 Monate nach der Begattung ab, den Samen speichert es bis dahin in einer besonderen Tasche.

## Klippenassel
*Ligia oceanica*

MERKMALE: Die 8 mm lange, graue bis grünlichbraun gesprenkelte Landassel hat einen oval abgeplatteten, in mehreren Abschnitten gegliederten Körper. Das 2. Fühlerpaar ist besonders lang und besteht aus 20 Gliedern. Die Tiere sind reine Kiemenatmer. LEBENSRAUM: Die Klippen- oder Strandassel bevölkert die Felsstrände, Geröll- und Schotterbänke der Nordseeküsten und des angrenzenden Nordost-Atlantiks. LEBENSWEISE: Sie führt eine amphibische Lebensweise, ist im Wasser wie an Land zu Hause und verbirgt sich unter Steinen. Bei Gefahr rennt sie fluchtartig ins Wasser, wo sie es lange aushalten kann; gewöhnlich aber meidet sie es, länger untergetaucht zu sein.

## Wollkrabbe
*Dromia vulgaris*

MERKMALE: Bis auf die hell lilafarbenen Scherenfinger sind ihr 5-8 cm breiter, stark gewölbter Körper und die Beine mit einem dichten, dunkelbraunen, samtigen Haarpelz bedeckt. Die Scherenbeine sind gedrungen, die Laufbeine kurz und kräftig, das letzte Beinpaar ist klein und auf den Rücken verschoben, es trägt kleine Scheren. LEBENSRAUM: Sie ist im Mittelmeer weit verbreitet, lebt im Seichtwasser und steigt an felsigen Ufern oft bis zur Wassergrenze hoch. LEBENSWEISE: Fast immer ist das Tier mit Schwämmen, meist mit dem Feigenschwamm maskiert.

## Wollhandkrabbe
*Eriocheir sinensis*

MERKMALE: Ihre Scherenbeine sind bei den Männchen an den unteren Gliedern mit einem dichten, wolligen Pelz besetzt und wirken daher gewaltig; die Laufbeine sind an den Kanten fein behaart. Die 7 cm lange Kopfbrust trägt einen 2fach gezähnten Stirnrand und 4fach gezähnte Vorderseitenränder. Die Farbe ist olivbraun, dunkler gesprenkelt, Scherenfinger weißlich. LEBENSRAUM: Ursprünglich im chinesischen Tiefland heimisch, wurde sie Anfang des Jahrhunderts, wahrscheinlich mit Ballastwasser, von Schiffen in Europa eingeschleppt und hat sich inzwischen in den Flußmündungen der Küstengebiete von Nord- und Ostsee und im Atlantik südlich bis zur Kanalküste ausgebreitet. In den großen Stromsystemen ist sie mancherorts bis 700 km landeinwärts gewandert. LEBENSWEISE: Bei Ebbe und tagsüber ziehen sich die Tiere in selbstgegrabene Gänge im Uferbereich zurück, aus denen sie nachts zum Beutegang hervorkommen.

### Mittelmeer-Federstern
*Antedon mediterranea*

MERKMALE: Dieser Haarstern tritt in vielen Farbvariationen auf: weiß, gelb, orange, karminrot oder braun. 5 unmittelbar am kelchförmigen Rumpf gegabelte Arme, die seitlich mit langen, feinen Fortsätzen besetzt sind, sehen wie Federn aus. Unten an der Rumpfkapsel sitzen gegliederte, wurzelförmige Zirren, die zum Anklammern dienen. Durchmesser 20 cm. LEBENSRAUM: Der Federstern hält sich in 10-40 m Tiefe auf algenbestandenen Hartböden, in Seegraswiesen und auf Gorgonien auf. Seine Heimat ist das Mittelmeer. LEBENSWEISE: Die fächerartig ausgestreckten Arme fangen Geschwebe aus dem Wasser und befördern es in Wimperfurchen zum Mund. Mit steil abwärts gekrümmten Armen können die Haarsterne wie auf Stelzen laufen, mit auf- und abschlagenden Armen graziös schwimmen. FORTPFLANZUNG: Haarsterne sind getrenntgeschlechtlich.

### Gemeiner Seestern
*Asterias rubens*

MERKMALE: Diese häufigste und verbreitetste Seesternart hat in der Regel 5 ziemlich dicke Arme an einer kleinen Körperscheibe. Seine Spannweite beträgt 12-40 cm. Die Färbung ist rotbraun, gelblich, grauweiß, bräunlich bis violett oder grünlich. Die höckerigen Stacheln sind kurz. Auf der Unterseite stehen 4 Reihen von Füßchen mit Saugscheibe. LEBENSRAUM: Er ist an der gesamten europäischen Atlantikküste verbreitet und dringt in die Nordsee und in die westliche Ostsee vor. Man trifft ihn auf Fels und steinigem Sandgrund dicht unter dem Wasserspiegel, aber auch in 200 m Tiefe. LEBENSWEISE: Wie der Eisseestern, ist er ein großer Muschel- und Schneckenräuber, der sich hauptsächlich von Muscheln ernährt. Doch auch kleine Seeigel, Einsiedlerkrebse und Krabben verschmäht er nicht. Kleinere Beutetiere werden ganz verschlungen. Die Jungtiere nähren sich von Seepocken.

### Violetter Seestern
*Ophidiaster ophidianus*

MERKMALE: Er ähnelt dem Dornenstern, ist aber größer als dieser, sein Durchmesser beträgt bis zu 35 cm. Er ist karmin- oder orangerot, mit dunkleren Flecken gezeichnet. Die langen, runden Arme sitzen an einer kleinen Körperscheibe. Die Füßchen tragen Saugscheiben, die von Reihen kurzer, schützender Stacheln begleitet werden. LEBENSRAUM: Man findet ihn in den wärmeren Teilen des Mittelmeeres und im angrenzenden Atlantik von Portugal bis St. Helena, auf Felsen und auf Hartböden vom Uferbereich bis in 30 m Tiefe. Er fehlt allerdings in der Adria. LEBENSWEISE: *Ophidiasteriden* ernähren sich von Mikroorganismen, die als Film die Bodenoberfläche bedecken und die sie mit ihren Füßchen aufnehmen. FORTPFLANZUNG: Wie bei den meisten Seesternen werden die Ei- und Samenzellen ins Wasser entlassen, es entwickelt sich eine Schwimmlarve, die sich nach einiger Zeit planktonischen Lebens in den Jungseestern umwandelt.

### Eisseestern
*Marthasterias glacialis*

MERKMALE: Mit 70 cm Spannweite ist er einer der größten Seesterne. An der relativ kleinen Körperscheibe sitzen 5 äußerst biegsame Arme, die 3 Reihen auf kleinen Polstern sitzende Stacheln tragen. Die Färbung ist so variabel, daß kaum ein Tier dem anderen gleicht: gelb, orange, braunrot, hellgrau, dunkel- bis olivgrün. Füßchen mit Saugscheiben. LEBENSRAUM: Die Verbreitung reicht vom Mittelmeer über die europäische und afrikanische Atlantikküste bis Island. Er lebt auf Hartböden unter Steinen und in Spalten, vom Küstenbereich bis in 50 m Tiefe, tiefer auf Sandgrund. LEBENSWEISE: Hauptnahrung sind Schnecken und Muscheln. Er ist ein gefürchteter Räuber in Miesmuschel- und Austernkulturen.

### Stachel-Sonnenstern
*Crossaster papposus*

MERKMALE: Er kann eine Spannweite von 34 cm erreichen, mit seinen 8-14 Armen bildet er eine Ausnahme unter den Seesternen. Die große Körperscheibe ist purpurrot, die Arme sind rot mit gelber Querbänderung, manchmal ist der ganze Sonnenstern aber auch einheitlich rot. LEBENSRAUM: Die Tiere besiedeln Hartböden von der Ebbelinie an bis in 1200 m Tiefe. VERBREITUNG: Das ganze Nordpolargebiet bis südlich in die Nordsee und die Kieler Bucht; an den amerikanischen Küsten bis New Jersey im Atlantik und Vancouver Island im Pazifik. LEBENSWEISE: Die Nahrung dieses Seesterns besteht hauptsächlich aus jungen *Asterias rubens*-Seesternen, aus Moostierchen und Seewalzen.

## Zerbrechlicher Schlangenstern
*Ophiothrix fragilis*

MERKMALE: Die 10 cm langen, kreisrunden, sehr dünnen und beweglichen 5 Arme sitzen an einer Körperscheibe von 2 cm Durchmesser. Sie sind mit bürstenartig abstehenden Stacheln besetzt. Weiße, rötlichgelbe und grünlichgraue Tiere kommen neben dunkelvioletten vor, oft mit Bändern und Flecken verziert. Die filigranzarten Arme brechen leicht ab. Füßchen ohne Saugscheiben. LEBENSRAUM: Er hält sich gern auf Sand- und Schlammgrund unter Steinen und in Seegraswiesen *(Posidonia)* auf. Manchmal gibt es Massenansammlungen von 340 Tieren pro $m^2$. Der häufigste Schlangenstern der Nordsee lebt auch im Atlantik und im Mittelmeer. LEBENSWEISE: Er ernährt sich von Mikroorganismen, die er mit den Füßchen vom Boden auftupft und von Füßchen zu Füßchen zum Mund weiterreicht. Er fängt auch mit emporgestreckten Armen Plankton aus der Strömung.

## Brauner Schlangenstern
*Ophioderma longicauda*

MERKMALE: An der Körperscheibe mit 2,5 cm Durchmesser sitzen bis zu 15 cm lange, dünne, sehr bewegliche Arme. Der Schlangenstern ist oberseits schwarzbraun, auf der Unterseite grau oder gelb, oft mit helleren oder dunkleren Flecken und Binden markiert. Die Stacheln sind kurz und schmiegen sich der Haut so eng an, daß die Oberfläche glatt erscheint. LEBENSRAUM: Er tritt häufig an Felsstränden in 1-15 m Tiefe auf, geht mitunter auch einmal bis 70 m. Dort hält er sich zwischen Algen, unter Steinen und in Felsspalten, in *Posidonia*- und *Caulerpa*-Beständen (Seegräser und Algen) auf. Seine Verbreitung reicht vom Mittelmeer in den angrenzenden Atlantik von der Bretagne bis zum Kongo. LEBENSWEISE: Ein äußerst aktiver und gefräßiger Räuber, der aber auch an Aas geht, das er über weite Entfernungen aufspüren kann. FORTPFLANZUNG: Wie bei allen Schlangensternen über Schwimmlarven.

## Schwarzer Seeigel
*Arbacia lixula*

MERKMALE: Der abgeplattete Seeigel erreicht einen Schalendurchmesser von 5,5 cm. Die langen, kräftigen, schwarzen Stacheln werden bei der geringsten Beunruhigung des Tieres sogleich aufgerichtet, sie sind sehr brüchig. Mundfeld groß. Die Füßchen der Oberseite besitzen keine Saugscheiben. LEBENSRAUM: Meist findet man ihn schon dicht unter der Wasseroberfläche auf Felsböden im Mittelmeer und angrenzenden Atlantik, geht bis in 40 m Tiefe. LEBENSWEISE: Mit den Füßchen der Unterseite vermag er sich außerordentlich fest an den Untergrund anzusaugen und so selbst starker Brandung zu widerstehen. Häufig sitzt er in Gesteinsspalten und streckt dem Angreifer seine spitzen Stacheln entgegen. Als Nahrung weidet er die Algen von den Felsen ab. FORTPFLANZUNG: Eier und Samen werden ins Wasser ausgestoßen und dort befruchtet. Die planktonischen Larven wandeln sich nach 4-6 Wochen in Seeigel um.

## Strandseeigel
*Psammechinus miliaris*

MERKMALE: Auch er ist leicht abgeplattet, sein Durchmesser beträgt 3,5 cm. Olivgrün bis bräunlich, die kräftigen, grünlichen Stacheln weisen eine violette Spitze auf. Die nackte Schale hat eine annähernd 5eckige Form. Auch die Füßchen der Oberseite haben Saugscheiben. LEBENSRAUM: Er ist ein Bewohner der Gezeitenzone, wo er sich zwischen Seegras und Algen, auf Felsen und unter Steinen bis in 30 m Tiefe aufhält. Von Norwegen bis Marokko und in die westliche Ostsee verbreitet, meidet er das Mittelmeer. LEBENSWEISE: Der Strandseeigel ernährt sich von Algen. Schützt sich gegen Lichteinwirkung, indem er sich mit Algenstückchen oder Steinchen maskiert.

## Violetter Seeigel
*Sphaerechinus granularis*

MERKMALE: Der Violette Seeigel kommt in mehreren Farbvarianten vor, mit gänzlich violetten oder völlig weißen Stacheln oder violetten Stacheln mit weißer Spitze. Er ist fast kugelig, 6-7 cm, selten 13 cm im Durchmesser. Die 2 cm langen Stacheln sind kräftig und stehen dicht. LEBENSRAUM: Vom Flachwasser bis in 120 m Tiefe lebt er auf Sandböden mit Seegrasbeständen oder klettert an Felsen empor. Er ist im Mittelmeer und Atlantik bis zu den Kapverden vertreten. LEBENSWEISE: Mit seinen kräftigen Zähnen weidet er allen Bewuchs des Untergrundes ab. In Aquarien zeigt er mitunter auch räuberische Gelüste. Er wurde beobachtet, wie er sich über einen Heuschreckenkrebs hermachte.

## Braune Seewalze
*Holothuria forskali*

MERKMALE: Die schwarzbraune, wurstförmige, bis zu 25 cm lange Seewalze trägt oben Papillen mit einem weißen, an der äußersten Spitze schwarzen Ende. Die Füßchen der Unterseite stehen nicht in Reihen angeordnet. LEBENSRAUM: Sie besiedelt von 0-100 m Tiefe seegrasbestandene Sandböden, manchmal auch felsigen Grund. Von der Südwest-Küste Englands und von Irland reicht ihre Verbreitung entlang der europäischen Atlantikküste bis ins Mittelmeer. LEBENSWEISE: Schon bei geringster Beunruhigung stößt sie lange, weiße, klebrige Fäden (Bild), die sogenannten Cuvierschen Schläuche, aus dem After aus. Der Angreifer, der daran haftenbleibt, verstrickt sich immer mehr in dem klebrigen Fadengewirr. Bei besonders heftiger Reizung folgen auch noch der Darm mitsamt seinen Anhängen. Die Ernährung geschieht in derselben Weise wie bei der vorhergehenden Art.

## Kleiner Herzseeigel
*Echinocardium cordatum*

MERKMALE: Er ist von eiförmiger Gestalt, oben gewölbt, unten flach und wird bis 6 cm lang. Sein Bau gleicht der vorhergehenden Art, die Stacheln sind grau gefärbt, pelzartig dicht, nach hinten gerichtet. LEBENSRAUM: Er besiedelt verschlammte Sandböden von der Strandzone bis in 200 m Tiefe in Mittelmeer, Atlantik und Nordsee. LEBENSWEISE: Da der Herzseeigel bis zu 20 cm tief in den Boden eindringt, ergibt sich für ihn das Problem der Versorgung mit frischem, sauerstoffreichem Wasser. Zu diesem Zweck legt er Atemschornsteine an, von besonders gestalteten Kittfüßchen errichtete Röhren, in denen durch einen Wimmerapparat ein Wasserstrom erzeugt wird. Das verbrauchte Atemwasser wird am Körperhinterende durch dicht bewimperte Stacheln wieder ausgetrieben. Er bewegt sich auch unterirdisch fort, wobei er sich wie eine Fräse durch den Boden arbeitet.

## Kletter-Holothurie
*Cucumaria planci*

MERKMALE: Bis zu 15 cm lang, gurkenförmig, bräunlich bis dunkelgraubraun. Die Füßchen verlaufen in 5, in gleichen Abständen stehenden Doppelreihen vom Mund zum After. Die Mundöffnung ist von 10 baumartig verzweigten Tentakeln umstellt. LEBENSRAUM: Die Kletterseegurke ist ein Bewohner des Mittelmeeres, wo sie auf verschlammtem Sand- und algenbestandenem Felsgrund vom Flachwasser bis in 60 m Tiefe vorkommt. LEBENSWEISE: Auf erhöhten Stellen, Steinen oder Felsvorsprüngen sitzt sie mit ihren Füßchen festgeheftet und hält die Tentakel zum Geschwebefang in die Strömung. Von Zeit zu Zeit werden diese zum Mund geführt, und das daran haftende Plankton wird abgelutscht. FORTPFLANZUNG: Nach dem Ablaichen halten die Weibchen ihre Eier so lange mit den Tentakeln fest, bis sie befruchtet sind. Es entstehen Schwimmlarven, die sich zur jungen Seegurke umwandeln.

## Steinseeigel
*Paracentrotus lividus*

MERKMALE: Die Aufnahme zeigt die große Farbvariabilität des Seeigels: Neben grünlichen Exemplaren kommen bräunlich, dunkel und hellviolett bestachelte Tiere vor. Schalendurchmesser bis zu 6 cm, Stachellänge 3 cm. LEBENSRAUM: Er ist der häufigste Seeigel im Mittelmeer. An den Atlantikküsten kommt er von Irland bis Marokko und bei den Azoren vor. Gesellig lebend, sitzt er oft dicht gedrängt an Felspartien und in küstennahen Seegraswiesen. LEBENSWEISE: Häufig gräbt er sich mit Hilfe der Zähne, unterstützt durch die Stacheln, in das Gestein; vertieft im Laufe der Zeit seine Wohnhöhle, ohne jedoch den Eingang zu erweitern, bis er schließlich gefangen in der Höhlung sitzt und als Nahrung auf das Geschwebe angewiesen ist, das ihm durch den Wellengang zugetragen wird. Nicht eingegrabene Tiere leben als Weidegänger vom Aufwuchs des Untergrundes.

## Meerneunauge
*Petromyzon marinus*

MERKMALE: Aalförmiger Körper ohne paarige Flossen. Runder, scheibenförmiger Mund, mit ausgefranstem Rand. Am Vorderkörper jederseits 7 Kiemenöffnungen. Eine unpaare Nasenöffnung auf der Stirn. Die Zunge ist kolbenförmig verdickt und bezahnt. Rückenflosse stets zweiteilig, mit Zwischenraum. Die Mundscheibe ist mit zahlreichen, ringförmigen Reihen kräftiger, schwarzer Hornzähne besetzt. Länge: 50-75 cm (-1 m). VERBREITUNG: Europäische Küstengewässer, vom Weißmeer und von Island bis Gibraltar; westliches Mittelmeer und Adria. LEBENSWEISE: Wanderfisch, der beim Laichaufstieg (März bis Juni) in den Unterlauf der Flüsse eindringt. Zum Ablaichen versammeln sich kleine Gruppen an Stellen mit Kiesgrund. Die Eier (34000-240000 je nach Weibchengröße, Eigröße ca. 1 mm) werden in flache Gruben abgelegt. Die Larven leben bis zur Umwandlung 2-5 Jahre.

## Kleingefleckter Katzenhai
*Scyliorhinus canicula*

MERKMALE: Langgestreckter, sehr schlanker Körper mit kurzer, abgerundeter Schnauze. Längsovale Augen, mit einer dicken Hautfalte am Unterrand, ohne Nickhaut. Die Nasenöffnungen (auf der Kopfunterseite) sind durch Rinnen mit dem Lippenrand verbunden; die Nasalklappen berühren sich beinahe in der Mittellinie des Kopfes vor der Mundöffnung. Sehr zahlreiche, kleine Zähne. 5 kleine Kiemenspalten, die beiden letzten über der Brustflosse gelegen. 2 weit nach hinten versetzte Rückenflossen, die 1. über oder hinter der Bauchflossenbasis, die 2. meist hinter der Afterflossenbasis. VORKOMMEN: Nordostatlantik, von Westnorwegen bis Senegal; Nordsee, Kattegat, Skagerrak, Sundgebiet (jedoch nicht in der Ostsee); Ärmelkanal. Mittelmeer. Vorzugsweise auf algenreichen Sandbänken in 15-85 m Tiefe (um die Britischen Inseln in 3-110 m, im Mittelmeer in 20-150 m), max. 400 m Tiefe.

## Adlerrochen
*Myliobatis aquila*

MERKMALE: Stark abgeflachte, rautenförmige Körperscheibe (fast 2mal so breit wie lang) mit großen, spitzwinkeligen »Flügeln«, deren Hinterkanten eingebuchtet sind. Der hufeisenförmige Kopf, an dessen Seiten sich die Augen und die großen Spritzlöcher befinden, ist breiter als lang und deutlich vom Körper abgesetzt. Peitschenförmig langer und dünner Schwanzstiel (ca. 2mal so lang wie die Körperscheibe) mit 1 kleinen Rückenflosse (weit hinter dem Bauchflossenrand angesetzt) und 1-2 Stacheln dahinter. Kleine Schwanzflosse. VERBREITUNG: Ostatlantik, vom Ärmelkanal bis Madeira und bei den Azoren (nördlich der Biskaya jedoch selten; gelegentlich bis Schottland und Südnorwegen); entlang der nordwestafrikanischen Küste bis Senegal (vermutlich bis Südafrika). Mittelmeer (z. B. recht häufig in der Adria). Küstengewässer, über Sand- und Schlammgrund, bis in 100 m Tiefe. NAHRUNG: Kleine Bodentiere.

## Hering
*Clupea harengus*

MERKMALE: Langgestreckter, im Querschnitt ovaler Körper mit Bauchkiel (jedoch ohne scharfe Kielschuppen). Große, dünne, leicht abfallende Rundschuppen, Kopf schuppenlos. Kiemendeckel glatt. Augen mit durchsichtigen Fettlidern, Unterkiefer vorstehend. Ohne Seitenlinie. Kurze Rückenflosse, mit 17-20 Gliederstrahlen. Schwanzflosse tief gegabelt. Bauchflossenansatz hinter dem Rückenflossenansatz. Länge: Selten über 40 cm (Höchstalter 20-25 Jahre). VERBREITUNG: Nordostatlantik, vom Eismeer bis zum Ärmelkanal; Ostsee. Bis in 250 m Tiefe. LEBENSWEISE: Schwarmbildende Freiwasserfische, tagsüber meist in Bodennähe, nachts in oberflächennahe Schichten aufsteigend. Je nach Rasse unterschiedliche Laichgründe und -zeiten. Nach dem Laichakt sinken die Eier auf den Boden, wo sie, bis zu 8 Lagen dick, wie ein Teppich liegenbleiben und dadurch viele Laichräuber anlocken.

## Dorsch
*Gadus morhua*

MERKMALE: Langgestreckter, stromlinienförmiger Körper mit langem, kräftigem Kopf. Augendurchmesser kleiner als die Schnauzenlänge. Oberkiefer vorstehend. Kräftiger Kinnfaden, fast so wie der Augendurchmesser. Seitenlinie bis unterhalb der 2. Rückenflosse gebogen, dann gerade verlaufend. 3 dicht beieinanderstehende Rückenflossen mit abgerundeten Kanten. Länge: Max. 2 m (95 kg, Nordwestatlantik), in der Nordsee um 80 cm (bei einem Alter von 6-10 Jahren). VERBREITUNG: Northcarolina, im Westen von Neufundland bis Nordkarolina, im Osten von Spitzbergen bis zur Biskaya. Von der Küste bis in 600 m Tiefe (gelegentlich tiefer, meist 150-220 m), sowohl in Bodennähe als auch im Freiwasser. Jungfische oft in sehr seichtem Wasser. LEBENSWEISE: Die meisten Stämme laichen im Frühjahr (4-6°C Wassertemperatur). NAHRUNG: Bodentiere, im Alter Fische.

## Makrele
*Scomber scombrus*

MERKMALE: Langgestreckter, spindelförmiger Körper mit spitzer Schnauze und weiter Mundöffnung. Große Augen mit durchsichtigen Fettlidern (die einen senkrechten Schlitz über der Pupille freilassen); Augenhöhle von einem vollständigen Knochenring umgeben. Vorderkiefer mit dem Oberkiefer fest verwachsen, dadurch nicht vorstreckbar; Kiefer mit kleinen Bürstenzähnen besetzt. Sehr kleine Schuppen, ohne Brustpanzer (kein »Korselett«). 2 weit voneinander getrennte Rückenflossen. VERBREITUNG: Nordatlantik, im Osten von Nordnorwegen und Island bis Westafrika und den Azoren; Nordsee, westliche Ostsee. Mittelmeer und Schwarzes Meer. LEBENSWEISE: Kräftige, schnellschwimmende Freiwasserfische, die oft nahe der Wasseroberfläche und in großen Schwärmen weite Wanderungen unternehmen, während der Wintermonate wandern sie ins Tiefenwasser ab, wo sie sich in Bodennähe aufhalten und die Nahrungsaufnahme einstellen.

## Ohrentaucher
*Podiceps auritus*

MERKMALE: Etwas größer als der Schwarzhalstaucher, Länge um 33 cm. Im Brutkleid am rostfarbenen Hals, dem schwarzen Backenbart und den rostroten Federohren leicht zu erkennen. Im Winter unscheinbar grau und weiß. Vom Schwarzhalstaucher am sichersten an Form und Farbe des Schnabels zu unterscheiden; er ist gerade, kräftig und schwärzlichgrau mit gelbroter Spitze. Die Stimme ist trillernd bis gackernd. Außerhalb der Brutzeit stumm. LEBENSRAUM: Im Sommer auf krautreichen Süßwasserseen in der nordischen Nadelwaldzone, auch auf Island und in Nordamerika. Manchmal während der Brutzeit auch an langsam fließenden Strömen, selten auf dem offenen Wasser, sondern mehr in der Ufervegetation. Die Überwinterungsgebiete liegen bis über 1000 km südlich des Brutgebietes in West- und Südeuropa; nur im wintermilden England berühren sich Sommer- und Winterherberge.

## Eissturmvogel
*Fulmarus glacialis*

MERKMALE: Auf den ersten Blick der Möwe ähnlich, aber nicht näher mit ihr verwandt, und leicht am ganz anderen Flug zu unterscheiden: Möwen rudern mit schwimmendem Flug und segelnden Abschnitten, der Eissturmvogel hält seine Schwingen beim Segeln starr ausgebreitet und neigt den Körper mal auf die eine, mal auf die andere Seite. Dabei fliegt er meist dicht über dem Wasser. LEBENSRAUM: Die nördlichen Meere von der Packeisgrenze im Norden bis etwa auf die Höhe der Bretagne. Während der Brutzeit halten sich die Vögel nicht mehr als 30 bis 40 km von den Kolonien entfernt auf, ansonsten streifen sie über das offene Meer. Wenn der Seemann Möwen sieht, weiß er, daß das Land nicht mehr fern ist. Sieht er Eissturmvögel, so muß er sich gedulden. Gern folgen die Tiere den Fischereibooten und balgen sich um die Abfälle. Der Eissturmvogel war früher ein hochnordischer Vogel.

## Eisente
*Clangula hyemalis*

MERKMALE: Eine kleine Meerente, die fast wie eine Seeschwalbe mit tief im Wasser liegendem Vorderkörper und in der Erregung hochgehobenen Schwanzspitzen schwimmt. Dieser nur dem Erpel eigene Schmuck verlängerter mittlerer Schwanzfedern, die allerdings auch oft im Wasser liegen, vergrößern die Körperlänge auf 53 cm (Weibchen um 41 cm). Eisenten können ohne Anlauf vom Wasser abheben. Sie fliegen meist niedrig und mit sehr schnellem Flügelschlag bei einer Geschwindigkeit um 100 km/h; im Flug recht ruflustig. Sie setzen mit der Brust und zurückgestreckten Beinen auf dem Wasser auf wie die Seetaucher. Der Balzruf der Erpel ist ein wohlklingender, weittragender Drei- oder Vierklang. LEBENSRAUM: Hoher Norden von der Grenze der Waldtundra bis zum Packeisgürtel. Je weiter südlich die Brutplätze gewählt werden, desto mehr liegen sie im Gebirge und stets über der Waldgrenze. Am häufigsten vorkommende Ente der hohen Arktis.

## Eiderente
*Somateria mollissima*

MERKMALE: Eine große, eher plump wirkende Tauchente mit kurzem Hals. Länge um 58 cm, Gewicht um 2,5 kg. Die Erpel sind im Prachtkleid - bis Juli - kaum zu verwechseln, die Enten dunkelbraun mit dichter schwarzer Querstreifung. Sie sehen aus der Ferne schwärzlich aus. Kennzeichnend sind der keilförmige Schnabel mit seitlich hereinlaufender Wangenbefiederung und die flache Stirn. LEBENSRAUM: Die Eiderente ist eine Meerente, die sich am liebsten zwischen vorgelagerten Inseln und in der Nähe geschützter Meeresbuchten aufhält, in die sie sich bei stürmischer See zurückzieht. Die nördlichen Populationen sind Zugvögel. NAHRUNG: Muscheln, Schnecken, Krebse u. ä.

## Prachttaucher
*Gavia arctica*

MERKMALE: Körperlänge 60 cm. Im Brutkleid leicht am aschgrauen Oberkopf von den anderen Seetauchern zu unterscheiden. LEBENSRAUM: Zur Brutzeit sucht der Prachttaucher meist große, tiefe, klare und fischreiche Seen auf. In Meeresnähe begnügt er sich auch mit kleineren Seen und jagt dann auf dem Meer. Manchmal befischt ein Paar mehrere kleinere Seen. Im Süden seines Brutgebietes beschränkt sich der Prachttaucher auf Gebirgsseen. Als Zugvogel folgt er den Flüssen und überwintert meist in Küstennähe auf dem Wasser. Hauptüberwinterungsgebiete sind die Ostsee, das Schwarze Meer und das Mittelmeer. Einige Tiere überwintern regelmäßig auf den großen Voralpenseen.

## Steinwälzer
*Arenaria interpres*

MERKMALE: Drosselgroß, Länge 23 cm. Im Sommerkleid bunt und unverkennbar; im Winterkleid sind Kehle und Bauch weiß, das übrige Gefieder ist schwarzbraun mit weißen Federsäumen. Warnruf, vor allem in Nestnähe, durchdringend und ausdauernd »t ck p t ck p«. LEBENSRAUM: In der Brutzeit ein nordischer Vogel, der auch schon in Deutschland gebrütet hat. Häufig im Schärenmeer der Ostsee, wo fast jede geeignete Schäre von einem Brutpaar besetzt ist, weiter entlang steiniger Küsten rund um den Pol. Außerhalb der Brutzeit an den Küsten aller Meere zu sehen, mit Ausnahme der Südspitze Südamerikas und der Antarktis. Seltener Durchzügler, auch im Binnenland.

## Brachschwalbe
*Glareola pratincola*

MERKMALE: Gesellige, ruflustige Vögel von Drosselgröße, meist in schwalbenartigem Flug in der Luft zu sehen. Schwanz leicht gegabelt. Gestalt seeschwalbenähnlich. Flügel teilweise rostfarben. LEBENSRAUM: Vorzugsweise in von der Sonne ausgedörrten Sumpflandschaften, meist nicht weit vom Wasser; auch in Magersteppen mit lockerer Bodenvegetation. FORTPFLANZUNG: Koloniebrüter an von Jahr zu Jahr wechselnden Orten. Die 3 oder seltener 2 Eier liegen in einer Bodenmulde, häufig in einem Viehtritt. Die Eiablage beginnt im letzten Maidrittel, und die Jungen werden im Laufe des Juli selbständig. Feinde, die in die Kolonie eindringen, werden von allen Altvögeln dicht umschwärmt.

## Austernfischer
*Haematopus ostralegus*

MERKMALE: Unverwechselbar, Länge um 43 cm, Gewicht um 500 Gramm. Die Jungvögel sind im ersten und oft auch noch im zweiten Sommer an ihrer schwarzbraunen Schnabelspitze und einer weißen Kinnbinde kenntlich, welche die Altvögel nur im Winterkleid anlegen. Austernfischer fliegen recht gut, wenn auch nicht wendig, sie schwimmen leidlich und können in der Not recht geschickt tauchen. Auf der Flucht vor einem hetzenden Falken oder Seeadler stürzen sie sich sogar aus dem Flug ins Wasser. An Land gehen sie meist behäbig, können aber auch rennen. LEBENSRAUM: In Amerika reicht ihr Brutgebiet lückenlos von Alaska bis Feuerland, außerdem brüten sie in Südafrika und Australien. In Osteuropa findet man sie tief im Binnenland; in Westeuropa hingegen leben sie als echte Meeresvögel und wurden charakteristisch für die deutschen Nordseeküsten.

## Mittelsäger
*Mergus serrator*

MERKMALE: Mit etwa 58 cm Länge etwas kleiner als eine Stockente. Bei beiden Geschlechtern zweizipfelige Federhaube. Männchen im Prachtkleid durch rotbraunes Brustband von den anderen Sägern zu unterscheiden. Flanken grau. Schlichtkleid und Weibchenkleid sehen den entsprechenden Kleidern des Gänsesägers recht ähnlich. Da auch der Größenunterschied nicht markant ist, gilt als Hauptmerkmal der allmähliche Übergang des rostfarbenen Kopfgefieders zum bräunlichgrauen Körpergefieder. Fluggeschwindigkeit bis über 100 km/h. LEBENSRAUM: Brutvogel am Meer in ruhigen Buchten und von kleinen Inseln durchbrochenen Stillwasserzonen, daneben auch an Seen und Flüssen in der nordischen Nadelwaldzone. Die Südgrenze des Brutgebietes liegt in den Masurischen Seen und an der Ostseeküste. Im Winter zahlreich an der Ostseeküste, vor Norwegen und um die Britischen Inseln.

## Säbelschnäbler
*Recurvirostra avosetta*

MERKMALE: Körper gut taubengroß, Gesamtlänge um 43 cm, Beine blaugrau, Füße mit kleinen Schwimmhäuten. Die Alterskleider beider Geschlechter sehen im Winter und im Sommer fast gleich aus, nur das Jugendkleid bis zum ersten Winter ist weiß und fahlbraun mit schwarzen Schwingen. Die Säbelschnäbler gehen mit großen Schritten. Sie stehen gern auf einem Bein oder ruhen mit eingeknickten Beinen auf den Fersen. Sie schwimmen oft und möwenleicht und können zur Not auch tauchen. Unter Wasser rudern sie mit den Flügeln. Der Flug ist etwas schwerfällig, mit eingezogenem Hals und nach hinten gestreckten Beinen. LEBENSRAUM: Säbelschnäbler sind an Salzwasser gebunden. Wo, wie in der Camargue, ein Gewässer durch Einleiten von Flußwasser aussüßt, verschwinden sie. Sie brüten an Lagunen, schlammigen Meeresbuchten, an Salz- und Bitterseen mit freien Schlammflächen. Fliegen bis nach Ostafrika.

**Sturmmöwe**
*Larus canus*

MERKMALE: In der Färbung ähnlich der Silbermöwe, aber mit 45 cm Länge und um 112 cm Spannweite viel kleiner und zierlicher. Beine grünlichgrau, ohne roten Fleck am Unterschnabel. Von der etwa gleichgroßen Dreizehenmöwe und der Lachmöwe im Winterkleid durch weiße Flecken in der Flügelspitze zu unterscheiden. Sturmmöwen folgen mit großer Ausdauer den Schiffen, manchmal zusammen mit Herings- oder Silbermöwen. Durchdringende Stimmlaute auf »skiaa«, in der Erregung »skak«, bei der Verteidigung des Nestes kreischend »skriii«. LEBENSRAUM: Das Brutgebiet der Sturmmöwe zieht sich quer durch das gemäßigte und kühle Eurasien und durch Teile Nordamerikas, wo allerdings die kräftigere Delawaremöwe vorherrscht. Im größten Teil ihres Brutgebietes ist die Sturmmöwe ein Vogel des Binnenlandes. Sie brütet dort in kleinen Kolonien an Flüssen und größeren Seen.

**Silbermöwe**
*Larus argentatus*

MERKMALE: Etwas größer als die Heringsmöwe, Länge 56 bis 66 cm, Spannweite um 150 cm. Rücken und Flügeldecken (der Mantel) hell aschgrau bis dunkelschiefergrau. Füße der westeuropäischen und skandinavischen Vögel fleischfarben, sonst, etwa im Mittelmeerraum, gelb. Silbermöwen fliegen langsam, aber ausdauernd, wie sie sich überhaupt sehr ruhig, fast phlegmatisch bewegen; sie beherrschen den Segelflug im Aufwind von Küsten und Wellenbergen. Am Boden gehen sie nach Krähenart und sitzen gern auf Pfosten, Steinen und sogar Schiffsmasten. Sie sind sehr gesellig. Außer dem durchdringenden Stimmlaut »kauu p kauu« hört man schrilles Gelächter und jaulende Rufe. LEBENSRAUM: Die Silbermöwe ist äußerst anpassungsfähig. Sie brütet südwärts bis zu den Kanarischen und Kapverdischen Inseln, im Norden auf den Inseln des nördlichen Eismeeres.

**Mantelmöwe**
*Larus marinus*

MERKMALE: Eine gewaltige, gänsegroße Möwe. Länge um 70 cm, Spannweite bis 170 cm. Flügelränder und -spitzen sind weiß, Rücken und Oberseite der Flügel schieferschwarz. Im Winterkleid ist der Nacken leicht grau gefleckt. Die Beine sind im Gegensatz zur Heringsmöwe in allen Kleidern fleischfarben. Die Jungvögel wirken lehmbraun quergestreift mit dunklen Schwingen und schwarzer Schwanzbinde, ihr Schnabel ist schwärzlichgrau. Von jungen Silbermöwen unterscheiden sie sich durch die bedeutende Größe und die kontrastreichere Zeichnung, besonders auf dem Schwanz. LEBENSRAUM: Die Mantelmöwe hat in den vergangenen Jahrzehnten ihr Brutrevier nach Norden und Süden ausgedehnt. Sie siedelte sich auf Spitzbergen an und weitete innerhalb von 20 Jahren ihr Verbreitungsgebiet an der amerikanischen Ostküste um 700 km nach Süden aus.

**Küstenseeschwalbe**
*Sterna paradisea*

MERKMALE: Ähnelt stark der nur wenig kleineren Flußseeschwalbe - 38 gegen 35 cm Länge. Als Hauptunterscheidungsmerkmal gilt der Schnabel: Er ist bei der Küstenseeschwalbe während der Brutzeit durchgehend rot, allenfalls mit einem kleinen schwarzen Fleck an der Spitze, während die Flußseeschwalbe eine schwarze Spitze des sonst gleichfalls roten Schnabels aufweist. Dieses Merkmal versagt im Winter, wenn der Schnabel beider Arten schwarz ist, und manchmal auch noch im Frühjahr zur Zeit der Umfärbung. Die Küstenseeschwalbe ist besonders kurzbeinig und ihre Brust hellgrau überflogen, ihre Wangen wirken auffallend weiß. Die Flügelspitzen (äußere Handschwingen) wirken bei der Küstenseeschwalbe, von unten gesehen, eher grau mit dunklerem Außenrand; bei der Flußseeschwalbe dagegen großflächiger dunkelgrau und schwarz. Stirn und Oberkopf der Küstenseeschwalbe sind im Winterkleid weiß, bei der Flußseeschwalbe ist nur die Stirn aufgehellt. Die Stimme der Küstenseeschwalbe klingt schrill »kiraaa«, wenn sie ihre Brut verteidigt. LEBENSRAUM: Die Küstenseeschwalbe ist der nördlicher Vertreter der Flußseeschwalbe, wenngleich beide Arten sich in ihren Verbreitungsgebieten überlappen und zuweilen sogar in gemischten Kolonien brüten, etwa an der deutschen Nord- und Ostseeküste. Küstenseeschwalben kommen in allen Ländern rund um den Nordpol vor. Im Schärengürtel der Ostsee brütet sie auf den äußersten, der Brandung ausgesetzten Klippen, während die Flußseeschwalbe die Inseln im Stillwasser dicht vor der Küste besetzt. Im Norden brütet die Küstenseeschwalbe auf flachen Felseninseln, in den Kiesbetten der Küste, in Sanddünen, Strandwiesen, küstennaher Flechtentundra und an ähnlichen Orten. Vereinzelt findet man sie auch im Binnenland an Flüssen und Seen. Außerhalb der Brutzeit ist die Küstenseeschwalbe ein Meeresvogel. Geschickter und erfolgreicher Stoßtaucher, der sich von Fischchen, Wasserinsekten und Krebsen ernährt.

## Kegelrobbe
*Halichoerus grypus*

MERKMALE: Körperlänge 185-215 cm bei Weibchen und 210-330 cm bei ausgewachsenen Männchen, Gewicht 125 kg (Weibchen) bis über 250 kg (Männchen). Kennzeichnend ist die gestreckte Schnauze, die dem Kopf die typische Kegelform verleiht. Sie gibt besonders dem Männchen ein unverwechselbares Kopfprofil. Die Fellfarbe erwachsener Bullen zeigt eine unregelmäßige, helle Fleckung auf dunklem Grund. Gelegentlich tritt ein deutlicher Wulst um die Ohrmuschel hervor, und am Oberkopf kann eine helle Zone ausgebildet sein. Bei den Weibchen hebt sich meist eine kleine dunkle Fleckung auf hellem Grund ab, so daß sie erheblich heller als die Männchen wirken. LEBENSRAUM: Kegelrobben bewohnen in 2 getrennten Stämmen die nordatlantischen Küsten von Labrador bis Norwegen und die Ostsee. Hier findet sich nur ein kleiner Bestand von etwa 5000 Tieren im Bottnischen Meerbusen. Dagegen bewohnen mehr als 20 000 Tiere die Küsten der Britischen Inseln. Auf besonderen Wurfplätzen, wie etwa North Rona, sammeln sich über 9000 Kegelrobben, um dort ihre Jungen zur Welt zu bringen. Die südlichste Kolonie liegt an der französischen Atlantikküste. LEBENSWEISE: Kegelrobben besiedeln die Klippen in kleinen Rudeln. Zur Paarungszeit versuchen die Männchen, einen Harem aus mehreren Weibchen um sich zu scharen. Sie kämpfen heftig mit anderen Bullen. Überhaupt gilt die Kegelrobbe als ziemlich bissig. Wenn sie Robbenjäger in die Enge trieben, griffen besonders die Männchen mit großer Heftigkeit an und wurden zu gefährlichen Gegnern, da sie, wie die meisten Robben, über ein sehr starkes Gebiß verfügen. Kegelrobben tauchen gut und tief. Ihre Nahrungsgründe dehnen sich auf Tiefen von mehr als 100 m aus. Über 20 Minuten können sie unter Wasser bleiben; wenn sie abtauchen, heben sie zuerst deutlich den Rükken aus dem Wasser. An Land kommen sie ganz gut zurecht und haben keine Mühe mit steilen Klippen.

## Mönchsrobbe
*Monachus monachus*

MERKMALE: Körperlänge 230 cm (Weibchen) bis 380 cm (Männchen), Gewicht bis 320 kg. Körperoberseite braungrau bis bräunlichschwarz gefärbt, Unterseite mit helleren, gelblichen bis grauweißen Flecken, die ineinanderfließen, manchmal aber auch einfarbig braun. Ältere Tiere werden zunehmend heller, manchmal richtig silbrig. Jungtiere sind bräunlich. LEBENSRAUM: Ursprünglich weit verbreitet, bewohnte die Mönchsrobbe die Küsten des Schwarzen Meeres, des Mittelmeeres und der angrenzenden Atlantikregionen von Marokko bis Madeira und zu den Kanarischen Inseln. Eine nahe verwandte Art siedelte in der Karibik, wo sie heute dem Aussterben nahe ist, und eine weitere in den Gewässern um Hawaii. Allen gemeinsam ist die Anpassung an subtropisch-tropische Lebensbedingungen. Die Mittelmeer-Mönchsrobben wurden im Verlaufe dieses Jahrhunderts sehr selten.

## Seehund
*Phoca vitulina*

MERKMALE: Körperlänge 145-200 cm, Gewicht bis 100 kg. Weibchen etwas kleiner als Männchen. Fellfärbung grauweiß bis sandfarben, ziemlich stark schwankend, nie Netzmuster. Schnurrhaare weiß, vom runden, fast katzenartigen Kopf deutlich abstehend. Wenn der Seehund nicht gerade auf einer Sandbank ruht, bekommt man meist nur seinen charakteristischen Kopf zu Gesicht. Hierin unterscheidet er sich deutlich von der langschnäuzigen Kegelrobbe. Das Männchen trägt auf dem Rücken eine dichte grauschwarze Fleckung, die so weit zusammenfließen kann, daß der ganze Rücken dunkel gefärbt wirkt. Die kleinere Fleckung läßt das Weibchen heller erscheinen. Es wirkt auch stets schlanker und graziler. LEBENSRAUM: Seehunde bewohnen beide Küsten des nördlichen Atlantiks und Pazifiks, die europäischen Küstengewässer von Portugal bis Island. Früher häufig im Wattenmeer der Deutschen Bucht.

# Register